우치무라 간조,

신 뒤에 숨지 않은 기독교인

우치무라 간조, 신 뒤에 숨지 않은 기독교인

펴낸날 초판 1쇄 2017년 4월 28일
지은이 양현혜
펴낸이 권은미
펴낸곳 이화여자대학교출판문화원
주소 서울특별시 서대문구 이화여대길 52(우03760)
등록 1954년 7월 6일 제9-61호
전화 02) 3277-2965(편집), 362-6076(마케팅)
팩스 02) 312-4312
전자우편 press@ewha.ac.kr
홈페이지 www.ewhapress.com
책임편집 민지영
디자인 신성기획
찍은곳 (주)현문자현

ISBN 979-11-5890-220-9 93230
값 29,000원

* 잘못된 책은 바꾸어 드립니다.

이 도서의 국립중앙도서관 출판예정도서목록(CIP)은 서지정보유통지원시스템 홈페이지
(http://seoji.nl.go.kr)와 국가자료공동목록시스템(http://www.nl.go.kr/kolisnet)에서
이용하실 수 있습니다. (CIP제어번호: CIP2017009427)

이화학술총서

우치무라 간조,

신 뒤에 숨지 않은 기독교인

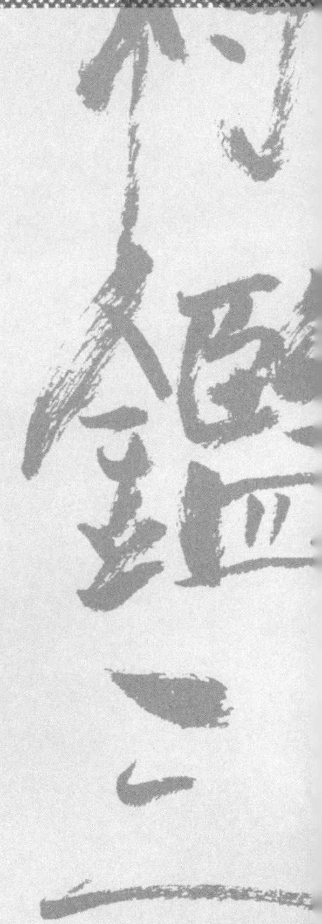

양현혜 지음

이화여자대학교출판문화원

책을 펴내며

일본에서 우치무라의 얼굴이 우표가 되어 발행된 것은 1951년의 일이었다. 그에 대한 연구가 활발해진 것도 이즈음이었다. 우치무라에 대한 연구 붐은 그가 일찍이 비전평화주의(非戰平和主義), 세계주의, 개인의 자각, 자유, 평등과 같은 평화주의와 민주주의의 기초가 되는 정신을 주창한 것과 관련이 있다. 국민 개개인의 자유와 독립에 근거한 '소국주의(小國主義)'를 일본의 국가적 이상으로 제시하며 근대 일본의 천황 중심의 제국주의 노선에 저항한 그의 사회 비평 활동과 사상이 주목받은 것이었다. 즉, 우치무라 연구는 전후 일본의 민주주의와 평화 헌법이 점령군에 의해서 단지 외부로부터 강요된 것이 아니라 일본 자체 내에 깊은 뿌리를 가진다는 고유의 뿌리 찾기와 관련이 있었다.

우치무라는 전후 일본 민주주의와 평화주의의 내재적 뿌리의 하나로 평가되고 있다. 그 대표적인 연구로는 마루야마 마사오(丸山眞男)와 이에나가 사부로(家永三朗)의 연구를 들 수 있을 것이다. 마루야마는 우치무라가 내면적 가치를 강조하고 이것을 현실 정치에 대한 항의로 표현했다고 보았다. 그를 부국강병을 위한 이윤 추구, 힘에 의한 약육강식적 국제 관계와 대외 침략까지도 용인한 후쿠자와 유키치(福澤諭吉)의 상황주의적 실용주의 대극에 서 있었던 사상가로서 평가했던 것이다.[1] 또한 이에나가는 우치무라에 대해, 세계주의와 기독교 신앙에 근거한 '순수한 개인주의'의 입장에 서서 일본인의 정신을 근대적 시민에 걸맞게 내적·외적으로 개혁할 것을 주장함으로써 근대적 시민 정신을 고취시키고, 나아가 근대 시민 사회가 가지는 '합리주의'의 한계까지도 지적한 인물로 평가하고 있었다.[2] 이러한 평가는 근대 일본 정신사에서 우치무라가 차지하는 위치를 가늠하게 한다.

그러나 필자가 우치무라에 대해 관심을 갖게 된 것은 다른 통로를 통해서였다. 그것은 석사 과정 이래 견지해왔던 김교신, 함석헌 등 무교회 사상가들에 대한 관심이었다. 개인 구원에만 몰두하기 쉬웠던 풍토에 매몰되지 않은 채, 기독교적 '예언'이 갖는 사회적 윤리 차원의 잠재력을 주창했던 그들의 사상적 계보의 원천에는 우치무라가 있었다. 더욱이 조선인 중의 조선인인 김교신과 함석헌은 일본인 우치무라를 스승으로 두었다는 점을 부끄러워하지 않는다고 공언하곤 했다. 이 충격 아래 필자는 거의 30년 가까이 우치무라의 주변을 맴돌았다. 처음에는 김교신과 함석헌의 사상적 계보를 추적하기 위해서였으나, 점차 사회 변혁 사상으로서의 기독교의 존재 양식을 유감없이 드러낸 우치무라 간조라는 인물 자체가 알고 싶어졌다. 초월적 신앙에 근거하여 역사적 현실의 한복판에서 사회 변혁을 추동해나간 그의 신앙의 구조가 알고 싶어졌던 것이다.

이러한 열망은 한국 개신교에 대한 안타까움으로 인해 더욱 증폭되었다. 막스 베버는 종교 지도자를 제사장적 유형과 예언자적 유형으로 구별했다. 제사장적 유형의 종교 지도자는 인간의 운명을 초월자에게 기탁함으로써 신자에게 존재의 근원으로부터 오는 지지와 위로를 제공

---

1 丸山眞男, 『忠誠と反逆』, 築摩書房, 1992, 273-292쪽.

2 家永三朗, 『近代精神とその限界』, 角川書店, 1950, 114-115쪽.

하며, 신자 자신과 그를 둘러싼 세계와의 화해를 가능케 해준다. 초월자와의 관계로부터 충분한 안전과 확신을 촉진시키는 것이다. 또한 그는 기존의 사회적 가치 규범을 성화시키고 사회의 분배 양식을 정당화함으로써 사회적 안정과 질서 유지를 도모하고 현상 유지에 공헌한다.

이러한 제사장적 지도자 유형의 대척점에 예언자적 지도자의 유형이 있는데, 이들은 기존 사회의 제도화된 가치 규범의 진위를 추밀하게 살피고, 그곳에서 간과된 점을 찾아내어 가치의 기준을 재설정하고 종교 윤리를 새롭게 체계화하고자 한다. 제도적 교회라는 종교적 조직의 구성원으로서 기존의 세계관이나 제도를 유지해가는 데에 직접적인 이해관계를 갖는 제사장적인 면모보다는, 예언자적 면모에 기독교의 사회 윤리적 본령이 있다고 하겠다.

베버가 말하는 이 두 가지 유형의 틀로 한국 개신교를 보면 대세는 제사장적 유형이라고 말해도 과언이 아닐 것이다. 선교 130주년을 맞은 한국 개신교는 교회 수 5만 개에 신자 수 약 860만 명, 전 세계 169개국에 약 2만 명의 선교사를 파견하는 교회로 성장했다. 5만 개의 교회 가운데에는 주일 예배에 성인 신자들이 평균 1만 명 이상 모이는 메가처치(Mega church)가 19개 존재하고 그 대부분이 서울과 수도권에 분포해 있다. 그러나 이들 메가처치를 포함하여 신자 수 1,000명 이상의 대형 교회는 전체 교회 수의 2%에 불과하다. 반면, 한국 교회의 60%는 50명 미만의 영세한 교회들이다. 그런데 문제는 모든 교회들이 소수의 대형화에 '성공한' 교회를 선망하고 있다는 점에 있다. 실제 성공 여부와 상관없이, 대다수의 교회들이 이들 대형 교회의 조직 원리와 신앙언어를 모방하며 '성공한 목회', '올바른 목회'의 척도로 삼고 있다. 성공한 목회, 올바른 목회의 기준을 대형화로 설정한다면, 교회와 기업이 혼동되게 된다. 이러한 측면에서 마틴 데이비드(Martin David)와 같은 학자는 한국 개신교의 특징을 '영적 기업 문화(spiritual enterprise culture)'라고 규정했던 것이다. 교회는 성장했으나, 신자의 신앙과 삶은 성숙하지 않는 '기형적' 종교가 된 것이다.

이러한 한국 개신교가 도덕이 침몰하고 거짓이 일상화된 한국 사회를 향해 무슨 발언을 할 수 있겠는가. 오히려 재를 머리에 뿌리고 베옷을 입어 스스로 회개 운동을 전개해야 할 때이다. 그러한 회개 운동의 근본에는 무엇보다도 예언과 복음의 공속성의 회복이 필요하다. 인간을 해방하여 참 주체로 세우는 기독교의 복음은, 인간을 억압하려는 모든 의식이나 제도에 비판·항거하며, 가장 작은 자의 자존을 보장하는 신적 공의의 공동체를 대망하는 예언과 늘 어깨를 나란히 한다. 요컨대, 이렇게 상호 공속적인 복음과 예언의 관계를 양자택일의 문제로 부당하게 전환하고 '복음만'을 주장하며 기독교를 '성공의 종교'로 오도하려는 모든 '영적 기업 문화'에 대해 회개하고 저항해야 할 때이다.

특별히 기독교의 예언자적 성찰과 비판이 오늘날 한국 사회에 줄 수 있는 시사점이란 무엇보다도 '사회적 공공성'에 대한 환기일 것이다. 철학자 임마누엘 칸트(Immanuel Kant)는 특정한 정치 집단이나 정당이 대중들의 공적 권리, 공공의 관심사와 공공의 복리를 추구하는 것을 '공공성'이라고 했다. 말하자면, 국가의 법 제정 및 법 집행은 공공성, 즉 시민들의 공동의 관심사들과 이익들을 대변하는 방향에서 이루어져야 하는 것이지, 특정한 특권적 소수를 위해서 법이 제정되고 집행되어서는 안 된다는 것이다. 한국 개신교의 경우, '신앙이 좋은 신도'와 '사회적 공공성'을 자각하고 행동하는 '좋은 시민' 사이의 간극이 너무나도 크다. 이러한 현실 가운데 기독교 신앙이 갖는 이데올로기 비판의 기능과 사회 변혁을 향한 잠재력을 유감없이 발휘했던 우치무라 간조를 기억 속에서 다시 불러내는 것은 다행스러운 일이다. 복음과 예언의 공속성에 근거한 초월적 신앙에 입각하여 역사의 현실 한복판에서 '하느님 나라'의 표징으로서의 사회 변혁을 추동해간 우치무라의 삶과 신앙은 한국 개신교의 자기 쇄신을 갈망하는 모든 사람들에게 하나의 모델이 될 수 있기 때문이다.

물론 여전히 우치무라에 대한 나의 연구는 한없이 미흡하다. 그러나 이처럼 한국 사회에 시의성을 갖는 우치무라의 삶과 신앙을 내 나름대로 정리해보고 싶었다. 또한 그동안 한국 학계에서는 그의 삶의 특정한 시기나 사상의 일부분만이 소개되었을 뿐이기 때문에, 그의 삶과 사상에 대한 전체적인 개론서가 있어도 좋겠다는 생각이 들었다. 이 책은 이러한 문제의식에서 필자가 우치무라의 삶, 사상, 신앙을 최대한 그가 살았던 역사적 맥락 속에서 풀어낸 작업의 결과물이다. 한국 사람의 입장에서 쓴 본격적인 우치무라 연구를 위한 작은 초석이 되기를 바라는 마음에서 부족한 글을 세상에 내놓는다.

부족한 책이지만, 실로 많은 분들에게 사랑의 빚을 지고 있다. 먼저 미야타 미츠오(宮田光雄) 선생님께 마음으로부터 감사드린다. 우치무라의 제자인 난바라 시게루(南原繁)의 제자로서 무교회 신앙인이자 일본 정치사상사의 거두이신 선생님은 지금까지 기독교와 정치사상에 관해 많은 가르침을 주셨다. 84세의 고령이심에도 여전히 현역이신 선생님은 작년에 『하나님의 유쾌한 빨치산, 칼 바르트』를 출간하여 암울한 일본 사회에 '희망'을 전하고 있다. 필자가 개인사 혹은 역사적 사건 앞에서 낙망할 때마다 선생님께서는 바르트의 '인간의 혼돈과 하나님의 섭리'를 언급하시며 "담대하게 그러나 초조해하지 말고, 그리고 약간의 유머를 가지고" 살라고 충고해주셨다. 그리고 참 신앙이 어떻게 자신의 경험 세계의 한계를 초월할 수 있는가를 몸소 보여주셨다.

츠키모토 아키오(月本昭男) 선생님께도 깊은 감사를 드린다. 무교회 신앙인이자 일본의 유수한 구약성서 학자인 선생님은 나의 석사 논문을 시작으로 하여 지금까지 지도해주셨다. 미욱한 저자를 학매(學妹)라고 하시며 우치무라 연구를 격려해주셨다. 연구가 막혀 진척되지 못할 때마다 새로운 연구 성과와 통찰력을 제시해주셨다. 선생님의 지도와 격려가 없었더라면 연구를 끝까지 계속하지 못했을 것이다.

돌이켜보면 우치무라에 대한 나의 연구를 오늘까지 조언해주시고 격려해주신 두 분 선생님이 모두 무교회 신앙인이라는 것도 참으로 우연이 아닌 은총이었다. 두 분의 분에 넘치는 사랑과 격려에 다시 한번 마음으로부터 감사드린다.

스즈키 노리히사(鈴木範久) 선생님께도 감사드린다. 일본의 대표적인 우치무라 연구가이신 선생님의 저서를 통해 우치무라의 정신적 고뇌와 모색에 대해 많은 가르침을 얻었다. 영어권의 대표적인 우치무라 연구자이신 하우스(J. F. Howes) 선생님께도 감사드린다. 우치무라에 대한 평생의 연구의 집대성인 선생님의 저서가 없었다면 우치무라의 생애 전반에 관한 궤적은 그려낼 수 없었을 것이다. 고인이 되신 토이 아키오(土肥昭男) 선생님께도 감사드린다. 대학원 초년 시절 선생님의 저서에서 우치무라의 신앙은 오직 신에게만 의지하고 다른 모든 것들로부터 독립적이었던 '의뢰적 독립'의 신앙이었다는 설명을 접하고 가슴이 뛰었던 일이 아직도 생생하다.

약속된 시간이 넘어가도 재촉하지 않고 기다려주신 이화여자대학교 출판문화원의 권은미 원장님 그리고 꼼꼼히 읽고 교정을 보아주신 민지영 님께도 마음으로부터 깊은 감사를 드린다. 책의 방대한 각주를 꼼꼼히 검토해준 성균관대의 박은영 교수와 조교 윤하경에게도 깊은 감사를 드린다. 뇌종양과 힘겨운 싸움을 벌이고 있는 동생 양현경에게도 마음으로부터 감사드린다. 함께 해온 55년간 동생은 언제나 나에게 힘이고 응원이며 기쁨이었다.

일본이 전후 민주주의의 핵심인 '평화 헌법 9조'를 폐기하려고 하며 돌이키기 어려운 강을 건너가려 하고 있다. 위안부 문제를 비롯하여 한일 양국 간의 역사 인식의 격차는 점점 커져 그것을 과연 메울 수 있을

지에 점점 회의가 더해지는 오늘날이지만, 우치무라와 그의 조선인 제자들처럼 동아시아의 미래를 생각하는 한일 양국의 모든 사람들은 여전히 정의와 평화를 꿈꾼다. 동아시아의 근현대사에 점철된 모든 역사적 시행착오와 고난이 새로운 역사 창조를 위한 한 알의 밀알이 되기를, 그 새로운 역사 창조의 원동력의 하나로서 기독교가 이데올로기 비판 능력과 사회 변혁의 잠재력을 유감없이 발휘하기를, 이 책이 그러한 꿈을 지피는 작은 불쏘시개 하나가 되기를 소망해본다.

이미 와 있는 그러나 아직 오지 않은 봄을 고대하며
2017년 3월
양현혜

차례

들어가는 말

우치무라 간조가 살았던 시대는 일본 역사상 미증유의 대변동을 겪던 격변기였다. 그것은 1853년 미국의 매튜 페리(M. C. Perry)가 거대한 포함을 이끌고 태평양을 건너와 통상을 요구하기 시작하면서 시작되었다. 미국의 압도적인 무력의 우위 앞에서 1854년 미일수호통상조약이 체결되었고 일본은 근대 서구의 자본주의적 세계 질서에 문호를 개방했다. 이어서 영국 등의 다른 서구 국가들과의 통상조약도 체결되었다. 그것은 물론 불평등조약이었다. 이러한 서구의 위협에 대처하기 위해 일본 사회는 1868년의 메이지유신을 통해 250년 봉건 체제를 마감하고 중앙 집권적 통일국가의 건설을 이루어냈다. 통일국가는 '천황'을 중심으로 '국민' 통합을 추진하는 한편, 위로부터의 급속한 산업화를 추진하고자 했다. 그러나 새로운 국가가 향후 어디로 나아갈 것인가를 두고는 여전히 암중모색이 진행되고 있었다. 유신 세력인 사츠마(薩摩)와 조슈(長州)의 두 번(藩)이 메이지 정부를 좌지우지하는 번벌정치(藩閥政治)의 전횡에 대한 반발 속에서 인민의 자유와 선거를 주장하는 '자유민권운동'의 외침이 고조되었다. 이후 10년간 천황제와 입헌민주주의를 어떻게 결합시킬 것인지가 정치적 투쟁의 쟁점이 되었다. 이 문제를 최종적으로 해결하고자 메이지 정부는 1889년 '제국헌법'을 반포했다. '제국헌법'에 의해 일본은 헌법을 가진 국가가 되었지만, 천황은 신이자 유일한 주권자로서 통치의 대권을 장악했다. 국가의 그 같은 구조 속에서 국민은 '신민(臣民)'으로 규정되었다.

천황제 국가는 이제 구미에 대한 선망과 굴욕 속에서 배태된 공격적 정서를 최대한 고조시켜 부국강병이라는 목표 달성의 힘으로 전환시키고자 했다. 국민은 주체적 개인으로서가 아니라 집단의 목표 달성을 위한 부품으로 통합되어갔으며, 축적된 공격성은 약한 아시아 이웃국가에 대한 침략에서 그 분출구를 찾았다.

근대 일본 사회의 이러한 사회·심리적 메커니즘을 지탱하는 두 가지 축은 천황제와 침략 전쟁이었다. 천황제 국가는 국민 통합을 위해 공격적으로 민족주의적 정서를 고조시켜야 했고, 이를 분출시키기 위해서는 전쟁이 필요했다. 한편 전쟁에서의 승리는 국가를 '제국'으로 만들며 천황제의 사회적 기반을 확대·강화해갔다. 천황제와 침략 전쟁은 상호보완적 관계에 있었던 것이다. 그러한 의미에서 근대 일본이 최초로 외국과 전면전을 벌였던 1894년 청일전쟁은 중요한 사건이었다. 이 전쟁에 의해 구미에 대한 열위와 열등의식의 출구를 도리어 가까이 있는 아시아 국가들에 대한 우월감과 제국주의적 침략에서 찾으려 했던 근대 일본의 정신 구조가 형성되었던 것이다. 청일전쟁은 천황제를 근간으로 한 근대 일본의 군국주의적 제국주의의 경로를 확립하는 전쟁이었던 것이다. 그로부터 10년 후 발발한 1904년 러일전쟁은 이를 보다 공고히 했다.

이렇게 일본이 어떠한 국가가 될 것인가를 모색하고 그 길이 확정되어가던 격변기에 많은 사람들이 천착하는 사상적 과제가 있었다. 첫 번째 과제는 과거에는 자명했던 모든 것들이 무력해지는 격변의 현실 앞에서, 자신이 누구이며 어떻게 살아가야 하는지, 그리고 세계가 어떠한 원리에 의해 움직이고 있는지를 새롭게 구성하는 것이었다. 전통적 가치 체계가 흔들리는 급격한 역사적 변화가 일어나고 전통 사회가 붕괴되는 시대에 자아정체성 또한 길잡이를 잃어버리는, 말하자면 아이덴티티의 공백·불안·소외 상태에 처하게 된 것이다. 이러한 상황은 동시에 창조적인 아이덴티티의 재구축이 실현되는 장(場)이 될 수도 있었다. 정체성 붕괴에서 오는 정신적인 갈등과 고뇌를 거쳐 자신이 위치한 시간과 공간을 새롭게 정립하여 새로운 사상·전망·정책을 만들고 새로운 커뮤니케이션의 양식을 확립함으로써 아이덴티티를 재획득할 수 있기 때문이다. 즉, 무너져내린 스스로에 대한 아이덴티티를 어떻게 새롭게 구성할 것인가가 근대 일본의 대격변기에 부여된 첫 번째 사상적 과제였던 것이다.

두 번째 과제는 서구적 근대와 일본의 전통 사이의 관계를 어떻게 재정립할 것인가였다. 이전까지 각 문명권역으로 나누어져 있던 세계가 강제적으로 서구 근대적 자본주의라는 '하나의 세계'로 통합된 것이었다. 이 '하나의 세계'가 성립됨과 더불어 '세계사'라고 하는 역사적 세계 또한 성립되었다. 이 '세계사'란 유럽에서 발흥한 '세계사'에 전 세계가 강제적으로 편입됨으로써 성립되는 역사적 세계를 의미했다. 따라서 일본이 자본주의적 세계 질서에 편입되었다는 것은 동시에 서구적 '세계사' 인식의 보편주의에 편입됨을 의미했다. 이러한 서구적 '보편주의'에의 편입이란 그것을 수용하는 자에게는 굴종을 의미했고 거부하는 자에게는 패자의 불이익이 부과되는 이중의 속박이었다. '근대적 세계'란 단순한 시대 구분이 아니고, 서구적 근대 문명을 모방·경쟁하는 과정, 즉 서구 문명이라는 단 하나의 표준에의 동일화 과정에 다름 아니었던 것이다.

'근대적 세계'에 편입된 일본이 압도적인 물리적 힘의 격차로 압박해 오는 서양에 대처하는 방법에는 세 가지가 있었다. 첫째는 완전히 투항하여 순응하는 방법, 둘째는 스스로를 폐쇄하고 전통에 침잠하는 방법, 세 번째는 서양과 일본의 장점을 선택적으로 취사선택하여 '제3의 길'

을 창조적으로 모색하는 방법이었다. 사람들은 이 세 가지 가운데 하나를 선택해야 했는데, 그 가운데 가장 어려운 방법은 세 번째의 방법이었다. 왜냐하면 그 길에는 이미 만들어진 모델이 없었으므로 모든 것을 스스로 개척해나가지 않으면 안 되었기 때문이었다.

세 번째 사상적 과제는 개인과 국가 권력의 관계를 어떻게 설정해야 하는가의 문제였다. 근대 일본이 봉건적 신분제 사회에서 근대 국민 국가로 탈바꿈해가는 과정에서 개인의 가치, 혹은 사회와 개인의 관계가 급변하기 시작했다. 특히 개인의 양심과 국가 권력의 명령이 충돌할 때 개인은 어떻게 대처해야 하는가가 중대한 문제로 대두되었다. 그것은 메이지유신 이후 성립한 천황제 국가가 근대 국민 국가로서 어떠한 내용을 가지는가를 규정짓는 문제였기 때문이다.

본서의 핵심적인 질문은 우치무라가 어떻게 이상과 같은 자신의 시대의 세 가지 보편적 문제를 자각했으며, 기독교 신앙에 근거하여 어떠한 대답을 모색했고, 이윽고 그것을 당대의 일본인들과 어떻게 공유하며 어떠한 영향력을 미쳤는가이다. 이러한 질문에 대한 답은 그가 살았던 시대적 문맥과 긴밀히 결합되어 추적될 것이다. 이를 위해 본서는 몇 가지 방법론적 관점을 설정했다. 먼저 그의 기독교 신앙이 어떠한 계기를 통해 발아되고 전개·변화되어갔으며, 그것이 자신에 대한 아이덴티티 형성에 어떻게 연관되는가를 고찰한다. 특히 우치무라가 체험한 속죄 신앙, 부활 신앙, 재림 신앙 등 기독교의 정통적인 신앙이 이 과정에 어떠한 영향을 미쳤는지 살펴볼 것이다.

두 번째로 내면에서 전개된 그의 신앙이 어떻게 윤리적·사회적 실천으로 귀결되는지 검토한다. 즉, 신앙이라는 내면적 가치가 사회 내 공적인 문제에 대한 인식 및 행동을 거치며 어떻게 외재화되었는지 고찰하고자 한 것이다. 또한 내면적 신앙을 정치적·사회적 공공영역에서의 윤리로 전환시키는 것을 가능케 한 사상적 매개가 무엇인지를 분석할 것이다. 나아가 이러한 전환을 중심으로, 국가 권력의 명령과 개인의 양심이 상충될 경우, 그가 이를 어떻게 인식했으며 어떠한 대응을 했는지 검토하고자 한다.

마지막으로, 우치무라의 기독교 사상이 당시의 일본인이 일반적으로 가지고 있었던 민족적 정체성의 위기와 어떻게 관련되고 있는지를 고찰하고자 한다. 우치무라가 서양에 대해 대처하는 방법은 앞에서 언급한 서양과 일본의 장점을 선택적으로 취사선택하여 새로운 정체성을 확립하려는 것이었다. 다시 말해, 예수와 일본이라는 두 개의 중심을 맴도는 타원으로서 이른바 '두 개의 J'라는 사상이 어떻게 서양과 일본의 창조적 통합을 지향하는지, 그리고 그의 방식이 동시대인들에게 어떠한 영향을 주었는지 주목하고자 한다.

1장

파국과 출구

1. 시대적 배경

1603년 성립한 도쿠가와 막부는 이후 250년간 일본 사회를 효율적으로 지배했다. 그러나 1853년 미국의 매튜 페리가 태평양을 건너와 '평화롭게 통상에 응하든지, 아니면 전쟁을 택하든지'의 양자택일을 요구하면서부터 도쿠가와 체제는 요동치기 시작했다. 막부는 이미 1842년의 아편전쟁에서 중국이 서양에 패배했다는 것에서 심대한 문화적 충격을 받았던 것이다. 지방관으로서 아편전쟁에 참가했던 청국 학자 위원(魏源)의 『해국도지(海國圖誌)』에 나타난 해상방위(海上防衛) 사상은 본국 이상으로 일본에 큰 파문을 불러일으켰다. 여기에서 조성되는 위기감은 한마디로, "앞의 차가 넘어진 것은 뒤차에 경계가 된다"는 것이었다.[1]

암중모색 끝에 결국 1854년 막부는 비교적 외딴 항구인 시모다(下

1 가노 마사나오, 『근대 일본사상 길잡이』, 김석근 역, 소화, 2004, 29쪽.

田)와 하코다테(函館)에 미국 선박이 정박하는 것을 허락하고 시모다에 영사를 주재시킬 권리도 허락했다. 미국과 맺은 조약의 조건들은 프랑스, 영국, 네덜란드, 러시아 등의 다른 열강들과의 조약에서도 적용되었다. 이어서 1858년 막부는 중국이 아편전쟁 때 맺었던 불평등조약과 거의 유사한 통상조약을 영국과 체결했다. 서양의 국민 국가들이 1850년대 자국의 군사력과 경제력을 일본에 집중시킨 반면, 도쿠가와 체제는 분열된 엉성한 구조였다. 당시 일본은 자치권을 가진 약 200여 개의 번(藩)이라는 봉건영지로 분열되어 독자적인 재정과 군대를 유지하고 있었다. 막부는 이러한 구조 속에서 국가적 위기 상황에 대응하기에는 역부족이었다. 막부는 전국에 흩어져 있는 경제적 자원에 세금을 부과할 수 없었고, 각지의 인적 자원을 동원할 수 없었으며, 국제 관계의 처리를 계속적으로 독점할 수도 없었던 것이었다.[2]

이 서양의 위협에 대처하고 국가적 독립을 지키기 위한 다양한 모색들이 나타났는데, 크게 존왕양이(尊王攘夷)와 개국좌막(開國佐幕)이라는 두 개의 노선을 기본적인 대항축으로 하고 있었다. 양이(攘夷)의 최선봉에 선 조슈(長州)번은, 그 때문에 서양 탐구의 최선봉이 되기도 했다. 1863년, 이노우에 가오루(井上馨)나 이토 히로부미(伊藤博文) 등은, 조슈번이 시모노세키(下關)해협을 통과하는 구미의 함대를 포격하는 사건을 일으키는 가운데, 번의 허가를 받고 유학을 위해 밀항자로서 런던을 향해 떠났다. 사람들에게 구미에 대해 눈을 뜨게 해준 가장 큰 요인은, 서양과 일본의 군사력의 압도적인 차이와 그것에서 비롯된 위기감이었다.

바쿠후 말기에 해외로 나간 사람들의 견문록은, 『견외사절일기찬집(遣外使節日記纂輯)』, 『이비입항록(夷匪入港錄)』, 『덕천소무체구기록(德川

2 앤드루 고든, 『현대일본의 역사』, 문현숙·김우영 역, 이산, 2010, 58쪽.

昭武滯歐記錄)』, 『시부사와에이이치 체불일기(澁澤榮一 滯佛日記)』, 『만연원년 견미사절 사료집성(蔓延元年 遣米使節 使料集成)』, 『서양견문집(西洋見聞集)』 등으로 쏟아져 나왔다. 그 결과 군사력에 집중되어 있던 관심이 기술, 사상, 기풍, 제도 등 문화력에 대한 인식으로 변하기까지 그렇게 시간이 걸리지 않았다.[3]

결국 격렬한 사상적·실천적 모색의 소용돌이 속에서 도쿠가와 막부에 의해 철저히 소외되어왔던 죠슈(長州)와 사츠마(薩摩)번은 동맹을 맺어, 정치를 천황에게 다시 되돌린다는 대정봉환(大政奉還)의 명분 아래 도쿠가와 정권을 타도했다. 소위 말하는 1868년의 메이지유신(明治維新)이었다. 도쿠가와의 구체제는 커다란 사회적 동요와 유혈 속에서 붕괴되었던 것이다. 사태가 이렇게 되자, 대부분의 번들은 자신의 사회적·정치적 비전을 크게 수정하지 않을 수 없었다. 1860년대 많은 인사들이 외세를 즉시 추방해야 한다는 무모한 계획을 포기하고 서양의 테크놀로지와 정치 제도의 잠재력을 면밀히 평가하기 시작했다.

그들에게 압도적인 영향력을 미친 것은 후쿠자와 유키치(福澤諭吉)의 사상이었다. 사상가, 저술가로서의 그의 출발은, 사절을 수행해서 세 차례에 걸친 구미 견문과 그때 구입했던 서적을 불씨로 하고 있다. 그 중에서도 막부 말기의 대표작으로 꼽히는 『서양사정(西洋事情)』(1866-1870)은 간행 전부터 복사본으로 읽혔으며, 간행 후에는 해적판이 나올 정도로 인기였다. 그의 책은 서양의 제도에 대해 소개하고 있는데 그 범위는 정치에서 시작해서 수세법(收稅法), 국채, 지폐, 회사, 외국과의 국제 관계, 병제(兵制), 문학, 기술, 교육, 도서관, 병원, 박물관, 도량형, 전신기, 가스, 각종 화폐에까지 이르고 있었다.

첫머리의 정치에는 귀족합의, 공화 정치, 입군(monarchy)의 세 가지

3 가노 마사나오, 앞의 책, 24-25쪽.

를 설명하고 있었다. 그 뒤를 이어 이념의 소개가 이루어졌다. 그는 미국독립선언의 "all men are created equal"을 "하늘이 사람을 낳는 것은 억조(億兆)가 모두 같아서"라고 번역했다. 그 구절은 나중에 『학문의 권장(學問のすすめ)』(1872-1876)의 첫머리에서 "하늘은 사람 위에 사람을 만들지 않고, 사람 밑에 사람을 만들지 않는다"는 유명한 구절이 되었다.[4] 이러한 서양의 개념이나 번역어가 일제히 제시됐을 때 그것을 접하는 사람들은 현기증에 가까운 충격을 받았던 것이다. 이 같은 서적이 나옴으로써 '서양=문명'이라는 이미지가 일본인의 뇌리에 각인되기 시작했다. 일본인들은 이제 양이(攘夷)를 위해서라도 배울 것은 배워야 하며, 일본은 서구 근대적인 국민 국가 체제의 일원이 되어야 한다는 결론을 내리게 되었던 것이다.[5]

신정부가 유신 직후인 1871년부터 1873년에 걸쳐서, 이와쿠라 도모미(岩倉見視)를 대사(大使)로 하는 대규모 사절단을 구미 국가에 파견한 것은 상징적인 사건이었다. 사절단은 이토 히로부미를 비롯한 3명의 부사(副使)와 46명의 유학생을 더해 총 107명으로 2년에 걸쳐 구미의 12개국을 순방했다. 사절단은 각국 원수(元首) 방문, 서구와 맺은 불평등 조약의 개정 타진, 구미의 제도나 문물의 조사·연구라는 세 가지 목적을 가지고 있었다. 그러나 그 에너지 절반을 세 번째 목적에 쏟아넣었다. 구메 구니타케(久米邦武)가 편수한 방대한 보고서 『특명전권대사미구회람실기(特命全權大使米歐回覽實記)』는 방문한 국가의 정치·경제·풍경·인정·풍속에 대해서 폭 넓으면서도 세밀한 관찰·보고를 하는 한편, 때로는 수많은 동판화를 첨부하며 비교문화론을 전개하여 독자들을 그들의 여행의 세계로 끌어들였다. 이와쿠라 사절단은 일본에 서구를

4 위의 책, 27쪽.

5 앤드루 고든, 앞의 책, 124쪽.

향한 대유학(大遊學) 시대가 도래했음을 알리는 새벽 종소리가 되었다.[6]

이러한 분위기 아래 메이지 정부는 서구적 제도 개혁을 단행하여 중앙 집권적 국민 국가의 시스템을 급속하게 형성해갔다. 번을 폐지하고 현(縣)을 설치하고, 생활의 모든 측면을 규제했던 신분제를 제거했다. 거주 이전의 자유를 보장하고 사유권을 확립하고 그 위에 지조개정(地租改正)을 위시한 새로운 세제(稅制)를 시행했다. 다양한 산업을 일으키고, 도쿄를 수도로 정하고, 화폐를 통일하고, 우편제도를 창시하고, 철도를 부설하고 항만을 쌓는 데 힘썼다. 징병제와 학제 역시 급진적으로 개혁되었다. 1873년 1월에 실행된 징병령은 시민이 자유의 권리를 획득했기 때문에 국가의 재난을 막기 위해서 온 힘을 다해야 한다고 국민개병을 선언했다. 프러시아를 모방한 국민개병제(國民皆兵制)였다. 학제 역시 급진적으로 개혁되었다. 대·중·소의 학구로 나누어 대학교, 중학교, 초등학교를 설치하고, 이를 위해 전국에 5만 3,760개의 초등학교를 일시에 설립한다는 구상이었다. 프랑스의 학제를 모방하여 '마을에 불학(不學)하는 집이 없고, 집에 불학하는 사람은 없게 한다'는 획일적인 국민개학제의 구상이었다. 개인의 공리주의를 끌어내자는 취지였다. 4년 뒤 1876년에는 2만 6,584개교로 목표치의 거의 절반에 해당하는 학교가 설립되었다. 취학률은 1878년에 41.3%로 추정된다. 높은 달성률로 서양의 보급률에 뒤지지 않았다. 서당에서 학교로 전용하는 경우가 많았다. 막부 말기의 서당 개설수는 3만에서 4만으로 추정되고 있어 서당이 근대적 학교 설립의 기반이 되었다고 할 수 있다.

1873년에는 서양의 태양력이 도입되었다. 국경일을 전국적 법령으로 확정한 것도 1873년이었다.[7] 모든 방면에서 근대 국가 건설이 시작

6 다나카 아키라, 『메이지 유신과 서양 문명』, 현명철 역, 소화, 2006, 201-204쪽.

7 이노우에 가쓰오, 『막말 유신』, 이원우 역, 어문학사, 2006, 219-265쪽.

되었다. 유신에 뒤이은 1870년대는 대체로 공사 현장의 어지러움과 활기가 넘쳐흐르던 그런 시대였다. 그러나 처음부터 완전한 설계도가 있었던 것은 아니었다. 수많은 국가 건설의 설계 기사, 현장 감독들이 구미국가에서 초빙되었고, 건설 기계나 자재 그 자체도, 각국에서 끌어모은 것에 가까웠다. 무엇보다도 속도가 요구되었던 것이다.

우치무라가 소년 시절을 보낸 1870년대의 일본에서 '서양'은 이렇게 뒤쫓아가야 할 목표임과 동시에 대항해야 할 상대, 다시 말해서 모델이면서 라이벌로 의식되고 있었다. '문명개화'는 다급한 국가 건설에 있어 외관에서 내적 요소에 이르기까지를 규정한 양식이었다. 후쿠자와를 필두로 한 계몽사상가들이 대두되어 근대 국가라는 건축물이 만들어지는 데 호응해, 거기서 살 사람을 만들어내는 '민심의 개혁'에 매진했다. 계몽사상가들은 두 가지 활동에 분투했다. 하나는 목표로 하는 국가나 사회의 제도, 기관, 학술, 사물을 생각하는 서양식 방식 등을 소개하고 도입하는 것이었다. 다른 하나는 그들의 식견을 축으로 삼아, 사람들의 정신적 기풍을 개조하려는 것이었다. 두 가지를 복합시키면서 그들은 사람들의 시각을 바꾸어가려고 했다. 그런 만큼 '도입과 개조'라는 차원에서의 발언은 모두 구미로부터의 시선을 의식해서 일본을 바로잡으려는 문맥에서 이루어졌다.[8]

계몽사상가들은 '서양'의 도입과 '기풍의 개조'에서 일본의 과거를 격렬하게 부정의 대상으로 삼았으며, 그로부터 절연할 것을 주장했다. 도입에서 서양은 모델로 여겨져 그것이 체현하는 문명(civilization)의 섭취에 주안점이 주어졌다. 다른 한편으로 개조에서는 서양은 다분히 경쟁상대로 여겨져 그와 마주보는 민족적(national)인 것의 발아·육성이 추구되었다. 이처럼 사람들을 '시빌라이제이션'과 '내셔널리티'라는 두

8 가노 마사나오, 앞의 책, 39-44쪽.

발로 서는 존재로 만드는 것, 다시 말해서 '국민'으로 만드는 것이 계몽 사상가들의 목표였다. 그리고 이 목표의 배후에는 언제나 부정해야 할 가치로서 아시아가 있었다. 아시아 혹은 중국은 거의 예외없이 전제나 몽매라는 이미지를 싣고 있었다. 따라서 시빌라이제이션과 내셔널리티를 추구하는 것은, 후쿠자와의 훗날의 '탈아론(脫亞論)'(1885)에서 그 전형을 볼 수 있는 것처럼 아시아로부터 이탈로 이어지게 되었다.[9]

'메이지 국가'라는 공사 현장에서 고용 외국인의 역할은 특별했다. 급진적 서구화 정책을 창안하여 실행해가는 데에는 일본인 신지식인들의 힘만으로는 역부족이었다. 메이지 정부는 외국인 고용책으로 인재난을 타개하고자 했다. 그 시기는 1870년에서 1885년의 약 15년간으로, 특히 1874년과 1875년이 절정이었다. 고용된 외국인 수는 500인 이상이었으며 직무별로 보면 1877년까지는 기술자, 학술 교사, 사무가의 순서로 기술자의 수가 압도적으로 많았다. 부서별로는 공무성에 고용된 사람이 월등히 많았고 그 다음으로 문부성이었다. 국적별로는 미, 영, 불, 독 순이었는데, 공부성(工部省)에서 기술 방면에 기여한 것은 영국인과 프랑스인이었고, 문부성에서 교육 방면에 종사한 것은 미국인과 독일인이었다. 이들 외국 고용인들은 메이지 정부가 시급히 필요로 하는 구미의 근대적 제도와 자본주의적 생산 방법을 도입하는 데 필요한 실용적인 기술 지식과 기능을 일본인에게 전수했다. 일본은 비교적 역사적 축적이 필요하지 않은 자연과학 기술 부분에 이들 외국인을 고용하여 서구 제국들이 긴 세월에 걸쳐 축적해온 학문적 성과와 기술 수준을 알차게 도입하고 이를 통해 선진국과의 경쟁 대열에 끼고자 했다. 그들은 일본인 자신이 직접 일할 수 있을 때까지의 과도기적 역할을 수행했다.

9 위의 책, 48쪽.

특기할 것은 이들 고용 외국인들 가운데 선교사 출신이 많다는 점이었다. 화란의 개혁파 베르벡(G. H. Verbeck)은 개성학교(開城學校)와 대학남교(大學南郊)의 교사로 있었고, 개성학교의 사일(E. W. Syle)과 클라크(E. W. Clark, 1849-1902), 1876년 삿포로농학교의 교장으로 취임한 클라크(W. S. Clark), 그리고 구마모토양학교의 제인즈(L. I. Janes), 아오모리현의 도오의숙(東奧義塾)의 잉그(J. lng) 등이 선교사 출신이었다. 이들은 거류민의 신앙을 돕는다는 명분으로 1859년부터 입국하기 시작한 개신교 선교사들과 더불어 기독교를 간접적으로 선교해나가기 시작했다.[10] 따라서 일본인에게 기독교를 전한 선교사들은 크게 두 가지 유형으로 나누어졌다. 한 그룹은 존스나 삿포로농학교의 클라크처럼 고용 외국인 자격으로 도일한 사람이었다. 이들은 서구의 문화적 우월감이나 교파적 제도를 강제하기보다는 도덕적 이상가이며 실천가로서의 풍모가 강한 사람들이었다. 이에 반해 두 번째 부류는 모국의 종교를 일본에 이식시키는 것에 열중하는 전형적인 선교사 풍의 사람들이었다고 할 수 있다.[11]

이러한 상이한 두 부류의 선교사들의 영향 아래에서 각각 다른 특징을 발전시키며 일본에서 개신교회가 탄생하기 시작했다. 1859년 11월에 입국한 미국화란개혁파의 브라운(S. R. Brown, 1810-1880)과 발라(J. H. Ballagh, 1832-1920)에 의해 요코하마에 설립된 브라운 학숙을 중심으로 맹약(盟約)을 뜻하는 밴드인 요코하마 밴드가 탄생했다. 이 밴드에서 1872년 3월 건립된 요코하마공회(일명 일본기독공회)가 일본 개신교 역사상 최초의 교회가 되었다. 또한 구마모토(態本)번의 번주(藩主)가 제인즈(L. I. Janes, 1838-1909)를 교사로 초빙하여 세운 구마모토양학교

10 윤혜원, 『일본 기독교의 역사적 성격』, 한국기독교역사 연구소, 1995, 56쪽.

11 사와 마사히코, 『일본 기독교사』, 대한기독교서회, 1995, 87쪽.

를 중심으로 구마모토 밴드가 설립되었다. 그리고 클라크가 지도하는 홋카이도농업학교를 중심으로 세워진 홋카이도 밴드가 세 번째였다.[12]

이렇게 성립된 일본 개신교회에 새로운 발전의 계기를 열어준 것이 1873년 2월의 '기독교 금지의 고례(古禮)' 철폐였다. 이 문제 해결의 계기는 뜻밖에 이와쿠라의 견미 사절단이 제공해주었다. 사절단은 서구와의 불평등조약 개정의 첩경은 '신교의 자유'가 선결임을 설파했다. 이에 도쿠가와 막부 200년 동안 지속되었던 기독교 금지령을 폐기하게 되었다.[13] 1873년 메이지 정부가 기독교 금지령을 철회하자 해외 선교회들은 선교사를 증파하기 시작했다. 이에 일본 기독교는 1872년에 외국 선교회 수 7곳, 교회 수 1곳, 교인 수가 16명이었던 것이, 1890년에는 선교회 수 72곳, 교회 수 274곳, 교인 수 2만 8,977명이라는 괄목할 만한 성장을 보이게 되었다. 그러나 이러한 교세의 성장과 더불어 교파화도 가속화되었다.[14] 요코하마 밴드의 일본기독공회는 장로교의 일본기독교회가 되고 구마모토 밴드는 조합교회로, 홋카이도 밴드는 무교회가 되었던 것이다. 이들은 각각의 교파적 특징과 더불어 각자 다른 특색을 가졌다. 일본기독교회가 기독교의 제도화에 커다란 관심을 가졌다면, 조합교회는 현저하게 국가주의적이었고, 무교회는 영적이었다고 할 수 있다.

그러나 이러한 서로 다른 특색에도 불구하고 이들 사이에는 적어도 세 가지의 공통점이 있었다. 초기의 일본 기독교는 두 가지 공통된 열망을 가지고 있었다. 첫째는 교파간의 합동을 통해 하나의 '일본 기독교'를 만드는 것이었고 둘째는 교회의 경제적·교의적 독립과 법적 독립의 확립이었다. 1872년 9월에 장로파, 개혁파, 조합파 교회의 대표자들

---

12 위의 책, 90-94쪽.

13 海老澤有道·大內三郎, 『日本基督教史』, 日本基督教團出版局, 1983, 163-165쪽.

14 윤혜원, 앞의 책, 59쪽.

에 의해 개최된 최초의 선교사 회의에서 그들은 서구의 교파주의를 유감스러워 하며, 장래의 일본 교회를 초교파적인 하나의 교회로 만들어 갈 것을 결의했다.[15] 이 문제는 1886년부터 4년간 집중적으로 진행되어 '연합 기독교의 헌법 초안'이 작성되기까지 했다. 그러나 1890년에 완전한 결렬로 끝나게 되었다. 통합의 움직임은 선교사들과 선교 본부 그리고 신자들의 교파심 등의 현실적인 장벽을 넘지 못하고 결국 좌절되고 말았던 것이었다.

두 번째 문제인 독립의 문제에서 제일 중요한 것은, 자립의 방법과 해외 기금의 처리라는 경제적 문제였다. 선교사들은 초기 일본 교회에 물질적 원조를 제공했다. 이에 대해 교회의 일본인 지도자들은 금전적 지원을 받으면 자신들의 사업에 불필요한 외국의 지배를 초래한다고 생각했다. 그들은 '필요 없는 외국의 선물'을 받는 것을 혐오했다. 그들은 경제적 독립과 동시에 신앙과 신학의 자립을 추구했고, 서구 교회로부터 유래한 교파적 신조를 답습하는 것을 거부했다. 사도신경에 간단한 머리말을 붙인 신앙 고백을 발전시켰다. 대체적으로 대단히 짧은 형태로 된 이 신앙고백에는 기독교를 다른 종교와 구별시키는 두세 가지의 본질적인 점이 강조되어 있을 뿐, 교파 분열의 씨가 되어왔던 교의상의 차이점은 무시되었다. 또한 이들은 일본 기독교는 외국의 표현 양식으로부터도 해방되어야 한다고 믿었다. 그들은 세계를 위해 독자적인 복음의 소식을 전하는 일본 기독교를 발전시킬 것을 희망했던 것이다.[16] 이러한 독립의 열망은 초교파적 단일교회 설립의 열망과 논리구조상 상호 연관되어 있었다. 교파 연합이 결렬된 이후에도 지속된 독립의 열망은 일본 개신교를 관통하는 커다란 특징의 하나가

---

15 사와 마사히코, 앞의 책, 92쪽

16 カルロ・カルタロラ, 『內村鑑三と無教會』, 新教出版社, 1978, 57쪽.

되었다.

예를 들면, 일본 기독교의 가장 커다란 교파가 된 일본기독교회의 경우, 이 문제는 우에무라 마사히사(植村正久)에 의해 커다란 한 걸음을 내딛게 된다. 1904년 그는 일본인에 의한 최초의 신학교를 설립했다. 이는 그가 일본의 성직자가 일본인 자신의 문화적 컨텍스트를 염두에 두면서 신학하는 것을 배우게 할 필요가 있다고 여겼기 때문이었다. 또한 그는 교회 전체의 자치를 추진하기 위해 1905년 일본기독교회 연차총회에서 교회의 재정상의 자립에 관한 것과 외국 전도본부와의 협력에 관한 두 개의 의제를 제출했다. 첫 번째 의제는 재정적 독립이 불가능한 교회는 해산시킬 것과, 새로운 교회가 그 교회원들만에 의해 유지될 수 없을 경우에는 설립하지 않을 것을 요청하는 내용이었다. 이 대회에서 결의되어 발송된 '독립 및 협력에 관해 제교회에게 보내는 서'는 더 나아가 일본인의 종교적 독립을 언급하면서 선교사의 주도권 그 자체에 대해 직접 도전했다. 그리고 이 '협력의안(協力議案)'에서 우에무라는 이 문제를 논의하기 위한 전도협의회와 교회회의의 쌍방의 대표자들로 구성되는 연합위원회의 설립을 요청했다. 이 의안은 교회의회에서는 만장일치로 가결되었지만, 전도협의회로부터는 강한 반대를 받았다. 결국 장시간에 걸친 곤란한 교섭 끝에 겨우 의안은 절충안에 도달했다. 그러나 '협력의안'은 일본 기독교에 대한 지도권에서 선교사와 일본인의 관계에 획기적인 전환을 그었다고 평가되었다.[17]

초기 일본 개신교의 세 그룹을 묶는 두 번째의 특징은 그들이 대부분 무사 계층이었다는 점이었다. 무사들의 멘탈리티의 변화는 그렇게 급속하게 일어나지 않았다. 주군-가신이라는 인격 관계의 필요성은 일조일석에 근절될 수 없었다. 엄중한 계급 사회의 사회관계에 따라 무사

---

17 佐波亘編,『波植木正久とその時代』4巻, 教文館, 1976, 526쪽.

로서 사회인이 된 그들은 자신들의 충성의 대상을 잃어버렸던 것이다. 이론적으로 말하면 봉건 영주나 번에 대한 충성은 천황이나 국가에 대한 충성으로 대체되어야 하는 것이었다. 그러나 실질적으로 천황은 아직 무사들의 마음을 장악하지 못했다. 무사들에게 충성이라는 것은 번을 위해 목숨을 바친다는 봉건적 신분 관계로 이해되었다. 그들에게는 영지를 주는 사람이 곧 주군인 것이었는데 천황은 무사들에게 영지를 주지 않았던 것이다. 또한 좁은 번 안에서 주군 가신 관계의 인격적 헌신이라는 틀로 교육받았던 사람들에게 국가의 개념은 너무나도 넓고 막연했다. 봉건적 신분 관계의 붕괴는 윤리적인 측면에서 보면 그것에 의거한 도덕 체계의 붕괴를 의미하는 것이었다. 주군-가신 관계는 무사의 도덕 행위 규범의 기초가 되는 것으로, 이 주종 관계가 붕괴되었을 때 무사의 인격 내부에서의 가치 통합의 원리도 또한 소멸했다. 기독교에 조우했던 무사들은 개인과 개인의 행위를 지배하는 인격신의 개념에서 그들이 익숙해져 있던 주군-가신 관계와 유사성을 발견해내고, 그것을 통해 자신의 인격을 재통합하고자 했던 것이다.

여기에서 초기 일본 개신교의 세 번째의 공통적 특징인 독특한 정신적 멘탈리티가 유래한다. 초기 개신교 신자들은 기독교의 인격 통합력에 근거하여 새로운 윤리주의로 자신의 정체성을 재구성하고자 했다. 뿐만 아니라 유신 정부의 신일본 건설에 기여하는 유능한 국가적 인재가 됨으로써 사회 지도층 신분인 무사로서의 자신의 책무를 다하고자 했다.[18] 요약하자면, 초기 일본 기독교인들은 각 교파의 차이에도 불구하고 서로 공유하는 공통적 특성이 있었는데, 그것은 서구 선교사로부터 독립하고자 하는 의지와 신 앞에서의 자신의 발견에 의한 새로운 윤리주의 그리고 신일본 건설에 기여해야 한다는 애국주의라는 세 가지

18 사와 마사히코, 앞의 책, 94-95쪽.

정신적 특성이었다.

우치무라는 이렇게 '시빌라이제이션'과 '내셔널리티'의 두 축이 중심이 되어 활발한 사상적 격투가 벌어지고 있는 가운데, 그 틈새로 개신교가 태동되는 메이지 사회의 시대적 분위기 가운데에서 태어났다.

2. 구세계의 붕괴와 새로운 출구

우치무라의 소년 시절의 커다란 사건이라고 한다면 1868년 유신 후 일본 사회의 여러 세력을 재편성하는 복잡한 사회 구조적 변화를 들 수 있다. 수 세대 간에 걸쳐 분산해 있었던 권력이 중앙 정부를 중심으로 중앙 집권화되었던 것이다. 이 사건은 근대 일본사를 이해하는 데 가장 중요한 사건이었다. 그리고 이 변화를 체험한 개인의 생애를 관통하는 가장 중요한 사건이었다. 구체제에서 특권층이었던 사무라이 계급에 속하는 자는 친밀하고 쾌적한 생활의 종언을 탄식했다. 사건이 결정적이었음과 동시에 그것을 초래한 원인도 분명한 것으로 서양의 여러 나라가 일본에 개국을 요구했기 때문이었다. 중앙 집권화의 움직임은 일본의 주권에 대한 위협에 대항하기 위해 일어난 것으로 유신 후 신정부는 서양의 팽창 정책에서 일본을 수호해냈다. 따라서 애국심이 강한 일본인은 개인의 생활이 아무리 급격히 변화되었다 해도 메이지유신 그 자체를 나쁜 것이라고는 생각할 수 없었다. 변화를 탄식하면서도 그 결과 생겨나는 적의는 유신을 초래한 문제의 원인 즉 만악의 근원인 서구 외국인에게 향해졌다.

우치무라는 이러한 격변기의 일본에서 1861년 3월 23일 조슈(上州) 타카사키번(高崎藩)의 무사 우치무라 요시유키(內村宣之)의 장남으로 수도인 에도(江都)에서 태어났다. 우치무라의 가족은 사무라이 계급이었다. 사회의 최상위 계급이었던 것이다. 사무라이 계급은 당시 일본 인구의 약 5%로 원래 무용(武勇)을 근거로 형성되었으나, 그 후 세대를 거치면서 방어의 임무에 더해 행정이나 학문 분야의 임무도 부과되었다. 사무라이는 자기 '번'의 다이묘(大名) 아래에서 각각의 지위와 능력과 책임을 의식하면서 각자의 역할을 담당해왔다. 그러나 메이지유신 후 8년간 새로운 제도가 구제도를 대체함에 따라 사무라이는 그 기능을 잃고 쓸모가 없어져 정부의 원조도 끊어졌다. 물론 재능이 탁월한 소수의 사무라이는 그들의 훈련과 경험을 살려 신체제에서도 좋은 지위를 얻었다. 그러나 변화에 적응하지 못하고 구체제에 남겨진 사람들 가운데는 이미 시대에 뒤쳐진 자신들의 생활을 충실히 계속하면 어떤 식의 형태로든 보상 받을 것이라 믿는 자들도 있었다. 우치무라의 부친은 후자에 속하는 사람이었다.

다카사키번은 8만 2천석의 쌀을 생산하는 토지를 가진 번이었다. 우치무라의 아버지는 젊었을 때 미래가 촉망받는 사무라이였다. 그는 아버지로부터 물려받은 세습의 봉급을 받았고 사치스럽지는 않으나 쾌적하게 생활할 수 있었다. 세습 계급 제도에는 유연성이 있어서 행정 조직 가운데에서 유능한 인물을 세습 계급보다 상위로 승진하는 것이 가능했다. 우치무라의 아버지는 50석 정도의 월급을 받는 사람으로, 유교적 지식과 군사 관계의 지식이 풍부하여 젊었을 때부터 자기 번의 군대의 근대화를 추진했었다. 우치무라가 태어났을 때 그의 아버지는 30세였다. 그는 수도 에도에서 다이묘의 사설 비서와 같은 임무를 맡았었다. 많은 방면에서 자치권을 갖고 있던 각각의 번이 에도에 설치한 거점은 막부와의 교섭을 담당하는 대사관과 같은 역할을 했기 때문에 에도에 거주하는 무사는 자기 번에서도 가장 우수한 요원들이었다. 다카사키번의 번주 오오코우치 테루나가(大河內輝聲)는 우치무라의 아버지를 높이 평가했다. 우치무라가 5살 때 그의 아버지는 꽤 중요한 임무가 부과되었으나 7개월 후 퇴임되어 다카사키로 돌아와 한직(閑職)에 발령되었다. 아마 우치무라의 아버지가 번의 군대의 근대화를 진언한 결과가 아닐까 추측된다. 어쨌든 가족은 소란스러운 에도에서 조용한 시골마을로 옮겨 메이지유신의 수개월 후까지 체재했다. 어린 우치무라는 한학서당에 다니면서 다카사키의 자연을 따라 새라든가 하천에서 놀고 있는 물고기 등과 함께 즐거운 나날을 보냈다. 그러나 메이지유신 후 신정부가 구다이묘와 정치상의 책임을 분할하는 과정에서 우치무라의 아버지에게 다시 한번 중요한 임무가 맡겨진다. 중요한 관료는 중앙정부가 선발하고 보좌역의 선택은 구다이묘들에게 맡겨졌던 것이다.[19]

번주 오오코우치는 우치무라의 아버지를 다카사키번의 지역 보좌역으로 발탁했다. 이후 수년간 우치무라의 아버지는 더욱 높은 지위로 수차례 승진했고 한동안 이시마키겐(石劵縣)의 소참사로서 그 지역 일대를 완전히 다스렸다. 이에 따라 우치무라의 가족도 다카사키로부터 이시마키 등으로 이사했다. 그의 부친의 인생에서 가장 화려한 시기였다. 그러나 우치무라의 부친은 구 번주 오오코우치가 그에게 돌아오라고 청하자 거절하지 못하고 다카사키로 돌아오고 말았다. 얼마 후 폐번치현(廢蕃置縣)의 조치는 우치무라의 아버지의 경력에 종지부를 찍었다. 유신 정부는 1871년 이전까지 존재했던 200여 개의 번(藩)을 폐지하고 중앙 집권적 부현제를 실시한다는 폐번치현의 조서를 공포했던 것이다. 조서는 겨우 200자에도 못 미치는 내용으로 “안으로는 인민을 보호하고 밖으로는 만국과 대치하기 위하여 지금 번을 폐하고 현을 둔다”는 짧은 내용이었다.[20] 이로써 도쿠가와 막부 성립 이래 250년간 일본을 유지해오던 막번체제(幕藩體制)가 완전히 해체되고 메이지 천황을 중심

19 J. F. ハウズ, 『近代日本の預言者, 內村鑑三, 1861-1939年』, 堤捻子譯, 教文館, 2015, 41쪽.
20 이노우에 가쓰오, 앞의 책, 215쪽.

으로 하는 전제적 중앙 집권 체제로 개편되었다. 메이지유신에 반대하여 도쿠가와 막부를 지지하는 좌막파에 속했던 다카사키번은 완전한 몰락의 길을 걷지 않으면 안 되었다. 우치무라의 아버지 요시유키는 번주(藩主)를 따라 실각하고 은퇴했다. 우치무라의 아버지는 자신의 주군과 운명을 함께하며 막부 질서의 해체에 따라 40세의 젊은 나이로 자신의 일생을 닫아버린 것이었다. 우치무라는 아직 11살이었다.

그의 아버지는 잠시 동안 농업에 손을 댔다가 퇴직금의 남은 금액으로 도쿄에 집을 매입했다. 우치무라가 20대에 들어간 7년간 그의 아버지는 자신의 주군인 구다이묘의 장기 상대를 하며 다이묘의 도쿄 저택의 일을 도왔으나 그 외에 수입이 될 만한 어떠한 일도 하지 않았다. 우치무라가 아직 10대였을 때 그의 부친은 그에게 의존하기 시작하여 그가 16살 때 가장으로서의 자리를 물려주었다. 그는 집안에 있으면서 책을 읽고 노래를 부르고 장기를 두고, 우치무라의 감화로 기독교인이 되기까지 술을 마시면서 살았다. 이러한 아버지에 대한 우치무라의 감정은 복잡했다. 그는 아버지의 능력과 무사로서의 자존심 그리고 유학의 스승으로서의 자질, 윤리적인 청렴함 등은 존경했다. 그러나 청년기에 들어서자 부친에 대한 신뢰는 점차 흔들려 우치무라에게 아버지의 인생은 실패로 보였다.[21]

그렇다고 하더라도 그의 부친을 단순한 실패자로 보기에는 우치무라에게 물려준 아버지의 정신적 유산은 결코 적지 않았다. 우치무라의 아버지는 다카사키번에서도 저명한 유학자였다. 어린 우치무라에게도 아버지의 유교적 분위기는 많은 영향을 미쳤다. 후일 우치무라는 이를 회상하여 "나는 중국의 여러 성현의 윤리적 정치적 교훈은 이해할 수 없었다고 하더라도 유교의 전체적인 느낌에는 깊이 스며들었다"고 했

---

21 J. F. ハウズ, 앞의 책, 41-44쪽.

다.[22] 우치무라의 회심이 갖는 의미를 이해하고 그의 인간과 사상이 형성되는 과정을 이해하려고 할 경우, 그의 무사의 아들, 즉 '사족(士族)'으로서의 자긍심과 유교적 교양을 무시해서는 안 된다.

도쿠가와 막부는 전국시대의 뒤를 이어 무사들의 세력을 결집하는 한편, 그 지배 관계를 고정화하고 사회를 사농공상이라는 신분적 계층적 질서에 의해 통일하여 봉건 사회를 강고하게 했다. 거기에서는 무사들은 더 이상 무력에 의해서가 아니라 서민들과는 다르게 사회의 지배자, 지도자로서 주군을 섬기고 군신 상하의 질서를 유지해갈 의무가 부과되었다. 이러한 사회적 질서를 학문적으로 의미 부여하여 무사에게 인륜의 도를 말하는 것이 유교였다. 무사들은 유교의 이상인 군자의 길, 삼강오륜의 길을 실현하는 것을 중요시했다. 무사 계급과 그 입장을 이해했던 야마가소코(山鹿素行)는 『야마가어류(山鹿語類)』에서 무사도의 유교 윤리적 해석을 시도했다. 그는 먼저 유교가 말하는 오륜의 길, 즉 군신, 부자, 형제, 부부, 붕우의 길을 명백히 한 후, 이러한 길은 만민이 걸어야 할 인륜의 도이지만, 직접 생산에 종사하고 있는 서민은 그런 여유를 갖지 못한다고 이야기했다. 그러나 서민 위에 선 무사는 인륜의 길을 자각하고 그들의 모범이 되어, 그들이 인륜을 어지럽혔을 때 단속하고 사회에 이 길을 실현하기 위해 노력해야만 한다고 주장했으며 이것을 일생 동안 노력하는 것이 무사의 용맹함이라고 했다. 소코는 나아가 무사의 품성 수양에 대해서 도량, 기개, 의(義)와 이(利)의 구별, 명령에 복종하는 것, 청렴, 정직, 절개를 들고, 또 재덕(才德)의 수양에 관하여 충, 효, 인, 의, 지를 말했다. 이 외에 그는 무사된 자가 사회에서 지녀야 할 긍지와 위엄에 대해서도 말하고 있다. 소코가 말하는 이러한 무사도 정신은 봉건 사회의 신분적 차별을 전제로 한 고결한 유

---

22 우찌무라 간조, 『우찌무라 간조 회심기』, 양혜원 역, 홍성사, 2008, 22쪽.

교 윤리의 강조로 계급적 우월성에서 오는 귀족주의적 윤리의 제창에 다름없었다.

무사들은 이러한 무사로서 지녀야만 할 정신적 윤리에 근거하여 보통 사람들이 물질적, 금전적 이욕이나 인간의 자연발생적인 개인적 애정과 감정에 사로잡히는 것을 경멸하고, 스스로는 인륜의 길을 지키고 사회의 바른 질서를 가져다준다는 자부심과 자긍심을 가지고 있었다. 우치무라 안에 존재한 사족의식, 무사의 아들로서의 자긍심도 역시 이것과 관련되고 있다. 평민들에게 있는 물욕적, 이욕적 행위를 경멸하고 정신적 도덕적인 '의'를 중요시하고, 그것을 관철하려고 하는 무사도적 의식이 어린 우치무라에게도 뿌리를 내렸던 것이다.[23]

우치무라의 아버지가 그에게 준 것은 이러한 일본 전통 문화의 전수만이 아니었다. 우치무라의 아버지는 자신의 실패를 의식하여 아들이 입신출세하여 자신이 좌절한 관직에 오를 것을 기대했다. 아버지는 자신의 실패의 체험을 기반으로 우치무라에게 성공의 비결을 가르쳐주는 반면교사의 역할을 했던 것이다. 서양이 가져온 세력 앞에서 무력했던 그의 체험은 서양에 대한 지식이야말로 가족의 그리고 국가의 안전을 담보할 수 있는 열쇠임을 입증하는 강력한 증거가 되었다. 부친은 어린 우치무라에게 외국인의 기술, 특별히 외국의 언어를 통해서 입신출세의 길을 달리게 했다.

영어를 습득하기 위해서 우치무라는 특별한 교육을 받았다. 그것은 동시에 국가의 지도자가 되기 위한 준비였고 또한 일본인의 일반적인 가치관으로부터 그를 분리해내는 것이기도 했다. 우치무라 자신은 의식하지 못했으나 그의 선택은 신정부의 관료들이 입안한 국책과도 일치했다. 그들은 일본이 서양에 뒤떨어졌다는 사실을 인정하고 서양으

23 土肥昭夫, 『内村鑑三』, 日本基督教團出版局, 1962, 13-15쪽.

로부터 새로운 지식을 배우려 했다. 이를 위해 서양 언어에 통달한 인재를 필요로 하고 있었다. 관료들은 이러한 어학력을 서양에서 수입하는 기계와는 정도의 차는 있으나 본질적으로 똑같은 도구라고 생각하고 있었다. 그러나 그것은 오해였다. 일본어와 서양어의 차이는 너무나 큰 것이었기 때문에 서양의 언어를 마스터하게 되면 인간 그 자체가 변할 수밖에 없었다. 우치무라는 새로운 도구를 습득하기 위해 노력하여 그 도구를 마스터했으나, 역으로 자기가 그 도구에 의해 지배되어버렸다는 것을 나중이 되어서야 알게 되었다.[24]

그가 최초로 영어를 배운 것은 가족이 도쿄에 이사하기 전 다카사키에 있을 때였다. 1869년 다이묘 오오코우치는 이미 서양의 와인을 즐기고 『일영사전(日英辭典)』을 소유하고 있을 정도의 서양통이었다. 문인적 군주이기도 했던 그는 1872년 스스로 대학남교(大學南教)에서 영어를 배웠고, 다카사키에 영학교(英學校)도 만들었다. 우치무라는 이 영학교에서 처음으로 영어를 배우기 시작했던 것이다. "허리에 칼을 차고 배운 A, B, C 죄를 끊는 길의 단초가 되었음이여"라고 노래한 것처럼 허리에 칼을 차고 A, B, C를 배웠던 것이다.[25]

그리고 1874년 어린 우치무라는 부친의 기대를 등에 업고 단신으로 도쿄로 나와 아리마사학교(有馬私學教)에 입학했다. 우치무라가 입학한 해 개교한 아리마사학교는 황한겸학과(皇漢兼學科)와, 영학과, 수학과, 습자학과의 4개의 학과가 설치되어 있었다. 우치무라는 여기를 발판으로 해서 다음 해에는 도쿄외국어학교에 입학했다. 그가 의식했든 못 했든 상관없이 아버지로 상징되는 오래된 성스러운 세계의 너무나도 비참한 말로를 목격한 우치무라는 그것을 대신할 새로운 세계를 영어의

24 J. F. ハウズ, 앞의 책, 49쪽.

25 鈴木範久, 『內村鑑三とその時代』, 日本基督教教團, 1975, 24쪽.

세계에서 찾았다.[26] 이때 그의 나이 13살이었다. 도쿄외국어학교는 도쿠가와 막부의 천문방(天文方)에 기원을 둔 번서조소(飜書調所) 개성소(開成所)를 개칭한 것으로, 오늘의 도쿄대, 도쿄외국어대학, 히도츠바시대학(一僑大學)으로 이어지는 학교였다. 우치무라가 입학한 1875년에는 영어과가 독립해서 도쿄영어학교가 되었다. 이는 이후 제일고등중학교에서 다시 도쿄대학 예비 학교인 제일고등학교로 변천해갔다. 이 시점부터 그는 일본 사회가 제공할 수 있는 최고의 어학 훈련을 받게 된 것이다.

도쿄외국어학교와 이것이 발전한 도쿄영어학교에서 우치무라는 그 후 일본에 중요한 지도자가 되는 인재들과 만난다. 나중에 총리대신이 된 가토(加藤高明)는 우치무라의 1년 선배였다. 또한 우치무라의 학급에는 이후 유명한 국제적 인사가 되고 그와도 개인적인 친구가 된 두 명의 소년이 있었다. 저명한 식민정책 학자이자 외교관이었던 니토베 이나조(新渡戸稲造)와 식물학자로서 유명한 미야베 긴고(宮部金吾)이다. 이들은 우치무라의 평생 친구가 되었다. 이 학교 학생들 모두는 국가의 지도자가 되고자 했다. 우치무라 역시 같은 포부를 가지고 있었다. 후일 그는 이 시기를 회상하며 산요(頼山陽)가 열세 살 때 지은 유명한 시인 "내 나이 열세 살, (죽은)지나간 자는 이미 물과 같다. 천지는 시작과 끝이 없는데 인생은 생사가 있으니 어찌하면 고인(옛사람)처럼 되어 천년의 역사서에 이름을 올릴 수 있을까(十有三春秋, 逝者已如水, 天地無始終, 人生有生死, 安得類古人. 千載列靑史)"를 읽고 크게 감동하여, 그 자신 역시 '하나의 역사적인 인간으로 천재청사(千載靑史)에 오를 수 있는 인간이 되고 싶다'고 열망했다고 했다.[27] 아버지가 실패했던 입신출세의 야망을 가진 13살 소년 우치무라의 얼굴을 엿볼 수 있다.

---

26 위의 책, 33쪽.

27 우찌무라 간조, 「후세에 남길 가장 큰 유물」, 『우찌무라 간조 전집』 1권, 김유곤 역, 크리스찬서적, 2000, 275쪽. 이하에서는 전집으로 표기한다.

한편 아버지와 함께 그의 어린 시절 중요한 사람으로는 어머니와 형제들이 있었다. 그의 회상에 의하면 그의 어머니는 외할머니를 닮아 일하기 위해서 태어난 사람 같았다. "외할머니로부터 우리 어머니는 일중독증을 물려받았다. 어머니는 일하고 있는 동안에 인생에 어떠한 고통도 슬픔도 잊어버렸다. 어머니는 생활이 어려운 덕분에 우울할 틈도 없는 종류의 사람이었다. 우리의 작은 가족은 어머니의 왕국이었고 어떠한 여왕에게도 꿀리지 않을 정도로 이 왕국을 다스렸다".[28]

우치무라의 어머니는 표면은 강인하고 유능한 여성으로 보일지 모르지만 실은 한쪽 눈이 날 때부터 보이지 않았던 것도 있어서 내심은 불안정한 여성이었다.[29] 그의 어머니는 불교를 미신적으로 믿었고 우치무라가 어른이 되자 그에게 보호자의 역할을 갈망하기도 했다. 만년에 정신병원에서 생활했던 그녀를 생각하면 우치무라의 정신 상태도 종종 불안정해지곤 했다고 한다. 가장이 가장으로서 책임을 다하지 못하게 되었기 때문에 어머니는 점차 가족 부양에 무거운 책임감을 느끼게 되었던 모양이다. 그녀는 여성다운 우아함이나 애정을 표현할 여유가 없었고, 어린 우치무라는 이러한 결핍으로 외로웠다.

그 반동일까, 우치무라는 이러한 그의 가정환경에 대처하기 위해서 자신의 주위에 있는 종교적 요소에 심취했다. 우치무라 집안의 종교는 불교였다. 그러나 불교는 그의 가정에 그리 커다란 종교적 감화를 미치지 못했다. 그의 아버지는 "어느 절에서 동전 하나를 함에 넣으면서 내가 지금 걸려 있는 소송에서 이기도록 도와준다면 동전 하나를 더 주지"라고 경멸하는 투로 말했다고 한다.[30] 우치무라의 아버지 요시유키

28 우찌무라 간조, 『우찌무라 간조 회심기』, 21쪽.

29 和田洋一, 「內村鑑三, その姉妹, そして私」, 『キリスト教 社會問題硏究所〉 五, 同志社大社會問題硏究所, 1961, 25쪽.

30 우찌무라 간조, 앞의 책, 21쪽.

는 기독교에 입신하기까지는 대단히 합리주의적이고 세속주의적인 인간이었던 것 같다. 우치무라가 불교 스님 흉내를 즐기자, 부친은 그것을 저지했다. 그러자 우치무라는 이번에는 신도(神道)에 관심을 기울였다. 신도의 신직(神職)을 흉내를 낸다던가, 어린애들 앞에서 축사를 읊으면서 종종 그것이 장난이라는 것을 잃어버릴 정도로 몰두했다.[31]

합리적인 유교적 교양인인 그의 아버지나 가정을 꾸리는 데 열심이었던 그의 어머니와는 달리 우치무라는 일본의 신들에게 매달렸던 것이다. 그는 신사에 모셔져 있는 신들이나, 방위를 주관하는 신들을 숭배하고 그 공덕 혹은 주술을 믿었으며 금기로 정해져 있는 것은 결코 손대지 않았다. 이러한 그의 종교적 심정은 일본인에게 공통적인, 전통적인 민간 신앙의 표명이었다. 거기에는 고대인과 마찬가지로 자연을 살아 있는 존재로 보고 그 안에 만물을 지배하는 초자연적인 힘을 느끼는 애니미즘 신앙이나 인간 이상의 힘이나 만물에 의해 자기의 충족을 꾀하려고 하는 종교적, 주술적인 금기의 사상이 있었다.[32] 어린 우치무라는 신성한 구세계의 붕괴가 초래한 불안을 신도라는 민속 종교를 통해 대처하고자 했던 것이다.

어린 우치무라에게 부모 다음으로 중요한 가정환경은 형제였다. 우치무라의 형제는 남동생이 세 명, 여동생이 한 명이었는데 동생들은 모두 교사가 되었다. 우치무라는 장남으로서 가장이라는 지위를 가지고 동생들을 지배할 수 있는 권한을 가지고 있었으나, 여러 가지로 잔소리를 하는 성마른 그의 성격 때문에 필요 이상으로 동생들의 반감을 샀던 것 같다. 바로 밑에 동생인 다츠사부로(達三郞)와는 비교적 친밀했던 모양이나, 그것도 얼마 가지 않았다. 후일 다츠사부로까지도 아버지나 어

31 政池仁, 『內村鑑三傳』 三一書店, 1953, 7쪽.

32 土肥昭男. 『內村鑑三』, 16쪽.

머니의 장례식에 오지 않아 우치무라는 모든 것을 혼자 하지 않으면 안 될 정도였다. 우치무라가 가까이에 있는 사람들을 위해서 취한 행동은 너무 신중하고 엄격했기 때문에 합의보다는 가족끼리의 이반(離反)을 초래했던 것이다. 우치무라가 자랐던 당시 그의 집은 어린아이가 성장하기에 최선의 환경을 제공할 여유로움과 따뜻함은 결여되어 있었다고 할 수 있을 것이다.[33]

우치무라 스스로도 자신이 어린 시절 까다롭고 내성적인 소년이었다고 회고하고 있었다. 그것은 성장기에 그의 가족들이 처해 있었던 상황과 적지 않은 관련이 있다고 하겠다. 많은 우치무라 연구가들은 이러한 가정 환경에 의해 그의 성격에 세 가지 특질이 형성되었다고 보고 있다. 즉, 애정의 갈구, 중압감을 느낄 정도의 책임감, 그리고 주위를 지배하지 않으면 성이 풀리지 않는 성격의 세 가지였다. 이 가운데 마지막 성격은 종종 두 가지 형태로 나타났다. 때로는 대상을 특정할 수 없는 공포심으로 나타났고 때로는 오만한 야심으로 나타났다. 그러나 둘은 실은 한 세트였다. 야심은 공포심을 극복하기 위한 것이었다. 자신이 계속적으로 성공하면 스스로가 강해지고 또 자신감을 가질 수 있다고 생각하고 주위 환경에 휘둘리지 않도록 끝없이 경계하며 자신을 방어하고 주위를 지배하고자 했던 것이다. 그의 성격의 이러한 세 가지 특질은 그의 소년기와 청년기에 종종 심신증을 동반하여 나타나게 되었다.[34]

우치무라가 도쿄영어학교를 졸업할 무렵, 정부의 많은 부서에서 이 학교의 학생들에게 러브콜을 보내왔다. 이 학교에서 학생들은 장래 서양의 요인들과 업무를 하기 위해 필요한 중요한 도구를 손에 넣었기 때

---

33 J. F. ハウズ, 앞의 책, 46-47쪽.

34 위의 책, 41쪽.

문이었다. 그들은 영어를 쓰는 사람과 최대한 접촉하고 많은 수업을 영어로 들어, 졸업할 당시에는 영어의 표현력을 체득했으므로 장래의 성공이 보장되었던 것이다. 대부분의 학생들은 우치무라와 마찬가지로 관료가 되고 싶어 했다. 이러한 그들이 받은 러브콜 중의 하나는 홋카이도에 신설된 농학교의 학생 모집을 위해 도쿄에 온 개척사(開拓使)였다.

개척사는 홋카이도의 추운 날씨도 문명의 이기(利器)로 대처할 수 있고 전액 장학금이며 월급도 고액이라고 설득했다. 우치무라는 특히 월급에 끌렸다. 가장이 되었기 때문에 책임감이 무거웠던 것이다. 지난해 폐막염으로 학교를 쉬었기 때문에 더욱더 가족에 대한 무거운 책임감이 동기가 되었는지도 모른다. 삿포로에서 농업 기술을 배우는 것은 우치무라가 부친과 함께 생각했던 정계 진출의 야심은 좌절시킬지 모르나 경제적으로는 도움이 될 것이 분명했다. 결국 우치무라와 함께 12명의 학생이 삿포로농학교의 제 2기생으로서 입학하게 되었다. 우치무라의 평생의 친우인 니토베 이나조, 미야베 긴고도 함께 진학을 결심했다. 이들 모두가 다 가난한 몰락 사무라이 가계의 출신으로 장학금에 의해서 그 생활을 보증을 받아야 했기 때문이었다.

3. 삿포로농학교와 기독교에의 입신

우치무라 일행은 1877년 8월 삿포로(禮幌)에 들어갔다. 당시 삿포로는 인구 약 2,000여 명의 한촌에 불과했다. 국방적인 견지와 미개지의 개척이라고 하는 두 가지 목표에서 삿포로에 개척사(開拓使)가 설립된 것은 1870년이었다. 개척을 위한 인재를 양성하기 위하여 유학생을 파견한다거나 개척사반학교(開拓使伴學校)를 세우기도 했으나 충분한 효과를 거두지 못했다. 1876년 반학교를 삿포로로 옮겨 삿포로학교로 개칭했다. 그리고 미국 메사추세츠주립농업대학교 교장인 클라크(William Smith Clark)를 초빙하여 삿포로농학교로 개교했다. 비로소 본격적인 농학 전문 교육 기관으로서 체제를 갖추게 되었던 것이다.[35]

우치무라는 이 땅에서 예상 밖의 커다란 영향을 받게 된다. 그들의 생활을 변화시킨 요인에는 세 가지가 있었다. 첫째는 상호 협력해 농학교를 발전시킨 클라크와 구로다(黑田淸隆)라는 인물의 인격이었다. 둘째는 이 두 사람이 교육한 윤리적 내용이었고, 세 번째는 클라크가 강력하게 추진한 기독교 신앙이었다. 구로다는 사츠마번(薩摩藩) 출신으로 젊을 때부터 군사적 지도력을 발휘했다. 그는 외국 견학을 체험한 후 홋카이도의 조직적 발전 계획을 작성했다. 당시 거의 미개척의 산림지였던 이 지역의 개발이 그에게 맡겨진 것이다. 그는 처음에는 도쿄에 개척사반학교(開拓使仟學校)를 설립했으나 실패했다. 그는 도쿄의 환경에서는 홋카이도에서 일할 수 있는 인재를 육성할 수 없다고 생각하고 신천지의 중심이 된 홋카이도에 학교를 재건하기로 했다. 그리고 학생을 육성할 수 있는 유능한 미국인을 초빙하기로 하고 외무성에 의뢰했다. 주미공사 요시다(吉田淸成)의 알선으로 메사추세츠주립농업대학 학장 클라크가 그 임무를 맡게 되었다.

오늘날 클라크의 이름을 아는 미국인은 거의 없다. 패전 직후 일본 관료들이 클라크의 묘지를 참배하기 위해 갔을 때 그의 묘지를 찾기 위해 고생했을 정도라고 한다. 그는 모국에서보다 일본에서 커다란 공언을 했던 것이다. 그가 남긴 유명한 '청년이여, 웅지를 품어라(boys, be ambitious!!)'라는 말은 일본에서나 한국에서는 유명하지만, 미국인들에게는 무미건조하다는 인상을 주는 평범한 말이었다. 그렇다 하더라도 클라크는 당시 미국과 독일 대학에서 최고의 전문적 훈련을 받은 사람

35 鈴木範久, 『內村鑑三とその時代』, 36-37쪽.

으로, 생물학, 광물학에 뛰어난 업적을 가진 학자였다. 커다란 키에 위엄이 있었으며, 남북전쟁에도 참여한 군인이었다. 또한 학교 교육에 관하여 훌륭한 식견을 가진 교육가이기도 했다. 뿐만 아니라 그는 1849년 애머스트대학(Amherst College) 학생 시절 신앙 부흥 운동의 한가운데에서 깊은 종교적 회심을 하여 뉴잉글랜드의 전통적인 퓨리턴 신앙과 윤리를 체현한 사람이었다. 그는 학교 교육에서 신앙에 근거한 도덕적 인격 교육을 중요시했다. 삿포로에 부임하기 전 그는 세 가지 조건을 붙였다. 즉 조수를 두 명 동행하게 할 것, 자신은 1년만 체류하지만 두 사람은 잔류할 것, 그가 새로운 학교의 교장이 될 것이었다.[36]

이러한 조건 아래 구로타와 클라크는 협력하여 특별한 교육 내용을 만들고자 했다. 즉 서양에서 공직에 나아갈 사람이 알아야만 할 지식을 가르치고 더 이상 쓸모가 없어진 사무라이 사회의 윤리를 버리게 한다는 것이었다. 이것은 비단 기독교 신앙을 받아들이지 않아도 서양적 에토스의 철저한 주입이었다. 후일 졸업생들이 '세뇌'라고 부를 정도로, 종래의 일본 사회와는 완전히 이질적 교육 내용이었다. 우치무라는 이 두 사람이 학교를 창설한 다음 해인 1877년 친구인 니토베와 미야베 그리고 다른 일행과 함께 삿포로에 들어왔다. 거기에는 미국의 프론티어 마을을 모형으로 하여 설계된 미개척지의 마을이 있었다. 학교에서 그리 멀지 않은 지역에서부터 끝없는 산림이 펼쳐지고 있었다. 어느 봄날 밤에는 굶주린 곰이 학교에서 그리 멀지 않는 거리에 있는 인가를 습격하여 작은 어린애를 물고 도망친 일도 있었다. 그리 많지 않은 주민들이 서로 교제하는 것 외에 외지인과의 접촉은 없었다. 이 작은 개

---

36 J. F. ハウズ, 앞의 책, 53쪽. 그의 연봉은 7,200달러였고 교수들은 그 반의 금액을 받았다. 이것은 상당한 고액으로 클라크의 월급은 당시 메사추세츠주지사의 월급의 약 5할, 조수들은 애머스트대학의 학장의 월급과 거의 같았다. 일본 정부가 그의 능력을 어느 정도 평가했는지 알 수 있는 대목이었다.

척마을에서 학교는 더욱 더 작은 사회를 구성했다. 학생들은 학교 밖의 세계와는 물리적으로도 지적으로도 거의 관계가 없는 생활을 하고 있었다. 학교의 목재 건물은 다른 학교의 상아탑보다도 훨씬 더 멀리 그들을 격리하고 바다 저편의 매력적인 이국의 세계로 그들을 데려갔던 것이었다.

우치무라 일행은 제복을 한 벌씩 받았는데 전부 서양 스타일이었다. 제복은 외형은 어땠든 간에 엘리트의 상징이었다. 양복을 입은 학생들은 미국의 대학생과 같은 방에서 생활했다. 약 5미터의 벽으로 둘러싸여진 방에 두 명의 학생이 함께 생활했고 서양식 침대와 책상, 의자, 스탠드가 구비되어 있고 작은 난로가 있었다. 의복도 침구도 학습도 서양식이었고, 식사는 점심만을 제외하고 전부 일본식이었다. 그 외에 모든 것은 당시 서양의 학생들과 거의 같았다. 이렇게 보면 이들의 학생 생활을 지배했던 것은 완전히 미국의 개척지의 물질적 환경이었음을 알 수 있다. 학생들은 곧 적응했다. 그리고 미국의 물질 문화뿐만 아니라 그 가치관도 배우게 되었다.

먼저 학생들은 금전에 대해 중산 계급의 태도를 배우게 되었다. 금전이 사무라이 계급의 가족을 고통스럽게 하고 있음을 구로다도 클라크도 잘 알고 있었기 때문이다. 유신 전 급료를 받고 있었던 사무라이 계급은 유신 후 종래의 지위에 대한 자부심과 실용적 능력의 결여 때문에 금전을 효율적으로 관리하는 기술을 배우지 못했다. 삿포로에서 학생들은 급료를 잘 관리하는 방법을 배워야 했다. 의식주 외에 학생 한 사람에게 16엔이 지급되었는데 이 금액은 정부가 학생의 식비로서 매월 학교에 지급하는 금액의 두 배였다. 그들이 사야 하는 것은 비누나 우표, 문구류 정도였다. 학생들은 학교의 실업농장에서 일하면 시급을 받을 수 있었고 자기가 경작한 밭의 수확물의 이익도 자신의 것이었다. 또한 학업 우수자에게는 연액 최고 22엔 정도까지의 현금이 지급되었다. 우치무라는 돈을 관리하는 방법을 잘 배웠다. 그의 실수입은 월액 평균 22엔 정도로 비싼 책을 구입하지 않으면 양친에게 상당히 많은 돈을 보낼 수 있었다.[37] 삿포로에서의 이러한 체험으로부터 그는 이후 그의 생활을 특징짓는 중산 계급적 가치관을 확신하기에 이르렀다. 이에 더하여 그는 교외 활동을 즐기면서 일하는 것을 배웠다. 클라크는 종종 기숙사를 방문하여 학생들에게 책상을 떠나 체조와 교련, 보건위생 등도 가르쳤다. 농장에서의 실습은 교외에서 노동하는 만족감을 습득하게 했다. 또한 여기에서 그는 하이킹, 사이클링, 수영 등을 즐기는 법을 배웠다.

한편 농학교에서 학생들은 외국인 교사의 수업과 독서를 통해 모든 것을 영어라는 매개를 통해서 배웠다. 영어 독서와 외국인 교사와의 회화는 모두 상급 영어 습득에 유용했다. 그들은 모국어로 작문할 때보다 훨씬 더 많은 시간을 할애해서 정확한 번역어와 표현을 찾아내고자 했다. 개개의 단어에 주의를 집중시킬 필요에서 삿포로 시대에 받은 서양적 영향력은 강화되었다. 언어 표현에 집중했던 삿포로에서의 체험은 수도원적 훈련에 가까운 것이었다. 학생들은 자신들의 작은 사회 이외의 현실에 접촉하지 않고 끊임없이 외국어에 의지해야 하는 긴장감을 동반한 일종의 정신적 온실에서 생활하고 있었다. 깊고 영속적인 심리적 변화를 일으키기에는 이상적인 환경이었다. 의식적인 자기개발이 최우선시되었다. 그리고 이것을 추구하면 추구할수록 보통 일본인과는 괴리되는 존재가 되어갔다. 우치무라의 친우 미야베는 70년 이상이 지난 후에도 "우리들은 마음 깊이에 있는 감정과 사고는 영어로밖에 표현할 수 없다고 느꼈다"고 회상했다.[38]

---

37 위의 책, 56-58쪽.

38 山本泰郎次, 『宮部博士あての書簡による内村鑑三』, 東海書房, 1952, 1쪽.

이러한 것들과 더불어 우치무라의 생활에 가장 큰 영향을 미친 것은 삿포로농학교에서 갖게 된 종교적 신념이었다. 처음 교실에 들어갔을 때 각자의 책상 위에 영어 성서가 놓여져 있었고 그것이 윤리 수업의 교과서가 되었다. 클라크는 학생들에게 기독교를 받아들이라고 권했을 뿐만 아니라 스스로도 기독교적 미덕이라고 생각되는 것을 실천해 보였다. 그는 미국에서 술과 담배를 가져왔으나, 윤리를 가르칠 책임을 맡게 되면서부터는 이것들을 공중 앞에서 파기했다. 그의 존재에 의해 학교 내의 작은 서양 세계에는 기독교를 받아들이고 나아가 극기심을 발휘하며 그것을 고창하는 습관이 생겨났다. 그가 떠난 후에도 다른 외국인 교사들은 동일한 영향력을 끼쳤다.

우치무라가 삿포로에 도착한 직후 두 개의 서약서에 서명하기를 요구받았다. 우치무라는 첫 번째 서약서 즉 담배와 술을 끊는다는 서약서에는 즉시 서명했다. 그러나 두 번째 서약서, 즉 클라크가 귀국 직전에 작성한 '예수를 따르는 자들의 맹약서'에 서약하는 것은 불가능했다. 그것은 다음과 같은 내용이었다.

> '예수를 믿는 자들의 맹약'
>
> 아래에 서명한 S. A. 대학(Sapporo Agricultural College)의 학생들은 그리스도의 명령에 따라 그를 고백하기를 원하고, 십자가 위에서 죽으심으로 우리의 죄를 대속하신 복된 구세주에 대한 우리의 사랑과 감사를 나타내기 위해 모든 기독교의 의무를 참된 충성으로 행하기를 원하며, 그의 왕국을 진전시켜 그의 영광과 죽음으로 베풀어주신 구원을 널리 선전하기를 간절히 원하는 마음으로, 이 순간 이후로 하나님의 신실한 제자가 되고, 그의 가르침의 정신과 글을 엄격하게 지키며 살고, 언제든지 적절한 기회가 되면 우리 신앙을 점검받고, 세례를 받아 복음주의 교회에 입회할 것임을 하나님과 서약하고, 서로 서약한다.

1. 우리는 성경은 하나님이 인간에게 주신 언어로 된 유일한 직접 계시임을 믿으며, 영광스런 미래의 삶을 위한 오류가 없는 완벽하고 유일한 안내서임을 믿는다.
2. 우리는 우리의 자비로운 아버지가 되시고, 공정하고 절대적인 통치자이시며, 우리의 궁극적인 심판관이 되실 영원하신 하나님을 믿는다.
3. 우리는 하나님의 아들 안에서 믿음으로 진지하게 회개하는 자는 죄를 용서받고, 이 생을 사는 동안 성령님의 은혜로운 인도를 받으며 하늘에 계신 아버지의 주의깊은 섭리에 의해 보호받으며, 결국에는 구원받은 거룩한 자들의 즐거움을 누리게 될 것이나, 복음의 초대를 거절하는 사람은 모두 자기 죄 가운데서 죽을 것이며, 주님으로부터 영원한 형벌을 받을 것을 믿는다.
4. 우리는 이 땅에 사는 동안 겪는 모든 변화 속에서도 다음의 계명들을 기억하고 지킬 것을 약속한다.

"너는 마음을 다하고 영혼을 다하고, 힘을 다하고, 지성을 다하여 주 너의 하나님을 사랑하고, 네 이웃을 네 몸과 같이 사랑하라. 너는 새겨진 형상이나 아무 피조물의 형상도 섬기지 말라. 주 너의 하나님의 이름을 망령되이 일컫지 말라.

안식일을 기억하여 거룩히 지키고, 그 날에는 불필요한 모든 노동을 피하고, 성경 연구와 자신과 다른 사람들이 거룩한 삶을 살도록 준비시키는데 최대한 시간을 보내도록 하라.

네 부모와 통치자를 공경하라. 살인, 간음, 혹은 다른 음란한 행위와 도둑질을 하지 말며, 속이지 말라. 네 이웃에게 악한 일을 하지 말라. 쉬지 말고 기도하라."

서로 돕고 격려하기 위해 우리는 '예수님을 믿는 자들'이라는 이름 아래 협회를 구성하며, 성경과 타 종교 서적이나 논문을 읽기 위해서, 그리고 회의와 공동 기도를 위해서, 함께 사는 동안 매주 한 번 혹은 그 이상의 모임에 성실하게 참석할 것을 약속하며, 우리는 성령님이 우리 마음 속에 명백히 임재하셔서 사랑을 불러일으키시고, 우리의 믿음을 굳게 해주시고, 우리를 구원하는 참 지식에 이르도록 인도해주시기를 간절히 바란다.

-1877년 3월 5일, 삿포로에서.[39]

클라크는 본래 기독교의 목사나 신학자가 아니라 한 사람의 평신도였다. 또 이 맹약은 교회의 신앙고백이 아니라 교회에서 세례를 받을 자의 맹약이기 때문에 전통적인 개신교 신조의 형식을 취하고 있지 않다. 그러나 그 때문에 이 맹약은 소박하고 철저한, 일본 기독교사에 있어서 삿포로 밴드라고 불리는 사람들을 만들어내기에 걸맞은 신앙적 표명이었다. 이 맹약에 의하면 기독교 신앙은 교회 교리나, 신조를 단순히 받아들이고 신학적으로 이해하는 것을 말하는 것이 아니고 성서에 근거하여 사랑이자 의로운 최상의 아버지인 신을 믿고 그 외아들 예수를 믿어 죄의 용서를 받고 신앙의 교훈에 따라 살아가려는 신앙고백 그 자체를 의미했다. 나아가 맹약이 나타내고 있는 것에 의하면, 기독교인의 생애는 만물을 지배하는 신을 믿고 경외하기 때문에 그 이외의 어떠한 권위도 의지하지 않고 굴복하지 않는 양심의 자유와 그 권위에 따라 사는 생애였다. 신에 의해 선택되어져 구원받은 기독교인은 바로 이 때문에 여기에 걸맞은 생활을 하지 않으면 안 된다. 신이 요구하는 의무는 신의 뜻으로서 나타낸 것에 대한 절대적인 복종이다. 신을 따르고 성스러운 생활을 하는 자만이 국가와 사회에 이바지하는 유능한 인물이 될 수 있다. 이 견해는 참으로 칼빈주의의 영향을 받은 정통적인 퓨리턴 신앙에 선 것이다. 클라크가 학생에게 주고 스스로도 실행한 교훈 역시 같은 정신에 근거하고 있었다. 이와 같이 소박하고 순진한 신

39 우찌무라 간조, 『우찌무라 간조 회심기』, 34-36쪽.

앙과 고도의 윤리성을 가진 퓨리턴적 기독교가 클라크라고 하는 인물을 매개로 하여 삿포로 땅에 유입되고 있었다.[40]

삶과 인격으로 모범을 보인 클라크의 기독교 신앙과 윤리적 이상주의에 감복한 이 학교의 제 1기생들은 1877년 3월 '예수를 믿는 자의 맹약'에 16명 전원이 서명했다. 그리고 우치무라 등의 제 2기생에게도 기독교에 들어올 것을 권유했다. 제 1기생은 우치무라가 '공격' 혹은 '돌격'이라고 표현할 정도의 열렬함과 강제성을 띠며 기독교에 들어올 것을 권유했다. 그러나 우치무라는 칠일 가운데 하루를 특별히 신앙을 위해서 비워두지 않으면 안 된다는 것과 외국에서 생겨난 신앙에 들어가는 것은 조국에 대한 배신이고 조국의 종교에 대한 배교자가 된다는 생각에서 입교를 거부했다. 우치무라에게 있어서 일본의 신들에 대한 신앙은 그것을 잃어버리면 자기 존재에 대한 희망도 부서지는 것이기 때문이었다. 친구들이 차례로 '예수를 믿는 자들의 맹약'에 서명하는 가운데 혼자서 가까이에 있는 신사에 가서 "학교에서 지금 일어나고 있는 광신을 신속하게 진정시켜주시고 이국의 신을 받아들이지 않는 자들을 배격하는 사람들을 벌해주시라"고 기도했다.[41] 이렇게 버티던 우치무라도 마침내 '반강제적'으로 서명하기에 이르렀다.

그렇다면 우치무라로 하여금 반강제적으로 서명하게 한 원인은 무엇이었을까. 친구들이 차례차례 기독교에 입신하는 가운데 그만이 '이교도로서 증오해야 하는 우상 숭배자, 어떻게 할 수 없는 목석(木石) 숭배자'로서 남겨지는 '궁지와 고독'이야말로 그가 서명한 중요한 이유였다.[42] 우치무라보다 먼저 서명한 동기생 중에는 뜻을 같이 한 친우 니토베와 미야베도 있었다. 니토베는 도쿄에서 출발하기 전에 이미 기독교

---

40 土肥昭男, 『內村鑑三』, 17-18쪽.

41 우찌무라 간조, 『우찌무라 간조 회심기』, 34쪽.

42 鈴木範久, 『內村鑑三とその時代』, 42쪽.

에 깊은 감화를 받고 9월 삿포로에 도착한 직후 서명했다. 미야베는 숙고 끝에 3개월 후 서명했기 때문에 우치무라는 혼자 남겨지게 되었던 것이다. 서명을 거절하면 두 사람의 우정을 잃게 된다. 우치무라가 폐막염의 병력을 갖고 있었음에도 불구하고 삿포로에 갈 수 있도록 도쿄의 관료들을 설득해준 것도 이 두 사람의 친구들이었다.[43] 두 명의 친구 없이 그 혼자서는 버틸 수 없었다. 두 사람과 함께 행동하고 두 사람과의 우정을 지키고 싶다는 바람은 애국심을 넘어섰다. 그는 미야베가 서명한 다음날 서명했다. 수일 이내 그의 학급에서 저항했던 나머지 학생들도 서명하여 전부 일곱 명이 기독교인이 되었다. 삿포로라고 하는 격리된 땅에 더구나 서양풍의 생활양식이 지배하는 학교 기숙사라고 하는 특수한 공간에서 일어난 우치무라의 기독교에의 입교는 무엇보다도 이렇게 '고독'을 보완하는 것이었다. 이 서명을 계기로 우치무라는 즐겁게 수다를 떨면서 등교하는 또래들 사이에 다시 들어갈 수 있었던 것이다.

이렇게 한 서명은 그를 '고독'에서 구해주었을 뿐만 아니라 또 다른 하나의 이익을 가져왔다. 수많은 신들의 요구 사이의 충돌이 해결된 것이다. 다수의 신들의 요구가 충돌했었는데 이제 신은 하나밖에 없게 되었기 때문에 그 문제가 해결된 것이었다. 우치무라는 이렇게 말한다. "새로운 믿음의 실용적인 유익은 금방 드러났다. 내가 그 믿음을 물리치려고 안간힘을 쓰는 동안에도 이미 그것을 느끼고 있었다. 세상에는 내가 믿어왔던 것처럼 8백만 이상의 많은 신이 존재하는 것이 아니라, 오직 하나의 신만이 존재한다는 것을 나는 알게 되었다. 기독교의 '유일신론'은 내 미신의 뿌리에 도끼날을 대었다. 내가 한 모든 서약, 그리고 화가 난 신들을 달래기 위해 드렸던 수많은 형식의 예배들이, 이제

---

43 齋藤宗次郎, 『ある日の内村鑑三先生』, 教文館, 1964, 243쪽.

이 한 하나님을 소유함으로써 전부 쓸모 없는 것들이 되어버렸다. 나의 이성과 양심은 '그래 이거야!'라고 반응했다. 많은 신이 아닌 오직 한 분이신 하나님은 내 작은 영혼에 참으로 기쁜 소식이었다."[44]

이렇게 해서 그는 일본인에게 공통된 민간신앙을 '미신'으로서 명백히 거절했다. 그것도 후쿠자와와 같이 근대적 계몽주의나 합리주의에 의해서가 아니라 기독교적 유일신 신앙에 의해 거절했던 것이다.[45] 그렇게 함으로써 그는 여러 가지 신들의 속박으로부터 자유롭게 된 근대정신을 가지고 과학과 학문에 집중할 수 있었다. 자연은 단순한 자연이고, 인간은 단순한 인간이 되었다. 어쨌든 그 자신의 존재와 삶의 방식에 있어서 신이 유일하다고 하는 신앙이 감격적이고 결정적인 사항이었던 것이다.

단 그가 일본인의 민간신앙을 포기했다고 하여 일본인이라는 자각과 의식도 잃어버린 것은 아니었다. 그의 일본인으로서의 고유한 의식과 일본에 대한 사랑은 이 시대 기독교 사상가들과 마찬가지로 명백하게 자각되고 있었다. 그는 기독교인이 됨으로써 일본인이라는 것을 그만둔 것이 아니라 오히려 일본을 사랑하기 때문에 기독교에 들어갔던 것이다. 기독교야말로 일본을 구하고 일본을 새롭게 할 수 있는 유일한 힘이라고 하는 확신은 명백히 의식되고 있었다.

1879년 6월 2일 우치무라는 7명의 동기생들과 함께 감리교회의 선교사 해리스(C. M. Harris)에게 세례를 받았다. 하코다테의 감리교 교회에서 해리스는 그들에게 세례를 주기 위해 삿포로까지 일부러 왔던 것이다. 해리스가 '우리의 죄를 위해 죽으신 그분의 이름을 받아들이냐'고 묻자, 그들은 그 앞에서 무릎을 꿇고 떨리는 목소리로 그러나 단호하게

44 우찌무라 간조, 『우찌무라 간조 회심기』, 37쪽.

45 土肥昭男, 『內村鑑三』, 19쪽.

'아멘'이라고 대답했다. 우치무라는 자신이 그리스도 안에서 새로 태어난 이 날을 '루비콘 강을 건너간 그 날'이라고 했다.[46] 이때 그의 나이 16살이었다.

당시 28세였던 해리스는 온화하고 친절하고 담대해서 청년들의 형과 같은 존재였다. 우치무라는 평생 해리스에 대한 애정을 간직했고 해리스 부인에 대해서는 더욱 깊이 은혜를 입었다고 생각했다. 그녀는 그를 잘 이해했고 그가 어려움에 처했을 때는 늘 도와주었다. 실제적인 원조도 많았고 우치무라의 영어 문체를 교정해주었다. 우치무라가 처음 영어로 출판한 논문의 출판사를 찾아준 적도 있었다. 또한 우치무라가 너무 심각하게 생각하고 있을 때에는 훌쩍 그것을 넘어서서 봐야 한다는 것도 깨닫게 해주곤 했다. 그녀에게 야단을 맞고도 우치무라는 감사했다. 그녀의 죽음에 부쳐서 쓴 추도문에 우치무라는 그녀의 유일한 결점은 일본을 너무 사랑한 점이라고 하고 자신에게 베풀어준 최대의 은혜는 친구가 되어준 점이라고 말했다.[47] 해리스는 후일 한국 감리교의 감독이 되어 친일적 행동으로 한국 감리교인들을 많이 실망시켰지만, 우치무라와는 평생의 우정을 지속했다.[48]

세례를 받은 후 세 사람은 웹스터 사전에서 세례명을 골랐다. 니토베는 바울의 저작에 심취했기 때문에 바울, 미야베는 프란시스, 우치무라는 요나단을 선택했다. 그 이유를 "나는 우정이라는 덕을 강조하는 사람으로 다윗에 대한 요나단의 사랑에 커다란 감명을 받았기 때문이었다"라고 했다.[49] 그가 자신의 세례명으로 우정의 대명사인 요나단을

46 海老澤有道 大內三郎, 앞의 책, 378-379쪽.

47 內村鑑三, 「理想の友人故ハリス婦人」, 『聖書之研究』, 1909년 10월, 『內村鑑三全集』 16권, 岩波書店, 岩波書店, 1980-1984, 1쪽. 이하에서 『內村鑑三全集』은 全集으로 표기한다.

48 홍민기, 「해리스 감독의 생애와 선교에 관한 연구」, 감신대 석사학위논문, 2009 참조.

49 스즈키 노리히사, 『무교회주의자 우치무라 간조』, 김진만 역, 소화, 1995, 24쪽.

선택한 것에는, 기독교를 통해 친밀한 집단을 찾으려는 그의 갈망을 엿볼 수 있었다.

세례는 우치무라의 생활에 하나의 전환을 가져왔다. 그것은 무사의 아들로서 이 세상의 주군에 바쳐왔던 충성을 가지고 어떻게 하면 새로운 주군인 신에게 충성할까 하는 문제였고, 신에게 봉사하는 자들의 교제는 어떠한 것이 되어야만 하는가라는 문제였다. 그러나 당시 선교사가 1년에 한 번씩 방문해서 신앙 지도를 했을 정도였기 때문에 그들은 충분한 목회적 돌봄을 받을 수 없었다. 결국 우치무라는 그의 동료들과 함께 기독교의 교리서, 반스(Albert Barnes)의 주석서, 미국기독교협회의 소책자, 보스턴의 유니테리언 그룹의 잡지에 이르기까지 기독교에 관해 광범위하게 독서하고 토론했다. 덕분에 그들의 기독교 이해는 윤리적인 측면에 과도하게 비중이 두어지게 되었다.

그는 후일 기독교에 회심했던 당시를 회상하면서 "나는 처음 기독교에 접하게 될 때 그 도덕의 고결함과 위엄에 감복했다. 나는 나의 불결함과 불완전함을 깨달았다"고 말하고 있다.[50] 그것은 아마 클라크라는 군인적인 강직함과 솔직함을 가지고 더구나 퓨리턴 정신에 불타는 인격과 교훈을 알게 된 우치무라가 기독교를 보고 느낀 소박한 인상이었을 것이다. 그는 기독교의 이와 같은 성스러운 도덕과 강한 활동 안에서 무사도 정신의 이상을 실현하고 유교 도덕을 실행할 기독교의 위대함에 감동했다. 그런 의미에서 회심 당시의 우치무라에게는 무사도적 유교 윤리와 퓨리턴적 윤리는 엄격한 단절이나 대립이라든가 예언과 성취라는 식의 관계가 아니라 소박한 의미에서 이상의 실현이라고 하는 연속적인 발전 관계로서 파악되었다.[51] 유일신 신앙은 그 실현을 위한 에너

50 우치무라 간조, 『구안록』, 양현혜 역, 포이에마, 2016, 13쪽.

51 土肥昭男, 『內村鑑三』, 20-21쪽.

지이고 발전을 위한 도약대에 불과했던 것이다. 그는 따라서 유일신 신앙에 뒷받침되어 성서의 가르침에 의지하면서 '완전한 자'가 되기 위해 노력했다. 이것은 그가 후일 이러한 노력에 절망하고 기독교 복음을 재발견하게 된 시점에서 본다면 '제조적 신성(製造的 神聖)'에 불과한 것이었다. 그러나 회심 당시 그에게 이것은 심각한 문제였다. 그리고 이렇게 윤리적 일신교로서 기독교를 이해한 것은 그의 생애와 그 사상에 깊은 흔적을 남겼다. 후일 그는 애머스트대학의 실리 총장으로부터 배운 그리스도의 속죄 신앙을 이해하게 됨에 따라, 복음 신앙을 기독교의 진리로 생각하기에 이르렀으나, 그 신앙은 결코 그때까지 그가 가지고 있었던 엄격한 기독교 윤리를 부정하는 것이 아니었다. 양자가 그대로 병존하여 그의 기독교 사상의 핵심이 되었던 것이다. 삿포로 시대에 우치무라가 이해한 기독교는 일종의 윤리적인 일신교의 성격과 '혈연관계보다 더 친밀한 그리스도 안에서의 형제들의 교제'의 성격이 강했다고 할 수 있다.[52]

4. 7인의 작은 교회

우치무라가 세례받은 1879년 당시 삿포로에는 교회가 없었다. 그들의 세례를 베푼 해리스가 속하는 미국 감리교회는 1872년부터 일본 전도를 개시했다. 홋카이도에 해리스가 착임한 것은 1874년 1월이었다. 성공회도 영국 계열의 C.M.S(Church Missionary Society)에 속한 선교사 데닝(Walter Denning)을 1874년 홋카이도에 파견했다. 그는 삿포로에

52 Chiba Shin and Sibuya Hiroshi, ed., *Living for Jesus and Japan: the social and theological thought of Uchimura Kanzo*, Grand Rapids, MI: William B. Eermans Publishing Company, 2013, 3쪽.

서 전도하기 시작했다. 1878년 우치무라의 선배들인 삿포로농학교 제1기생들이 그의 최초의 세례자가 되었다. 이러한 사정으로 감리교도 성공회도 삿포로에서의 전도를 위해 홋카이도에서 때때로 출장하지 않으면 안 되었다. 이것이 선택할 여지없이 농학교 내의 기독교 신도들에게 자유로운 '교회'를 조직하게 했다.

전술한 대로 1879년 우치무라를 비롯한 2기생들은 그들이 세례받은 해리스가 속한 감리교 교회에 입회했다. 우치무라는 "그의 교파와 다른 교파의 차이를 잘 알아보려고 하지도 않고 그 교회에 입회했다. 그가 선하고 좋은 사람인 것을 알았을 뿐으로 그 교회도 당연히 좋을 것이라고 생각했던 것이다"라고 했다.[53] 입회를 하기는 했으나 교파에 관한 의식은 별로 없었고 신앙생활 상에서 어떠한 커다란 변화가 나타난 것도 아니었다. 그들은 '7인 형제의 작은 교회'를 만들어 시행착오를 거듭하면서 자유롭게 그리고 자주적으로 교회를 운영해갔다.

이 작은 교회는 제도상 완전히 민주적으로, 7인의 회원은 모두 권위와 의무에서 평등했다. 그들은 집회를 각자 순번으로 맡으면서 주 3회 모임을 가졌다. 7인 중에 당번 한 사람이 그 날은 목사이고 사제이고 교사이고 또한 사감이었으며, 정각에 모두를 소집하는 책임도 맡았다. 그의 방은 그 모임을 위한 교회가 되었다. 모임은 매우 단순했다. 아무런 의식도 특별한 비품도 없었다. 목사가 개회기도를 하고 이어 성서를 낭독하고 짧은 설교를 했다. 목사의 이야기가 끝난 후에 교회원들은 차와 과자를 먹으면서 설교에 대해서 담화를 나눴다. 이 '7인 형제의 작은 교회'에 대한 경험을 이후 우치무라는 반복해서 커다란 애착을 가지고 언급하곤 했다. 이 작은 약식의 교회는 곧 순수한 기독교 이상의 요람이 되어 그들 상호간의 범상치 않은 우정과 형제애의 중심이 되었다.

---

53 우찌무라 간조, 『우찌무라 간조 회심기』, 58쪽.

이것이 바로 삿포로 밴드의 탄생이었다.

그들은 이 교회를 중심으로 안식일을 준수했고 뉴잉글랜드 청교도주의의 엄격한 규율을 지키기 시작했다. 보통이라면 일요일에 했음직한 일도 이제는 할 수가 없었다. 긴 예배는 그들의 남아도는 에너지를 소비하는 데에도 유익했다. 그 외에 일요일 저녁에는 상급생들과 함께하는 성서 연구가 있었고 수요일 밤에는 기도회가 있었다. 성서연구회나 기도회가 끝나고 나도 일곱 사람은 자기들만의 짧은 담화 시간을 갖고 잠자리에 들었다. 교회는 이처럼 멤버들간에 종교상의 목적에도 필요했으나 사회적 목적에도 유용했다. 그들은 작은 이너서클을 만들어 서로의 체험을 나누며 사회적인 세력에 대항할 수 있는 안주의 장소를 만들었던 것이다.

이 작은 그룹의 멤버들은 시간이 지남에 따라 우치무라에게 있어서 '피를 나눈 형제 이상으로 친밀한 관계'가 되었다. 니토베와 미야베는 특히 그랬다. 여름방학 동안 세 사람은 매일 아침 5시에 기상하여 성서를 두세 장 함께 읽었다. 이렇게 하여 그들은 모세 오경을 거의 완독했다. 룸메이트를 정기적으로 바꿔야 하는 규칙에 반대해 우치무라는 졸업 때까지 미야베와 한 방을 썼다. 차분하고 학구적이며 안정된 신앙을 가진 미야베는 성마른 우치무라에게 안정감을 주었던 것이다. 미야베는 졸업 후 도쿄와 미국에서 공부한 후 귀국하여 삿포로농학교의 후신인 홋카이도대학의 교수가 되었다. 우치무라가 미야베에게 부친 편지가 약 200통 현존한다.[54] 우치무라는 후일 그가 자신의 가장 위대한 업적이라고 생각한 『로마서연구』를 미야베에게 헌정했고 임종 때도 그의 이름을 불렀다. 우치무라는 미야베에게 특히 의지했던 것이다.

니토베는 언제나 우치무라에게 가까운 존재였으나 미야베와 같이

54 J. F. ハウズ, 앞의 책, 64쪽.

우치무라가 마음을 의지하는 친구는 아니었다. 문학에 매료된 그는 학창시절에는 신경과민으로 늘 초조해 있었다. 후일 성숙해서 국제연맹 사무부총장과 같은 요직을 감당했으나 학창시절에는 그 자신이 불안정했던 것이다. 그러나 20세기 초엽에는 도쿄제일고등학교 교장으로서 우치무라에게 많은 학생들을 소개했고 그들은 니토베와 우치무라 두 사람의 충실한 제자가 되기도 했다.

교회 생활에서 우치무라는 친구들의 지지를 끊임없이 필요로 하면서도 그들의 지도자가 되고자 했다. 작은 7인의 그룹 역시 리더를 필요로 했던 것으로 그들은 우치무라의 주도권을 기꺼이 인정했다. 리더가 되지 않으면 성이 차지 않는 성격 때문에 우치무라는 학우들과의 경쟁에서도 탁월한 성적을 내었다. 그는 1등을 하지 않으면 안심하지 못했던 것이다. 선생이 문제를 내면 보통 학생의 두 배 이상으로 적어 거의 늘 최고점을 받았다. 미야베는 식물학에 특별한 흥미를 가지고 있었기 때문에 이 과목에서는 우치무라가 질 것 같았다. 그러나 최선을 다한 결과 미야베가 93.6점, 우치무라가 100점이었다. 졸업할 때까지 우치무라는 모든 과목에서 최고의 평균점을 유지했던 것이다.[55] 이 학교에 시행되었던 군대식의 엄격한 제도를 생각해볼 때 이것은 믿기 어려운 성적이었다. 이전 신사나 절의 규칙을 충실하게 지켰을 때와 마찬가지로 주의깊게 학교 규칙을 지키고 모든 것을 철저하게 해내려 하는 신경질적인 소년의 모습을 엿볼 수 있다.

우치무라는 삿포로를 떠나기 전까지 신약성서에 정통해 있었고 신앙 관계의 고전적 저서와 일반 교양서를 폭넓게 읽었다. 우치무라의 7인의 교우들은 성서나 기독교 관계의 저서에는 관심을 가졌으나 기독교 신앙의 역사적 전통에 대해서는 알 수 있는 기회가 거의 없었다. 해

55 宮部金吾, 『宮部金吾』, 私家版, 1939, 77쪽.

리스는 하코다테에 살고 있어서 때때로 방문할 뿐이었다. 일본의 젊은 기독교인들이 당시 선교사나 다른 서양인들과 직접 접촉함으로써 얻었던 많은 것들을 그들은 알 수가 없었던 것이다. 따라서 우치무라와 그 교우들은 식사 전에 감사 기도를 하는 습관도 세례를 받은 후 1년이 지나서야 겨우 알게 되었다. 삿포로의 '작은 7인의 교회' 교인들은 수세기에 걸쳐 축적된 서양 기독교에 대해서 추상적으로밖에 알 수 없었던 것이다. 이후 우치무라는 일본 기독교에는 서양적 전통은 필요없다고 생각했는데, 이것은 아마 일정 부분 그가 이 당시 서양 기독교의 전통은 중시하지 않았던 체험에 근거한 것일 것이다.

어쨌든 그들은 새로운 선민으로 선택된 자들이라고 믿었고 일본 사회에서 무사의 전통적 역할을 보다 잘 담당할 수 있으리라 생각했다. 3년차 말엽에 그는 이렇게 썼다. "우주의 창조주, 넓고 위대한 힘의 하나님께 영원한 희망을 품는 우리들은 선택받은 세대이지 않은가"라고.[56]

5. 관리 생활과 삿포로독립교회 실험

1881년 7월 우치무라는 삿포로농학교를 졸업하게 되었다. 입학 이래 수석을 해온 그는 '하나의 과학으로서의 어업'이라는 졸업 연설을 했다. 그리고 스승들에게 감사를 표하고 후배들을 격려한 다음 그는 동기생들을 향해 다음과 같은 말로 끝을 맺었다. "지금 나는 본교를 졸업한다고 하지만 결코 안일에 빠지지 않고 이제부터 간난(艱難)의 길로 들어서려고 한다. 오늘은 그 간난의 길의 문턱에 서 있다. 제군이여, 안일에 만족하지 말고 북해의 해변에 몸을 던져 죽겠다는 초지를 버리지 말자"

56 오타 이나조(太田稲造)에게 보낸 편지, 1880년 8월 3일, 全集 36권, 6쪽.

라고 했다.[57] 습득한 과학적 지식과 기독교적 윤리로 신일본 건설에 이바지하려고 하는 메이지 청년 우치무라의 기개가 잘 나타나 있었다. 졸업식을 마치고 그는 니토베와 미야베 등의 친우들과 함께 삿포로의 가이라쿠엔(皆樂園) 공원에 가서 장차 한 몸을 '두 개의 J' 즉 Jesus와 Japan에게 바칠 것을 서약했다. 그의 평생의 사상과 실천의 중심이 된 '두 개의 J'가 발아되기 시작한 이때 그의 나이는 20세였다.

삿포로농학교를 졸업한 우치무라는 개척사 관리로서 월급 30엔을 받게 되었다. 우치무라가 배속된 것은 권업과(勸業課)의 어엽과(漁獵科)였다. 그는 이제 자기의 가족뿐만 아니라 친척까지도 포함해서 그들을 먹여 살리지 않으면 안 되는 가장으로서의 책임을 양쪽 어깨에 매게 되었다. 관리 생활에 대해 그는 "나는 자기 일을 대단히 유쾌하게 하고 있다. 나에게 맡겨진 일, 즉 홋카이도의 어업은 나 한 사람의 손에 있다. 300만엔이 넘는 금액의 일국의 생산이 나의 손 안에 있다"라고 쓰고 있는 한에서 보면 일에 만족하는 것으로 보인다. 그러나 같은 편지에서 "나는 아부와 뇌물이 관리 생활의 가장 중요한 요소임을 보았다"라고 말하고 있었다.[58] 가장으로서의 책임과 관리 생활은 세상에 나온 우치무라에게 현실이었다. 그는 "실제 생활이라는 거친 바다에 항해를 나서고 나니 인간이란 존재가 교실에서 생각했던 것보다 훨씬 더 현실적이고 심각하다는 것"을 알아가고 있었던 것이다.[59]

지방 출장을 갈 때마다 그 자연의 아름다움과는 대조적으로 인간의 타락을 싫을 정도로 목격하지 않으면 안 되었다. "나의 현재의 직업은 저주스럽고 기가 막힐 정도로 불만이고 부패한 것이다. 나는 지금 거의 아무것도 할 일이 없다. 상급자들은 과학의 효능을 모른다. 그들은 혀

57 스즈키 노리히사, 앞의 책, 25쪽.

58 미야베 긴고(宮部金吾)에게 보낸 편지, 1883년 9월 30일, 全集 20권, 10쪽.

59 우찌무라 간조, 『우찌무라 간조 회심기』, 112쪽.

와 펜을 교묘하게 놀리는 인간이 유익한 인간이라고 생각하고 있다. 우리들, 삿포로에 있는 기독교 신자인 관리는 압제적이고 거만한 관리자들에게는 커다란 방해물이다. 정결한 양심과 진리와 정직을 추구하는 고매한 뜻을 가진 인간은 이와 같은 것을 참을 수가 없다. 제발 나를 미쳤다라든가 괴팍한 인간이라고 생각하지 말아주기 바란다. 이에 대해서는 나중에 말할 테니까. 나는 이번 가을 자신의 장래에 대해서 생각하기 위해 도쿄에 다니러 갈 생각이다. ― 성실한 과학을 배우고 싶은가? 삿포로로 돌아가라! 기독교 선교를 하고 싶은가? 관리를 그만둬라! 30엔은 아무것도 하지 않는 관리에게는 너무나 아깝다"라고 하며 직업 생활에서 오는 갈등을 토로하고 있었다.[60] 또한 우치무라는 '홋카이도의 어부가 될 것인가, 갈릴리의 어부가 될 것인가'라고 장래의 직업에 대해서도 번민하게 되었다.

우치무라의 직업상의 불만과 번민은 자연히 그를 더욱 신앙 생활에 열중하게 했다. 우치무라와 그 신앙의 동료들은 삿포로에 교회당을 건축할 계획을 세웠다. 그때까지 학내에서 집회를 가졌었는데 졸업하고 나서는 그것이 어렵게 되었기 때문이었다. 상급생 가운데는 감리교의 해리스에게 세례를 받은 사람도 있었고 성공회의 데닝에게 세례를 받은 사람도 있었다. 따라서 삿포로 안에서 각각의 집회를 가지고 있었다. 그들은 1880년 11월에 모여 모든 신도가 하나의 교회를 만들 것을 계획하기 시작했다. 이들은 비록 소속하는 교파의 차이가 있어도 같은 솥에 밥을 먹은 동료라는 것을 확인하며 결합을 공고히 했던 것이다.

이 계획이 무르익어 1881년 1월 우치무라는 새로운 교회 건설의 5인 위원회의 한 사람으로 뽑혔다. 해리스의 후임인 감리교회의 데니슨(John Caroll Danison)이 이를 위해 400달러를 원조하겠다고 제안했다.

---

60 미야베 긴고(宮部金吾)에게 보낸 편지, 1882년 6월 15일, 全集 36권, 43쪽.

그러나 우치무라와 동료들은 교회의 자립을 위해 이것을 받지 않고 빌리는 것으로 했다. 그즈음 성공회의 신도들은 삿포로에서 예배처소를 가지고 있었으나 우치무라 등은 점차 단순히 하나의 교회를 가질 뿐만 아니라 어떤 교파에도 속하지 않는 독립 교회를 세우려는 생각을 하기에 이르렀다. 이 계획에 가장 적극적인 것이 우치무라였다. 그는 입신에 의해서 그때까지 그가 알지 못했던 '혈연보다 더 친밀한 교제'에서 자기 존재의 '안식처'를 발견해냈기 때문이었다. 우치무라와 그 동료들은 교회당으로 적합한 오래된 집을 찾기 시작했다. '7인의 작은 교회'의 신도들은 장난감교회가 아니라 '진짜 교회'를 갖는 것을 취직이나 결혼보다 더 큰 꿈으로 여겼던 것이다.

마침내 교회당으로 적합한 가옥이 발견되었다. 그곳은 50인 정도가 모일 수 있는 작은 곳이었다. 1881년 10월 16일 거기에서 최초의 집회를 가질 수 있었다. 그 교회당은 아침 일찍부터 밤늦게까지 사람들의 출입이 빈번하여 동료들의 집합 장소가 되었다. 그것을 두고 그는 "동시에 독서실이자 교실이요, 위원회실이자 다과실이요, 클럽회관이었다. 옆구리가 결릴 정도의 웃음과 우리 마음의 가장 깊은 곳을 만졌던 회개의 눈물이 이 집에 있었다. 우리 중 가장 잘나고 건전한 두뇌마저도 지치게 했던 논쟁이, 시장과 돈벌 계획에 대한 이야기들이 그 어느 집보다 편리한 이 집에서 있었던 것이다. 이 집이 바로 우리의 교회였다. 세계 어디에서도 이와 같은 곳을 보지 못했다"라고 했다.[61] 이러한 교회 공간이 마련되자 연합과 자립을 위한 기반이 활발하게 조성되기 시작했다.

새 교회의 구조는 매우 단순했다. 사도신경을 강령으로 정하고 '예수를 믿는 자들의 맹약'을 교회 질서의 기초로 했다. 5명의 위원들이 교회

61 우찌무라 간조, 『우찌무라 간조 회심기』, 108쪽.

를 운영했다. 모든 일상적인 일들은 그들이 처리하지만, 맹약서에서 다루지 않는 회원의 입회나 탈퇴와 같은 문제가 생길 때는, 투표를 해서 전체 회원의 3분의 2 이상이 찬성을 하면 실행하게 했다. 교회원 전원이 교회를 위해 무엇인가의 역할을 가졌다. 모든 사람이 교회의 성장과 번영에 책임을 졌던 것이다. 설교를 담당한 것은 우치무라를 비롯한 동료들이었다. 이러한 점으로부터 보면 이 교회는 삿포로농학교의 교회의 연장이라고 봐도 좋을 것이다. 그는 도쿄의 상급학교에 진학한 친우 미야베에게 보낸 편지에서 '지금 가장 중요한 일은 수산업 관리라기보다 오히려 교회 운영'이라고 할 정도로 친구들의 우정과 교회 운영에 힘을 쏟았다.

한편 1880년 봄 삿포로에 온 이래 2년 만에 우치무라는 가족들을 만나러 도쿄에 갔다. 집으로 돌아간 우치무라는 식구들에게 복음을 설명하려고 애쓰는 한편, 도쿄의 교회로부터도 많은 것을 배웠다. '기독교 신도는 서로 형제보다 밀접한 관계이지 않으면 안 된다'고 믿고 있던 우치무라는 그 확신대로 각지에서 환영을 받았다. 그러나 삿포로에서 돌아온 후에 그가 "전문적인 신학자들에게 양육받은 친구들보다 우리가 더 심오하고 건강한 관점을 가지고 있다"고 한 것처럼 삿포로의 교회가 훨씬 더 '형제보다 더한 밀접한 관계'에 있는 것임을 재확인하게 되었다.[62]

도쿄에서 돌아온 해 10월 우치무라는 도쿄에서 보고 왔던 YMCA를 삿포로에서도 결성하고 그 부회장이 되었다. 해가 바뀌어 1882년 설날 신도들이 모여 신년인사를 주고받고 있을 때 감리교회의 데니슨으로부터 편지가 한 장 배달되어 왔다. 그것은 독립교회를 만드는 것에 찬성할 수 없으니 감리교에서 빌려갔던 400달러 중 조금이라도 갚으라는

62 위의 책, 102쪽.

내용이었다. 데니슨은 우치무라 등이 만든 교회의 무교파적인 단순함과 독립에 분노했던 것이다. 이러한 데니슨의 처사에 우치무라 등도 크게 반발했다. 때마침 뉴잉글랜드에서 클라크가 송금해준 100달러가 있어 이를 중심으로 200달러를 우선 반환했다. 회중은 총 50인 정도로 최고의 경우에도 월수입 약 15달러(약 17엔)이었기 때문에 돈을 다 갚기 위해서 상상할 수 없는 노력을 해야 했다. 교회 독립의 선두에 선 우치무라는 부채를 상환하기 위한 자기 몫을 다하기 위해서 의복을 전당점포에 맡기지 않으면 안 되었다고 한다.[63]

그러나 결국 이 사건은 역으로 감리교와 성공회 양쪽 파에 속한 교인들의 결속을 강화하여 1882년 1월 8일에는 헌당식이 거행되고 양쪽파의 합동이 실현되었다. 감리교의 데니슨은 반대의사를 노골적으로 표명했지만 성공회의 데닝은 오히려 관대했다. 그는 삿포로 독립교회에 서적이나 오르간 등을 주고 원조했다.

한편 우치무라의 동기 중 결혼한 사람이 나오기 시작했다. 독신자와 기혼자가 생활 리듬이 달라지는 것은 당연한 일이었다. 그러나 이것은 우치무라가 지향했던 기독교 신도의 이상적인 교제에 위기를 가져오는 일이기도 했다. 3월이 되어 우치무라는 교회 2층으로 이사하고 그 관리인 겸 청소부와 같은 생활을 하며 교회 운영에 헌신해야 했다. 이것은 졸업 후에 함께 운영하고 있었던 공동생활이 더 이상 성립하기 어려웠음을 나타내는 것이기도 했다.

연말이 되자 삿포로 독립교회의 교회원들은 막대한 희생을 치르고 부채를 다 상환했다. 그들은 진정한 독립을 얻게 되었다. 10년 후, 우치무라는 이때의 싸움을 이렇게 쓰고 있다.

---

63 齋藤宗次郎, 『ある日の內村鑑三先生』, 256쪽.

우리는 이제 이자 없이 2년간 그 돈을 쓸 수 있도록 해준 도움의 손길에 감사하는 마음 외에는 그 누구에게도 빚이 없다는 사실에 감사했다. 우리 교회의 자립을 한때 우리가 속했던 교단에 대한 공개적인 반항이라고 해석한다면 이건 분명 잘못이다. 그것은 우리가 추구하는 하나의 위대한 목표, 즉 하나님이 주신 우리의 힘과 능력을 온전히 자각하고 영혼의 구원을 얻기 위해 하나님의 진리를 찾고 있는 사람들 앞에 놓인 장애물을 치우기 위해서 행한 겸손한 시도였을 뿐이다. 자신을 의지할 줄 아는 사람만이 얼마만큼의 일을 스스로 할 수 있는지 안다. 의존적인 사람은 이 세상에서 가장 무력한 존재이다. 자립할 능력이 없다고 불평하는 많은 교회들을 살펴보면, 쓸데없는 사치에 많은 돈을 쓰고 있는 교인들이 있다. 교인들이 취미 생활 몇 개만 줄일 수 있다면 많은 교회가 자립할 수 있다. 나는 이러한 자립이야말로 인간의 행동 영역 속에서 또 다른 많은 가능성을 실현하는 시발점이라고 믿는다.[64]

신에게만 의지하는 자는 스스로의 안에 신의 섭리와 은총의 커다란 능력을 의식할 수 있기 때문에 인간적인 능력이나 원조에 의지하지 않고 자유·독립의 인간으로서 살아갈 수 있다. 이 신앙에 의한 독립, 즉 '의뢰적 독립'이야말로 우치무라가 삿포로교회의 실험 가운데 체득한 진리였다.[65] 후일 속죄 체험에 의해 더욱 확고한 신앙적 토대를 얻게 되는 이 독립 정신은 필연적으로 외국 선교부와 그 원조에 대한 거절로서 나타났다. 그것은 정신적으로 그들의 종교적 지도를 받지 않을 뿐만 아니라, 경제적 물질적 독립도 의미했다. 그는 경제적으로 자립할 수 없어 선교부에서 원조를 받으면서 정신적 독립을 주장하는 것은 자기모순이고, 진정한 독립이 아니라고 생각했다. 이렇게 하여 놀라울 정도의

64 우찌무라 간조, 『우찌무라 간조 회심기』, 122-123쪽.

65 土肥昭夫, 앞의 책, 31-36쪽.

인내력을 가지고 가난함을 견디며 선교부에서 빌린 돈을 반납하고 그것이 끝났을 때 교회의 독립을 선언했던 것이다. 이것을 지탱해준 것은 고결한 퓨리턴적 자유의 개념이었고, 외국인의 원조에 의지하지 않고 결백하게 살려고 하는 일본적 무사도 정신이었다.

물론 우치무라는 클라크로부터의 기부는 기쁘게 받았고, 해리스에 대해서도 평생 신뢰와 존경을 가지고 교제했다. 그러나 이것은 그의 독립 정신을 훼손하는 것이 아니었다. 독립함으로써 오히려 상호 신뢰하고 사랑할 수 있게 된다는 인격적 교제의 사상적 표명이었다. 우치무라를 뒷받침하며 삿포로교회를 형성해간 것은 바로 이 사랑과 교제의 정신이었다. 우치무라 자신이 성격적으로는 대단히 엄격한 격렬한 반골 기질이었으나, 동시에 미야베와 니토베에게 보낸 편지에도 잘 드러나 있는 것처럼, 견딜 수 없을 정도로 친구의 사랑과 이해를 구하고 그것이 없이는 살아가지 못하는 슬픔을 나타내는 사람이기도 했다. 우치무라는 평생 친구나 사제관계에 있어서 여러 가지 문제들을 일으키고 결별을 체험하지 않으면 안 되었는데, 그 원인의 하나는 독립과 동시에 사랑의 교제를 갈구하는 그의 모순된 성격에 있었다. 이것은 차치하고라도 삿포로교회에서 자유와 독립에 매개된 인격적 신뢰, 그리고 교제의 체험과 그 사상은 그의 무교회주의 형성에 하나의 역사적 원인이 되었다. 그가 진정한 교회는 제도화되고 고정화된 교회 조직이 아니라, 진실된 신앙인들의 살아 있는 사랑의 교제라고 말할 때 그의 주장의 배후에는 삿포로에서의 실험이 있었던 것이다.

삿포로교회의 조직도 그의 무교회주의의 형성에 하나의 원인이 되었다. 우치무라 등이 만든 이 교회에서는 직업적 목사나 전도사는 없이 평신도들인 그들이 서로 번갈아가며 강단에서 설교하고 예배를 주관했다. 그 형식이나 방법도 모두 그들의 합의에 의해 결정되어 소박하고 원시적인 집회가 만들어졌다. 그 교회 헌법도 사도신경과 '예수를 믿는 자들의 맹약'을 기초로 한 간결한 것이었다. 그는 이 소박하고 단순한 평민의 교회를 교회의 이상적인 전형이라고 보았다. 그의 무교회주의 안에서 엿볼 수 있는 간결하고 소박한 원시적 성격은 여기에서 유래한다. 교파 문제도 마찬가지다. 우치무라와 그 동료들이 감리교에 가입한 것은 이 교파의 가부를 생각했기 때문이 아니라, 해리스의 인격을 존경했기 때문이었다. 그리고 그들은 삿포로의 두 개의 교파적 교회가 존재할 필연성은 인정할 수 없었다. 그들은 일본 최초의 교회 설립자들이 생각했던 것과 마찬가지로 서구에서 성립한 교파적 전통과 유산을 그대로 새로운 전도지에 도입해야 하는 필연성을 인정할 수 없었던 것이다. 오히려 그러한 교파적 전통이나 유산으로부터 자유로운 새로운 교회를 그들의 신앙에 의해 설립해가려는 것이었다.

감리교의 데니슨이 보인 폐쇄적 교파주의에 대해서 우치무라 등이 분노했던 것은 당연했다. 선교사나 교파주의에 대한 우치무라의 비판적인 태도는 이미 이 시기부터 나타났다. 그는 일본 개신교계의 최초의 정신에 입각하여 그리고 그 이후의 조류에 역행해서 그의 독립교회 운동을 전개하려고 했다. 그 결과는 서구 개신교 교파주의에 대한 비판이 되고, 그것을 매개로 하지 않은 기독교 복음에 집중하는 무교회의 무교파성의 창조로 나타났다. 여기에서 초기의 우치무라의 삿포로교회 형성과 장년기 이후에 나타난 그의 무교회주의 사이에 필연적인 연관을 찾아볼 수 있다. 이렇게 독립 교회를 형성하고 자립을 중시했던 우치무라의 경험은 이후 그가 서양의 전통적인 '교회'에 구속되지 않고 그것으로부터 해방되어 기독교를 사유할 수 있는 사상적 배경이 되었던 것이다.[66]

66 海老澤有道·大內三郎, 앞의 책, 379쪽. 그가 삿포로를 떠나고 난 후에도 끊임없이 이 교회에 관계를 계속했던 것으로부터도 명백하다. 자료에 나타난 것에 의하면 1891년, 즉 그가 불경사건을 일으킨 그해에 우치무라는 삿포로교회로부터 조합교회 계열의 혼고교회(本鄕教會)로 이적했으나, 1890년 10월에 이 교회 목사를 알선함과 동시에 복적(復籍)하고 있다. 그는 그

한편, 삿포로교회의 독립을 기다렸다는 듯이 우치무라는 삿포로를 떠나 도쿄로 향했다. 우치무라가 삿포로현에 사표를 제출한 것은 1883년 4월이었다. 그러나 삿포로를 떠나는 것은 수입이 없어지는 것을 각오하지 않으면 안 되는 일이었다. 이것은 가계의 책임을 맡고 있는 자로서 대단한 결의였다. 이와 같은 결의를 하게 한 것은 도대체 무엇이었을까? 후술하겠지만 여기에는 장래의 직업 선택에 관한 번민이 있었다. 그러나 단순히 그 이유 때문만은 아니었을 것이다. 우치무라가 꿈꿔왔던 삿포로교회는 이제 독립했다. 그러나 거기에는 이미 미야베는 없고 기혼자가 늘어나고 그가 기대하고 있었던 신도들의 교제가 어렵게 되었다. 우치무라가 자신의 존재를 의지하기에 충분한 친밀한 교제의 장이 붕괴되었던 것이다. 그는 삿포로교회가 명실공히 독립함으로써 삿포로교회에 대한 모든 사명과 책임을 완료했다고 보았다. 이제 그곳에는 자신의 존재를 걸 만한 것이 없었던 것이다. 확실히 관리로서의 부적응은 삿포로교회에 대한 그의 기대를 크게 했고 이 양자 사이의 긴장을 불러 일으켰다. 그러나 삿포로교회가 결국은 그의 기대에 응할 만한 '성스러운 세계'의 기능을 감당할 만한 것이 되지 못하자, 직업에 대한 번민도 더욱 커졌다. 결국 우치무라는 정식으로 삿포로현에 사표를 제출하고 도쿄로 떠났던 것이다.

6. 자연 연구

삿포로농학교의 4년간 우치무라가 몸에 익힌 것은 기독교 신앙만이

후, 임종 시기까지 12회 이 교회를 방문하고, 원조할 뿐만 아니라 몇 명인가의 목사를 추천, 선거에 참여하고, 1812년 7월 그곳을 방문했을 때에는 회당 건축을 제안하고 그 모금에 협조하기도 했다.

아니었다. 그는 이과 계열의 학생으로 자연과학을 배움으로써 극히 과학적 실증적 정신을 체득했다. 그의 이러한 학구정신은 예를 들어 그가 1881년 7월 농학교 졸업 후 홋카이도 관리로서 수산조사에 종사하여 10월에 제출한 「삿포로현 포어식취조복명서(鮑魚殖取調復命書)」 가운데에서도 보인다. 일본 수산업에 관한 과학적 연구는 이 조사서에서 시작됐다고 평가받는 논문이었다. 또 2년 후 그가 도쿄에서 농상무성(農商務省)에 근무하고 있을 때 작성한 「일본 어류 목록」은 만일 세상에 발표되었다면 '일본어학의 선구가 되는 것'이라고 간주되고 있다.[67] 이러한 소양과 정신이 삿포로농학교에서 체득되었던 것이다.

삿포로농학교에서 기초가 놓여졌던 '자연' 혹은 '천연'에 관한 연구는 우치무라 사상 형성에서 중대한 의미를 갖는다. 우치무라의 과학적, 실증적 자연 연구는 단순히 기술적이고 형식적인 연구가 아니었다. 삿포로농학교는 메이지 정부가 서양 근대 과학을 도입하여 홋카이도 개척에 종사할 관리나 기술자를 양성하기 위해 설립된 학교였다. 이 학교의 창립기의 학풍은 문명 개화에 의해 새로운 일본 문명 형성을 담당하며, 그 장래를 개척하려는 창조적이고 애국적인 의욕에 불타는 것이었다. 거기서 가르치는 과학은 기술적이고 형식적인 전문가의 과학이 아니라, 처녀지의 개척에 헌신하려고 하는 프론티어의 과학이었다. 그리고 그 개척정신을 뒷받침하는 것이 클라크가 가르친 기독교 정신이었다. 우치무라도 그와 같은 학풍을 자연스럽게 몸에 익혔다고 생각된다. 그에게 과학은 단순한 이론적 학문이 아니라 실용적 학문이었다. 그는 "실용과학을 배워 우리나라의 물적 자원을 개발하고자 했고 단 한 번도 그 목표에서 벗어난 적이 없다"고 했다.[68] 즉 새로운 일본과 그 프론티

67 J. F. ハウズ, 앞의 책, 79쪽.

68 우찌무라 간조, 『우찌무라 간조 회심기』, 101쪽.

어인 홋카이도의 식산흥업을 지향하는 연구였고, 그 연구 방법이 실증적, 과학적이고자 했던 것이다. 이러한 그의 자연과학 연구의 입장과 유일신 신앙으로서 받아들여진 기독교 신앙은 그의 사상 형성기에 조화를 이루어 병존했다.

후일 그가 전도자가 되어서도 자신이 근대의 성서비평학이나 도그마적 신학이라는 신학을 위한 신학을 배우지 않고 농학을 배운 것을 자랑으로 여겼다. 그는 "농학 연구는 나에게 사실을 사실로서 믿게 하는 습관을 갖게 했다"고 했다.[69] 그에게 있어서 신앙은 인간의 실존적 사실을 사실로서 인정하고 그것을 과학적 정신과 같은 방법으로 구명해가는 것이었다. 그는 후일 말했다. "나의 기독교 신앙은 사실의 신앙이다. 핑계의 신앙이 아니다. 실험의 신앙이다. 왜 신은 존재하는가. 나는 모른다. 나는 다만 신이 있다는 것을 안다. 왜 그리스도는 나의 구세주인가. 나는 전혀 모른다. 나는 오직 그리스도 안에서 나의 죄가 없어지고 나는 신을 봄으로써 깨끗해지고 의로워짐을 입는다는 것을 안다. 나는 왜 성서가 신의 말씀인가를 모른다. 단지 그것이 나의 마음을 움직이는 것이 사람의 말과 같지 않다는 것을 안다…… 자연을 아는 법은 직접 자연을 접해보는 것에 있다. 이와 같이 그리스도를 아는 법은 직접 우리들의 영(靈)에서 살아 있는 그리스도와 접해보는 것에 있다. 양자를 아는 방법은 동일하다. 과학의 방법은 또한 종교의 방법이다. 신앙은 실험이다. 과학과 종교의 다른 점은 그 방법과 정신에 있어서가 아니라 단지 그 탐구의 영역에 있어서이다…… 나에게 있어서 종교는 나의 과학을 영의 영역으로 옮겨놓은 것일 뿐이다"라고.[70] 우치무라는 과학적인 실험과 관찰의 방법을 종교적 영역으로 옮겨서 자신의 실존과 세계의 사

---

69 內村鑑三, 「神學耶農學耶」, 『聖書之硏究』, 1906, 9, 全集 14권, 290쪽.

70 內村鑑三, 「神學耶農學耶」, 292-293쪽.

건 가운데에서 성서적 진리를 체험적으로 발견해내려고 했던 것이다.

우치무라의 자연과학에 대한 관심은 당연히 그 당시 학계에 커다란 영향을 미친 다윈의 진화론에 대한 관심과 결합되었다. 다윈은 생물이나 자연의 진화를 근거지우는 생물학적 법칙을 확립했다. 그에 의하면 생물이나 자연의 진보·발전에는 생존경쟁에 의한 자연도태와 그 결과로서 적자생존이라는 원칙이 보인다는 것이었다. 그의 진화론적인 사고방식은 19세기 후반에는 단순히 자연과학뿐만 아니라 자본주의적 경제이론, 근대 역사학, 나아가 신학에도 커다란 영향을 끼쳤다. 우치무라 역시 이러한 시대적 영향을 비켜가지 않았다.[71]

그러나 다윈의 진화론과 그 사고 방법은 신의 천지창조나 인간창조에 관한 성서의 기술, 나아가 만물이 신의 직접적 계시에 근거한다고 보는 유신론적인 입장을 위태롭게 하는 것이 아닌가라는 의문이 제기되었다. 여기에서 유신론적 진화론과 무신론적 혹은 불가지론적 진화론이 나타났다. 전자는 진화를 가지고 신이 모든 것을 창조하기 위해 사용하는 방법이라고 생각하고 그 방향이나 목적은 신이 계획한 것이라고 보았다. 후자는 모든 것을 생존경쟁이라는 자연법칙의 결과로, 거기에 신의 의지나 은혜는 존재할 수 없다고 보았다. 합리적 계몽주의의 영향을 받은 근대 일본에서 기독교를 이해하지 못하거나 반감을 품은 사람들은 대체로 후자의 입장에 서서 기독교를 비판했다.

기독교인이면서 동시에 자연과학적 지식이 풍부하고 또한 그 정신을 알고 있던 우치무라는 기독교와 진화론, 일반적으로 종교와 과학의 문제를 그의 평생의 과제 중 하나로 보았다.[72] 결론부터 말하자면, 그는 종교와 과학의 충돌이라는 문제에 무관심하거나, 혹은 단지 성서의

---

71 土肥昭男, 『內村鑑三』, 21-23쪽. 우치무라의 자연관은 토이 아키오의 『內村鑑三』의 '자연 연구' 부분에 크게 의지했다.

72 우찌무라 간조, 『우찌무라 간조 회심기』, 111쪽.

말씀만을 받아들여 과학에 대해서 일절의 의미도 두지 않는 입장, 또는 양자의 조화는 불가능하다고 하여 분리하려는 입장, 혹은 근대 과학에 부합하지 않는 성서의 부분을 미신이라고 배척하려는 입장에 대하여 자신의 견해를 관철하려고 했다. 그는 "성서는 진화론에 의해 아름답게 설명할 수 있다고 생각한다. 바라기는 진화론이 무신론적인 것이 되지 않고, 그 계획은 영원에 걸쳐서 만세를 통하여 변함이 없는 전능한 신의 일대 테마가 되는 것"을 나타내고자 했다.[73] 이러한 그의 입장은 유신론적 진화론이라고 할 수 있을 것이다. 그는 신의 천지창조 사실을 인정하고 거기에 과학에 의해서 명백하게 할 수 없는 신의 인간구원의 목적과 우주의 존재의 근원을 명확히 하면서, 진화론을 신이 만물을 창조하고 지지해가는 과정을 설명하는 하나의 방법으로 생각하고자 했다. 그의 의도는 이 양자의 고유의 의미를 인정하며 양자를 조화시키는 것이었다. 이러한 입장은 후일 재림 신앙에 이르기까지 지속되었다.

끝으로 우치무라의 자연 연구에서 중요한 것은 그가 자연을 지금까지 논한 것처럼 과학적 연구의 대상으로서 보는 것뿐만 아니라 그것에 영향 받아 자연과 더불어 살려는 입장을 평생 지니고 있었다는 점이다. 그는 후일 삿포로농학교를 추억하면서 다음과 같이 말하고 있다. "삿포로농학교는 나의 모교가 아니다. 유모교(乳母校)다. 그녀에게는 정신은 없었다. 그녀는 순전히 현세적인 부인이었다. 따라서 그녀의 어린아이도 역시 그녀를 닮아 대부분은 땅의 것에 밝고 하늘의 것에 어두운 자이다. 그러나 그녀를 둘러싼 자연은 일본국 최고이다. 그녀의 남쪽에 펼쳐진 절벽과 바위, 그녀의 동쪽을 흐르는 이시카리강(石狩川)… 이것들이 있어서 그녀의 세속적인 기질은 충분히 보상되었다. 나는 그녀에

73 土肥昭男, 『內村鑑三』, 27쪽.

게 길러졌다기보다는 오히려 그녀를 둘러싼 자연에게 길러진 자라고 말해야 한다. 나는 삿포로농학교의 산물이라고 말해지는 것을 거부하지만, 홋카이도의 자연의 아들이라고 말하는 것은 거부하지 않는다."[74]

홋카이도는 메이지 초년 새로운 개척지, 개척되어야 하는 자유로운 자연이었다. 그 자연의 아름다움은 인공적인 장식에 의존하지 않고 장대하고 원시적인 자연 그 자체가 만들어낸 아름다움이었다. 그는 수차례 들판이나 강, 그리고 장대한 산맥, 산림을 회상하면서 찬미하고 거기에서 하나님의 목소리를 들을 수 있었음을 감사했다. 우치무라가 갖는 인간적인 스케일의 폭, 광야에서 외치는 예언자와 같은 폭로, 소박하고 대범한 성격과 그 사상, 자유와 독립으로 굳건하게 살려고 하는 격정적인 개성과 의욕 등은 이 홋카이도의 대자연에게 받은 영향이 크다고 생각된다. 그의 저작에서 나타나는 자연에 관한 문장은 자연에 관한 그의 사랑으로부터 뿜어져 나오는 직관적 관조를 여실히 나타내고 있다고 할 것이다.

이러한 그의 삶의 방식은 그의 사고방식과 행동양식에도 큰 영향을 미쳤다. 그는 말한다. "행복은 정치의 밖에 있다. 정치에는 야심이 있다. 간교한 책략이 있다. 파당이 있다. 정치는 깨끗함을 사랑하고 결백을 추구하는 사람이 들어가려고 하는 곳이 아니다. 행복은 교회의 밖에 있다. 교회에는 경쟁이 있다. 질투가 있다. 함정이 있다. 교회는 하나님의 자유를 사랑하는 사람이 오래 머무를 만한 장소가 아니다. 행복은 하나님의 자연에 있다. 거기에는 자유가 있다. 성실이 있다. 진솔함이 있다. 아, 내가 사랑하는 친구여, 우리들과 함께 자연을 통해 자연의 하나님과 교제하자."[75] 인위를 거부하고 자연적인 소박함과 단순함을 사

---

74 內村鑑三,「余の北海の乳母, 札幌農學校」,『聖書之研究』, 1907, 10, 全集 15권, 235-236쪽.

75 內村鑑三 ,「幸福のある所」,『新希望』1905, 6, 全集 13권, 158쪽.

랑하는 그의 사고방식은 그의 자연 관조적 태도와 밀접한 연관이 있다 하겠다.

그러나 한편으로 우치무라의 자연관이 자연을 애호하는 일본인의 일반적 태도와 비슷하게 보이지만 실은 매우 상이하다는 점에 주목해야 한다. 일본인의 자연미에 대한 관찰은 아늑한 시계(視界)에 비쳐지는 자연을 즐기는 것, 개개의 꽃이나 새, 초목의 아름다움을 바라보는 태도라고 간주된다. 우치무라의 경우에는 오히려 장대하고 자유로운 자연 그 자체에 대한 관조이고 나아가 그것을 통해서 신이라든가 인간의 삶의 방식을 통찰하려는 태도가 현저하다. 일본적 자연관은 감각적인 자연 세계의 아름다움 그 자체를 존중하고 거기에서 절대 세계의 현현을 보고 그것과의 일체화 안에 스스로의 삶의 방식을 구하려고 하는 것이다. 따라서 범신론적 입장과 거기로부터 파생되는 현실 용인의 태도가 주된 사고방식이 된다.

일본 사상사를 개관해볼 때, 자연은 더러운 속세를 초탈하는 정토의 세계로서, 혹은 자연의 고요함이 그대로 적멸의 경지로서 받아들여졌다. 그것은 사람들이 거기에서 안주해야만 할 희열의 세계로 마치 종교적 구원과 같은 기능을 하고 있다. 그러나 우치무라는 자연의 아름다움 중에 스스로를 몰입시켜 자연을 창조하는 신을 잃어버리는 것을 경계하고 범신론 혹은 만유신론을 배제하여 유일한 인격신 신앙에 살려고 했다. 그에게 있어서 자연은 구원이 아니라, 자연을 움직이는 신의 법칙이 인간의 삶을 결정하는 것으로 생각되었다. 그에게 있어서 자연에 산다는 것은 현실 세계로부터의 도피나 관조를 의미하지 않았다. 오히려 자연에서 넘쳐 나오는 청정함과 결백을 사랑하고 그 자유를 본받아 살려는 것이었다. 세속화된 삶이나 교회의 혼탁함을 엄하게 비판하고 거기로부터 독립하여 자연과 같은 소박하고 진실된 삶을 살려고 했던 것이다. 따라서 그의 자연관은 그에게 고유한 자유·독립의 정신, 세속주의에 대한 거절적 태도와 직결되어 있었다. 후술하는 것처럼 그가 자연 안에서 무교회의 소재를 발견해내고 근대 문명을 비판한 것은 이러한 그의 자연관이 투영되었다고 할 수 있다.[76]

7. 결혼

삿포로현에 사표를 제출하고 돌아와 본 도쿄는 놀랄 정도로 변해 있었다. 이전과의 차이점의 대부분은 서양에서 빌려온 것들이 급속히 증가한 결과였다. 1877년 우치무라가 삿포로에 갔을 때는 메이지 정부가 큐슈(九州)에서 일어난 반란을 무력으로 진압하던 중이었으나 이제는 평화가 찾아오고 일본을 서양풍으로 바꾸려고 에너지를 집중시키는 때였다. 철도가 신바시(新橋)와 니혼바시(日本橋)를 왕복하기 시작했고 1년 내내 로쿠메이칸(鹿鳴館)에서 사교댄스 레슨과 자선바자가 열리고 있었다. 서양의 영향력이 증가함에 따라 일본 기독교인의 행동도 자신이 넘쳐났고, 젊은이들 사이에 종교열이 높아갔다. 미션스쿨 학생들이 특히 영향을 받았다. 정부 관료 중에도 기독교를 인정하는 사람들이 나왔다. 해외 유람에서 돌아온 이토 히로부미(伊藤博文)는 기독교와 서양 과학이 일본에 도움이 된다고 생각하고 장려했다. 우치무라는 이를 두고 "이토는 기독교가 일본 전국으로 빨리 전파되기를 간절히 원하고 있다. 전도가 유망하다, 유망하다"라고 하며 기독교 발전의 징후로 보았다.[77]

1883년 5월에 열린 제3회 전국 기독교신도 대친목회에는 일본 기독

---

76 土肥昭男, 『内村鑑三』, 31쪽.

77 J. F. ハウズ, 앞의 책, 73쪽.

교인의 이러한 자신감이 투영되었다. 유명한 기독교인들이 총망라했는데 가장 유명한 사람은 이미 동지사대학(同志社)을 세우고 있었던 니지마 조(新島襄)였다. 연설 중 그는 10년 안에 일본 전체가 기독교화되고 1890년 제국의회가 발족할 때는 의원의 반수가 기독교인일 것이라고 예언했다. 출석자 가운데는 우치무라 외에도 후일 일본 개신교의 지도자가 되는 우에무라 마사히사(植村正久: 1858-1925)와 에비나 단조(海老名彈正: 1856-1937) 등이 있었다. 이들은 모두 대회 전체에 열의를 가지고 참석했다.

우치무라도 삿포로교회 대표로서 9일 「하늘의 새와 들의 백합화」라는 제목으로 연설했다. 이 연설의 내용은 다음과 같았다. 우주를 연구하는 데에는 두 개의 방법이 있다. 과학을 가지고 우주의 현상을 논하며 인류에게 유익을 주려 하는 방법과 종교에 의해 만물로부터 그 창조주로 거슬러 올라가 신의 은혜를 아는 방법이 그것이다. 전자를 사람들이 양심에 따라 배우고 사리사욕을 떠나 연구하는 것은 혼돈 중에 있는 인간에게는 불가능한 것이다. 신앙에 의해 만물을 신으로부터 부여받은 선물로서 받아들이고 감사하고 배울 때 세상의 명예에 흔들리지 않고 과학 연구에 정진할 수 있다는 것이었다. 이 견해는 삿포로에서 회심을 체험하여 근대적 미신으로부터 해방되어 과학 연구에 정진한 그의 체험에 입각해서 말해진 것이었다. 또한 동시에 신앙에 의해 정화된 양심을 가지고 과학을 연구하고, 그럼으로써 신을 위하여 또한 인류를 위하여 봉사하려는 그의 의욕 역시 엿볼 수 있었다. 연설 내용은 당시 일본 개신교계를 대표하는 잡지인 『육합잡지(六合雜誌)』에도 게재되어 우치무라의 이름을 전국 기독교 신도 사이에 알리게 되었다.

이 친목회는 소위 부흥회를 전국적으로 파급시키는 일대 계기가 되는 회합으로, 일본이 10년 이내에 기독교국이 될 것이라는 전망이 나올 정도로 희망찬 회합이었다. 당시는 일본에 개신교가 소개된 지 20년이 지난 시점으로, 일본 인구 총 4천만 명 중에서 개신교 신자수 5천 명이었다. 그런데 과거 3, 4년 동안 회심자의 증가율이 25-30%였기 때문에 25년이 지나면 약 25%로 성장할 것이라는 전망이 나왔다. 또한 이 회합에서는 죄를 통회하며 눈물로 회개하는 기적적인 회심을 일으킨 사건이 몇 건 보고되면서 신도들은 진정한 오순절이 임했다고 생각했다.

이 회합에서 특기할 것은 우치무라가 일본 유학 중 개신교로 개종한 이수정의 기도 모습을 인상적으로 소개한 장면이었다. "게다가 우리 중에는 은자(隱者)의 나라에서 양반 대표로 온 한국인이 있었다. 그는 이곳에 오기 일주일 전에 세례를 받았다. 자기 민족 의상을 품위 있게 차려입고 참석했는데 그도 자기나라 말로 기도했다. 마지막에 아멘 하는 말밖에는 알아듣지 못했지만 그가 참석해 있다는 사실과 알아들을 수 없는 말을 했다는 것이 더욱더 오순절다웠기 때문에 능력 있게 들렸다.⋯⋯ 우리 모두가 무엇인가 기적적이고 엄청난 게 임하는 것을 느꼈다."[78] 우치무라도 이 부흥회적인 분위기 속에서 감상적인 기도 모임과 심리적 전율을 일으키는 야외 집회에 사흘간 열심히 참석했다. 신비로운 체험을 자신도 해보고 싶었던 것이다. 그러나 결국 그는 이 부흥회적 분위기에 대해서 "아주 조금 정신병리학을 배운 나에게도 이 운동은 어딘가 병적으로 보였다"라고 말하며 신도대친목회의 부흥회적 분위기에 대해 비판적인 견해를 보였다.[79]

그해 5월부터 우치무라는 일본 기독교계의 장로인 츠다센(津田仙: 1837-1909)이 세운 학농사(學農社)의 강사가 되었다. 학농사는 근대적 농업 지식을 가르치면서 기독교 신앙을 장려하는 것을 목적으로 했다. 이 학교에서 가르치는 한편 우치무라는 기독교 활동을 계속했다. 그러

78 우찌무라 간조, 『우찌무라 간조 회심기』, 133쪽.

79 위의 책, 135쪽.

나 그는 자신의 일기에 그의 일상이나 교회 생활에 대해 '우울, 기력 없음'이라고 쓰고 있었다.

도쿄에 돌아온 우치무라는 자기가 익숙해 있던 삿포로의 동료로부터 떨어져 새로운 인간관계에서 정신적 안정을 찾아야 했다. 또한 가족을 부양할 책임 때문에 조속히 진로를 정하지 않으면 안 되었다. 그는 먼저 생물학에 대해서 생각하고 있었다. 그러나 이 학문은 그가 가장 좋아하는 분야이지만 자신의 능력이나 성격, 육체적, 정신적 건강을 고려할 때 천직이라고는 보여지지 않았다. 두 번째는 어업에 대해서였다. 이것은 흥미가 있을 뿐만 아니라 생활을 유지할 수 있는 유일한 자원이었지만, 파도 위에서 일하는 것은 건강이 허락하지 않을 것이었다. 세 번째는 전도자에 대해서였다. 이것은 그가 너무 신경질적이라는 것, 조야한 성격이라든가, 눌변, 게다가 감수성이 약한 것을 들고 또 허약한 건강도 있어서 대가족을 부양하기 위해서 경제적으로 적당하지 않다고 생각하고 있었다. 친구도 없고 장래의 보장도 없던 그는 동요하기 시작했다. 나아가 미야베는 그해 가을부터 도쿄대학에서 학업을 마치고 모교인 삿포로농학교의 교수로 부임하려고 하고 있었다. 여러 가지 의미에서 우치무라와 미야베의 거리는 멀어지려 하고 있었던 것이다.[80]

우치무라의 내면적 안정이 위협당하자 심신증(心身症)의 증세가 나타났다. 위의 상태가 나빠졌고 1883년 말에는 '심장박동이 격해지는' 증세가 일어났다.[81] 심장 상태가 나빠지기 전에도 그는 아타미(熱海) 온천으로 요양을 가기도 했다.

우치무라가 한 여성을 만난 것은 이때였다. 그는 니토베와 함께 안나카(安中)를 방문했다. 우치무라는 어렸을 때 다카사키에서 살았기 때

80 J. F. ハウズ, 앞의 책, 75쪽.

81 미야베 긴고(宮部金吾)에게 보낸 편지, 1883년 크리스마스, 全集 36권, 87쪽.

문에 이 주변은 그리운 장소였다. 기독교인이 되고 나서 안나카는 또 다른 의미에서 중요한 장소였다. 안나카 출신의 니지마는 막부 말기에 미국으로 유학하여 귀국한 후 동지사를 설립하고 자신의 제자 중 가장 유망한 학생이었던 에비나를 학생전도자로서 안나카에 파견했다. 에비나는 졸업 후 안나카 교회 목사로 취임했다. 안나카교회는 번창하여 다른 교회의 모범이 되었다. 세례 희망자가 많았고 일요일에는 150-200명의 사람이 서양풍의 이 교회에 모여들었다. 우치무라는 이 교회에서 삿포로교회의 따뜻한 형제애를 느낄 수가 있었다. 그리고 아사다 다케(淺田タケ)라는 여성을 만나 교제하게 되었다. 다케는 안나카교회의 명부에 의하면 1878년 3월 30일 니지마에게 세례를 받았다. 그 날은 니지마에 의해서 남녀 30인이 세례를 받고 안나카교회가 성립한 날로, 다케는 그중 한 사람이었다. 다케는 동지사의 영학교(英學校)에서 배우고 우치무라와 교제하던 때에는 요코하마의 보통학교에서 배우고 있었다. 국문학에 소양이 있었고 어학도 우치무라와 영어로 편지를 주고 받을 정도의 능력이 있었다. 우치무라는 다케와의 관계를 발전시키고 그해 가을에는 가족들에게도 알렸다. 아버지는 비교적 냉정히 듣고 있었음에 반해 어머니는 강하게 반대했다. '그녀는 너무 많이 배웠다. 너무 학문이 많다. 너무나 지적이다'라고 하는 것이 어머니의 반대 이유였다.[82]

안나카에서 도쿄로 돌아온 우치무라는 츠다가 농학사를 폐쇄했기 때문에 다시 농상무성의 수산과에 들어가 근무하게 되었다. 이때 그가 한 일의 하나는 『신일영사전(新日英辭典)』에 삽입할 일본어류의 카탈로그를 준비하는 것이었다. 우치무라는 미야베처럼 과학자가 되었을 수도 있었는데 그는 불안정하게 직업 탐구를 계속했다. 그리고 다케와의 결혼을 둘러싸고 양친과의 싸움은 계속되었다. "오늘 나는 다케와 만나

82 스즈키 노리히사, 앞의 책, 28쪽.

이야기를 했다. 그녀의 생각은 나와 모든 고난을 함께 하려는 것이었다. 그러나 내 쪽에서는 이 문제가 점점 어렵게 되어갔다. 나는 이 관계를 끊지 않으면 안 되었다. 그녀는 매우 슬프게 울었다. 그리고 나도 울었다. 그런데 나는 지금 도대체 어떻게 하면 좋단 말인가. 양친의 못마땅해 하는 '예스'는 확실한 '노'보다도 더 견디기 어렵다. 나는 아내 문제로 우리 집안에 싸움이 벌어진다면 평생 독신으로 지내고 싶다"라고 말하고 있는 것처럼 우치무라 자신은 몇 차례나 관계를 끊으려고 생각했던 모양이다.[83] 또 그는 다케와 사귀면서 그녀의 마음을 아주 세심하게 살펴보고 그 성격의 밝은 면뿐만 아니라 어두운 면도 어느 정도 알게 되었다.

어쨌든 결혼 문제는 결국 두 사람의 희망을 양친이 인정함으로써 끝났다. 다케의 집에서는 더 이상 그녀에게 학업을 계속 시킬 수가 없었고, 우치무라의 집에서는 어머니가 병으로 도울 사람을 필요로 하고 있었기 때문에 결혼식을 서두르게 되었다. 3월 28일 두 사람은 해리스의 주례로 결혼식을 올렸다. 당시에 참석했던 한 미국 여성은 회상하기를 신부는 인상이 좋은 20세의 여성이고, 신랑은 지금까지 만났던 사람 중 가장 지적이고 재미있는 일본 청년의 한 사람이었다고 했다. 그리고 해리스가 두 사람을 부부로 선언하자 신부의 입에서 낄낄대는 소리가 들려 적잖이 당황했으나, 두 사람은 좋은 기독교인 가정을 만들 것이라고 생각한다고 했다.[84] 2개월 후 연구를 위해 우치무라는 단신으로 삿포로로 떠났다. 친구들에게 아내에 대해서 행복하게 말했으나 집으로 돌아와 보니 다케와 그의 어머니 사이에는 불화가 시작되고 있었다. 더구나 다케는 지적인 신식 여성이었다. 우치무라가 어머니 편을 들자, 다케는

83 오타 이나조(太田稲造)에게 보낸 편지, 1883년 12월 28일, 全集 36권, 89-90쪽.

84 Clara A. N. Whitney, *Clara's Diary: An American Girl in Meiji Japan*, New York: Kodansha International, 1979, 328쪽.

이것을 받아들이지 못했다. 이것이 우치무라와 다케 사이에도 말싸움의 씨앗이었을 것이다. 그러나 이 사건의 자세한 전말은 알 수 없었다. 의지할 수 있는 자료는 다 우치무라 쪽에서 남긴 단편적인 것밖에 없기 때문이다. 어쨌든 '혈연보다 더 친밀한 인간관계'를 추구했던 우치무라의 결혼은 7개월의 짧은 기간으로 끝나고 말았다. 이혼에 대한 자세한 전말로서 알 수 있는 것은 아내인 다케의 이성 관계로부터 그녀가 '양의 가죽을 쓴 이리'이고 그에 대한 약간의 증거가 있었다고 우치무라가 생각했다는 것과, 결국 그에 의해 별거했다는 것뿐이었다.[85] 이러한 문제를 물론 한 쪽의 입장에서만 보는 것은 불가능할 것이다. 그러나 결과적으로 이 문제는 우치무라의 죄의식과 여성관 등에 커다란 영향을 끼쳤고, 무엇보다도 이 일이 없었더라면 이후의 우치무라의 일생은 크게 달라졌을 것이다.

---

85 鈴木範久, 『内村鑑三とその時代』, 82쪽.

2장

정체성의 원점

결혼을 하면서 기대했던 기독교적 가정의 결정적인 붕괴는 그의 마음에 충족되지 않는 '공백'을 가져왔다. 그는 이 공백을 메우기 위해 기독교국 미국에 가서 기독교적인 '성스러운 세계'의 의미를 다시 한번 물어보고자 했다. 도미를 결정했던 것이다. 이때 두 가지의 목적을 설정했다. 첫 번째는 기독교국의 실재를 탐색하는 것이었다. 두 번째는 "이 땅의 충성된 아들이 되기 위해서는 내 조국의 한계를 뛰어넘는 경험과 지식, 그리고 관찰이 필요하다. 우선은 인간이 되는 것, 그 후에 애국자가 되는 것"이었다.[1] 이상적인 인간관계가 지배하는 사회로서의 기독교국 미국에 감으로써, 그것을 확인하고 싶었던 것이다. 그럼으로써 '자기 존재'를 확실히 세우고 싶었던 것이다. 경제적으로 빈곤한 가정의 가장인 우치무라에게 그의 양친이 유학을 인정한 것은 다케와의 파국이 결과적으로 양친이 당초 희망했었던 결말로 끝났기 때문일 것이다. 그리고 유학에 의해 귀국 후 출세할 거라는 기대도 있었을 것이다.

1 우찌무라 간조, 『우찌무라 간조 회심기』, 145쪽.

그는 그 당시 미국 대사관의 통역인 휘트니(Willis Norton Whitney)에게 생리학을 배우고 있었다. 펜실베이니아대학 출신인 휘트니의 소개로 필라델피아에 가서 펜실베이니아대학의 장학금을 받아 거기에서 배울 계획이었다. 1884년 10월 우치무라는 그의 소개장을 가지고 미국으로 출발했다. 이 미국행은 도피행이었지만, 그 피난처는 꿈을 실현할 수 있는 활기 가득찬 곳이기도 했다. 요코하마를 출발한 배의 일본인 동선자는 11인이고 중국인 이민이 350명 정도 탔다. 이 배는 11월 24일 샌프란시스코에 도착했다. 그리고 27일 우치무라는 이민열차를 타고 동부로 향했다. 12월 15일에 필라델피아에 도착했다. 그는 휘트니가 소개했던 모리스(Wister Morris)를 방문했으나 불경기로 직장을 얻지 못했다. 며칠 후 필라델피아 교외의 에르윈에 있는 펜실베이니아 주립정신박약시설의 원장 컬린(Isaac Newton Kerlin)을 방문했다. 그리고 1885년 1월부터 컬린의 지적 장애아를 수용하는 병원이 딸린 부속학교에서 일하게 되었다.

이 학교에서 그가 공식적으로 한 일은 격일로 야간 경비를 하고 하루에 세 시간씩 장애아들을 돕는 일이었다. 여유는 충분히 있어서 많은 독서를 할 수 있었다. 우치무라가 근무하는 병원 원장 컬린은 우치무라에게 개인적인 관심을 가지고 있었다. 컬린은 사회복지와 관련된 일을 하여 정신 장애의 치료에 임하는 의사였다.그는 우치무라가 괴로워하는 정신적인 문제에 대해서도 배려해주었다. 1885년 여름에는 수도 워싱턴에 그를 데리고 가 전미자선교정회(全美慈善矯正會) 연회에 함께 출석하기도 했다. 컬린은 이 연회의 임원의 한 사람으로 우치무라를 이 분야의 전문가들에게 소개했다. 우치무라는 이 회의에서 간단한 연설을 하고 컬린과 함께 화이트하우스를 방문하여 클리블랜드 대통령과 악수를 했다. 컬린은 우치무라를 위해 여러모로 애를 썼다. 우치무라에게 있어서 컬린은 인도 정신과 신뢰를 구현하는 인물이었다. 컬린은 말

하자면, 우치무라의 미국 아버지의 한 사람이 되어주었던 것이다.[2]

에르윈에서 우치무라는 정신박약시설의 인간관계 이외에도 종종 식사에 초대되거나 강연을 부탁받기도 했다. 그가 만난 사람들은 상당히 유복하고 외국에 관심을 가진 사람들이었다. 그러나 그는 에르윈에서 자신을 가혹하게 단련시키고자 했다. 주립 정신박약시설에서 그는 간호부 겸 조수로서 정신박약 아동 40여 명을 돌보았다. 시간적 여유는 있었으나, 아동들을 위해서 의식을 준비하고 발을 씻기고 오줌똥을 처리하는 혹독한 체험이었다. 일본의 관료로서 전도유망한 엘리트였던 그가 미국 땅에서 하루아침에 정신박약 아동들의 배변을 처리하는 사람이 된 것이었다. 그는 이러한 체험이 그의 인생에서 가지는 의미에 대해 묻지 않을 수 없었다. 치열한 물음 끝에 "나는 아이들의 배변을 닦아주고 엉덩이를 씻어주고 밥을 먹여주는 일을 한다. 그것은 컬린 박사가 나에게 그러한 일을 하라고 명했기 때문이 아니다. 그쪽이 나의 도덕적 훈련에 도움이 된다고 내가 생각했기 때문이다"라는 결론에 도달했다.[3] 정신박약 아동들을 돌보는 일에 자신의 죄를 극복하기 위한 '도덕적 훈련'으로서의 '시련'이라는 적극적인 의미 부여를 하게 된 것이었다.

그렇다면 이때 우치무라가 극복해야 할 '죄'란 무엇이었을까. 우치무라는 다케의 정체를 파악하지 못한 자신의 눈먼 사랑에 대해 깊은 자책에 시달렸다. 미국에 온 지 얼마 되지 않아 받은 다케의 편지를 힐끗 읽었을 뿐 하수도에 던져버렸다. 그는 하나님에 대해서, 양친에 대해서, 또 친구들에 대해서도 죄를 범했다고 괴로워했다. 이 죄의 내용에 대해서 그는 "잘못을 범하는 것이 인간이라고 하더라도 나는 매우 큰 잘못을 범했다. 내가 어보라고 부르는 사람을 발견하여 그녀를 나의 양친보

2 J. F. ハウズ, 앞의 책, 79-85쪽.

3 鈴木範久, 『内村鑑三とその時代』, 93쪽.

다 더 사랑했다. 아, 열정에 눈이 멀었던 시기여! 아, 내가 신의 섭리라고 혼동하여 나의 정열적인 사랑에 포로가 되었다. 사탄의 계획에 놀아난 무서운 나날들이여"라고 했다.[4]

우치무라에게 있어서 죄라는 것은 자기가 정열의 포로가 되어 정신없이 다케를 사랑한 것이었다. 그는 다시 다케가 보내온 편지를 불살라 버렸다. 이처럼 우치무라가 자각한 죄의식과 다케의 편지에 대한 태도를 합쳐서 생각해볼 때 하나의 의문을 품지 않을 수 없다. 그것은 우치무라가 반복해서 죄를 범했음을 강조하고는 있지만, 결국 그것이 보다 뿌리깊은 자기 정당화의 논리 이상이 아니지 않는가 하는 것이다. 사건 당사자에게 너무 많은 것을 기대하는 것은 무리일지도 모른다. 그러나 이러한 죄의식은 다케가 악인이라는 전제에 너무 집착하고 있는 것으로 보인다. 악인을 악인으로서, 정체를 파악하지 못했던 자기의 눈먼 사랑만 우치무라는 죄라고 보고 있었다.

앞에서 본 것처럼 우치무라가 다케를 알게 된 때는 그의 심리 상황이 삿포로교회를 떠나고 미야베 등의 친우들과의 거리도 점차 멀어지려고 하는 때였다. 다케는 그들의 대용이었다. 이렇게 보면 실은 다케가 희생자였다고도 할 수 있을 것이다. 더군다나 다케는 우치무라의 아이를 임신하고 있던 몸이었다. 우치무라는 다케에게 편지를 보내 그 아이를 자기 집에 보내라고 했다. 이것은 자기 아이임을 인지하고 있었음이 분명했다. 다케를 악인으로 생각하고 괴로워하는 그의 의식은 죄의식이라기보다는 피해의식에 더 가까웠다. 다케와 결혼하게 된 우치무라의 심리 상태를 고려해본다면, 다케에 대해서 자기를 피해자로 간주하고 그녀를 '악인'이라고 규정하는 일방적인 에고이즘이야말로 죄라고 말해야 좋을 것이다.

4 오타 이나조(太田稲造)에게 보낸 편지, 1885년 3월 1일, 全集 36권, 140쪽.

자신의 맹목적인 애욕과 부모의 염려도 아랑곳하지 않았던 이기심, 세간에 웃음거리가 된 자신의 사려 깊지 못함에 대한 우치무라의 자책은 아직 진정한 의미에서 기독교적인 죄의식이라고 말하기는 어려웠다. 이때의 우치무라의 자책은 기독교적 의미에서 죄라기보다는 피해자로서의 회한으로, 유교적 수치심에 보다 깊은 뿌리를 가지고 있었다고 할 수 있다.[5]

1. 속죄 체험

우치무라는 이렇게 이해된 자신의 죄를 극복하기 위해 아동들을 '완전한 자기희생과 전면적인 자기 포기'를 요구하는 기독교적인 사랑으로 돌보려고 했다. 그러나 그렇게 하기 위해 노력하면 할수록 '자기의 의로움'을 드러내고 싶어 하는 '이기심'이 얼굴을 내미는 것을 우치무라는 자각했다. 그리고 자신 안의 암흑에 압도되어 말할 수 없는 고뇌로 고통 받기 시작했다. '자기의 의로움'을 드러내고 싶어 하는 자기중심적 에고이즘에 대해 자각하고 괴로워했던 것이다. 우치무라는 '사람을 사랑하는 것인 자선사업'은 자기 자신을 사랑하는 경향이 완전히 마음속으로부터 근절되기까지는 하기 어렵다고 절망했다. 1885년 6월 21일의 편지에 의하면, "소생은 극단적으로 이기적입니다. 그렇지 않나요……현재의 소생에게 있어서 최대의 적은 가난함도 남루한 노동도 아니고 소생의 이기심—타락한 허위에 가득 찬 오만한 마음입니다. 소생의 박애심조차도 실은 종종 거만과 칭찬을 감추려는 외피에 불과합니다"라고 깊은 절망감을 토로했다.[6] 스스로를 깊이 분석하고 '자기중

5 Chiba Shin and Sibuya Hiroshi, op. cit, 6–7쪽.

심성'이야말로 '죄'임을 우치무라는 의식한 것이었다. 그는 전면적인 자기 포기와 희생을 하려고 노력했으나, 그럴수록 절망은 깊어지고 마침내 그의 건강에도 악영향을 미치게 되어 심신증이 나타나기 시작했다. 이러한 그에게 결정적인 도움을 준 사람은 니지마였다.

당시 니지마는 미국 여행 중 볼티모어에서 니토베를 만나 우치무라의 이야기를 듣고 그와 만나기 위해 전보를 쳤던 것이다.[7] 니지마는 우치무라보다 16살 정도 연상이었다. 그는 메사추세츠주 안도바의 필립스아카데미 졸업 후 애머스트대학에서 배우고 학장 줄리어스 실리(Julius Hawley Seelye)를 알게 되었다. 그리고 교토에 일본의 애머스트대학을 설립하고 싶다는 꿈을 가지게 되었다. 마침내 꿈을 이루었으나 건강을 해쳐 휴양차 미국 여행을 하고 있었다. 그는 자신의 건강을 생각하지 않고 우치무라를 만나 인내 깊게 상대해주었다. 그는 일본인이 개종하여 미국에서 생활할 때 만나는 문제를 잘 이해하고 있었고 우치무라가 이혼한 경위도 짐작하고 있었다. 그는 우치무라에게 정신적인 지지자가 되어주었다. 그는 우치무라가 이혼의 후유증만이 아니라, 자신의 사명 특히 진로를 결정해야만 한다는 절박감 때문에 불안한 것도 알았다. 그는 우치무라가 자기를 자책하고 이것저것 고민하면서 건강을 해치지 않을까 걱정했다. "고뇌를 계속하면 기분이 좋을지 모르지만 도를 넘으면 중대한 파국적인 결과를 가져온다. 욥기나 예레미야를 당분간 잊어버리고 다니엘서나 사도행전의 바울의 전도라도 읽어보면 어떻겠는가"라고 충고했다.[8] 그리고 우치무라의 정신 상태를 걱정해서 사람의 '영혼의 문제'를 중시하는 실리 총장이 있는 애머스트대학에의 진학을 적극적으로 권고했다.

---

6 니지마 조(新島襄)에게 보낸 편지, 1885년 6월 21일, 全集 36권, 173-174쪽.

7 オーテス・ケーリ「内村の決斷の夏1885年」, 同志社大學『人文學』24, 130쪽.

8 위의 논문, 117쪽.

한편 컬린 원장 부인은 하버드에 진학해 의학을 배울 것을 권유했으나, 장학금 문제가 해결되지 않았다. 컬린은 우치무라의 고뇌가 건강을 해친다고 생각하여 해안가의 피서지 그로스터를 여행할 것을 권했다.

심신증에 시달리던 우치무라는 그를 아는 사람이 아무도 없는 그로스터에 도착하여 자연을 보면서 안정을 찾을 수 있었다. 그리고 이후 그의 평생의 직업이 된 저술가로서의 한 걸음을 내딛는 최초의 논문을 이곳에서 완성했다. 이 논문의 제목은 「대화혼(大和魂)의 도덕적 특징」이었다. 그는 자신의 경험 깊은 곳에서 일본의 윤리 문제를 고찰하고 그것을 영어로 썼다. 이 논문은 해리스 부인의 원조로 출판되어 그 인쇄비로 2주간의 그로스터 체재비를 충당할 수 있었다.[9]

그로스터의 대자연 속에서 심신의 안정을 찾은 우치무라는 마침내 니지마의 권유를 받아들여 애머스트로 가기로 했다. 그는 "새로운 결의를 가지고 그로스터를 떠났습니다. 나의 혼의 가장 무거운 짐은 그로스터만에 던져버리고 두 번 다시 돌아보지 않으렵니다"라고 니지마에게 편지를 보냈다.[10]

1885년 8월 우치무라는 애머스트대학에 입학하기 위해 에르윈을 떠났다. 도중에 보스턴에 도착하여 그는 니지마에게 다음과 같은 편지를 보냈다. "니지마 선생님, 우리가 의롭다고 인정받는 것은 우리들의 얼마나 많은 것을 했는가에 의한 것이 아니라, 주 예수를 믿는 우리들의 신앙에 의한다는 것을 아는 것이 저의 기쁨입니다. 만일 의인으로 인정받는 것이 율법의 요구를 완전히 만족시키는 것에 의한다고 한다면, 우리들이 할 수 있는 최선도 하나님의 요구에는 훨씬 미치지 못할 것입니다"라는 내용이었다.[11] 우치무라는 6개월 후 애머스트에서 속죄 체험을

9 J. F. ハウズ, 앞의 책, 90쪽.

10 니지마 조에게 보낸 편지, 1885년 8월 22일, 全集 36권, 196쪽.

11 李慶愛, 『内村鑑三のキリスト教思想』, 九州大學出版會, 2003, 62쪽.

하고 이후 평생 그것을 견지했는데, 이 보스턴에서의 편지는 우치무라의 속죄 체험이 갑자기 일어난 것이 아니라 서서히 이루어진 것임을 시사하고 있다.

우치무라는 마침내 1885년 9월 애머스트에 입학했다. 애머스트대학과 주변 환경은 매우 청교도적이었다. 학장과 그 외 교수 모두가 청교도적 장점과 단점을 체현하고 있었던 이 학교에서 우치무라는 지적 시야를 확충할 수 있었다. 학과 중에서는 언어와 역사에 특히 흥미를 느꼈다. 독일어를 2년간 배워 괴테의 『파우스트』를 원서로 즐길 수 있게 되었고, 그리스어와 히브리어를 배워 요한복음서 등을 원서로 읽을 수 있었다. 역사는 원래부터 흥미를 가지고 있었고 예비 지식까지 있어 수업은 따라가기 쉬웠다. 또한 후술하는 대로 단편적인 역사적 사실만이 아니라 역사관을 형성하는 결정적인 가르침을 얻게 되었다. 한편 우치무라는 전기에 많은 흥미를 가졌다. 위인들의 경험으로부터 배우기 위해서였다.

애머스트대학에서 처음으로 그는 과목에 낙제하는 경험을 하게 되었다. 철학 수업이었다. 대부분의 많은 일본인과 마찬가지로 그 역시 지식의 이론과 논리에는 능란했으나, 추상적인 학문은 따라가기 어려웠던 것이다. 그에게 지식이란 실용적인 것으로 자신의 문제에 즉각적으로 답을 주는 것이어야 했다. 과학과 역사는 이 세상에 신의 업적을 지시하는 것이고, 언어는 신이 인간에게 말하는 것을 읽는 수단이나, 로크의 철학을 배우는 것은 시간 낭비 이외에 아무것도 아니라고 생각되었다.[12]

우치무라는 애머스트에서 이렇게 많은 것을 습득하고 자신의 세계를 넓혀갔다. 그중 가장 소중한 것은 실리와의 만남과 그에 의해 열린

---

12 J. F. ハウズ. 앞의 책, 94-95쪽.

기독교의 새로운 세계라고 할 수 있었다. 1824년에 태어나 1895년에 사망한 실리 총장은 클라크와 마찬가지로 애머스트대학의 졸업생이고 독일의 할레대학에서 유학했다. 학장 재임 중 강좌도 증설하여 대학을 크게 발전시켰다.[13] 1876년 학장으로 취임했을 때 취임 조건의 하나는 대학 부속 교회의 목사를 겸임하는 것이었다. 이럴 정도로 실리는 사람의 영혼의 문제를 제1로 하는 전도와 구령 활동에 열심이었다. 또한 그는 우치무라가 애머스트에서 생활했던 마지막 회에 일어난 유명한 '안도버 이단 재판'을 행한 세 사람의 판사의 한 사람이었다. 이단 문제나 사회에 불안을 일으키는 행동이 일어날 때 실리는 그 조정 역할을 맡았다. 안도버신학교의 교회사 담당 교수가 출판한 내용에 대해 일부 사람들이 지나치게 자유주의적이라고 생각했을 때 3인의 판사 중 실리만이 무죄 표를 던졌다. 동시대 미국인은 이런 실리 총장을 뛰어난 위인이라고 보고 있었고, 80년이 지난 후에도 이 대학에서는 그를 가장 위대한 선구자의 한 사람이라고 보고 있었다.[14]

실리 총장에 관해서 우치무라는 일본에 있을 때부터 저서를 통해 그의 경건함과 학식을 이미 알고 있었다. 우치무라를 만난 때 그의 나이 61세였다. 실리는 우치무라가 귀국한 후 급속하게 건강이 악화되어서 1890년에는 학장을 그만두고 5년 후에는 세상을 떠났다. 우치무라와의 만남이 실리에게 있어서 그의 만년을 장식하는 일이었던 것이다.[15]

1885년 9월 7일 학장 저택의 응접실에서 우치무라는 실리와 처음으로 만났다. 그때의 모습을 후일 그는 이렇게 회상했다. "쉿, 그가 온다! 그의 고귀한 면전에 설 수 있도록 나의 영혼을 준비시켜라! 그는 즉시 나의 마음을 들여다보고 내가 어떠한 사람인가를 간파해내고 나를 그

13 黒川知文, 『内村鑑三と再臨運動』 新教出版社, 2012, 24쪽.

14 J. F. ハウズ. 앞의 책, 93쪽.

15 黒川知文, 앞의 책, 49쪽.

의 제자로 삼는 것을 거절할지도 모른다. 문이 열렸다. 그런데 보아라, 그의 온유함을! 커다란 훌륭한 체격, 사자를 생각하게 하는 양쪽 눈동자에서 빛나는 눈을, 범상치 않은 따뜻한 악수, 동정의 말……아아, 이 모습, 이 마음, 이것은 그를 만나기 전에 내가 마음속에 그려보았던 모습이 아니다. 나는 즉시 특별한 안심감을 느꼈다……그 후 나의 기독교는 완전히 새로운 방향으로 나아가기 시작했다"라고.[16] 후일 미국 생활을 기록한 저서 『유찬록(流竄錄)』에는 이때의 인상을 더욱 자세하게 기록하고 있다. "순간적으로 나는 일종의 이상한 안위를 느끼고 그를 스승으로서보다는 친구로서 사귀고 싶다는 마음이 일어났다. 그는 참으로 온유하고 참으로 겸손하다……그를 한 번 만나면 백 번의 기독교 증거론을 읽는 것보다 더한 효과가 있다"라고.[17]

엄격한 동양적 스승으로서가 아니라 사랑에 뿌리를 내린 기독교적 형제애로서의 실리의 인격에 접해서 우치무라는 큰 감동을 받았다. '독수리와 같은 눈과 사자 같은 얼굴에 양 같은 마음을 지닌' 그의 인격에 접해서 그를 마음으로 받아들이고 마침내 그의 조언을 하나님의 조언으로 받아들이게 되었다. 실리 총장은 사람은 노력해서 깨끗하게 될 수 없고, 진심으로 자신을 사랑하는 자는 먼저 자기를 타인에게 내어주지 않으면 안 된다는 것, 이기주의는 자기혐오라는 것 등 고뇌하는 우치무라에게 필요한 가르침을 말만이 아니라 행동을 가지고 보여주었다. 마침내 그는 "나를 지배하던 사탄의 능력이 그 분을 만난 이후로 느슨해지기 시작했음을 여기서 고백한다. 나의 원죄와 파생된 죄는 서서히 축출되었다. 천국으로 향한 길에 들어서 있는 나를 보게 된 것 같다"고 여기게 되었다.[18] 우치무라에게 실리는 정신적인 아버지였던 것이다.

---

16 우찌무라 간조, 『우찌무라 간조 회심기』, 213쪽.

17 黑川知文, 앞의 책, 26쪽.

18 우찌무라 간조, 앞의 책, 217쪽.

동양에서 온 가난한 청년의 영혼을 사랑하고 그의 내면적 고뇌에 적절한 조언을 준 실리 총장은 어느 날 고뇌하는 우치무라에게 결정적인 깨달음을 주는 한마디를 해주었다. 자기중심적 경향을 극복하고자 괴로워하던 우치무라에게 실리 총장은 어느 날 "우치무라, 너는 네 자신의 마음속만 보니까 안 되는 거야. 너는 네 밖을 보아야 해. 왜 자기 성찰을 그만두고 십자가에 달려서 네 죄를 용서해주신 예수님을 바라보지 않는가. 너는 어린 아이가 나무를 화분에 심어놓고 그 성장을 보려고 매일 그 놈을 뿌리째 뽑아 보는 것과 같은 일을 하고 있어. 왜 하나님과 햇빛에 맡기고 안심하고 너의 성장을 기다리지 않는가"라고 말했다.[19]

전형적인 속죄 신앙을 표현하는 이 한마디가 1886년 3월 8일의 우치무라의 회심의 기반이 되었다. 그 날의 일기에서는 그는 자신의 회심을 이렇게 기록했다. "나의 생애에서 참으로 중대한 날이다. 그리스도의 속죄의 힘이 오늘처럼 명료히 계시된 적이 일찍이 없었다. 하나님의 아들이 십자가에 못 박혀 죽으신 일 안에 지금까지의 나의 마음을 괴롭히던 모든 난문제의 해결이 있었다. 그리스도는 나의 모든 부채를 지불해주시고 나를 타락 이전의 최초의 청정함과 결백함으로 되돌려주셨다. 이제 나는 하나님의 자녀이고 나의 의무는 예수를 믿는 것이다"라고.[20]

인간 존재의 변혁은 인간의 도덕적 훈련이나 행위에 의해 가능한 것이 아니다. 그것은 단지 '십자가 위에서 너의 죄를 구속해주시는 예수를 바라보는 것'에 의한다는 실리의 말을 우치무라가 납득한 것은 에고이즘에 대한 자기응시와 인간의 상대화를 철저화시킬 때 열려지는 새로운 마음의 세계였다. 역으로 말하면 그리스도 없이는 어떻게도 할 수

19 스즈키 노리히사, 앞의 책, 37쪽.

20 우찌무라 간조, 앞의 책, 223쪽.

없는 에고이즘으로서의 죄의 자각에 도달했다고도 할 것이다. 우치무라는 새로운 기독교적 실재의 체험을 비로소 획득한 것이다.

이 실재와의 만남의 희열을 우치무라는 이렇게 표현했다. "이 세상에는 악보다 선이 훨씬 더 많다는 생각에 감명을 받았다. 새, 꽃, 태양, 공기, 이 얼마나 아름답고 밝고 향기로운가! 그런데 인간은 날마다 악에게 불평하고 있다. 단 한 가지만 갖추면 이 세상은 천국인데도 말이다. 그것은 바로 예수 그리스도라는 종교다. 정말로 나는 낙관적인 사람이 되어가고 있었다."[21] '신앙의인'의 속죄론을 자신의 실존적 체험 속에서 '진리'로 받아들이는 회심을 체험하게 된 이때 그의 나이 25세였다. 이 회심 체험은 그의 생애의 근본 사상을 형성하는 원체험이 되었다.[22] 그는 이제 자신에 대한 회의, 의혹, 불신을 넘어서는 방법을 알게 된 것이다. 자신을 무전제적으로 용납하고 사랑하는 궁극적 존재를 발견해냄으로써 그는 자기 자신을 용납할 수 있고 신뢰할 수 있고 사랑할 수 있게 되었다. 이제 그는 자신의 자질에 대한 그 수많은 회의와 자책과 자기혐오를 넘어서서 의지할 어떤 확실한 존재를 잡은 것이었다. 자기를 넘어서는 존재에 대한 '궁극적 신뢰'는 바로 자기 자신에 대한 '궁극적 신뢰'이기도 했다. 즉 속죄 체험은 자신의 유한성을 철저히 인정하면서 동시에 초월적인 존재에 의거해 자신을 초극해가는 자기초월의 체험이기도 했던 것이다. 이 체험을 통해 우치무라는 이제 신 이외에는 어떤 것에도 무릎을 꿇지 않고 오직 신에게만 의지하고 모든 것으로부터 자립하는 인간이 될 수 있는 길을 알게 된 것이었다. '의뢰적 독립'이라고 할 수 있는 존재 양식을 획득한 것이었다.[23] 이 '의뢰적 독립'이라

21 우찌무라 간조, 『우찌무라 간조 회심기』, 225-226쪽.

22 柳父圀近, 「内村鑑三における預言者的ナショナリズム」, 『内村鑑三研究』 第48號, 2015年 4月, 11쪽.

23 土肥昭男, 『内村鑑三』, 36쪽.

는 실존적 자세와 그에 근거한 궁극적인 긍정의 힘은 이후 더 큰 시련을 통해 성숙해가야 하는 것들이었다. 그러나 만일 그에게 깊은 회심 체험에 근거한 '의뢰적 독립'의 자각이 없었다면, 그는 이후 결코 천황의 신격화에 반대하는 '불경 사건' 같은 것은 일으키지 않았을 것이다.

한편 이 회심 체험과 더불어 우치무라의 내면에는 모든 사람에 대한 복음 전도의 열의와 함께 자신의 동포인 일본인에 대한 복음 전도의 열의가 새롭게 용솟음쳐 올랐다. 그의 동포에 대한 전도의 열의 속에는 '일본적 기독교'의 모색이 싹트고 있었다. 이 점은 실은 그의 회심 체험과 깊은 관련이 있었다. 그의 회심 체험은 그의 기독교 이해를 근본적으로 변화시켰다. 그는 "순결하고 단순한 기독교와, 장식되고 교리화된 기독교를 엄격하게 구분해야 한다"고 생각하기에 이르렀다.[24] 그에게는 하나님의 아들로 인해 인간이 받은 속죄의 은혜를 통한 '구원'이 '기독교의 정수'였다. 그 이외에 교황, 주교, 목사, 성전, 성당, 교회, 교리 등 그에 따르는 부속물 혹은 그 위의 상부 구조 등은 기독교의 필수 요소가 아니었다. 따라서 그는 기독교의 영원한 진리인 속죄 신앙이라는 본질과 그 외 역사적인 구성물들을 준별할 필요가 있다고 보았다. 그리고 속죄의 진리를 전하는 참된 기독교가 일본인들에게 전해져야 한다고 보았다. '참된 십자가는 서고 거짓 십자가는 쓰러지는 것'이 필요하다고 보았던 것이다.[25]

그렇다면 우치무라가 생각하는 '거짓 십자가'라는 것은 무엇인가. 그는 말한다. "우리는 기독교의 이름으로 들어오는 많은 것들을 달가워하지 않는다. 지금 우리의 지적 수준에 맞게 기독교를 전달하는 데 꼭 필요한 것이 아니라면, 성찬식 빵, 성례복, 의무적인 기도서, 신학 등은 제

24 우찌무라 간조, 앞의 책, 275-276쪽.

25 양현혜, 「우치무라 간조와 '두 개의 J'」, 『장신논단』, 47호, 2015, 3, 103쪽.

발 보내지 말았으면 좋겠다. 그리고 미국 국교나 영국 국교를 마치 기독교인 양 우리에게 강요하지 않았으면 좋겠다.…… 그리스도의 이름으로 우리에게 자기 자신의 관점—그들은 그것을 신학이라고 부른다—과 '자유 결혼'이니 '여성의 권리'니 하는, 우리에겐 다소 유쾌하지 못한 자신들의 풍속 습관을 가르치는 선교사들에게 돌을 던지는 것에는 우리를 꾸짖지 말라. 우리는 자기 보존을 위해서 그렇게 하는 것이다"라고.[26] 우치무라는 '미국 국교나 영국 국교를 마치 기독교인 양 우리에게 강요'하는 것은 정신적인 폭력으로, 일본 기독교는 기독교의 본질을 제외한 그 외의 것에 대해서는 일본인으로서 명예와 책임에 충실할 필요가 있다고 보았던 것이다. 이런 점에서 우치무라는 전도 집회에 비서구인 개종자들을 끌고 다니며 그들에게 자신들의 개종 체험을 선동적으로 말하게 하고 이를 이용해 해외 선교 기금을 걷는 외국전도협회를 특히 경멸했다. 그리고 이들 전도 집회의 개종 체험 간증 요구에 응하고 용돈을 받는 동양계 기독교인들을 '서커스에서 곡예하는 동물들'에 비유하며 인간적 자존심을 상실한 자들이라고 보았다.[27]

우치무라는 일본인 기독교 신자가 복음을 전할 때 가장 중요한 것이 서구 기독교로부터의 정신적·경제적 자립이라고 보았다. 특히 그는 정신적 자립은 경제적 자립 없이는 달성될 수 없는 것이라고 보았다. 그는 자신이 일본에 복음을 전할 때 생길 가장 어려운 점은 "기독교 국가에서 배운 복음을 본국으로 돌아가 후원금을 받으면서 전한다는 바로 그런 의심을 받는 것"이라고 했다. 그는 "동포들이 그 사람과 그의 복음에 대해서 무엇이라고 말하겠는가? '저 복음은 돈이 되나 보지?'"라는 오해를 받는 것보다 '차라리 배고픈 쪽이 낫다'고 생각했다.[28] 왜냐하면

26 위의 책, 231, 300쪽.

27 위의 책, 219-220쪽.

28 위의 책, 237쪽.

"참된 독일인 치고 이탈리아인이나 프랑스인 성직자의 지배를 달가워하는 자가 하나도 없듯이, 참된 내 동포들도 외세의 영향이라면 어떠한 종류라도 그 속박을 싫어한다. 국가의 명예를 생각하는 이런 양심적인 태도에서 벗어나려고 자유방임이나 보상과 같은 경제 원리의 도움을 불러들이는 것을 우리는 천박하게 여겼고, 심지어 국가적 자립에 위협이 되는 것으로까지 보았기" 때문이었다.[29] 기독교의 속죄의 진리를 전하고 비본질적인 것으로부터는 독립하는 정신적 독립을 위해 그는 경제적 독립을 강조했던 것이다.

따라서 우치무라는 기독교 선교에서 본질적인 것을 제외한 형식적인 것에는 각 문화의 다양한 형식이 존중되어야 한다고 보았다. 그는 기독교 전래 이전의 일본의 정신문화적 전통에 대해서도 일방적인 배척이나 폄하가 아니라 상대적인 존중이 필요하다고 보았다. 왜냐하면 복음 이전의 일본의 정신문화에는 복음전사적(福音前事的) 의의가 담겨 있기 때문이었다. 그는 "모세의 십계명과 부처의 계명들을 비교해본 공정한 재판관이라면, 그 누구라도 단번에 이 두 종교의 차이가 낮과 밤 정도로 현저하게 나타나는 건 아니라는 사실을 깨달을 것이다. 부처, 공자, 그리고 다른 '이교도' 선생들이 가르치는 청렴한 생활을 기독교인들이 자세히 연구해본다면 자신들이 누리는 자족한 생활을 부끄럽게 여기게 될 것이다. 만약 중국인들과 일본인들이 공자가 가르친 것만 제대로 지키게 할 수 있다면, 그 두 민족을 가지고 유럽이나 미국의 그 어느 민족이 만든 기독교 국가보다도 뛰어난 기독교 국가를 만들 수 있다는 것을 나는 의심치 않는다. 아무리 훌륭한 기독교 회심자라도 이제껏 불교나 유교의 핵심을 포기한 사람은 없었다. 우리가 기독교를 환영하는 이유는 기독교가 우리 자신의 이상에 더 가까이 가도록 도와주기 때문이다.

---

29 위의 책, 250쪽.

오직 열심당원들이나 부흥주의자들, 그리고 볼거리를 즐기는 선교사들에게 아부하는 사람들만이 자신들이 종전에 예배하던 대상을 화형시키는 데 몰두할 뿐이다. '나는 폐하러 온 것이 아니요 완전케 하려(fulfill) 함이로다'(마 5:17 참조)고 기독교 창시자는 말하고 있다"고 보았다.[30]

우치무라는 '이교도들을 새까만 칸으로, 개신교 기독교인들은 하얀 칸'으로 나타내는 그림을 서구 기독교인들은 그리지만, 기독교 국가와 소위 말하는 '이교국가'는 그렇게 단순히 이분법적으로 구분될 수 없다고 보았다. 그는 '이교국가'에도 '고귀함과 신성함, 그리고 그리스도와 같은 면모'가 있다고 보았다. 기독교가 유입되기 이전에 예언자들을 통해 신이 배양한 이러한 복음전사적 요소가 있기 때문에 기독교 선교도 가능해지는 것이라고 보았다.[31] 따라서 그는 불교나 유교로 대표되는 일본의 정신적 전통 속에 있는 복음전사적 미덕을 포기할 것이 아니라 그것에 기독교의 복음을 접붙여야 한다고 보았다. 기독교는 일본의 고유한 미덕을 폐하는 것이 아니라 완성시키는 것이어야 한다는 것이었다. 일종의 '포괄적 성취론'의 입장에서 일본의 정신적 전통과 복음의 관계를 이해한 것이었다. 이 입장에서 그는 일본에 기독교를 전하는 데 있어서 무엇보다 중요한 것은 일본의 정신적 전통을 존중하며 그것을 창조적으로 완성시키는 기독교를 모색하는 태도라고 보았다.

그는 서구적 기독교로부터 '정신적·물질적인 두 가지 측면에서' 완전히 독립된 기독교를 일본에 전하기를 원했다. 이 시기 일본의 정신적 전통에 뿌리를 내리며 그것을 완성시키는 기독교가 어떠한 것인지에 대한 그의 생각은 아직 구체화되지 않았다. 그러나 적어도 서구적 기독교를 그대로 일본에 이식할 것이 아니라, 속죄 신앙을 중심으로 하는

---

30 위의 책, 250쪽.

31 위의 책, 221-222쪽.

'본질적 기독교'가 일본의 정신적 전통에 접목되어야 한다는 큰 그림은 그려졌다고 할 수 있었다. 이러한 우치무라의 발상에는 이후 분명해지는 그의 '일본적 기독교'의 맹아가 싹트고 있었다.

2. 미국과 일본 그리고 역사의 발견

삿포로농학교에서 우치무라는 신약성서밖에 공부할 기회가 없었다. 선교사들도 신양성서에만 관심을 가지고 개인 구령에 열심이었다. 때문에 그의 정신 생활은 '애국'을 의식하고는 있었지만, '국가'의 문제에 대해서는 신앙 내지 성서와의 연관이 결여된 채로였다. 그에게는 유신 세력인 사츠마와 조슈라는 두 번이 메이지 정부를 좌지우지하는 당시 일본의 번벌정치(藩閥政治)나 인민의 자유와 선거를 주장하는 자유민권 운동의 외침 등도 자신의 문제로는 와닿지 않았다.

그러나 아시아의 후진국에서 압도적으로 강력한 근대적 산업 문명의 발전을 이룬 백인의 타향에 와서 청년 우치무라는 '개인의 구원'만이 아니라, '어떻게 나라를 구할 수 있을 것인가'라는 문제를 정면으로 직시하지 않을 수 없었다. 무엇보다도 미국과 일본의 생산력의 낙차에 압도되었을 것이다. 그러나 그는 그 생산력의 발전이 꼭 긍정적인 것만은 아님을, 자본주의의 발전이 종종의 사회악을 증대시키고 있음 역시 알게 되었다. 그를 무엇보다도 경악하게 한 것은 미국의 배금주의였다. 한 식당에 들어가 보이들의 친절한 접대를 받고 감격한 그는 그들의 호의에 감사하며 나오려 했다. 그러자 그들은 우치무라의 가방을 압수하고는 '서비스 요금'을 지불할 것을 요구했다. 우치무라는 '서비스'라는 단어와 '요금'이라는 상호 모순된 단어가 공존하며 서비스까지 돈으로 물물 교환하는 미국은 '돈을 전능한 힘'으로 모시는 배금주의 사회임을 통감했다. 그는 "기독교 국가는 바울과 게바가 전한 것 이외에 또 하나의 복음을 가지고 있는 것 같다. 이 복음은 다른 많은 경멸스러운 가르침 가운데서도 특히 '돈이 곧 정의이고, 돈이 바로 그 힘이다'라고 가르치는 복음이다"라고 비판했다.[32]

또한 모두 문을 열어두고 사는 일본과는 달리 현관문에서 작은 핀상자에 이르기까지 마치 도둑의 영(靈)이 미국의 모든 대기를 점령하고 있는 듯, 도처에 자물쇠를 걸어두고 다니는 미국 사회의 불안과 상호 불신을 보면서도 기독교 국가의 비기독교적 현실을 보았다.[33] 그 외에도 도박, 광범위한 술 거래, 종교 교단 간의 질투, 정치적 선동, 위선, 신에 대한 독신적(瀆神的)인 말 등의 위악은 '기독교국 미국'에 대한 그의 환상을 무너뜨렸다.

또한 인디언과 아프리카인 그리고 동양인에 대한 극심한 인종 차별도 그를 실망시켰다. 특히 로키산맥을 뚫어 철도를 놓고 캘리포니아에서 포도원을 가꾸는 가난한 중국인들에 대한 편견과 혐오에 대해서 그는 민감했다. 우치무라는 종종 중국인 인부로 오해를 받았던 것이다. 1885년 당시 중국인에 대해서 우월감을 느끼는 일본인은 많지 않았으므로, 우치무라가 중국인이라는 오해에 대해 제기하는 것은 인종 차별에 대한 이의제기였다. 중국인이라는 신분이 의미하는 것, 즉 동양인의 얼굴을 하고 있는 자는 누구라도 아무리 동작이 우아하고 훌륭한 사람이라도 낮은 신분의 사람으로 보여졌던 것이다.[34] 이러한 태도는 우치무라가 받아왔던 모든 교육과 그의 조국 일본이 자기 개선의 목적으로 행해왔던 모든 국가적 노력에 대한 모욕이었다. 서양의 규범을 아무리 배워도 결국은 실력을 인정받지 못하고 정당한 대우를 받을 가능성이

32 위의 책, 159-167쪽.

33 위의 책, 154-158쪽.

34 위의 책, 165-167쪽.

없기 때문이었다. 차별이 가져오는 이러한 환멸감은 간디를 위시한 인도인들에게서도 잘 알려진 것이나, 우치무라 역시 1885년 처음으로 이러한 차별을 자각하고 좌절감을 느꼈던 것이다.

미국의 맨얼굴을 보고 우치무라는 "이것이 바로 우리가 선교사들로부터 기독교가 타 종교보다 탁월하다는 증거라고 배운 그 문명이란 말인가? 도대체 그들은 어떤 뻔뻔한 얼굴로 유럽과 미국을 만든 종교는 위로부터 온 종교임이 틀림없다고 우리에게 선언했단 말인가? 소위 오늘날의 기독교 국가라고 하는 것을 기독교가 만들었다면, 하늘의 영원한 저주가 그 위에 놓일지어다! 기독교 국가에서 평화란 찾아볼 수 없다. 소란함과 복잡함, 정신 병원과 교도소 그리고 구빈원(救貧院)이 있을 뿐이다!"라고 탄식했다.[35] 그에게 미국은 더 이상 성지(聖地)가 아니었다. 미국은 '이교국' 일본 이상으로 '이교적'이었던 것이다.

우치무라는 이렇게 미국의 비기독교적 현실을 직시하면서, 현실의 미국과 미국을 세계에서 가장 발달한 기독교 문명국가로 이끌어온 '이상적인 미국의 정신'을 구별할 필요를 느꼈다. 그는 미국에도 온 세계의 다른 나라와 마찬가지로 죄악이 만연하고 있으나, 그럼에도 불구하고 그 역사를 이끌어온 주된 동력은 크롬웰의 퓨리턴 혁명에 의해 형성된 공화적 정치 전통이라고 보았다. 그러한 전통은 '이교국가'에서는 볼 수 없는 것으로, 워싱턴, 링컨, 컬린, 실리와 같은 사람에 의해 대표되고 있다고 보았다. 즉 퓨리턴적 시민 사회의 전통은 당대의 미국에도 살아 있어서 흑인 해방이라는 '기독교적 목표를 가지고 행진'한 남북 전쟁기의 국가적 양심에서도 잘 나타난다고 보았다.

나아가 그는 미국의 일반 시민의 상대적인 경제적 풍요함과 정신적 풍요로움도 공화적 시민 사회의 자산이 된다고 보았다. 그는 존 하워드

---

35 위의 책, 167-168쪽.

(John Howard) 등에 의해 대표되는 미국의 자선가들도 '퓨리턴적 정신'에 걸맞은 국민적 양심을 육성하는 사람들이라고 보았다. 미국에서 이러한 '퓨리턴적 공화적 양심'을 가진 사람들의 수는 비록 상대적으로 적지만 그 수가 적은 만큼 '악한 사람'들에 대한 영향력은 엄청나다고 보았다.[36] 비기독교적 요소에도 불구하고 미국이라는 나라는 "믿음과 소망, 그리고 자비, 이 세 가지 생명의 천사들이 지난 19세기 동안 기독교 국가에서 죽음과 그의 악한 천사들에게 맞서고 혼신을 다해 막아내면서 일한 결과"로, 기독교 문명이 이루어낸 가장 진보한 국가임에 틀림없다고 보았다.[37] 이러한 우치무라의 '이상적 미국의 정신'에 대한 기대는 미국이 제1차 세계대전에 참전하여 그의 반전 평화주의의 이상을 저버릴 때까지 지속되었다.

한편 기독교국 미국의 현실에 대한 비판적인 시각은 그에게 조국 일본을 재발견하게 했다. '두 개의 J'에의 충성을 생애의 과제로 삼았음에도 불구하고 미국에 가기 전까지 그의 심상(心像)에서 그려지는 조국 일본의 이미지는 초라하기 짝이 없었다. 그에게 조국 일본은 "아무짝에도 쓸모없는 나라로 비쳐졌다. 내 조국은 외국인 선교사들이 와서야 비로소 선해질 수 있는 이교도의 나라에 불과했다. 하늘에 계신 하나님께서는 이 나라를 대수롭지 않게 여기셨다. 그토록 오랜 세월 동안 이 땅을 완전히 악마의 손에 내버려두셨다. 우리나라의 도덕적 혹은 사회적 결함에 대해 들으면서 우리는 미국이나 유럽은 그렇지 않다는 말을 계속해서 들었다. 우리나라가 매사추세츠나 영국처럼 될 수 있을지 나는 매우 의심스러웠다. 심지어 우리나라가 흔적도 없이 사라진다 해도 세상은 결코 더 나빠지지 않을 것"이라고 생각할 정도였다.[38]

---

36 위의 책, 289-290쪽.

37 위의 책, 295쪽.

38 위의 책, 175쪽.

그런데 이교국가 일본 이상으로 비기독교적 미국의 현실을 목격하고 그는 이전까지 서구에 대해 품고 있었던 열등의식으로부터 해방되었다. 그리고 기독교의 손에 물들지 않은 이교국에 끝없는 희망이 있다는 새로운 눈으로 일본에 대해 기대를 걸게 되었다. 그에게 이제 일본은 "자체적으로 역사적 개성을 가지고 우주 속에서 확고한 자리를 차지하고 있는 진정한 의미에서의 조화로운 아름다움을 가진 나라"로, "민족으로 존재하는 것도 하나님의 섭리에 의한 것이요, 세계와 인류에 대한 나름의 사명은 분명히 선포됐으며, 지금도 선포되고 있다"고 여겨졌다. 일본은 '높은 이상과 고귀한 야망을 가지고 세계와 인류를 위해 존재하는 신성한 실체'로 재발견되었던 것이다.[39] 그는 미국과 마찬가지로 일본 역시 신의 섭리 속에서 독특한 장점과 사명을 가진 아름다운 나라임을 발견하게 된 것이다. 그리고 이 발견은 기독교에 입신한 이래 손상되었던 그의 민족적 자긍심을 회복시켰다. 1886년 12월 5일의 일기에는 신의 섭리사 속에서 조국 일본의 고유한 가치를 발견한 그의 감격이 다음과 같이 토로되어 있었다.

> "하나님의 섭리가 내 조국에도 미친다는 생각에 깊은 감명을 받았다. 모든 좋은 선물이 하나님께서 주신 것이라면, 내 동포들의 칭찬할 만한 몇몇 면모들은 위로부터 온 것임이 분명하다. 우리의 고유한 은사와 혜택으로 하나님과 세계를 섬겨야 한다. 하나님은 2천 년 동안 노력해서 얻은 우리의 민족적 특성이 미국과 유럽의 사상으로 완전히 대체되는 것을 원치 않으신다. 기독교의 아름다움은 기독교가 하나님이 각 민족에게 주신 모든 독특한 특성을 거룩하게 만들어준다는 데 있다. 일본도 동일한 하나님의 민족이라니 이 얼마나 복되고 격려가 되는 말씀인가!"[40]

---

39 위의 책, 175-176쪽.

40 위의 책, 234쪽.

서구 기독교 국가와 동일하게 일본 역시 신의 섭리 아래 있고 서구에 의해 대체될 수 없는 일본만의 독자적인 미덕을 가지고 세계사에 기여해야 한다는 그의 일본인으로서의 자각이 잘 드러나 있었다.

이러한 일본인으로서의 자각은 그의 역사 이해와 깊이 관련되어 있었다. 우치무라의 역사관 형성에는 두 개의 사상이 커다란 영향을 주었다. 그 하나는 구약성서 특히 예언서의 영향이다. 그는 세계사를 주관하는 신을 구약성서의 예언서에서 발견하게 되었다. 그는 말하기를 "나는 일찌감치 예언서들을 이해할 수 없는 책으로 분류해놓았다. 예언서들에 관해 쓴 책은 읽었지만, 예언서 자체는 읽지 않았다. 그런데 보라! 놀라운 책이로다! 너무도 인간적이며, 너무나 공감이 되고, 미래 예언은 거의 없고 현재에 대한 경고가 가득한 책이었다! 기적 하나 없이 기록된 책 속에서, 예레미야는 마치 인간의 모든 강점과 약점을 보여주는 듯했다. '위대한 사람은 전부 예언자라고 불릴 만하지 않을까?' 하는 생각이 들었다. …… 나는 예레미야에게 말씀하신 바로 그 하나님이, 우리나라의 몇몇 사람들에게도 말씀하셨다는 결론에 도달했다. 비록 예레미야에게만큼 분명하게 들릴 수 있는 말은 아니지만 말이다. 하나님은 당신의 빛과 인도 하나 없이 우리를 그냥 내버려두시지 않고 사랑을 주신다. 가장 기독교적인 민족을 보살피신 것처럼 그 오랜 세월 동안 우리도 돌보셨다. 이런 생각은 내게 형용할 수 없을 정도로 격려가 되고 힘이 되었다. …… 이때부터 2년간 나는 성경에서 예언서 외에는 거의 읽은 것이 없다. 나의 종교적인 사상 전반이 예언서 때문에 바뀌었다"라고 했다.[41]

예언서를 통해 우치무라는 모든 나라가 신의 창조물이며 신은 각 나라의 역사에 예언자를 보내 그들을 인도했고 예언자들은 사회와 정치

41 위의 책, 201-205쪽.

의 기본적인 덕들을 가르쳐주었다고 생각하게 되었다. 이제 그는 섭리사관의 빛 아래에서 각 나라의 역사를 보고, 일본의 세계사적 사명과 미덕을 생각하게 되었던 것이다. 이러한 점에서 섭리사관은 그의 애국심을 신앙적으로 근거지웠을 뿐만 아니라 그것이 자기중심적인 맹목적인 애국심이 아니라 신의 섭리 안에서 존재해야 한다는 방향성도 제시해주었다.

이렇게 예언서는 그로 하여금 '세계사의 하나님'을 발견하게 했다. 여기에서 청년 우치무라는 일본 역시 신의 섭리 안에서 고유한 의미를 가지고 하나님은 일본에도 불교의 승려나 유학자 등을 통해 예언자를 보내주었다는 통찰력을 얻을 수 있었다. 그는 여기에서 비로소 '세계사의 신학' 내지 '신의 섭리 아래 있는 일본'이라는 '일본사의 신학'을 진지하게 의식하게 되었다. 즉 그는 신으로부터 인류사적 '천직'을 부여받은 '있어야 할 모습으로서의 일본'이라는 신앙적 사상을 형성하게 되었던 것이다.[42]

그의 역사관 정립에 영향을 미친 또 다른 요소는 애머스트대학에서 배운 모스 교수(A. Daniel Morse)의 역사학 강의였다. 역사를 '인류 진보의 기록'이라고 한 모스 교수의 정의는 우치무라의 역사관을 극적으로 변화시켰다. 그때까지 그의 역사적 지식은 단순히 역사적인 사건의 잡다한 축적에 불과했다. 그러한 우치무라에게 모스 교수의 강의는 역사적 사건을 진보라는 법칙 안에서 체계화시키는 관점을 제시해주었다. 그런데 이러한 진보사관은 우치무라에게 섭리사관과 모순되는 것이 아니었다. 그는 미국을 '인류 역사 2천 년에서 문명화된 나라의 희망'이라고 부르고 미국을 문명화의 정점에 있는 나라로 보았다. 그리고 한 국가의 가치는 그 문명화 정도에 따라 인류에게 얼마나 기여하는가에 의

42 柳父圀近,「内村鑑三における預言者的ナショナリズム」, 8쪽.

해 측정되어야 한다고 보았다. 우치무라는 신의 섭리도 문명화와 진보를 가치로 하는 역사적 사실을 객관적으로 관찰함으로써 연역적 방법으로 찾아질 수 있다고 생각했다.[43] 우치무라는 당시 대부분의 미국 기독교 지성인들이 가졌던 서구 근대 문명 중심의 유신론적 진보사관을 가지게 되었던 것이다. 이러한 그의 사관은 후일 그가 미국의 1차 세계대전 참전을 계기로 인류의 진보에 절망하고 재림 운동에 들어갈 때까지 견지되었다.

3년간의 미국 생활을 통해 우치무라는 속죄 신앙과 근대 서구 중심의 유신론적 진보사관의 틀에서 미국과 일본을 재발견한 것이었다. 그리고 신의 섭리사 속에서 일본이 자신의 소명을 다하기 위해 기독교를 전하는 것이 '두 개의 J'에 대한 자신의 헌신이 되어야 한다고 보았다. 이러한 큰 그림 안에서 '두 개의 J'의 결합은 더욱 촉진되어 있었다. 우치무라가 애머스트 시절 애용하던 성서에 자신의 묘비명을 적어둔 유명한 영어 문구가 그 점을 잘 대변해준다. "I for Japan(나는 일본을 위해), Japan for the World(일본은 세상을 위해), The world for Christ(세상은 예수를 위해), And all for God(모두는 신을 위해)."[44]

3. 하트포드신학교

1888년 그는 2년 만에 애머스트대학을 졸업하고 이학사호를 받았다. 그리고 그해 가을에 하트포드신학교에 입학했다. 사무라이의 아들로서 태어난 우치무라가 막부 말기에서 메이지 초년에 걸친 사상적 분

43 Chiba Shin & Sibuya Hiroshi, op. cit, 47-48, 75-75쪽.

44 스즈키 노리히사, 앞의 책, 40쪽.

위기 안에서 성장하며 성직자를 경멸했던 것은 당연했다. 그러나 그의 평생의 친구가 된 감리교의 해리스도 애머스트대학의 실리 총장도 모두 목사였다. 이것이 우치무라로 하여금 신학교에서 신학을 배울 결심을 하게 한 것이었다. 그러나 그는 '나는 결코 자격증을 받지는 않을 것이다'라는 조건을 스스로에게 부과하고 입학했다. 그에게는 신학은 신학교에서만 배우는 것이 아니라는 생각이 있었기 때문이다. 과연 우치무라가 배운 신학교는 그에게 아무것도 가져다 준 것이 없었다.

첫째는 신학 수업이 실존적 진정성을 가진 실험이 되지 못하고 단순한 이론적 지식을 쌓는 것에 편중되었다고 느꼈던 것이다. 그의 일기 한 토막을 읽어보자.

> 10월 12일
>
> 교실에서 하는 공부에 다소 넌더리가 났다. 신약 해석학 시간에는 지옥과 연옥에 대해서 토론했고, 변증학 시간에도 실질적이지 않은 주제들을 가지고 토론했다. 영성 없는 신학은 가장 건조하고 가치 없는 학문이다. 진지한 주제들을 놓고 토론하면서 웃고 농담하는 학생들을 보는 건 거의 충격적인 일이었다. 이런 사람들이 진리의 근본에 도달치 못하는 건 당연한 일이다. 만세 반석으로부터 생명을 얻으려면 최상의 열정과 진지함이 필요하다.[45]

두 번째로 우치무라는 신학교의 교육이 미국 목회자들을 양성하려는 교육으로 일본 전도에는 크게 유용하지 않다고 여겼다. 세 번째로 우치무라가 신학교를 탐탁지 않게 생각한 것은 신학교의 분위기가 미국의 다른 곳만큼이나 철저히 배금주의적이라는 것이었다. 그는 '사택

45 우찌무라 간조, 『우찌무라 간조 회심기』, 256쪽.

제공되고 천 달러', '시카고의 혼란을 주제로 하는 20달러짜리 설교' 등으로 복음 전파가 '돼지고기나 토마토, 호박처럼 설교에도 시장 가치가 있다'는 것에 동의하기 어려웠던 것이다.[46]

더구나 우치무라의 심신은 3년에 걸친 타국에서의 유랑으로 지쳤고 그는 불면증으로 고통받았다. 이렇게 되자 무의미한 신학교에서 의미 없는 시간을 보내는 것을 견딜 수 없게 되었다. 우치무라는 1888년 1월이 신학교를 퇴학했다. 4월 21일에 미국을 떠나서 5월 16일 3년 반 만에 일본 땅을 다시 밟게 되었다. 그러나 약 3년에 걸친 미국에서의 유랑생활은 우치무라에게 말할 수 없이 커다란 사상적 영향을 주었다. 그것은 우치무라에게 '예수'와 '일본'이라는 두 개의 새로운 '실재'를 발견하게 했던 것이다.

자신의 집에 도착했을 때의 실감을 "여기야말로 내가 나의 것이라고 불러도 좋은 장소이고 이 장소를 매개로 해서 나는 이 나라와 지상에 연결되어 있습니다. 여기는 나의 집이기도 하고 나의 전쟁터이기도 합니다. 나의 일, 나의 기도, 나의 생명을 아낌없이 바칠 수 있는 땅입니다"라고 그는 토로했다.[47] 인간에게 있어서 종교적 '실재'가 가져오는 역할을 잘 드러낸 말이었다. 이제 미국 생활을 통해 얻은 '두 개의 J'의 새로운 '실재'를 조국 일본에서 전개하기 위한 새로운 삶이 시작된 것이었다.

---

46 위의 책, 263쪽.

47 위의 책, 309쪽.

3장

'두 개의 J'의 실험

1. 호쿠에츠학관 사건

3년 반 만에 귀국한 우치무라는 고국의 변화에 놀랐지만 친구들은 우치무라가 전혀 변하지 않았다고 했다. 우치무라는 "나는 일본인으로서 고국을 떠났다가 일본인으로서 돌아오게 된 것을 감사한다. 일본인으로 태어난 것을 한 번도 후회한 적이 없다"라고 말했다.[1] 그리고 9월부터 니가타의 호쿠에츠(北越)학관에서 가르치게 된 것에 많은 기대를 걸었다.

호쿠에츠학관은 1887년 그 땅의 유력자가 설립한 학교였다. 그것은 1885년에 아베테츠지로(阿部哲次郎)에 의해 창립된 니가타영학교(新潟英學校)를 모태로 하고 있었다. 아베는 니가타에서 태어나 요코하마의 브라운숙에서 배우고 도쿄대학에 진학해 중퇴하여 니가타의 관리가 되고 그 후 공립 니가타학교의 교사로 근무하고 있었다. 그는 1887년 5월

1 David C. Bell에게 보낸 편지, 1888년 6월 20일, 全集 36권, 294쪽. 벨은 미국 중서부의 작은 은행의 사장이고 회중 교회의 열렬한 신자였다. 우치무라와는 기차 여행 중 알게 된 이래 평생의 마음의 친구가 되었다.

세례를 받았다. 그리고 니가타 주재 미국 선교사 스커더(D. Scudder)와 니가타 제일기독교회의 목사 나리세(成瀬仁藏)의 권유로 그 학교를 기독교 신앙에 근거한 보통교육 기관으로 제공했다. 마침 당시 현립(縣立)의 중학교가 폐교되어 니가타현에는 중학교가 전무한 상태였다. 이에 지방 유력자인 가토(加藤勝弥)의 조력을 얻어 1877년 10월 호쿠에츠학관이 개설된 것이다. 호쿠에츠학관 이사장이 된 가토는 기독교 신자이고 현의회의 의원이기도 했다.

호쿠에츠학관 개교 당시 생도는 80인, 교사는 8인으로 그중 외국인 4명은 미국 전도회 소속 선교사들이었다. 다음해 봄 생도 수는 155인으로 증가했다. 우치무라는 미국에 있을 때부터 이 학교에서 초빙 교섭을 받았었다. '두 개의 J'에 대한 헌신을 다짐하는 우치무라로서는 그 학교가 기독교에 기초를 둔 교육을 하는 것에 반대할 이유가 없었다. 초빙을 승낙하고 니가타에 온 그는 교장 취임 연설을 했다. 여기에서 그는 첫째, 외국 전도부로부터 독립의 문제, 둘째, 기독교주의에 근거함으로써 하나의 종교 안에 속박당하는 문제, 셋째, 애국심 양성의 문제라는 세 가지의 문제를 제기하며 1년간의 가계약의 형태로 부임했다. 이때 호쿠에츠 이사장인 가토와 체결한 계약서의 내용은 다음과 같았다.

약정서

1. 일본 농학사 겸 미국 이학사 우치무라 간조 군을 호쿠에츠학관 교장으로 초빙하고 연봉 금 600엔을 지급할 것
1. 동군의 취직기간은 메이지 21년 7월 1일부터 22년 6월 30일까지 만 1년으로 한다.
1. 동군의 책임은 전 학관 교육상의 사항에 있고 교회와 전도상의 사업에는 관계가 없다.

1. 동군의 신앙 개조는 다음과 같다.

ㄱ. 천지와 그 안에 있는 만물을 창조하신 유일무이의 신의 존재를 믿고 그에게 따르기 위해 전심전력을 다한다.

ㄴ. 내가 신 앞에서 의롭다고 여겨지는 것은 신의 아들인 구주 예수 그리스도에 대한 신앙에 의한 것으로 이것에 의하지 않는 다른 어떠한 것도 나의 영혼을 구원할 수가 없다.

ㄷ. 앞의 2항에 기록한 신앙개조에 저촉되지 않는 이상 나의 신앙 개조 및 성서 해석은 나 개인의 견해에 맡겨야 한다.

1. 이 약정은 쌍방을 만족시키는 일이 아니면 해약될 수 없다.

위의 약정을 증거하기 위해서 똑같은 문장 2통을 작성하여 서로 보존한다.[2]

호쿠에츠학관 이사장 가토
일본 농학사 및 미국학사 우치무라 간조
1888년 6월 6일

우치무라가 호쿠에츠학관에 부임할 때에 그 기간을 1년으로 한정한 것은 당시로서는 드문 일로, 이러한 계약서를 교환하는 것 자체가 매우 희귀한 일이었다. 따라서 이 전문이 『기독교 신문』에 게재되었다. 이 약정서에서 특별히 주목을 끄는 것은 우치무라가 유일한 창조주의 존재를 인정하고 있다는 것, 그리스도에 대한 신앙만에 의한 의인(義認), 성서 해석을 자신에게 위임하고 있다는 것, 이 세 가지 사항을 부가하고 있는 점이다. 여기에는 우치무라가 기독교에서도 가장 중요하다고

2 『基督教新聞』, 1888년 6월 20일.

생각한 일이 무엇인가가 잘 드러나 있다.

우치무라는 이 교육 활동에 커다란 포부를 안고 있었으나, 외국 전도회 선교사의 원조를 받는 바람에 그가 주장하는 자유·독립이 크게 훼손될 것을 우려했다. 또한 그 때문에 동양이나 일본 성현들의 가르침을 배척하고 기독교만을 가르치는 교육도 찬성할 수 없었다. 이에 우치무라는 '호쿠에츠학관 약칙(略則)'의 일부를 수정하게 했다. "본교는 정칙(正則) 영어를 가지고 고등보통과를 교수하고 한문학의 한 과목을 더해서 주로 작문을 수습(修習)하게 함"으로 되어 있던 것을 "본관의 설립 및 유지는 다만 유지들의 기부금에 의함, 그 목적은 고상한 도의와 애국, 국민주의를 가지고 유용한 생도를 양성하는 데 있음"으로 수정하게 했던 것이다.[3]

이러한 수정 아래 그가 원하는 독립을 실현하려고 했으나, 외국인 선교사와의 대립은 개학한 지 한 달도 못 되어서 시작되었다. 우치무라는 외국인 선교사에 의한 교육이 무상으로 제공되고 있는 것은 결국 외국 전도회의 원조를 받는 것으로, 호쿠에츠학관 설립 정신에 반한다는 견해를 표명했다. 이에 대해 알브레히트(Mr. Albrecht), 뉴엘(Mr. Newell), 코자드(Miss Cozad) 세 사람의 외국인 교사는 나리세, 아베, 가토 등의 학교 발기인들에게 편지를 보내 이러한 교장 우치무라 아래에서는 수업할 수 없다고 통보했다. 그 이유의 하나로 그들은 우치무라가 '외국인의 도움을 얻는 것은 애국심에 반한다'고 말하는데, 그가 애머스트대학 재학 시절에는 원조를 분명히 받았을 것으로, 만일 우치무라가 오늘날 주장한 바와 같은 것을 주장했다면 그 대학에서 공부할 수 없었을 것이라고 하며 모순을 지적하고 있었다. 이것은 우치무라에게는 아픈 지적이었을 것이다. 물론 우치무라가 외국으로부터의 원조를 모두

---

3 鈴木範久, 『內村鑑三とその時代』, 119쪽.

배척하지 않은 것은 애머스트대학 시절에 실제로 도움을 받았다는 것에서도 나타난다. 그러나 우치무라는 그때에도 커다란 내면적 갈등을 겪었고, 이때의 불편한 경험에서 독립에는 원조를 끊는 것이 불가결함을 절감했던 것이다.

학관 분쟁에 학생들도 말려들어 생도 집회에서 '호쿠에츠학관의 독립을 꾀하기 위하여 단결'을 서약하는 서약서가 작성되어 136명의 학생들이 그의 방침을 지지했다. 당시 재학생은 175인이었기 때문에 과반수이상의 학생이 서명했음을 알 수 있다. 학관 발기인들은 우치무라가 선동한 결과라고 생각하고 회합을 열어 선교사의 원조를 거부할 필요는 없다는 결론을 내렸다.

이러한 호쿠에츠학관에서의 매일매일이 얼마나 고통의 연속인가에 대해서는 니지마에게 보낸 편지에서 니가타에서 생활한 2개월이 2년과 같이 길다는 생각이 든다고 토로한 구절에서도 잘 드러나 있었다. 결국 우치무라는 경영자, 교사, 선교사들로부터 고립되어 싸움에 패했다.[4] 발기인 가운데서 우치무라에게 가장 강렬하게 반대한 사람은 나리세였다. 그는 우치무라의 독립주의는 편협한 선교사 추방주의라고 했다.

이렇게 해서 부임 후 겨우 4개월 만에 학관을 떠나야 했다. 그는 12월에 호쿠에츠학관을 사임했던 것이다. 우치무라가 호쿠에츠학관에서 보인 '기독교 애국주의'는 "여기야말로 나의 집이고 나의 전장이기도 합니다. 나의 일, 나의 기도, 나의 생명을 아낌없이 바칠 곳"이라고 한 귀국할 때의 결의를 실행한 것이었다. 우치무라의 정체성은 기독교만으로 혹은 애국심만으로 성립할 수 없었다. 자기를 길러준 모국에게 기독교가 접목될 때 비로소 그의 정체성은 충족되는 것이었다. 호쿠에츠학관에서 외국인 교사의 무급의 원조와 기독교에만 근거한 교육에 우치

4 스즈키 노리히사, 앞의 책, 41–44쪽.

무라가 불편해 했음은 표면적 이유였다. 우치무라가 참으로 반대하고 싶었던 것은 기독교 가운데에서도 외국의 기독교였고 외국인 교사 가운데서도 외국의 특정 교파의 선교사였다. 외국의 기독교, 특히 외국의 특정 교파에 지배되는 것이야말로 우치무라에게는 부자연스러운 것으로 여겨졌던 것이다. 일본인에게 의미 있는 기독교가 되기 위해서는 외국 선교 기관으로부터 독립할 필요가 있었던 것이다. "기독교를 일본은 가져야만 한다. 아니 마침내 갖게 될 것이다. 그러나 그 기독교는 비록 씨앗은 외국의 손에 의해서 뿌려졌다 하더라도 어머니의 품에서 자라고 일본 옷을 입고 일본의 땅에서 성장한 기독교이어야 한다"고 생각했던 것이다.[5]

그렇다 하더라도 우치무라가 이 신념을 실행하기 위해서 호쿠에츠학관에서 취한 방법은 아무리 교장이라는 지위가 주어졌다 하더라도 상당히 독재적이었음은 부정할 수 없다. 우치무라는 젊어서 가장이 된 것과 더불어 그의 개성에도 독재적인 요소가 상당히 강하게 보인다. 그것이 그 자신의 의도에 반해 그 스스로 인정한 대로 호쿠에츠학관에서의 실패의 원인의 하나가 되었다. 더구나 우치무라가 니가타를 떠나지 않으면 안 되었던 것은 나리세를 비롯한 일본인의 반대였다. 우치무라의 '기독교 애국주의'는 당시의 일본 기독인들에게 차갑게 받아들여졌다.[6] 그는 '두 개의 J'의 신념에 따라 일본인으로서의 독립과 참된 기독교 교육을 관철해보려 했으나, 현실의 일본 기독교계는 그의 기독교를 이해해주지 않았다. 그리고 그의 '두 개의 J'의 신념 앞에는 더 큰 시련이 기다리고 있었다.

---

5 David. C Bell에게 보낸 편지, 1888년 11월 25일, 全集 36권, 307-308쪽.

6 鈴木範久,『內村鑑三とその時代』, 126쪽.

2. 불경 사건

호쿠에츠학관을 사임하고 도쿄에 돌아온 우치무라에게 1889년 정월은 참으로 힘들었다. 2월이 되어도 취직자리는 나타나지 않았다. 커다란 사건이라면 그해 2월 11일에 '제국헌법'이 발표된 일이었다. 당시 일본은 과거 10년 동안 천황제와 입헌제를 어떻게 결합시킬 것인지가 정치적 투쟁의 쟁점이었다. 형식적으로나마 국민의 권리와 자유를 보장하고, 천황의 권한에 일정한 제한을 두지 않으면 서양 각국으로부터 근대적 헌법이라고 인정받지 못할 것이며, 국내의 정치적 안정도 확보되지 않을 것이라는 것을 천황이나 보수파도 인정할 수밖에 없었다.[7] 이 문제를 최종적으로 해결하고자 메이지 정부는 '제국헌법'을 제정해 발포했다. 발포에 앞서 궁중과 전국의 신사에서 황조황종(皇祖皇宗)의 신 앞에서 봉고제(奉告祭)가 행해졌다. 봉고제의 고문(告文)에서 천황은 "여기에 황실 전범(典範) 및 제국헌법을 제정한다. 생각해보면 이것들 모두 황조황종이 후세에게 남긴 통치의 홍범(弘範)을 기록한 것에 불과하다"고 강조했다. 또한 이 헌법은 신민이 천황에게 익찬(翼贊)하는 길을 넓히고 국가의 기초를 굳혀 국민의 행복을 증진시키기 위함이라고 말한다. 그리고 천황은 헌법을 총리대신에게 부여했는데, 이것은 입헌 정치가 천황의 은혜의 선물이라는 것을 상징하는 행위였다. 그러므로 제국헌법은 천황의 단독 의사에 의해 제정된 '흠정헌법(欽定憲法)'의 형식을 취했던 것이다.

이어 천황은 '헌법발포칙어(憲法發布勅語)'를 공포하여 "국가 통치의 대권은 짐이 이것을 종조(宗祖)에게 받아서 이를 자손에게 전하는 것에 있다"고 하여 과거로부터 미래에 이어지는 황통일계(皇統一系)의 기초

7 마키하라 노리오, 『민권과 헌법』, 박지영 역, 어문학사, 2006, 229쪽.

원칙을 선언했다. 제국헌법 전체 76조에서 가장 중시된 것은 천황의 '대권(大權)' 조항이었다. 잘 알려져 있는 것처럼 그것은 첫머리의 17개 조를 차지하며, 제1조 "대일본제국은 만세일계(萬世一系)의 천황이 이를 통치한다"로 시작했다.[8] 이 '대권 조항'은 천황제의 법적 기초를 분명히 한 것으로, 뒤 이어 황실의 남자 자손에 의한 황위의 계승권, 통치권의 총람, 제국의회의 협찬으로 입법권, 법률의 재가·공포·집행권, 제국의회의 소집·개회·폐회·정회 및 중의원의 해산권, 긴급칙령 및 칙령발포권, 문무관의 임면권, 육해군의 통솔 및 편제권(編制權), 선전(宣戰)·강화권(講和權), 계엄령 발포권, 영전(榮典)의 수여권, 대사(大赦)·감형(減刑) 및 복권의 명령권을 상세하게 정하고 있다. 나아가 제국헌법 제3조에는 '천황은 신성해서 침범할 수 없다'고 하여 천황을 초월적 신적 존재로 규정함으로써 천황의 종교적 권위를 법적으로 보장했다.[9] 제국헌법에 의해 일본은 입헌국가가 되었다지만, 천황은 신적인 유일한 주권자로서 통치의 대권을 장악하고 그 보필 기관인 정부의 입법 기관에 대한 우위가 보장되어 있었다. 국가의 그 같은 구조 속에서 국민은 '신민(臣民)'으로 위치 정해졌던 것이다.[10]

이러한 지배 체제 아래에서 신교의 자유 역시 필연적으로 제한받지 않을 수 없었다. 제국헌법은 제28조에 '신민의 권리 의무'의 하나로서 "일본 신민은 안녕 질서를 방해하지 않고 또 신민된 의무를 저버리지 않는 한도 내에서 신교의 자유를 갖는다"라고 규정하고 있다. 형식적으로는 '신교의 자유'를 내걸었지만, '안녕 질서'와 '신민으로서의 의무'는

8 大江志及夫, 『靖國神社』, 岩波書店, 1984, 74-75쪽.

9 양현혜, 『근대 한·일 관계사 속의 기독교』, 2009, 이화여자대학교출판부, 21쪽. 또한 제국헌법은 천황의 통치권과 군사 대권도 규정하고 있는데, 그러한 권리도 황실 제사를 스스로 집행하는 국가의 최고 사제이며 동시에 현인신인 천황의 제사 대권이라는 법외적 종교적 권위에 그 궁극적 기초를 두고 있는 것이었다.

10 가노 마사나오, 앞의 책, 119쪽.

제한 없는 확대 해석이 가능한 것으로, 종교의 자유에 대한 중대한 침해였던 것이다.

그러나 헌법 발포시 개신교계 지도자의 관심은 기독교 생활을 위한 법적 보장 조항이 있는가 없는가 하는 것이었다. 지금까지는 그런 법적 보장이 없어 기독교 배격의 사회 풍조에 대해 속수무책이었던 것이다. 따라서 신교의 자유 조항인 헌법 28조를 그들은 마음으로부터 환영하고 발포 날 축하회를 열었다. 축사에는 신교 자유 보장 조항이 기독교 왕국을 확대시켜가는 일 단계가 되었다는 말도 있었고, 한 방울의 피도 흘리지 않고 신교의 자유가 보장되어 기독교는 일본의 종교의 하나가 되었다고 하는가 하면, 장차 기독교를 일본의 유일한 종교로 하고 싶다는 내용도 있었다. 28조가 갖는 의사(擬詐) 정교 분리의 내용에 대한 기독교 측의 반응은 참으로 낙관적이고 자축적이었던 것이다.[11]

더욱 중요한 것은 기독교 지도자들이 신교의 자유를 천황의 은혜의 선물로 생각했다는 점이다. "신교 자유의 대의로 제국 헌법에 규정되어 조용히 하나님께 봉사할 길을 얻었다. 기독교도는 이 점에서 폐하의 성은에 깊이 감격한다". 피해의식을 갖고 있었던 당시의 기독교 지도자들의 관심은 '신교의 자유' 유무에 쏠려 있었는데 이런 상황에서 28조가 가지는 의사 정교 분리의 문제성을 분석해보는 것은 불가능했던 것이다.[12]

한편 신헌법 발포에 의해 일본도 구미와 같은 선진국형의 정치 형태를 가졌다는 일본인의 기쁨을 반감시키는 사건도 동시에 일어났다. 영어가 능숙하고 서양인들이나 기독교인들과 친밀하고 외교관으로서 구미 체재 중 애머스트대학 등의 전문가들에게 일본의 윤리 교육의 기초를 어디에 두어야 하는가를 자문했던 문부대신 모리 아리노리(森有礼)

11 土肥昭夫, 『日本プロテスタント·キリスト教史論』, 教文館, 1987, 151, 156쪽.

12 양현혜, 앞의 책, 27쪽.

가 암살자 앞에서 쓰러진 것이다. 헌법이 가져올 변화에 대한 공포가 일으킨 사건으로, 마치 소리 없이 다가올 부조리한 폭력을 암시하는 듯한 사건이었다.[13]

이러한 제국헌법 발포와 관련된 일련의 정치적 사태에 대해 우치무라 역시도 별다른 이의 제기는 없었던 모양이다. 그는 미국에 있는 친구들에게 '천황은 신성해서 범할 수 없다'라는 구절과 또 하나 '신앙의 자유가 있다' 라는 두 가지 사항을 특히 강조하고 있었다. 아직 '제국 헌법'에 대해 별다른 문제의식은 보이지 않았다.

3월에 들어 그는 동양영화(東洋英和)학교에서 만국사, 수산 견습소에서 동물학 등을 가르치게 되었다. 우치무라는 외국 전도부라든가 교회라든가 혹은 그와 유사한 어떠한 것과도 관계없는 일을 하기를 원한다는 희망을 밝히고 있었다. 이점에서 동양영화학교는 캐나다 미션에 의해 설립된 학교이기 때문에 우치무라의 희망에 반하고 있으나 전임은 아니었고 생활 때문에 이것저것 가릴 여유가 없었다. 당시 동양영화학교의 교장은 히라이(平岩愃保)로 이전에 우치무라 아버지가 그의 교회에 다녔던 적이 있었다. 우치무라는 이 학교에서 가르치면서 수산국에 가서 『일본산 어류목록』의 작성에도 관계했다. 7월 우치무라는 고향 다카사키의 어린 시절의 동무였던 요코하마 가즈와 재혼했다. 가즈는 다케와는 정반대의 여성이었다. '그녀가 잘하는 것은 가사로 바느질, 요리, 남편 시중'이라고 하는 우치무라가 좋아하는 타입의 여성이었다. 한편 이 당시 미국 친구에게 보낸 편지에는 변함없이 '두 개의 J'라고 하는 단어가 보여 기독교인이면서도 동시에 열렬한 애국자이고자 하는 그의 포부가 드러나 있었다.

1890년 9월부터 그는 제일고등중학교(第一高等中學校)의 촉탁교원으

---

13 J. F. ハウズ. 앞의 책, 101쪽.

로 일하게 되었다. 제일고등중학교는 어린시절에 우치무라가 배웠던 도쿄영어학교의 후신으로, 이 학교의 졸업생들은 거의 대부분 도쿄대학으로 진학했다. 고등학교로서는 가장 레벨이 높은 이 학교에서 가르치게 된 것에 우치무라는 적지 않은 기대를 가지고 있었다. 그는 주 4시간 강의하고, 5시간 학습 지도를 했다. 종교, 철학, 과학을 각각의 학생들의 개성에 맞춰서 가르치는 것이었다. 그는 아내와 살고 있던 작은 집을 학생들에게 개방했다. 그 이유를 "자택에서 자유로이 역사를 가르치려 생각하고 있다. 기독교국인 유럽 역사를 매개로 내가 배운 예수의 생애와 정신을 학생들에게 전할 기회가 많아질 것이라고 생각한다"고 미국의 친구에게 써보냈다.[14]

우치무라가 제일고등중학교에 취직한 지 얼마 안 되어 10월 30일 '교육칙어(教育勅語)'가 발포되었다. 천황제 국가는 인간의 내면성과 교섭을 가지고 윤리적인 면에서도 천황 지배의 신성화를 공고히 할 필요를 느꼈다.[15] 신민의 사회생활의 기본적 윤리를 제정하고 이를 '천황의 가르침'으로서 적극적으로 교육해가고자 했다. 교육칙어는 "부모에게 효도하고 형제에게 우애하고 부부 서로 화목하며 붕우(朋友)는 서로 신의를 지키고 근검하고 박애를 모든 사람에게 미치게 하고 배우기를 힘쓰고……"라는 전통적인 유교적 윤리를 열거하고 있다. 그러나 그 가르침의 궁극적 테마는 칙어의 중간 부분의 한 구절인 "이러한 것을 가지고 천양무궁(天壤無窮)한 황운(皇運)을 부익(扶翼)해야 한다"에 수렴되고 있다. '교육칙어'가 들고 있는 덕의 모든 것은 '충효'에 집약되는 것인데, 본래 '충효'라는 것은 상대적인 덕이다. 그런데 그 상대적인 덕이 비약하여 도덕 가치 체계의 정점으로 위치 정해지고 있는 사실은 '교육칙어'

---

14 Alfred Struthers에게 보낸 편지, 1889년 6월 14일, 全集 36권, 315쪽.

15 大内三郎, 『日本キリスト教』, 286쪽.

가 이미 도덕 체계·이론·설교 등이 아니라 충성을 바쳐야 하는 대상으로서 천황을 신격화하는 교전임을 의미하는 것이었다.[16] 국민의 모든 것이 천황에 대한 멸사봉공(滅私奉公)으로 수렴된다고 하는 점에서 '교육칙어'의 이데올로기는 유례없는 강렬한 종교 교의가 되었다. 이렇게 하여 1890년대에 들어서 일본의 국가 체제는 한편으로는 메이지 헌법에 근거해 정비·강화되고, 또 다른 한편으로는 '교육칙어'를 통해 국민 교화의 도덕적 지주를 만들어 천황제의 절대화 작업을 끝낸 것이었다.[17]

그해 11월 3일 제일고등중학교에서 거행된 천장절(天長節) 축하식에서는 이해 학교에 수여된 천황·황후의 사진을 '배알'하고 처음으로 교육칙어 낭독이 행해졌다. 이어 이해 연말에 당시 전국에 7개 있었던 고등중학교에 메이지 천황 친서가 들어간 '교육칙어'가 수여되게 되어, 제일고등중학교에서도 12월 25일 문부성에까지 가서 그것을 가지고 왔다. 해가 바뀌어 1891년 1월 9일 제일고등중학교에서는 작년에 하사된 교육칙어 봉배식이 새 학기를 시작하면서 거행되었다. 이때의 일을 그로부터 약 2개월 후인 1891년 3월 6일 미국 친구 벨에게 보낸 편지를 통해서 다음과 같이 자세히 말하고 있다.

"1월 9일 내가 가르치고 있었던 제일고등중학교에서는 교육칙어 봉배식이 행해졌습니다. 교장의 연설과 칙어 낭독 후 교수와 생도들은 한 사람씩 단상에 올라가 마치 불단이나 신도의 예식에서 우리들의 선조의 위패 앞에서 머리를 숙이는 것과 같은 방법으로 칙어에 명기되어 있는 천황의 서명을 향해서 머리를 조아릴 것을 요구받았습니다. 나는 이 익숙하지 않은 의식에 전혀 준비가 되어 있지 않았습니다. 왜냐하면 이것은 교장의 새로운 고안물이었기 때문입니다. 나는 세 번째로 등단하

16 양현혜, 『근대 한·일 관계사 속의 기독교』, 23쪽.

17 村上重良, 『國家神道』, 岩波書店, 1980, 129-133쪽.

여 머리를 숙이지 않으면 안 되었기 때문에 그 일에 대해서는 거의 생각할 여유가 없었습니다. 그래서 나는 망설이면서 기독교적 양심에 위반되지 않는 길을 골라 60인의 교수(전부 비기독교인, 나 외에 있었던 두 사람의 기독교인은 결석)와 1,000명 이상의 생도들이 엄숙하게 지켜보고 있는 가운데 나는 자신의 생각대로 머리를 숙이지 않았습니다!"라고.[18]

우치무라는 이때의 행동을 순간의 판단에 따른 것이라고 썼으나, 적어도 이 일을 예상하고 두 명의 기독교인인 동료들이 결석한 것을 본다면 어느 정도의 각오는 있었다고 생각된다.[19] 우치무라에게 이러한 태도를 취하게 된 원인은 물론 기독교 신앙과 그의 개성이겠으나, 그것을 도왔던 것으로서는 우치무라가 그 당시 읽고 있었던 칼라일의 『크롬웰전』의 영향을 들 수 있다.

"칼라일 저 『크롬웰전』이 나에게 미친 영향에 대해서는 내가 그것을 표현하기에 충분한 말을 찾지 못할 정도다. 나는 영국판 책을 중고책방에서 구입했다. 때는 1891년, 내가 촉탁 교원으로서 제일고등중학교에 근무할 때였다. 나는 이것을 구입하고 난 후, 모든 것을 잊고 몰두했다. 나는 이 책을 통해 자유와 독립을 사랑할 것을 깊이 깨닫고 그것을 절반 정도 읽었을 때 고등중학교 윤리 강당에서 그 당시 발포된 교육칙어를 향해 예배적인 경배를 하라고 당시의 교장에게 요구받았다. 그러나 칼라일과 크롬웰에게 마음을 빼앗겨 도저히 양심에 걸려 그 명령에 복종할 수 없었다. 나는 그들의 권유를 과감하게 거부했다."[20]

우치무라는 크롬웰의 퓨리턴 혁명에 대해서 아마 애머스트 시대의 모스의 역사학 강의를 통해서 관심을 갖게 되었을 것이다. 이 「강의 노트」에도 퓨리턴 혁명과 크롬웰이 기록되어 있다. 또 애머스트 시대의

18 David C. Bell에게 보낸 편지, 1891년 3월 6일, 全集 36권, 331-332쪽.

19 스즈키 노리히사, 앞의 책, 50쪽.

20 內村鑑三, 「讀書餘錄」, 『聖書之硏究』, 113호, 1909, 10, 全集 16권, 510쪽.

편지 안에서도 퓨리턴의 영국 역사를 읽었다는 것과 크롬웰, 햄프던(John Hampden), 베인(Henry Vane)이라는 인물을 가장 이상적인 인물로 존경하고 있었다. 크롬웰은 불경 사건의 순간에 우상 숭배 거부의 정신을 체험한 존재로서 청년 교사 우치무라에게 영웅적인 모습으로 육박해온 것이었다.[21]

우치무라의 이 사건은 제일고등중학교 내부의 교사와 생도들이 문제시했을 뿐만 아니라, 진보당 계열의 신문 『민보』 1월 17일자에 '존영(尊影)'에 대한 경배를 우치무라가 '종이를 예배하는 것은 기독교주의에 반한다'라고 말했다고 보도함으로써 저널리즘이 다투어 보도하여 대사건으로 확대되었다. 이 사건은 일명 '우치무라 간조 불경 사건'으로 전국에 확산되어갔다. 불교계 각 종파의 기관지도 이에 편승해 기독교 신도에 의한 '불경 사건'이라고 들끓었다.[22]

사건 당일은 부재했었던 제일고등중학교 교장 기노시타(木下廣次)는 사건 수습에 고심하여 우치무라에게 머리를 수그리는 것은 결코 예배를 의미하는 것이 아니라 단순히 천황에 대한 존경심을 의미할 뿐이라고 하면서 다시 머리를 숙여 인사하라고 애원했다. 우치무라는 이 일을 친구인 기독교인 동료와 조합교회의 가네모리(金森通倫), 요코이(横井時雄)의 두 목사와 상의하고 결국 그것을 수락하기로 결정했다. 그러나 우치무라 자신은 폐렴으로 누워 있었기 때문에 대신 1월 29일 친구인 기무라가 그것을 대행했다.

이에 더하여 이 사건에 관한 우치무라의 변명서가 작성되어 1월 30일자로 발표되었다. 그러나 실은 그것은 병으로 생사를 왔다갔다하고 있던 우치무라를 대신하여 친구들이 작성한 것이었다. 나아가 그 다음

---

21 柳父圀近, 『日本的プロテスタンティズムの政治思想—無教會における 國家と宗教』, 新教出版社, 2016, 28쪽.

22 鈴木範久, 『内村鑑三とその時代』, 139쪽.

날 1월 31일에는 제일고등중학교 교장 앞으로 사표가 제출되었는데 그것도 우치무라의 글씨가 아니었다. 우치무라가 이것에 대해서 알게 된 것은 병이 회복되기 시작한 후였다. 그의 사표는 그대로 처리되어 2월 3일부로 면직되었다. 우치무라와 제일고등중학교와의 인연이 끊어진 다음달 2월 4일 복음교회의 마루야마(丸山通一) 등은 그의 교회에서 이 사건에 관한 연설회를 개최하고 우치무라의 입장을 지지했다. 같은 달 2월 1일에는 이들 외에 우에무라 마사히사 등이 더해져 다섯 명의 연명으로 '새삼 세상의 식자들에게 고백한다'라는 공개장이 발표되었다. 공개장의 요점은 '정치상 임금에 대한 예의는 인정되더라도 천황은 신이다, 그를 향해 종교적 예배를 행해야만 한다라고 하면 이것은 사람의 양심을 속박하고 종교의 자유를 빼앗는 것이다. 즉 제국헌법을 유린하는 것이다. 우리들은 죽음을 가지고 이것에 항의하지 않을 수 없다.' 라고 하는 강한 어조의 내용이었다.

폐렴과 제일고등중학교 해직에 이어 우치무라를 기다리고 있는 것은 아내 가즈의 죽음이었다. 그가 앓는 동안 간병을 하는 한편 밖에서 들이닥치는 항의자들을 남편을 대신해서 혼자서 상대했던 가즈는 우치무라가 회복되자 자기가 같은 독감에 걸렸다. 두 달 남짓 와병하다가 최후에는 혼고교회(本鄕敎會) 요코이 목사로부터 세례를 받고 4월 19일에 별세했다. 아직 23세의 젊은 나이였다. 우치무라는 직업을 잃은 직후에 사랑하는 아내마저 잃게 되어 그 비통함이 극에 달했다. '아내의 관을 보내면서 읊는다'라는 제목으로 우치무라가 읊은 노래는 이것이었다.

봄날 아름다운 꽃의 옷을 입고 마음 기쁘게 돌아가는 고향

우치무라는 이제 일본 국내 어디에서도 마음 놓고 살 수 없는 '국적

(國賊)'이라는 박해를 감당해야만 했다. 이 사건은 우치무라 개인에게서뿐만 아니라 일본 근대 정신사에서 말할 수 없이 큰 의미를 갖는다. 일본 제국헌법에서 '신성불가침'의 존재라고 규정된 천황에 대해 한 개인이 보편적인 가치를 근거로 삼아 그 신성 불가침성을 부정하는 행동을 취한 것이다. 이 사건은 후일 권력의 우상화에 대한 기독교의 예언자적 부정의 정신이 일본 정신사에 접맥되는 순간으로 높이 평가되었다. 그러나 당시 우치무라의 고난은 말할 수 없이 컸다. 그의 '두 개의 J'의 신념 중 기독교의 측면을 일본의 기독교계가 이해해주지 않은 것이 호쿠에츠학관 사건이었다면, 이번에는 그의 일본에 대한 사랑을 당대의 일본이 이해해 주지 않았던 것이다. 같은 거절이라고 하더라도 사랑하는 일본에게 거절당하고 직업과 아내를 잃고 무엇보다도 '국적'이 된 충격은 전자와는 비교가 안 되게 큰 것이었다. 그는 '국적'이 되어 모두에게 외면당한 이때의 심정을 두고 후일 "나는 이 땅에 살면서 이 땅의 사람이 아니었다. 이 국토에 관한 나의 의견은 땅 속에 파묻혀, 나는 눈도 없고 입도 없는 아무 쓸모도 없는 인간이 되고 말았다"고 토로했다.[23]

'불경 사건'으로 일본 땅 어디에서도 안식처를 찾을 수 없었던 우치무라를 초청해서 의기소침한 심신을 잠시나마 쉬게 해준 것은 삿포로에 있던 친우 미야베, 니토베 등이었다. 우치무라는 삿포로에서 한 달쯤 머물다가 귀경했다. 도쿄에 돌아온 우치무라를 격려하고 지원해준 것은 혼고교회(本鄕敎會)의 요코이 도키오(橫井時雄) 목사였다. 요코이는 우치무라에게 혼고교회에서 구약성서의 예레미야서 강의를 시키고 『기독교신문』에 글을 쓸 자리를 마련해주었다.

1892년 1월부터 우치무라는 요코이의 주선으로 교바시(京橋)에 있던

23 우찌무라 간조, 『크리스천의 위로』, 전집 1권, 36쪽.

일본 조합교회 강의소의 설교자가 되었다. 니가타의 호쿠에츠학관에서 조합교회의 선교사들과 그토록 대립했던 그가 이번에는 조합교회의 전도자가 된 것이다. '불경 사건'으로 이제는 교직에 종사하는 길이 막혀 버린 그에게 우선 가능한 일은 전도자가 되는 것뿐이었다. 그래서 우치무라는 새삼 전도자가 되는 것을 진지하게 생각했다.

1892년 여름에 그는 정양을 위해서 치바현(千葉懸)에 머물렀다. 우치무라는 그곳에서 약 한 달 머물며 열심히 전도했고 그 결과 현지인들과 함께 거기에 우미기시(海岸)교회를 설립했다. 교회의 '신앙개최'와 '규약'은 그가 작성했다.[24]

치바에서 돌아오자마자 그는 오사카의 타이세이(泰西)학관에 교사로 부임했다. 타이세이학관은 조합교회의 학교였다. 이 학교는 가난한 생도들이 자기들 손으로 비누나 우유를 행상해서 지탱하는 학교였다. 우치무라 자신도 곤궁한 생활을 하고 있었지만 그러한 소년들의 간청을 거절할 수가 없어서 그 학교에 부임할 결심을 한 것으로 보인다. 오사카에 도착한 그는 생도들에게 학업을 '천직'으로 생각하고 열심히 하라고 독려했다.

『오오사카아시히 신문(大阪朝日新聞)』에 게재된 타이세이학관의 생도모집 광고에는 큰 활자로 우치무라 간조가 교사로 부임한다는 선전이 나와 있었다. 그 때문에 신입생도 현저하게 불어났다. 그의 '불경 사건'은 이때가 되면 그에게 부정적인 면만 아니라 그의 명성을 높여주는 방향으로도 움직이기 시작한 것이다. 그동안 우치무라는 교토의 판사 오카다(岡田透)의 딸 시즈와 일본식으로 결혼했다. 오카다는 오카자키번의 무사로 궁술에 능했다. 딸 시즈를 우치무라에게 시집보내려 할 때 '불경 사건' 이야기를 남에게서 듣고 오히려 우치무라에게 적이 많아서

24 J. F. ハウズ. 앞의 책, 108쪽.

좋다고 하면서 딸의 결혼에 동의한 인물이었다.[25]

그와 시즈와의 결혼 전후 일단 진정된 듯 보였던 '불경 사건'에 대한 논쟁이 국가와 종교의 충돌의 형태로 확대되어 재연되기 시작했다. 논쟁은 도쿄대학 문과대학의 교수였던 이노우에 테츠지로(井上哲次郎)가 1892년 11월 5일에 잡지 『교육시론(教育時論)』에 「종교와 교육과의 관련에 대한 이노우에 테츠지로(井上哲次郎) 씨의 담화」를 발표함으로써 시작되었다. 이노우에는 1891년 9월 문부대신의 의뢰로 「교육칙어」의 해설이라 할 수 있는 『칙어연의(勅語衍義)』를 집필하여 간행한 인물이었다. 『칙어연의』는 문부대신이 서문을 써서 반쯤은 관제(官制) 성격을 띠었던 주석서였다. 이노우에는 초고를 변경하기를 8, 9회, 내용·문장 전체에 걸쳐서 당대의 저명한 학자인 가토 히로유키(加藤弘之), 나카무라 마사나오(中村正直) 등 80여 인에게 의견을 구해서 완벽을 기했다. 그리하여 이 책은 그 후 사범학교와 중학교 등에서 교과서·참고서로 널리 이용되었다.[26] '교육칙어'의 조형자, 고취자, 해석자였던 이노우에는 1893년 자신의 연재물을 『교육과 종교의 충돌』이라는 단행본으로도 간행했다.

여기에서 이노우에는 기독교가 일본에 적합하지 않은 이유 3가지를 들고 있다. 즉 국가주의, 충효주의 또는 유교의 인애의 입장, 현세주의에 선 것이 교육칙어의 윤리로, 그것에 대하여 기독교는 비국가주의, 탈세속주의, 박애주의로, 양자는 이론적으로 모순이라는 것이었다. 이노우에의 논의는 단순한 이론 논쟁이 아니고 신성화되어 절대화된 천황제 국가의 지배 체제와 기독교의 관계에 관한 논의였다. 기독교는 국가의 구별이 없고 군주와 신민에 차이가 없는 무차별적, 박애주의적 인

25 스즈키 노리히사, 앞의 책, 53-56쪽.

26 가노 마사나오, 앞의 책, 121쪽.

류애를 주장하는 점에서 천황제 국가 체제에 저촉된다는 것이었다. 즉 기독교는 일본의 국체에 맞지 않고 기독교인 우치무라는 '불경한(不敬漢)'이라는 것이었다.[27]

이노우에 이외에도 당시 이 문제에 관해 128개의 기사와 수필들이 신문 잡지에서 쏟아져나왔고 30권 정도의 책이 출판되었다. 모두가 다 기독교는 일본의 전통과 합치할 수 없고 특히 신성한 천황에 대한 전통적인 충성심과 양립할 수 없다는 비난 일색이었다.[28]

우치무라 자신은 「문학 박사 이노우에 데츠지로 군에게 주는 공개장」을 『교육시론』(285호, 1893년 3월 15일)에 발표하고 이노우에가 쓴 「불경 사건」의 기술에는 많은 사실 오인이 있음을 지적함과 동시에 '칙어에 머리를 숙이지 않는 것과 칙어를 실행하지 않는 것 중 어느 것이 더 큰 불경인가'라고 반론했다. 그러나 국가주의적인 시류를 탄 도쿄대학 교수 이노우에의 발언이 크게 존중되어 '불경 사건'으로 입은 우치무라의 상처는 깊어졌다. 그를 당대인들의 기억으로부터 다시 '불경한'으로 소환한 이노우에의 공격을 우치무라는 만년까지도 잊지 않았다. 왜냐하면 우치무라는 불경 사건과 관련하여 천황의 신격화를 반대했을 뿐, 천황제 그 자체를 부정한 것은 아니었다. 그는 메이지유신도 천황의 주권도 교육칙어의 내용도 또 칙어가 천황으로부터 신민(臣民)에게 하사된 것에 대해서도 모두 찬성이었다. 즉 일본은 자신을 거절했으나, 여전히 그는 일본을 사랑했던 것이다.[29]

1년 전인 1889년 11월 우치무라는 동양영화여학교(東洋英和女學校)

---

27 塚田理, 『象徵天皇制とキリスト教』, 新教出版社, 1990, 15쪽; 박은영, 「'교육과 종교의 충돌' 논쟁에 관한 일고찰-이노우에 테츠지로(井上哲次郎)와 요코이 도키오(横井時雄)의 논쟁을 중심으로」, 『인문연구』, 73호, 2015, 3월, 11-15쪽.

28 Chiba Shin & Sibuya Hiroshi, op. cit, 79쪽.

29 柳父圀近, 「內村鑑三における信仰と'ナショナリズム'-天皇制などをめぐって」, 『內村鑑三研究』, 第47號, 2014年 4月, 105쪽.

에서 강연하면서 천황가를 상징하는 국화가 강단을 장식하고 있는 것을 보고 국화는 일본의 아름다운 식물의 표본이라고 했다. 또한 청명한 11월의 지평선에 떠오르는 후지산 꼭대기를 가리키면서 황실은 '일본인의 커다란 자랑'이라고 칭송했던 것이다.[30]

그는 자신의 '두 개의 J'에 대한 사랑이 왜 당대의 일본인들을 이렇게 화나게 하는지 아직 그 이유를 충분히 자각하지 못했다. 그가 그 이유를 자각하고 사랑해야 할 일본과 현실의 일본을 구별해내고, 자신의 '두 개의 J'를 사랑하는 방식을 제대로 확립해가기 위해서는 더 많은 시간과 고뇌가 필요했다. 어쨌든 불경 사건을 통해 우치무라는 자신의 입장을 확실히 선언했고 그 책임을 질 자세를 가지게 되었다. 이 시점을 획으로 해 젊은 우치무라가 사라지고 보다 성숙한 우치무라가 현대 사회에서 궁극적인 충성의 대상을 어디에 두어야 하는지에 대한 문제의 답을 치열하게 모색해가게 되었다.

---

30 小澤三朗, 『內村鑑三不敬事件』, 新教出版社, 1961, 33쪽.

4장

문필가 시대

1. 교토 시대의 대표적 저작들

불경 사건 후 겨우 얻은 타이세이학관의 교사직은 학교 경영난으로 1893년 봄 사퇴해야 했다. 그는 그해 4월부터 구마모토영학교(熊本英學校) 교사로 부임했다. 그곳에서 7월까지 일하고 우치무라는 교토에 정착했다. 불경 사건 이후 그가 얻은 직업은 모두 조합교회 목사들의 배려에 의해 얻은 것들이었다. 니지마나 요코이 등을 비롯한 조합교회 목사들과 우치무라는 밀접한 관계를 가졌으나, 그들의 자유주의적인 자세가 어떤 문제에 대해서는 원리를 벗어난다고 생각해 1993년 교토에 돌아오고 나서는 저술가로서 자립할 결심을 했다.

물론 가난과 고독은 그를 괴롭혔다. 세 번째 아내 시즈코는 결혼식 때 남편이 결혼식 예복을 빌리지 않으면 안 되었던 것, 그리고 산더미와 같은 책들과 책상을 대신할 오래된 가죽가방 이외에 아무것도 가진 것이 없다는 것에 충격을 받았다. 삿포로의 동료의 한 사람으로 동지사(同志社)에 교편을 잡아 교토로 이사 온 오오시마(大島正健)는 한 달에 한

번 우치무라를 집으로 초대해 스키야키를 대접했다. 식후 우치무라는 미안하다고 말하면서 냄비 째로 남은 국물을 다 마셨다고 한다. 삿포로 농학교를 수석으로 졸업한 전도유망한 우등생의 면모는 찾아보기 어려웠던 것이다.

그러나 이 시기 우치무라는 가정적인 행복으로 안정을 찾아갔다. 아내 시즈코는 그가 생각했던 이상적인 아내로 언제나 그의 옆에 있었고 가족을 위해 봉사하며 남편의 일을 도왔다. 그리고 두 사람 사이에 딸이 태어났다. 우치무라는 성서에서 이상적인 여성으로 존경했던 인물인 룻의 이름을 따 루츠코라 명명했다. 자녀의 탄생은 그에게 새로운 희망과 자신감을 안겨주었다.

한편 교토는 저술가에게는 매력적인 장소였다. 산과 강, 그리고 과거의 영광의 기념물은 도시 전체에 성찰적인 분위기를 만들어주었다. 상업의 중심지에서 지리적으로 떨어져 산업 혁명의 영향으로부터도 격리되어 있었다. 다른 도시에서는 물가가 급등했으나, 교토는 비교적 안정되었다. 과도한 작업과 고독과 빈곤이 우치무라의 교토 생활을 특징짓는 것이었으나, 행복한 가정의 안정감과 새로운 희망이 이러한 역경을 비교적 이전보다 쉽게 통과하게 했다.

이 시기 우치무라는 저술에 필요한 자료와 책을 충분히 구입하기 어려웠다. 결국 그는 자신이 가지고 있는 150권 정도의 책과 미국에서 오는 출판물을 읽고 또 읽어 연구하는 한편, 자신의 경험에 의지할 수밖에 없었다. 누구든 자신의 체험을 말할 때 통렬하지 않을 수 없다. 이 통렬함이 우치무라 작품의 매력이 되었다. 그의 시대의 커다란 딜레마의 하나를 스스로 체험하고 있었기 때문에 그것을 소재로 한 그의 작품은 같은 딜레마로 괴로워하는 독자를 끌어당겼던 것이다.[1] 지금까지도

1 J. F. ハウズ, 앞의 책, 115-119쪽.

읽혀지는 그의 고전적 저서는 이렇게 하여 탄생되었다.

실질적인 단행본으로 나온 처녀작은 1893년의 『기독교 신도의 위안』이다. 이어서 같은 해 2월에 『콜롬버스의 공적』, 8월에는 『구안록(求安錄)』, 12월에는 『정조미담 룻기(貞操美談 路得記)』를 냈다. 1894년에 들어서는 2월에 『전도의 정신(傳道之精神)』, 5월에 『지리학고(地理學考)』, 7월에 『후세에 남길 가장 큰 유물』, 11월에 『일본·일본인(*Japan and the Japanese*)』, 1895년에는 5월에 『나는 이렇게 기독교 신자가 되었다(*How I Became a Christian*)』, 1896년 12월에 『경세잡저(警世雜著)』가 연달아 나왔다. 놀라운 다산이었다. 그중에서 중요한 저서를 간단히 소개해 본다.

『기독교 신도의 위안』

『기독교 신도의 위안』은 총 6장으로 구성되어 있다.

제1장 '사랑하는 자를 잃었을 때', 제2장 '나라 사람들에게 버림받았을 때', 제3장 '기독교 교회에게 버림받았을 때', 제4장 '사업에 실패했을 때', 제5장 '빈곤에 빠졌을 때', 제6장 '불치의 병에 걸렸을 때'라는 내용으로 이어진다.

서문에서 우치무라는 자신의 이야기가 아니라고 하고 있으나, 다 '불경 사건'에서 초래된 자기 자신의 참담한 생활 체험에서 나온 것이었다. '사랑하는 자를 잃었을 때'는 아내 가즈의 죽음을 말한다. 여기서는 이후 그가 되풀이해서 말하는 하나님이 '들어주시지 않는 기도'라는 사상이 엿보인다. 세간에서는 흔히 불행에 빠진 사람이나 재난을 신앙이나 기도의 부족의 탓으로 돌리는 경우가 있다. 그러나 우치무라는 사랑하는 자의 죽음을 통해 처음으로 신이 들어주시지 않는 기도가 있다는 것을 알고, 불행이나 재난을 사람의 행위에 대한 죄와 벌로 보는 사상을 극복하고 있었다. 불행한 사람들을 보는 시각이 크게 달라진 것이다.

'겨레에게 버림받았을 때'는 '불경 사건'으로 국적이 되어 일본 안에 머리 둘 곳이 없어진 체험을 토로했다. 기독교 신자가 된 이상 그도 이 세상의 나라와는 다른 하늘나라가 있다는 것은 머릿속으로는 어렴풋이 알고 있었다. 그러나 그것이 마음으로 느껴지지는 않았다. 그런데 이 세상의 나라에서 버림받고 나서 비로소 '하늘나라'의 실재가 분명히 자각되고 그 주민임을 느낄 수 있었다. 또한 '일본광'으로 불리울 만큼 일본을 사랑했기 때문에 다른 나라나 '하늘나라'의 '실재감'을 느끼지 못했으나, 조국에게 버림받고 나서야 비로소 세계시민으로서의 자각이 분명해졌다. 그는 자신의 애국은 이렇게 열린 눈을 가지고 나라를 위해 하나님을 사랑하고 하나님을 위해 나라를 사랑하는 것으로, 양자는 결코 충돌하는 것이 아님을 다시 한 번 천명했다.[2] 맹목적인 자민족 절대주의의 애국이 아니라 자국의 번영이 인류에게도 유익이 될 수 있는 보편성을 겸비한 애국심의 존재 양식을 우치무라는 추구하고자 했던 것이다. 우치무라의 이후의 사상 활동을 보면 이 '하늘나라'의 발견과 인류적 보편성의 실감은 무한한 의미를 갖는다.

'교회에서 버림받았을 때'에서는 '무교회(無教會)'라는 말이 처음으로 나온다. 교회에 다니던 신도가 신과 성서가 아닌 외국의 예식제도나 신과의 관계에서 성직자의 중개를 인정하지 않아 교회의 미움을 사고 버림을 받는다. 그러나 그래서 오히려 신의 교회가 흰 벽과 붉은 기와 속에 있지 않고 하늘 아래 자연 속에 있다는 것을 알게 된다. 여기에는 우치무라가 외국의 원조로 유지되는 교회의 독립을 주장했다고 해서 교회로부터 소외된 체험이 깔려 있었다. 거기에 더해서 우치무라 자신이 전도자를 지망하면서도 결국 정식 자격을 갖추지 않았기 때문에 교회 안에서의 활동의 제한을 받은 경험이 있는 것으로 추측된다.

---

2 우찌무라 간조, 『크리스천의 위로』, 전집 1권, 33-39쪽.

이와 같이 『기독교 신도의 위안』은 '불경 사건' 이후 그의 체험을 토대로 체득한 종교 사상의 결정체였다. 이 책을 책장이 찢어질 때까지 애독했다는 근대 일본의 저명한 소설가이자 평론가인 마사무네 하쿠초(正宗白鳥, 1875-1962)는 이 책을 당대 문학 최고의 '사소설(私小說)'로 평가했다.[3]

『전도의 정신』

1894년에 나온 『전도의 정신』은 우치무라가 기독교의 전도는 어떠한 정신에 의해 해야 하며 전도자에게 요청되는 자질은 무엇인가를 논한 책이다. 그는 "똑같은 전도라도 여기 종사하는 사람의 정신은 결코 같은 것이 아니다. 최하급의 정신이 있고, 가장 고상한 정신이 있다. 전도의 성패는 오로지 여기 종사하는 사람의 정신에 달려 있다"고 선언한다. 그리고 "나라를 위한 전도, 물러가서 정치가가 되라. 네 천직은 거기 있다. 하나님을 위한 전도, 네 하나님을 네 동포에게서 찾을 때까지 기다려라. 네가 하나님을 위한다 하면서 오히려 하나님을 거역할까 두렵다. 사람을 위해 전도하라. 그에게 육정적인 쾌락을 주기 위해서가 아니라 그의 영혼을 구하기 위해서, 네가 하나님에게 은혜를 입은 대로 그도 하나님의 은혜를 입을 수 있게 하기 위해서, 그에게 하나님의 영이 거하거든 하나님께 바칠 것을 그에게 주라. ……이 전도엔 환희와 정열이 있다. 이 전도에 박해와 다툼이 있을 수 없다. 이것이 내가 진정한 전도의 정신이라 말하는 것이다. 그리고 사람을 위한 전도만이 나라를 위한 전도이다. 나라에 참되고 선한 사람을 제공하는 일보다 더 나라를 위하는 큰 일은 없다. 사람을 위해서 하는 것, 이것이 교회를 위하는 것이다. 사람을 위한 교회는 번영하고 교회를 위한 교회는 쇠퇴한

3 스즈키 노리히사, 앞의 책, 60쪽.

다. 그 까닭은 교회는 사람을 위해 있는 것이지 사람이 교회를 위해 있는 것이 아니기 때문이다. 전도자의 명예도 그가 사람을 위해 일하는 데서 얻어진다. 그는 자기를 버려서만 자기를 얻을 수 있다. 그의 명예를 위해서나 의식(衣食)을 위해서나, 그가 자기를 완전히 잊어버리고 이웃을 위해 일하는 것이 가장 좋은 길이다"라고 말한다.[4]

우치무라는 오직 그리스도를 앎으로써 자신이 누리는 구원의 기쁨을 이웃에게 전하려는 '이웃 사랑의 정신'만을 전도의 순수한 정신으로 인정했다. 그리고 나라의 부국강병과 서양화를 위해 전도한다고 하는 자, 하나님을 자신의 욕망을 정당화시키는 수단으로 사용하며 '하나님의 영광을 위해 전도한다'고 하는 자, 교회의 특징과 사명이 무엇인가를 숙고함도 없이 '교회를 위해 전도한다'고 하는 자, 자신의 명예를 위해 전도하고자 하는 자, 국제적인 기독교 조직을 통해 이익을 얻고자 전도하려고 하는 자 등의 모든 의도를 비본질적인 것으로 거부했다.

그는 또한 이상적인 전도자의 자격을 논했다. 전도자는 무엇보다도 먼저 자신의 전 존재 안에서 하나님을 만난 자여야 한다고 우치무라는 보았다. 그는 "자신이 하나님을 뵙기까지는 전도자가 되지 말라. 사람의 종교는 그의 경험 이상으로 도달할 수 없다. 그렇다. 도달하지 못한다. 만일 그의 고백이 그의 실험 이상의 것이 된다면 그는 위선자이다. 종교는 확신이다"라고 했다. 자기도 알지 못하는 신을 어떻게 전도하겠는가. 우치무라는 단순한 교리나 의식이나 조직의 인간관계가 아니라 자기 존재의 실험을 거쳐 신을 알게 된 자만이 전도자의 자격이 있다고 보았다. 그리고 두 번째로 자기 자신을 먼저 혁신하려는 자만이 전도자가 될 수 있다고 보았다. 왜냐하면 "혁신은 자신에게서 시작되지 않으면 안 된다. 세상을 향해 혁신을 부르짖는 자는 먼저 그 이웃으로부터

---

4 우찌무라 간조, 『전도의 정신』, 전집 1권, 240쪽.

혁신을 요구당하지 않도록 힘쓰라. 영웅이나 대자선가들은 그들 자신이 먼저 선량한 남편이요, 아버지요, 벗이요, 이웃이었다. 그런 후에 사회적인 인물이 되었다. 현재를 만족하지 못하는 사람, 눈 앞의 폐단을 고치기에 여념이 없는 사람이 아니고는 사회의 개혁을 해낼 까닭이 없다"는 것이었다.[5] 자신의 삶 속에서 신을 만나고 신과의 일치를 삶 속에서 증명하려는 기독교인으로서의 생활 경험을 가진 사람만이 전도자의 자격이 있다는 것이었다.

마지막으로 우치무라는 전도자가 갖춰야 할 지적인 자질에 대해 다음과 같이 열거했다. 첫째는 경제학과 사회학의 연구가 필요하다. 왜냐하면 "그는 사회의 선도자이며 사회를 하나님이 정하신 진리로 이끌어 가려는 것이므로 이 사회를 지배하는 원리와 법칙을 몰라서 될 것인가. …… 그가 목회하는 신자들이 사회 만반의 사태에 대해서 처신하는 데 있어서, 선과 악을 구별하는 데 있어서 그들에게 옳은 판단을 할 수 있게 해야 할 것"이기 때문이었다. 둘째로, 과학의 연구였다. "과학은 물질의 원리와 법칙을 연구하는 것인데 이것을 배워서 비로소 우리는 하나님의 거룩한 뜻과 법률을 깨달을 수 있기 때문"으로 "과학이 없는 신학은 몸이 없는 영혼과 같아서, 우리가 육신으로 살아 있는 한은 이 같은 신학으로 양성되어서는 안 된다"는 것이었다.

세 번째로, 역사학의 연구로, "역사는 인류 발달의 기록이며 하나님의 섭리를 가장 밝히 나타내 보이는 것이다. 역사를 통해 과거를 생각하고 미래를 통찰하여 인류 전체의 움직임을 알 수 있게 된다. ……역사학에 의하여 국민은 인류보다 작은 것이며 인류 전체의 발전은 한 국민의 발전보다 긴요한 것임을 알게 된다. 역사학에 의해서 사해형제주의(四海兄弟注意) 곧 영어에서 말하는 인류의 연대(Solidarity)를 알게 되

5 위의 책, 256-263쪽.

는 것이다. 전도자는 동정심과 서로 돕는 마음이 풍부해야 한다. 이런 점에서 역사학만큼 남을 재판하는 데 있어서 우리를 관대하게 하는 것이 없다. 종교계의 소위 종교심을 배제하려면, 종교가의 가장 나쁜 버릇인 자기 종파를 높이고 남의 종파를 멸시하는 태도를 씻어버리려면, 이에 종사하는 전도자에게 널리 세계역사를 공부하게 함만 같지 못하다"라고 했다. 네 번째로, 충분한 성서 연구로 무엇보다도 원어로 성서를 읽어 각국의 번역어로 충분히 전달되지 못하는 원문의 정신을 충분히 읽어낼 수 있어야 한다고 말한다. 결국 우치무라는 전도자에게 요구되는 지식으로서 '하나님에 관하여: 성서, 사람에 관하여: 역사, 사회학, 만유에 관하여: 과학의 지식의 삼위일체가 필요'한 것으로, "이 중 하나가 빠지면 나머지를 충분히 이해할 수 없게 된다. 세 개가 합해서 비로소 완전하고 건전한 지식을 구비하게 된다. 전도자가 그 하나를 결해서 되겠는가"라고 했다.[6] 전도자는 성서, 역사, 자연에 대한 폭넓은 연구와 성찰을 통해 하나님이 창조하신 모든 영역이자 또한 인간이 사는 모든 영역인 이 세상에 대해 올바른 이해와 책임 있는 응답을 할 수 있어야 한다는 것이었다. 전도의 정신과 전도자의 자격 그리고 전도자에게 요구되는 지적인 자질에 대한 우치무라의 이러한 주장은 오늘날 위기를 맞고 있는 한국 개신교의 현실에도 많은 통찰력과 시사점을 주고 있다.

『지리학고(地理學考)』

1894년의 『지리학고』는 원래 「일본의 천직」이라는 소논문을 확장하여 출간한 것으로 1897년의 그 재판본부터는 『지인론(地人論)』으로 제명을 고쳐 출간되었다. 「일본의 천직」에서 일본은 동양과 서양의 중간에 놓여 있어 동서양 사이의 징검다리 역할을 해야 한다고 그는 논했

6 위의 책, 249-254쪽.

다. 그는 "오른손으로 구미의 문명을 받아, 왼손으로 이를 중국 및 한국에 전달해주는 위치에 있는 것 같다. 일본은 정말로 공화적(共和的)인 서양과 군주적(君主的)인 중국과의 중간에 서서, 기독교적인 미국과 불교적인 아시아 사이의 중매인의 역할을 할 위치에 놓여 있다. …… 동양 국민 중에 일본인만이 구미의 문명을 이해할 수 있고, 또 문명 국민 중에 일본인만이 동양 사상을 가지고 있다. 사상계에 있어서도 경제계에서처럼 일본은 동서양의 중간에 놓여 있는 징검다리로서, 귀납적인 서양과, 연역적인 동양과의 사이에 서 있는 중매인이다"라고 하며 동서양 문명의 중개자가 되는 것이 일본의 세계사적 소명이라고 보았다.[7] 즉 구미를 아시아에 소개하여 진취적인 서양으로 하여금 보수적인 동양을 개화하게 하는 것이 일본의 세계사적 소명이라고 본 것이다. 그러나 그는 일본을 서양 문명의 단순한 전달자로만 생각한 것은 아니었다. 그는 동양 문명의 정수를 알고 있고 그 위에 서양 문명의 정수를 받아들인 일본은 동서양 문명의 정수를 합류·완성시킬 수 있는 유일한 나라라고 보았다. 그는 일본이 동서양 문명의 중개자로서 나아가 동서양 문명의 종합 완성자로서 인류 역사의 진보에 기여하는 것이 일본의 세계사적 소명이라고 생각했다.[8]

여기에서 그가 일본의 천직을 일본만을 위한 일본이 아니라 '세계를 위한 일본'이라는 지평에서 늘 생각하고자 했던 것을 놓쳐서는 안 된다. 그에게 '애국'은 일본을 위한 것이면서 동시에 '인류 역사의 진보'라는 보편적 가치와 상응해야 하는 것이었다. 그럼에도 불구하고 우치무라의 일본의 천직에 대한 이해에는 당시의 대부분의 일본인이 보여주었던 서구 제국주의에 대항하는 아시아 국가 일본인으로서 열등의식과

7 우찌무라 간조, 「일본의 천직」, 『六合雜誌』, 1892, 4, 전집 10권, 557-558쪽.

8 위의 글, 560-561쪽.

초조감이 엿보이는 것도 사실이다.

우치무라는 이러한 일본의 천직론을 보다 확장시켜 『지리학고(地理學考)』를 출간했다. 이 책에는 그가 애머스트대학 재학 중에 애독한 기요(Arnold Guyot, 스위스의 지리, 지질학자, 1807-1884)의 『땅과 인간(*The Earth and Man*)』의 영향이 농후했다. 자연은 신의 창조물이고 자연과 인간 사회는 상호의존적인 삶의 체계를 가지면서 신의 역사 창조의 목적을 위해 작용한다는 기요의 문화지리학의 영향을 크게 받은 것이다.[9] 우치무라는 지리학과 신의 역사 섭리의 관련 속에서 아시아와 유럽, 미국, 동양과 일본의 지리와 천직을 논한 후 "서쪽 이웃이 만일 서양을 배우려고 한다면 반드시 우리에게서 배우게 될 것이다. 동쪽 이웃이 만일 동양의 좋은 점을 배우려면 반드시 우리에게서 배우게 될 것이다. 동양과 서양은 우리에게서 합해졌다. 파미르 고원의 동서에서 정반대의 방향으로 갈라져 흘러갔던 두 문명은 태평양 한가운데서 서로 만나 양자의 합일로 잉태된 새 문명은 우리에게서 나와 다시 동양과 서양에 퍼져 나가게 된다. 아침 해 솟는 일본의 빛으로 한국과 중국도 봄을 알리라"라는 장대한 비전으로 끝을 맺고 있었다.[10]

'두 개의 J'에의 헌신이라는 이상의 발전 과정에서 보았을 때, 우치무라의 일본의 천직에 대한 이러한 견해에는 그의 일본에 대한 사랑이 아직 일본의 결점까지 투시하며 비판적으로 성찰하는 '역설적 사랑'으로까지 충분히 성숙되지는 않았음을 알 수 있다.

『후세에 남길 가장 큰 유물』

이 책은 우치무라가 1894년 하코네(箱根)에서 개최되었던 기독교도 제6회 하기학교에서 한 강연을 출판한 것이었다. 그는 이 책에서 청년

---

9 이은숙, 「김교신의 지리사상과 지리학 방법론」, 『문화역사지리』 8호, 1996, 40쪽.

10 우찌무라 간조, 『지인론』, 전집 2권, 295쪽.

들의 고민인 직업 선택이라는 문제를 보다 넓은 시야에서 논하고 있었다. 백만장자가 되는 것, 위대한 사업가가 되는 것, 위대한 문학가가 되는 것도 좋으나, 그는 '당신은 죽을 때 무엇을 남기고 싶은가', 또한 '오늘날 일본에서 가장 필요한 것이 무엇인가'라는 질문에 먼저 대답할 것을 촉구했다. 그리고 제안하기를 "내가 생각해보건대, 인간이 후세에 남길 수 있는 이것은 누구나가 모두 남길 수 있는 유물로, 이익만 있고 해가 없는 유물입니다. 그것이 무엇인가 하면 '용감하고 고상한 생애'라고 생각합니다. 이것이 진정한 유물이 아닌가 합니다. 용감하고 고상한 생애란 무엇인가, 즉 이 세상은 결코 악마가 지배하고 있는 세상이 아니고 하나님이 지배하고 있는 세상이라는 것을 믿는 그것입니다. 실망의 세상이 아니고 희망의 세상이라는 것을 믿는 것입니다. 이 세상은 비탄의 세상이 아니고 환희의 세상이라는 것을 우리 생애에 확신하여 그 생애를 세상에의 선물로 남겨 두고 이 세상을 떠나가는 일입니다. 이 유물은 누구든지 남길 수 있는 것이라고 생각합니다"라고 하며 '용감하고 고상한 생애'를 보낼 것을 촉구했다.[11]

그리고 이렇게 덧붙였다. "내가 바라는 것은 소수와 함께 싸우는 의지입니다. 그 정신이 우리 모두에게 아쉬운 것입니다. 오늘 우리가 정의편에 가담하고 서는 때, 우리 소수의 사람이 정의를 위해 서는 때, 적어도 이 하기학교에 와 있는 사람들만은 함께 그 편에 섰으면 합니다"라고.[12] 우치무라는 특별한 위인이 아니더라도 이러한 '용감하고 고상한 생애'라는 선물은 누구나 후세에 남길 수 있는 선물이자, 후세에 남기는 가장 위대한 선물이라고 했다.

그는 어린 학생들에게 진정한 기독교인이란, "내가 믿는 바를 실행

---

11 우찌무라 간조, 『후세에 남길 가장 큰 유물』, 전집 1권, 302쪽.

12 위의 책, 310쪽.

하는 사람이 진실한 신자입니다. 아무리 신학을 연구하여도, 아무리 철학을 읽어도 우리가 믿는 주의를 성실하게 실행할 정신이 없는 동안은 하나님은 우리에게 있어 이방인입니다. 사람들이 이 세상에 사는 동안 진지한 생애를 보낸 사람이었다고 할 만한 것을 후세의 사람에게 남겼으면 합니다"라고 하며, '믿는대로 살 것'을 역설했다.

우치무라의 글은 직업 선택에 고민하는 많은 청년들에게 직업과 역사를 연결하는 폭넓은 시야를 열어주었다. 이 책을 읽고 '뜻을 세워 성공'한 청년들이 많았다고 한다. 『후세에 남길 가장 큰 유물』은 그 후로도 호평으로, 판매수는 그의 『나는 이렇게 기독교 신자가 되었다』 다음으로 많았다.

『나는 이렇게 기독교 신자가 되었다』

『나는 이렇게 기독교 신자가 되었다』는 그의 반생의 자서전이다. 무사의 아들로 태어나서 삿포로농학교에서 기독교에 입신, 독립교회의 건설, 도미해서 에르윈의 정신박약아 양호소 근무, 애머스트대학, 하트포드신학교에서의 학업 등을 일기를 기초로 해서 쓴 것이다. 처음부터 미국인을 대상으로 쓴 것이어서 일본인으로서의 허세가 약간 보이지만 우치무라 자신의 발자취는 물론, 메이지 전기의 청년의 정신을 살피는 데에도 유용한 대표적 전기문학이다. 우치무라도 자신의 경험을 토해내서 집필이 끝난 시점에서는 카타르시스를 맛본 모양이었다. 그는 미국의 친구 벨에게 "올해는 자신의 개인적 경험에 대해 많은 것을 써버려 당분간은 자신에 대해 토해낼 것이 아무것도 없다"고 토로했다.[13] 이 책은 1893년 말에는 탈고해서 미국에서의 출판을 바랐으나 교섭이 성공하지 않아서 1895년 5월 5일, 우선 일본의 각성사서점(警醒社書店)에

13 David C. Bell에게 보내는 편지, 1893년 12월 14일, 全集 36권, 385쪽.

서 간행되었다. 그리고 같은 해 11월 미국의 플레밍 H. 레벨사에서 *Diary of a Japannese Convert*라는 제명으로 출판되었다. 그 후 독일어, 핀란드어, 스웨덴어, 덴마크어, 프랑스어로 번역되었고, 특히 독일에서는 판을 거듭해서 인기를 끌고 철학자 오이겐(Prinz Eugen), 종교사회주의자인 라가츠(Leonhard Ragaz), 신학자 부루너(Emil Brunner), 신학자이고 의사인 슈바이처(Albert Schweitzer)가 애독했다고 한다.[14]

『정조미담 룻기』

『룻기』는 이방 여성 룻이 남편과 사별하여 과부가 되었음에도 불구하고 시어머니 나오미와 그녀의 신에게 충성을 다했다는 구약성서의 룻기를 해설해서 소개하는 책이었다. 이 책에 대한 주해는 우치무라로서는 최초의 성서주해이기도 했다. 그 자신이 경험한 것처럼 당시 양심적인 기독교인에게 있어서 어머니와 아내 사이에서 어느 쪽을 우선적으로 선택해야 하는가는 갈등이 되는 문제였다. 그러나 선택의 여지는 없었다. 어머니 쪽을 선택하면 사회는 '의리'를 존중했다고 하고, 아내 쪽을 선택하면 '인정'에 길을 잃은 사람이라고 보았던 것이다. 사회는 '인정'을 선택한 사람을 이기적인 욕망을 위해 효도의 의무를 저버린 자로서 질책했다. 우치무라는 시어머니에 대한 룻의 충성심에서 일본의 전통적인 고부 관계의 선례를 발견해내고 전통적인 가치관을 해결법으로 제시했다. 그의 해결법은 같은 문제로 씨름하는 많은 기독교인들에게 안도감을 주었을 것이다. 이러한 의미에서 이 책은 우치무라가 자신의 이혼과 다케와의 화해 거부에 대해 일본 개신교계에 자기를 변명하는 책으로도 읽을 수 있었다.[15]

---

14 스즈키 노리히사, 앞의 책, 63쪽.

15 J. F. ハウズ, 앞의 책, 140-143쪽.

『일본과 일본인』

『일본과 일본인』은 『나는 이렇게 기독교 신자가 되었다』와 함께 그의 2대 영문 저작을 이룬다. 1908년의 개정판부터는 책이름을 『대표적 일본인(*Japan and Japanese*)』으로 고쳐 간행했다. 이 책에서 우치무라는 일본의 유래 깊은 배경을 서양에 소개하고자 했다. 6장으로 성립된 이 책은 일본의 과거의 지도자들이 서양의 위대한 자도자들처럼 덕망있는 인물임을 논했다. 그 뒤에는 만일 이들이 기독교를 알았더라면 서양의 위대한 지도자에 못지않은 위인이 되었을 것이라는 의도가 있었다.

구체적으로 그는 크롬웰과 같이 겸손하고 솔직한 이상적인 정치가로서 메이지유신의 공신인 사이고 다카모리(西郷隆盛: 1827-1877), 에도 시대에 산업을 장려하고 행정을 쇄신한 이상적인 봉건 영주로서 우에스기 요잔(上杉鷹山: 1751-1822), 에도 말기에 양잠업을 장려한 니노미야 손도쿠(二宮尊德: 1781-1856)는 근면과 검소의 덕을 지닌 봉건 시대의 이상적인 서민으로서, 에도 중기의 유학자 나카에 도주(中江藤樹: 1608-1648)는 이상적 지식인이자 교사로서, 카마쿠라 시대에 일련종을 연 니치렌(日蓮: 1222-1292)은 위대한 불교 예언자로서, 각각 그들의 삶과 사상을 논했다.

우치무라는 일본에 관한 사실을 서양인을 대상으로 말하기 시작했을 때, 이것을 말하면 서양인들은 일본인을 그들과 동등한 자로서 취급해줄 것이라고 기대했다. 서양은 일본을 존경하지 않으나, 일본과 서양 사이를 매개할 수 있는 중개자의 입장을 취하며 서양의 언어와 서양의 지식을 이용함으로써 상대방이 일본인을 존경하게 될 것을 간절히 바랐던 것이다.

사실 근대 일본의 발전 단계에서 일본을 외국에 '설명'하려는 시도는 중요한 과제였다. 1890년대 서양인들이 쓴 많은 일본 여행기에는 그들의 눈으로 본 일본상이 그려져 있었다. 또한 주요한 개항장에는 10여

종의 영자 신문이 발간되어 그들이 본 일본을 논하며 일본인들을 분노하게 했다. 이에 영어를 충분히 습득한 일본인들이 나서서 외국인의 일본상을 영어로 반론할 필요가 있었던 것이다. 『일본과 일본인』이 쓰여진 5년 후, 우치무라의 친우인 니토베의 『무사도』, 오쿠라 텐신(岡倉天心)의 『차의 책(茶の本)』 등과 더불어 일본인이 발행하는 영자 신문이 나오게 되는 것도 같은 맥락에서였다.[16] 재미있는 것은 우치무라나 니토베 등의 민감한 일본인들이 서양인으로부터 존경을 받고 있지 못하다는 사실에 초조감을 느끼는 한편, 일본이 참으로 많은 존경을 받을 가치가 있는 나라인가에 대해서도 의문을 품었다는 사실이다. 그들의 책이 서양인들에게 일본의 긴 역사에 예언자들을 보낸 하나님의 축복에 대해서 전하려는 전도사와 같은 면모도 엿보이면서 과도하게 일본의 역사를 미화하는 경향이 있는 것은 이 때문이라고 할 수 있을 것이다.[17]

『구안록(求安錄)』

『구안록(求安錄)』은 평안을 구해 수도원을 찾은 단테의 이야기로 시작된다. 이 책은 그 제명이 시사하는 것처럼 단테와 같이 평안을 구해 영혼의 편력을 거듭해 온 우치무라 자신의 정신의 발자취였다. 죄로부터의 탈피를 목적으로 탈죄술(脫罪術)과 망죄술(忘罪術)을 갖가지로 시험한 끝에, 죄는 신에 대한 배반으로 예수 그리스도의 대속을 믿음으로써만 구원될 수 있다는 것을 발견한다는 전편은 다름 아닌 그의 신앙고백이었다. 후편은 속죄의 원리를 논한 신학서라고 할 수 있다. 이 책에서 전개된 우치무라의 속죄는 그의 사상의 근간을 이루는 것으로, 이하에서는 『구안록』을 중심으로 그의 속죄론을 정리해보기로 하자.

---

16 J. F. ハウズ, 앞의 책, 150쪽.

17 Chiba Shin & Sibuya Hiroshi, op. cit, 74쪽.

2. 『구안록』과 속죄론[18]

속죄론의 신학적 전개인 『구안록』 2부는 '죄의 원리', '회복한 낙원', '속죄의 철학적 원리들'이라는 장으로 구성되어 있다. 그런데 우치무라가 이러한 내용의 『구안록』을 1893년 저술한 데에는 분명한 목적이 있었다.

1873년 메이지 정부에 의해 도쿠가와(德川) 시대 250년간 지속되어 오던 '기독교 금제(禁制)'가 폐지되었다. 이에 따라 다수의 선교 단체가 들어와 교파교회가 형성되기 시작했다. 독일류의 합리주의적 해석을 도입하여 성서를 해석하고자 한 자유주의 신학과 역사비평학도 소개되었다. 스피너(W. Spinner)가 1885년에 일본에 입국해 도쿄에 복음교회와 신학교를 설립하고 월간 잡지 「진리」를 발간하면서 자유주의적 신학은 더욱 활발히 소개되었다.

또한 미국 유니테리언교에서 파견된 선교사들의 가르침도 크게 유행했다. 1887년 5월, 정치가이자 소설가인 야노 후미오(矢野文雄)가 「유빈호치신분(郵便保持新聞)」에 '유니테리언 기독교인의 관점'이라는 수필을 기고했다. 여기에서 그는 성서의 모오류설, 삼위일체설, 원죄설을 부정하는 유니테리언의 주장을 소개했다. 그는 합리주의적인 유니테리언교가 일본 사회에 매우 적합한 종교로 일본이 유니테리언교를 국교로 받아들여야 한다고 주장했다. 야노와 당대의 계몽사상가인 후쿠자와의 도움으로 유니테리언 선교사인 아서 M. 넵(Arthur M. Knapp)이 1887년에 일본을 방문했고, 이어 C. 멕커리(C. Mackery)가 일본에 와서 1890년에 월간지 유니테리언을 발행하기 시작했다.[19] 이러한 자유주의

---

18 이 부분은 필자의 졸고 「우치무라 간조의 속죄론 연구」, 『신학논단』 79집을 가필·수정한 것이다.

19 Chiba Shin & Sibuya Hiroshi, op. cit, 143-144.

신학과 유니테리언교는 일본에서 신신학(新神學)으로 불렸다.

신신학은 특별히 조합교회 신자들인 구마모토파(熊本派)에 의해 받아들여졌다. 주요 주창자들 중에는 가나모리 미치토모(金森通倫)와 요코이 토기오(橫井時雄)가 있었다. 가나모리는 일본 조합교회의 첫 번째 목사이자 니지마가 설립한 동지사(同志社)의 교장이었다. 그는 1891년 『일본 기독교의 현재와 미래』라는 책을 출판하여 신신학을 고취했다. 요코이는 도쿄의 홍고우(本鄉) 조합교회의 목사로 기독교계의 종합 잡지인 「리쿠고잣시(六合雜誌)」의 편집자였다. 그는 1891년 「리쿠고잣시」 130호에 '나의 신앙 고백'이라는 글에서 다음과 같이 주장했다. "나는 그리스도와 그 십자가는 전 인류를 죄악에서 구하기에 충분하다고 믿는다. 또한 그리스도를 통하지 않으면 신의 사랑은 도저히 인간의 마음에 이해될 수 없고 그리스도에 의하지 않으면 인간은 도저히 신 앞에서 의롭다고 여김을 받을 수 없음을 믿는다. ……그러나 신학자들의 소위 말하는 속죄설에 대해서는 나는 아직 어느 것 하나도 나의 이성을 만족시키는 설을 듣지 못했다." 즉 그는 그리스도는 신의 사랑을 인간에게 나타내는 사랑의 화신일 뿐이라고 이해하고, 그리스도의 죽음이 인간의 죄에 대한 대속적 죽음이라는 속죄설을 부인했다. 전통적인 속죄설에서 말하는 인간의 죄에 대한 대속으로서의 그리스도의 죽음이란 '이에는 이, 눈에는 눈'이라는 야만 시대의 보복적 사고에 유래하는 것으로 신의 사랑을 훼손하는 것이라고 보았다. 또한 그리스도의 대속이란 이성적 사고에 의거한 합리주의에 반하는 신화적인 사고라고 부정했다. 나아가 그는 예수의 신성과 인성에 관한 논쟁에서 예수는 신의 아들이 아니라 단지 '신인화합의 이치'를 실현했기 때문에 그리스도라고 불리게 되었다고 주장하며 그리스도의 신성을 부정했다.

당시 일본은 '문명개화'로 상징되는 서구화를 지향하며 아시아에서 탈출하여 서구로 들어간다고 하는 '탈아입구(脫亞入歐)'의 시대였다. 그 시대를 관통하는 시대 정신은 인간 이성에 대한 절대적인 신뢰에 근거한 합리주의였다. 기독교도 일본 재래의 종교의 '미신성'과는 대조되는 '합리성'의 종교로 이해되었다. 따라서 구원론에 있어서도 인간 이성으로 설명할 수 없는 신적 초월성을 모두 제거하려는 과도한 합리주의적 해석을 시도하는 신신학이 힘을 얻고 있었다.

이러한 신신학적 구원론에 대해 장로교 계열의 일본기독교회의 저명한 지도자 우에무라 마사히사(植村正久), 오자키 히로미치(小崎弘道) 등은 반박에 나섰다. 그들은 성서를 합리적 실증성 여부로만 판단해서는 성서에 기술되어 있는 그리스도의 '사실'을 제대로 파악할 수 없다고 반박했던 것이다.[20] 이것이 초기 일본 개신교사를 달군 유명한 '신신학 논쟁'이었다.

한편 우치무라도 자신의 친구이기도 한 요코이가 신신학을 주장하여 그리스도의 신성과 인간의 원죄를 부인하고 그리스도를 '신인화합의 길을 가르쳐준' 도덕적 스승으로 보면서 속죄론을 부정하고 있는 사태를 주시했다. 그는 근대적 합리주의의 세례를 받은 사람들을 '주저하게 하는 걸림돌'인 그리스도의 십자가의 성격을 분명히 할 필요를 느꼈다.[21] 우치무라는 『구안록』을 저술하여 인간의 이성으로 설명될 수 없는 신적 초월성을 제거하려는 신신학적 구원론에 대해 '기독교에서 말하는 속죄란 무엇인가'를 분명히 하고자 했던 것이었다.

우치무라는 먼저 자신의 속죄 경험에서부터 시작한다. 그는 기독교의 고상한 도덕을 접하고 도덕적으로 완전무결한 생애'를 보낼 것을 결단하고 노력했다. 그러나 외면적 행위의 결과만이 아니라 그 내면의 동기까지도 보는 "성서라는 전등으로 내 마음속을 샅샅이 비추어본다면

20 李慶愛, 『内村鑑三のキリスト教思想: 贖罪論と終末論を中心として』, 九州大學出版會, 2003, 98쪽.

21 위의 책, 70-71, 89, 104쪽.

나는 하나님을 모독하는 자요, 사람을 속이는 자"라는 것을 깨달았다. 그리고 죄의 특성이 "두려움을 주면서도 우리에게 그것을 피할 아무 힘을 주지 않는 데" 있는 것이어서 "죄를 범하고는 탄식하고, 탄식하고는 두려워하고, 두려워하고는 실망하고, 실망하고는 또 같은 죄를 범하는" 악순환에서 괴로워했다.[22] 그는 이 악순환의 고리를 끊기 위해서 자연, 학문, 교회 생활 등에 정진해보았으나, 모두 실망하고 마지막으로 사욕이 없는 이타적인 자선 사업가가 되어야 한다고 생각했다. 그러나 '사람을 교만하게 만든다면 선행이 바로 원수'로 이타적으로 살려고 하면 할수록 도덕적 우월감을 자만하는 자신의 결점이 드러나 이전보다 더욱 불안해짐을 알았다. 그는 결국 어디에서나 고개를 내미는 '자기중심성'을 극복할 수 없는 자신으로서는 구원을 위해 내놓을 수 있는 진정한 의미에서의 '선행'이라는 것이 있을 수 없음을 알았다. 즉 "저는 이제 당신에게 단 하나의 선행도 드릴 것이 없습니다. 저는 지금 저를 의롭게 하기 위해서 자랑할 선행이라곤 하나도 없습니다. 제가 드리는 것이라곤 이 피곤에 지친 몸과 저 자신뿐입니다. 이 깨어진 마음입니다"라고 고백하지 않을 수 없었다.[23] 자신이 구원의 자격이 전혀 없는 '무자격자'임을 절감한 것이었다.

여기에서 그의 '죄' 관념에 커다란 변화가 일어났다. 우치무라는 '죄 자체'와 '죄의 결과'가 구별되어야 함을 깨달았다. 그는 하나님은 선(善) 자체이고, 악(=죄)은 인간이 신으로부터 벗어나 홀로 있는 것이라고 인식했다. 그러므로, 살인, 절도, 그리고 간음 등의 소위 말하는 죄는 인간이 신으로부터 분리된 죄의 결과일 뿐, 그러한 행동 자체가 바로 죄는 아니었다. 우치무라에 의하면 아담과 이브가 선악과를 따 먹은 행동은

22 우치무라 간조, 『구안록』, 23쪽.

23 위의 책, 138쪽.

죄의 결과에 불과했다. 그 행동은 결코 죄 자체가 아니었다. 인류의 조상이 저지른 죄 즉 원죄는 인간이 하느님으로부터 이탈하여 홀로 서 있는 것이었다.

우치무라는 '원죄'로서의 인간의 이반(離叛) 상황을 다음과 같이 말한다. "인류가 조물주를 떠나서부터 그의 영혼이 균형을 잃어 영은 육을 지배하지 못하고 육은 영을 따르지 못하고, 영이 허락하지 않은 것을 육은 원하고, 육이 미치지 못하는 것을 영은 바라고 하여, 역사가 네언더가 말하는 '내적 분열'이 시작되어 사람 그 자체가 아수라장으로 변하고 말았다. ……자기를 지배하지 못하는 인류가 어찌 이웃의 권리와 자유를 해치지 않고 견딜 것인가. 하나님을 잃으면서부터 사람은 제각기 그 마음에 공허를 느껴 그 공허를 채우려 하나 채우지 못하고, 남에게서 이를 채우려고 남의 재산을 탐하고, 남의 아내를 사모하고, 남의 명예를 시기하여 어떻게 해서라도 마음의 공허를 채우려 한다. 그러나 욕심이라는 아귀는 기르면 기를수록 사나워져 악은 악을 잉태하고 죄는 죄를 낳고 온 몸이 망한 후에야 비로소 남을 해치지 않게 된다."[24]

신으로부터의 이반(離叛)이 죄의 실재였다. 거기에서 모든 죄의 결과가 배태되어 나오는 것이었다. 이러한 죄의 실재를 극복하는 방법은 무엇일까. 그것은 우치무라가 이미 실존적으로 실험해본 바와 같이 인간 측의 어떠한 노력에 의해서도 불가능하다. 그것은 오직 그리스도의 대속이라는 신측의 행동에 의한 '용서'에 의해서만 극복될 수 있다. 여기에서 그는 마침내 그리스도의 대속의 죽음을 통해 자신이 신으로부터 용서받고 의롭다고 인정받았음을 믿음으로만 구원에 이를 수 있다는 기독교의 속죄론을 받아들일 수 있었다. 즉 "나는 내 죄의 모습 그대로를 가지고 아버지의 자비만을 의지하고 그 집으로 돌아와, 변명을 하지

24 위의 책, 102-104쪽.

않고 의를 내세우지 않고, 다만 하나님이 나를 위하여 세상 처음으로 예비하신 하나님 어린양의 속죄를 바라지 않을 수 없게 되었다. 아, 하나님 저는 믿지 않을 수 없게 되어서 믿는 것입니다. 예수 그리스도의 십자가를 보시고 용서할 수 없는 저의 죄를 용서해주십시오"라고 고백한 것이었다.[25]

우치무라는 죄의 실재성을 자각하지 못하는 사람은 자신이 구원받기에는 전적으로 무자격인 존재라는 자각도 없다고 보았다. 자신의 '죄성'을 자각한 사람만이 그리스도의 십자가의 대속적 죽음에 의한 용서라는 신의 압도적인 사랑을 받아들일 수 있다는 것이다. 즉 "죄가 죄됨을 알아야 비로소 은혜가 은혜됨을 아는 것"이라는 것이었다.[26] 따라서 우치무라는 속죄론의 교리를 지성으로 승인하는 것으로는 아무런 의미가 없다고 보았다. 속죄는 자신의 삶에서 경험되고 체험됨으로써 비로소 '사실'이 될 수 있다는 것이었다. 그러한 체험이 없는 단순한 교리나 사상, 신앙 개조로서의 승인은 무의미하다는 것이었다. '종교는 실존적 실험'임을 주장하는 그에게 있어서 속죄 신앙이야말로 '주체의 실험'에 의해 승인되어지지 않으면 결코 진리가 될 수 없는 성질의 것이었다.[27]

3. 우치무라의 속죄론의 특징

이러한 우치무라의 속죄 신앙은 몇 가지의 특징을 갖는다. 먼저 그리스도의 십자가의 죽음에 나타난 신의 정의와 사랑의 관계를 어떻게

---

25 위의 책, 138쪽.

26 위의 책, 86쪽.

27 위의 책, 217쪽; ゾンターク・ミラ, "大正期日本における合理主義と救濟: 1918-1919年の再臨待望運動の'厚い記述'", 東京大學校大學院 博士學位論文, 2008, 78쪽.

볼 것이냐는 문제이다. 그는 "그리스도의 구원 사역은 두 가지로 되어 있다. 첫째는 인류에게 완전한 생애를 가르치는 것이고, 둘째는 인류의 죄를 그 자신이 짊어지고 제거하시는 일이다. 전자는 구원의 최종 목적이고 후자는 전자로 인도하는 필요 수단이다. 완전한 사람을 만들려고 하면 먼저 사람을 불완전하게 하는 죄를 제거하지 않으면 안 된다. 왜냐하면 사람이 죄에서 벗어나지 못하면서 죄를 범하지 않을 수는 없기 때문이다"고 했다.[28] 우치무라에 의하면 신 앞에서 인간은 명백히 죄인이다. 그리스도의 죽음은 이러한 인간의 죄를 대속하기 위한 대속의 죽음이었다. 즉 그는 그리스도의 죽음을 인간의 죄에 대한 형벌을 대신 감당한 '대형대벌(代刑代罰)'로 이해했다. 그리고 이 '대형대벌'의 대속의 죽음은 "인류의 죄를 용서하고자 하는 하나님의 공의를 만족"시킨 것이라고 보았다. 우치무라는 기독교의 신은 인간의 죄에 대해 정의의 분노를 발하면서도 그 분노를 완화시키기 위한 대가로서 자기의 아들인 그리스도를 인간의 죄를 대신하여 십자가에 죽게 했으며, 따라서 십자가의 의미는 인간의 죄에 대한 신의 의의 분노를 포함한 자기희생의 사랑이라고 생각했다. 십자가에서 인간의 죄을 묻는 신의 정의와 자신의 아들의 대속적 죽음을 통해 인간을 용서한 신의 사랑이 결합되었다고 보았다.

이와 같이 그리스도의 십자가를 신의 정의와 신의 사랑이란 이원성에 의해 매개된 일원적인 사랑이라고 이해한 우치무라는, 만약 신의 정의의 분노의 의미가 없어지면 신의 사랑만의 일원주의가 되어버리고 이것은 실질적으로는 기독교 신앙의 폐기를 의미한다고 생각했다. 여기에서 그는 십자가를 신의 사랑으로만 보려는 신신학적 속죄 이해를 부정했다. 그는 이들 신신학은 악을 부분적 혹은 '선의 변체(變體)'로 보

28 위의 책, 172쪽.

고 그 실재를 인정하지 않으나, 죄는 단순한 병적 의식의 몽상이 아니라 '사실 중의 사실'이라고 주장한다. 또한 죄의 실재를 부정함으로써 그리스도의 대속을 부정하는 신신학의 십자가 이해는 "하나님의 자비에만 유의하고 형벌을 말하지 않는 것"으로 이것은 십자가의 의미를 훼손시킨다고 보았다. "정의가 아닌 하나님의 사랑은 참 사랑이 아니다"라고 보았던 것이다.[29] 이렇게 그는 죄의 실재성과 구원에 있어서 인간의 무자격성 그리고 십자가에 나타난 하나님의 정의와 사랑의 이원성에 매개된 일원적 사랑이 분명히 되지 않을 때 속죄론의 진리는 심각하게 훼손된다고 보았다.

기독교의 신을 사랑만의 신으로 이해하려는 것에 대해 우치무라가 얼마나 격렬히 부정했는가는 후일 그의 애제자 후지이 다케시(藤井武)와의 속죄론 논쟁을 통해 다시 한번 확인되었다. 우치무라가 가장 신뢰하던 제자였던 후지이는 1915년 말부터 우치무라의 조수로서 일했다. 그는 1916년 3월호의 「성서의 연구」에 로마서의 대의를 다룬 '단순한 복음'을 기고했다. 그런데 후지이의 원고를 보고 경악을 금치 못한 우치무라는 "이것은 내가 가르친 복음이 아니다"라고 하며 후지이에게 삭제를 요구했다.[30]

그렇다면 우치무라를 경악하게 한 후지이의 논문의 요점은 무엇인가. 먼저 후지이는 '대형대벌론'을 부정했다. 그는, "신을 정의의 신 즉 분노의 신으로 보는 구약적 사상에 근거한 것이다. 신은 정의의 신이다. 그는 죄를 증오한다. 따라서 인간이 지은 죄를 벌하지 않은 채 의미 없이 이것을 용서할 리가 없다. 따라서 그리스도의 죽음에 의거해 우리는 공로 없이 의롭다고 여김을 받은 것은 필경 그리스도가 스스로는 무

29 위의 책, 89-90쪽.

30 李慶愛, 『内村鑑三のキリスト教思想: 贖罪論と終末論を中心として』, 86-88쪽.

죄함에도 불구하고 우리들의 죄를 대신해 신 앞에서 우리가 받아야 할 벌을 대신해서 받았기 때문이다"라는 '대형대벌론'은 명백한 오류라고 단언했다.

나아가 그리스도의 복음을 신의 벌로 해석하는 이러한 '대형대벌'의 구약적 속죄론은 바울 사상과는 다르다고 주장했다. 로마서의 핵심은 '사람이 구원되는 것은 예수 그리스도의 십자가에서 나타난 신의 사랑을 믿음에 의거한다'는 것으로 바울은 신의 사랑만을 논하고 있지, '신의 분노'나 '벌'의 관념은 어디에도 없다는 것이었다. 이러한 로마서 해석의 근거로 후지이는 통상 속죄론의 근거로 논해지는 성서의 그리스 원어의 해석을 제시한다. 일반적으로 '구속(救贖)하다'라는 그리스어 아포류오(ἀπολύω)는 '대금을 내고 어떤 물건을 다시 돌려받는 것'으로, '어떤 물건을 구하기 위해 다른 물건이 희생이 되는 것'을 의미한다. 그러나 후지이는 그러한 용례 외에 '우리들의 신체를 구속한다'는 용법도 있어서, '그리스도의 구속함'이란 단순히 '사람을 위해 그리스도가 자기를 넘겨준 것'으로 벌이나 분노의 의미는 포함되어 있지 않다는 것이었다. 또한 그는 로마서 4장 25절의 '우리의 죄를 위해서'라는 구절의 '위해서'라는 뜻의 휘페르(ὑπέρ)라는 단어는 '죄 때문에' 라고 해석해야 하는 것으로 우리의 죄를 '대신해서'라는 의미는 아니라고 주장한다. 마지막으로 '신의 정의'라고 하면 죄를 구속하기 위해 벌이 필요하다고 생각하기 쉬우나 '신의 정의'는 '신이 우리들을 자녀로서 받아주는 것' 즉 "방탕한 자식이 회개하고 돌아오는 것을 기다리고 멀리서부터 달려와 안아주는 아버지의 사랑에 다름 아니다. 그리스도의 십자가에 의해 구원된다 함은 십자가에서 자신의 죄와 하나님의 사랑을 발견하고 회개하여 신의 자녀가 되는 것을 의미"한다고 주장했다.[31] 이렇게 후지이는 신

31 李慶愛, 『内村鑑三のキリスト教思想: 贖罪論と終末論を中心として』, 221쪽. 한편 후지이는

의 정의를 신의 사랑으로 해소시키고 신적인 구원을 인간 측의 회개로 해소시키고 있었다. 이러한 후지이의 십자가 이해는 1891년에 일어난 신신학 논쟁 때의 요코이 등의 십자가 이해와 궤를 같이하는 것이었다. 이러한 십자가 이해가 자신이 지도하는 무교회 그룹 내에서 그것도 애제자에 의해 주장되었다는 점에서 우치무라가 받은 충격은 실로 대단한 것이었다.

우치무라는 다음호인 1916년 4월호의 『성서의 연구』에 '신의 분노와 속죄'라는 제목의 논문을 썼다. 우치무라는 후지이의 견해에 대해 "나는 인류의 죄에 대한 신의 분노를 떠나 그리스도의 십자가를 생각할 수 없다"고 반론했다. 십자가의 그리스도 위에 인류의 죄에 대한 신의 분노가 나타났고, 신은 그의 죄없는 독생자 위에 인류의 모든 죄를 대신하게 했다. 그리고 그리스도는 "인류를 대신해서 인류가 받아야 할 죄의 정당한 결과인 형벌을 스스로의 몸에 짊어진 것"으로 이 '대형대벌론'이야말로 복음의 핵심이라고 주장했다.

여기에 성서의 야훼 하나님의 '사랑'과 부처의 '자비'와의 차이점이 있다고 우치무라는 지적했다. 부처는 단지 무한한 자비를 가지고 인류를 구원하려 하지만, 야훼 하나님은 자비가 아닌 사랑으로 구원하려 했다. 야훼 하나님은 인간의 죄에 노하는 분노하는 신, 정의의 신으로 분노는 사랑의 특성인 것이다. 따라서 죄인에 대해 벌을 주지 않고는 구원할 수가 없다. 정의를 동반하는 '엄격한 사랑만이 진정한 사랑'인 것으로 "의로운 벌을 거치지 않은 용서는 신뢰하기에 충분하지 않다"는 것이었다.

우치무라가 십자가의 의미를 이렇게 신의 정의와 사랑이라는 이원

6년 후인 1923년 3월호의 『성서의 연구』에 "대속을 믿기까지"를 써서 우치무라의 속죄론을 받아들였다.

성에 의해 매개된 일원적인 사랑이라고 이해한 것은 실은 기독교 윤리와 관련시켜 보았을 때 중대한 함의를 갖는다. 기독교의 신에 대해서 그 사랑만을 강조하고 정의의 측면을 경시 또는 부정하는 것은 개인이나 사회의 악을 죄로서 인식하는 기준도, 그것을 비판하는 근거도 잃어버리게 된다. 신의 정의의 측면이 몰각되면 신의 정의 앞에 선 인간의 죄도 보이지 않게 되기 때문이다. 우치무라가 신의 정의를 역사 현실 앞에서 증거했던 구약의 예언자들에 관해 지속적으로 관심을 가지며 스스로도 일본의 역사적 현실의 모순에 대해 예언자적 비판과 항거를 계속했던 것도 그의 속죄 신앙에 나타난 신 이해와 밀접한 관계가 있다 하겠다.

우치무라의 속죄 신앙의 두 번째의 특징은 위의 문제와 깊은 관련이 있는 것으로, 그가 구원에 있어서 인간의 전적인 무자격성과 신의 절대적인 이니셔티브를 강조했다는 점이다. 우치무라에 의하면, 죄인인 인류와 신의 '화해'는 인간의 회개에 의해 성립하는 것이 아니었다. 죄인인 인간은 그러한 자격을 가질 수 없다. 화해는 신으로부터의 행위에 의해, 즉 그리스도의 십자가상의 죽음에 의해 비로소 가능하게 된다는 것이다. 또한 죄인의 회개 자체도 그리스도의 죽음 없이는 일어날 수 없다는 것이었다. 즉 "십자가에서 죄와 죄인에 대한 신의 태도가 일변(一變)하여 죄인에게 진정한 회개가 일어남과 동시에 그 회개에 대한 면책의 은혜가 무한하게 그에게 임하게 되었다"는 것이었다. 결국 신과 인간의 화해는 인간 측의 행위에 의해 일어날 수 없고 신의 희생, 즉 신의 아들의 십자가에서의 대형대벌의 죽음이라는 신측의 행위에 의해서만 가능하다는 것이었다. 즉 "나는 나의 선행에 의해 구원되는 것이 아니다. 나의 회개에 의해 구원되는 것이 아니다. 또한 나의 신앙에 의해 구원되는 것이 아니다. 나는 신이 그리스도에게서 성취한 죄의 소멸에 의해서 구원되는 것이다. 참으로 구원을 위해 내 측에서 이룰 수 있는 일이 하나도 없다. 완전히 신의 측에서 하는 것이다. ……나의 구원은 내가 아직 모를 때 나를 위해 이미 이루어졌다. 그리고 나는 단지 그 구원을 인정하고 그것에 들어간 것에 불과하다"는 것이다.[32]

구원은 자신의 신앙의 열렬함이나, 오래됨이나 깊음에 의존하지 않고 오직 십자가의 그리스도의 '대형대벌'의 죽음에 의해서만 가능하다는 우치무라의 속죄론에서는 철저하게 구원이 '우리들의 밖에(extra nos)' 있음이 강조되고 있었다. 그는 속죄가 인간측의 믿음이나 회개의 결과로 해소되는 것을 거부했다. 십자가에서의 신의 정의와 사랑의 결합으로서의 신의 사랑이라는 이원적 일원성을 주장하는 우치무라의 '대형대벌'로서의 속죄 이해는 구원에 있어서의 인간의 전적인 무자격성과 더불어 신의 전적인 이니셔티브를 주장하는 것이기도 했던 것이다.

이와 관련하여 우치무라의 속죄 신앙의 세 번째의 특징으로 '만인구원론'을 들 수 있다. 우치무라는 기독교사에서 '소수자 구원론'이 대세로 종말의 날에는 모든 인류가 구원된다는 '만인구원론'은 소수파의 주장에 불과하다는 것을 알고 있었다. 그러나 그는 성서에는 만인구원론의 근거가 되는 텍스트가 있을 뿐 아니라 무엇보다도 '자신의 실험'에 의해 그것이 이치에 맞을 수 있다고 보았다. 그는 "사람을 죽인 자, 간음죄를 범한 자 또한 죄인의 우두머리는 아니다. 죄인의 우두머리는 나 자신이다. 하나님의 은혜를 입었으면서도 오랫동안 이를 남용하며, 선인 줄 알면서도 선을 행하지 않으며, 악인 줄 알면서도 악을 피하지 않으며, 하나님의 성령을 종종 소망하면서도 그 뜻을 손상시켰다. 만일 멸망할 자가 있다면 내가 바로 그다. 나는 은혜를 입은 만큼 하나님에게 빚진 자가 되었다. 만일 만인이 구원받지 못한다면, 나부터 첫 번째로 멸망될 것이다. 그러나 만일 내가 구원받는다면, 세상에 구원받지

32 内村鑑三, 「復又贖罪に就て」, 『聖書之研究』, 1919, 10, 全集 23권, 366쪽.

못할 사람은 한 사람도 없을 것이다. 나의 구원은 하나님의 은혜의 시금석이다. 나는 나 자신이 구원받음으로써 만인의 구원을 확인하려 한다".[33] 우치무라는 이처럼 '죄인의 우두머리'라는 자기 인식과 신의 은총 이외에는 구원될 수 없다는 자신의 속죄 체험에 근거해 만인구원론을 주장했다. 그는 자신의 개인적인 속죄 체험을 원체험으로 하여 '신의 은혜의 객관성'을 만인 구제에의 보편적 희망으로 연결시켰던 것이다.

나아가 그는 '신의 은혜의 객관성'을 이렇게 말한다. "신에게 있어서는 그리스도의 십자가에 의해 인류의 저주와 멸망은 불가능한 일이 되었다. 신은 인류 전체를 은혜의 망 속에 집어넣어 그 망 밖으로 탈출할 수 없게 했다"라고.[34] 즉 멸망은 그리스도의 은혜 때문에 '불가능' 해졌다는 것이다. 그는 '신의 은혜의 객관성'을 강조하여 그것이 그리스도를 믿건 안 믿건, 그리스도의 이름을 들은 자이건 아니건, 선인도 악인도 모든 인간이 그리스도 안에서 구원받았다고 한다. 그에게 있어서 '이 이하의 것은 복음이 아니다'는 것이었다. 사실 그리스도는 사람들이 그를 알기도 전에 혹은 그를 증오한 사이에도 이미 그들을 구원했음에 틀림없는 것으로, '그 이하의 사랑은 사람의 사랑이지, 신의 사랑은 아니다'는 것이었다. 여기에서는 철저한 '은혜만으로(sola gratia)'가 주장되었던 것이다. 즉 '주체적' 실험으로서의 원죄 체험의 깊이가 '신의 은혜의 객관성'이라는 신앙 고백으로 나타나고 있는 것이다. 신의 은혜에 대한 찬미가 논리적으로 만인구원설로 표현되고 있는 것이다.

십자가 이해에서 신의 정의의 측면을 누구보다도 강조하는 우치무라가 만인구원론을 피력한 것은 흥미로운 일이다. 그의 만인구원론은 논리적인 시비를 추상적인 결과로서 논하는 것이 아니라 그 원체험을

33 우찌무라 간조, 「죄인의 우두머리」, 『聖書之研究』 1906, 4, 전집 3권, 225쪽.

34 內村鑑三, 「戰場ヶ原に友人と語る」, 『聖書之研究』, 1908, 10, 全集 16권, 116쪽.

형성한 신앙적 동기에 근거해서 볼 때 제대로 이해될 수 있다. 그것은 숙명론적이나 도덕적 이완으로서가 아니라 그 자신의 실험에 근거한 신의 은혜에 대한 신앙 고백이었던 것이다.[35]

마지막으로 우치무라의 속죄 신앙의 특징은 구원에 있어서 신적 타율과 인간의 자율이 균형을 이루고 있다는 점이다. 이 문제는 행위와 믿음의 관계라고 할 수 있다. 만인구원론을 주장할 정도로 신의 절대적 이니셔티브에 의한 '오직 은혜로만'의 구원을 주장한 우치무라에게 도덕적 선행이 구원의 전제 조건이 될 수 없음은 명백했다. 그러나 그는 행위 즉 도덕은 인간을 구원할 수 없지만 속죄 신앙에 이르도록 하는 안내인의 역할은 한다고 보았다. 앞 장에서 살펴본 대로 도덕적 완벽함을 추구해본 사람만이 인간의 '죄성'을 자각하고 그 결과 십자가에 나타나는 신의 용서를 받아들일 수 있게 되기 때문이다.

뿐만 아니라 우치무라는 속죄 신앙을 받아들여 구원을 경험한 사람은 그 자연스러운 귀결로서 도덕적 삶이라는 열매를 맺게 된다고 보았다. 그는 "사람이 하나님으로부터 용서받기 전에는 진심으로 남을 용서할 수 없다. 유한한 인간 영혼이 무한한 사랑을 뭇사람에게 나눠주려는 것은 바람직하면서도 행하기는 어려운 일이다. 내 잔이 넘치게 되어야 내 환희의 따뜻함을 전해줄 수 있는 것이다. 사랑의 원천은 하나님이시다. 내가 하나님을 접한 후에 사랑이 나를 충만하게 하고 거기서 다시 흘러가는 것이다. ……그리스도의 요구는 그의 제자 된 자가 감사의 선물로서 그의 계명을 지키라고 하신 것이다. ……나는 이제는 도덕상의 의무로서 악을 피하고 선을 행하는 것이 아니라 그리스도의 사랑에 격려되어 행하는 것이다. 말하자면 내 마음이 만족하고 여유가 있기 때문에 세상에 나눠주지 않을 수 없는 것이다……내 마음에 넘쳐나는 이 은

---

35 宮田光雄, 『キリスト教思想史研究』, 創文社, 2008, 60-63쪽.

혜, 내가 이것을 남에게 나눠주지 않는다면 나는 환희로 파열될 지경이다"라고 했다.[36] 우치무라는 '오직 은혜만'에 의한 구원을 주장했으나, 그가 말한 구원은 결코 도덕적 해이나 방종이 아니었던 것이다. 구원이 가져오는 환희와 기쁨은 도덕을 더 이상 '의무'가 아닌 '유희'로서 행할 수 있는 힘을 주고, 이때 비로소 진정한 도덕적 삶이 가능해진다고 보았다. 기독교의 이러한 믿음과 행위의 관계는 '애신주의(愛神主義)'로 이기주의와 이타주의를 넘어 '남을 가장 이롭게 하면서 나를 가장 이롭게 하는 길'을 가르쳐주는 것이라 했다.

결국 우치무라에게 있어서 "그리스도의 속죄는 의를 사모하는 자의 휴식처이지 악인의 은신처가 아니다"는 것이었다.[37] 그는 "속죄는 도덕의 종극이다. 도덕이 끝나는 데가 종교가 시작되는 곳이다. 종교는 도덕 위에 서 있다. 도덕의 정수를 종교라고 말한다"고 결론지었다.[38] 이렇게 신의 은총에 의한 구원으로서의 타율과 그 결과로서 도덕적 삶을 행하는 자율이 균형을 이루고 있는 것이 우치무라의 속죄론의 네 번째 특징이라고 할 수 있다.

이러한 우치무라의 속죄론은 과도한 합리주의적 시대 정신에 매몰되지 않으면서 동시에 미신적 몽매주의에 빠지지 않으면서 정통적 기독교의 속죄론의 진리를 분명히 한 것이었다. 절대자 앞에서 자신의 유한성을 자각한 자가 절대자 안에서 새로운 희망을 찾아내고 그 희망의 터에서 자신의 유한성을 초월하는 변증법적 역설의 기독교적 세계관을 분명히 한 것이었다.

---

36 우치무라 간조, 『구안록』, 152-155쪽.

37 위의 책, 189쪽.

38 위의 책, 189쪽.

4. 청일전쟁

우치무라가 교토에 살던 시대에는 그의 대표적인 기독교적 저작이 속속 세상에 나와서 그도 한때는 저작으로 입신할까 생각할 정도였다. 그러나 앞에서 말한 대로 그의 생활은 결코 넉넉하지 않았다. 불우했던 교토 시대에 그를 도운 인물로서 그가 평생 은혜를 잊지 않았던 사람이 '민우사(民友社)'를 설립한 도쿠토미 소호(德富蘇峰, 평론가, 1863-1957)였다. 우치무라의 교토 시대는 근대 일본의 정치사에서 보면, 1880년대 말에서 1890년대에 걸친 헌법 체제 수립기였다. 이 시기에는 장기적인 시야에서 그때까지의 일본의 근대화를 총괄하고 차후의 존재 양상을 생각하려는 기운이 고양되었다. 그때 주제로 떠올랐던 것은 '서구화'와 '국수(國粹)'의 문제였다. '평민주의'와 '국수주의'가 각각의 논점을 대표하며 논단에서 주역을 맡았다.

'평민주의'는 1887년 당시 25세의 도쿠토미가 민우사를 세우며 내걸었던 기치이다. 그는 구마모토 출신으로, 니지마의 동지사에서 공부했으며, 구마모토에서 민권 청년으로 활약해왔다. 문필 활동에서도 두각을 드러낸 그가 도쿄에 나와서 설립한 것이 민우사였다. '정치사회경제 및 문학평론'을 목표로 한 『국민의 벗(國民之友)』을 평민주의 고취의 주요한 장으로 삼았다. 한편 '국수주의'는 1888년 26세의 시가 시게타카(志賀重昂)와 29세의 미야케 세츠레이(三宅雪嶺) 등 10여 명이 만든 정교사(政教社)에서 사시(社是)로 삼았던 주장이다. 그 주장을 고취하는 잡지로는 『일본인(日本人)』이 있었다. 시가는 우치무라와 같은 삿포로농학교 출신인데, 기독교에는 오히려 반감을 가졌다. 남태평양 제도를 돌아보며 열강에 의한 식민지 쟁탈의 실상을 보고 위기감을 크게 느낀 것이 '국수주의'로 나아가는 직접적인 계기가 되었다.

'평민주의'는 정부 주도적인 급속한 '위로부터의' 근대화를 '귀족적 서구주의'라 비판하며 스스로를 '평민적 서구주의'로 자리매김했다. 다른 한편으로 '국수주의'는 서구주의에 대한 '국수(國粹)' 보존을 내걸었다. '평민주의'를 대표하는 토쿠토미는 "서양의 사회는 평민……이라 하더라도 그 문명을 우리나라에 수입하게 되면, 뜻밖에도 귀족적인 색채를 띠게" 된다는 현상 진단에 기초해 '평민적 서구주의'를 제창하여 논단의 총아가 되었다. 그의 『국민의 벗』에는 당시의 대표적인 논객의 거의 대부분이 투고하여 상업적으로도 눈부신 성공을 보여주었다. 우치무라 역시 토쿠토미의 '평민주의'에 찬동하며 그와 입장을 함께했다.[39] 이노우에와의 논쟁에서도 『국민의 벗』은 우치무라의 입장에 서서 불교 비판을 포함한 많은 기사를 실어주었다. 이러한 인연으로 그는 『국민의 벗』에 종종 투고하여 생활비를 벌고 그의 필명을 높일 수 있었다.

한편 1894년 일본은 조선에 대한 주도권을 놓고 청국과 충돌하여 청일전쟁을 일으켰다. 청일전쟁은 조선에서 반봉건과 반외세를 주장하고 일어난 동학농민전쟁의 진압을 명분으로 했다. 동학농민전쟁을 진압하기 위해 조선 정부가 청국에 출병을 요청한 것은 1894년 6월 3일이었다. 이 정보를 입수한 일본은 조선 정부의 요청이 없었음에도 불구하고 6월 8일 조선에 출병했다. 그러나 일본군이 출병해서 얼마 지나지 않은 6월 10일, 동학 농민군은 조선 정부와 전주화약을 맺고 점령했던 전주에서 철퇴하기 시작했다. 이에 의해 일본군은 출병의 명목을 잃어버렸다. 그러나 일본 정부는 조선 정부에 대해 5조 27항의 내정개혁을 강요했다. 이에 대해 조선 정부가 일본군이 철수하지 않으면 고려할 수 없

39 가노 마사나오, 앞의 책, 81-86쪽. 하지만 소호는 청일전쟁을 계기로 제국주의 입장으로 돌아섰다. 특히 '삼국간섭'은 그를 국가주의의 열렬한 사도(使徒)로 만들었다. 그 후 그의 언론 활동은 일관되게 그 노선을 걸었다. 아시아 태평양전쟁하에서 일본문학보국회(日本文學報國會) 그리고 대일본언론보국회(大日本言論報國會)를 창립하고 그 회장에 취임했다. 우치무라는 이러한 그의 활동을 '변절'이라 하며 혹독히 비판했다.

다고 회답하자, 일본 측은 왕궁을 점령했다. 이를 접한 청국이 증원군을 파견함으로써 청일전쟁이 시작된 것이다.[40]

일본군 17만4천17인이 동원된 이 전쟁은 1895년 4월 17일 시모노세키(下關)에서 일청강화조약이 체결됨으로써 종결되었다. 이 전쟁에서 일본은 청국에 대해 승리했으나, 극동에서 일본 세력의 팽창을 경계한 러시아, 독일, 프랑스의 '삼국 간섭'에 의해 조선 영유에는 실패했다. 그러나 일본은 청국으로부터 대만을 획득했으며, 복건(福建)지방을 세력권에 넣어 청에 대해 식민지와도 같은 모든 특권을 향유하고, 주요 항구 도시에 거류지를 설정했다. 특히 일본의 대만 영유는 일본 자본주의의 판매·원료시장으로서의 식민지를 확보하게 했을 뿐 아니라, 이후 그 세력이 인도네시아 반도, 말레이 반도에서 남양군도에까지 이르게 될 남진 거점을 확보하게 했다는 점에서 중요한 의의를 가졌다.[41]

청일전쟁의 결과 동아시아의 국제 질서는 크게 변모되었다. 일본과 청의 길항, 영러의 대립 위에 구성되어 있었던 종래의 동아시아 국제정치의 기본적인 구조가 청일전쟁에 의해 붕괴되었다. 전쟁 전 영러 양국의 기본 정책이었던 중국 본토 및 조선의 영토 보전과 현상 유지가 불가능하게 된 것이다. 대만과 조선을 잃은 중국에 대한 열강의 분할이 현실화되었고, 그 분할 주체의 하나로 일본이 대두되었다. 이것은 중화적 화이질서에 근거한 전통적인 동아시아의 국제 질서가 완전히 붕괴되고, 동아시아에 열강과 일본을 축으로 한 제국주의적 분할 체제가 성립되었음을 의미했다.[42]

근대 일본사에서, 청일전쟁의 승리는 일본 국민의 감정을 전쟁에 동원하게 하는 커다란 전기가 되었다. 전쟁의 비참함을 보지 못한 채, 조

---

40 小松裕, 『いのちと諸國日本』, 小學館, 2009, 20쪽.

41 藤村道生, 『淸日戰爭』, 岩波新書, 1982, 201-202쪽.

42 小松裕, 앞의 책, 46쪽.

선의 전장에서 보내진 무용담이나 정부의 전쟁 미화를 국민들은 그대로 수용했다. 그 결과 군대의 위신은 이제껏 볼 수 없었을 만큼 올라갔고, 군인의 사회적 지위는 높아졌다. 군대와 함께 그 선두에 서서 청일전쟁을 지휘한 천황은 천황제의 사회적 기반을 일거에 확대해갔다. 천황은 이미 교토의 궁궐 깊숙이 감춰져 있던 신비한 존재가 아니라, 연전연승의 육해군을 통솔하는 대원수가 된 것이었다.[43]

청일전쟁은 또한 일본 국민들의 자긍심을 높여주었다. 청일전쟁은 메이지유신 이래로 국민적 과제였던 독립을 달성하게 해주었을 뿐 아니라, 식민지를 획득한 '제국'이 됨으로써 일본에게 구미 열강과의 기본적인 대등성을 획득하게 해주었다. 당시의 저널리즘은 앞을 다투어 청일전쟁이 일본을 '세계적인' 국가로 이끌었다고 하며 국민들에게 아시아의 일본을 넘어 제국으로서의 자각을 가질 것을 촉구했다. 당대를 풍미한 언론인인 타카야마쵸규(高山樗牛)는 도쿄대학 교수인 이노우에데츠지로(井上哲郞) 등과 함께 '대일본협회'를 창립하고 기관지로 『일본주의』를 발행하여 천황을 정점으로 하는 일본 주도의 아시아 침략을 핵심으로 하는 '일본주의'를 주창했다.[44]

한편 당시 외무대신인 무츠무네미츠(陸奧宗光)는 이 전쟁을 서양적 신문명과 동양적 구문명과의 충돌이며, 일본이 문명 대열에 가입하기 위한 시험이라고 규정했다. 지식인들은 사상적 입장을 달리하면서도, 무츠의 견해에 동조하여 문명 대 야만의 전쟁인 청일전쟁에서 일본이 승리한 것은 문명국 클럽에의 입학시험에 일본이 합격한 것이라고 자축했다.

이러한 입장을 가장 정확하게 표현한 것이 후쿠자와 유키치(福澤諭

43 양현혜, 「천황제 국가의 전쟁과 일본개신교」, 『日本學硏究』, 32집, 2011, 1, 93쪽.

44 藤村道生, 앞의 책, 222-223쪽.

吉)였다. 그는 전쟁이 일어나자 솔선하여 군비로 일만 원을 기부하고, 보국회(報國會)를 결성하여 유력자들을 대상으로 군비 후원 활동을 시작했다. 또한 출전 군인들에게도 격려문을 보냈다.[45] 후쿠자와는 청일전쟁은 '문명 개화의 진보를 도모하는 자와 그 진보를 방해하는 자와의 싸움으로, 결코 일본과 청국 양국의 싸움이 아니다'라고 했다. 즉 문명종(文明宗)과 야만종(野蠻宗)의 '일종의 종교전쟁'이라는 것이다. 나아가 일본은 문명 개화의 파수병으로 인류의 행복, 문명 진보를 위해 지극히 당연한 천직을 수행하는 자라고 주장했다. 전쟁이 일본의 승리로 끝나자 그는 "일청전쟁 등 관민일치의 승리, 유쾌하다고 해야 할까, 고맙다고나 해야 할까, 살아 있어서 이런 것을 보고 듣는 것이다, 이것을 보지 못하고 죽은 동지들이 참으로 불쌍하다, 아아, 보여주고 싶었다라고 나는 울었습니다"라며 감격해 했다.[46] 아시아 문명을 '야만'으로 폄하하면서 일본의 침략 전쟁을 정당화한 후쿠자와의 논리 속에서 조선의 반봉건·반침략의 자주적 개혁의 움직임인 동학농민혁명을 짓밟은 일본의 폭력은 문명화의 시혜로 치환되었다. 그러나 이러한 '일본주의'는 '만능약과 같은' 강력한 효력을 발휘하여 국민들 사이에 문명 대 야만이라는 도식은 널리 침투해 들어갔다.[47]

청일전쟁은 근대 일본이 최초로 수행한 대외 전쟁이라는 점에서 획기적인 의미가 있다. 이 전쟁에 의해 구미에 대한 열위와 열등의식의 출구를 도리어 가까이 있는 이웃 아시아 국가들에 대한 우월감과 제국주의적 침략에서 찾으려 했던 근대 일본의 정신 구조가 형성되었다. 청일전쟁이 일본 근대의 길, 전쟁에 대한 사고방식을 확정했던 것이다. 이 점에서 청일전쟁은 러일전쟁에 비해 그 규모는 작았지만, 천황제를

45 川崎勝,「福澤諭吉と内村鑑三」,『福澤諭吉年鑑』, 32號, 2005, 105쪽.

46 위의 논문, 99쪽.

47 小松裕, 앞의 책, 31쪽.

근간으로 한 근대 일본의 군국주의적 제국주의의 이데올로기를 확립하는 데 있어서, 그 의의는 러일전쟁을 능가하는 것이었다.[48]

이러한 청일전쟁에 대해 우치무라는 '의전론(義戰論)'을 주장했다. 그는 세계 최대의 퇴보국인 청국이 구태의연한 '만주적 제도'를 조선에 강제하여 조선도 그 범례를 따라 세계의 진보에 역행하게 하고 있다고 보았다.[49] 따라서 청일전쟁은 신문명의 대표인 작은 나라와 구 문명을 대표하는 큰 나라 사이의 투쟁이었는데, 이때 그는 일본을 페르시아전쟁의 그리스에 비유하여 일본을 19세기 동양의 그리스로 간주하고 있었다.

우치무라는 유신론적 진보사관과 일본의 천직론에 입각해 이 전쟁을 이해했던 것이다. 일본은 동양의 '진보주의의 전사'이며, 청일전쟁의 결과 여하에 따라 "동양이 서양과 같은 진보주의의 노선을 취할 것인가 아니면…… 만주적 중국 정부가 대표하는 퇴보의 정신이 동양 전체를 이끌어 갈 것인가"가 좌우된다는 것이었다. 따라서 그에게 일본의 승리는 "동양 6억인의 자유 정치, 자유 종교, 자유 교육, 자유 상업을 의미"하는 것이었다.[50]

이미 살펴본 대로 청일전쟁을 이렇게 문명이 야만을 교화하기 위한 종교 전쟁이라고 보고 그것을 도덕적으로 정당화하는 것은 후쿠자와(福澤諭吉)에 이르기까지 당시의 일본 지식인들에게 공통적으로 보여지는 견해였다. 그러나 청일전쟁의 배경이 된 조선 정부의 개혁 문제에 대해 후쿠자와가 『시사신보』 1895년 3월 12일에 「의협이 아니라 자신의 이익을 위해서」라는 사설을 실어 "조선의 내정에 간섭하는 것은 의협도 아니며 깊은 절박함도 아니며, 오로지 우리의 이익을 도모하는 데 있을 뿐이다. 안팎의 사람들이여, 모두 그것을 오해하지 말라"라고 한

48 川崎勝, 앞의 논문, 97쪽.

49 양현혜, 「천황제 국가의 전쟁과 일본개신교」, 98쪽.

50 內村鑑三, 「日淸戰爭の義」『國民之友』, 1894, 9, 全集 3권, 104-112쪽.

것에서도 극명하게 알 수 있듯이, 후쿠자와의 문제의식은 국제 정치에 어떻게 대응할 것인가에 있었다.[51] 이에 대해, 동서 문명의 중개인으로서의 일본의 천직이라는 사명감에서 세상을 각성시키려고 하는 우치무라의 문제의식에는 분명 큰 차이가 있었다. 그의 경우는 국제 정치 속에서 어떻게 하면 살아남을까 하는 방책을 발견하고 그를 위한 유용한 수단을 찾는 것에 대한 관심보다는 문명을 이상으로 하는 도덕적 판단을 늘 우선으로 하고 있었던 것이다.[52]

따라서 우치무라는 서구 제국주의를 모델로 하여 일본이 중국을 지배하기 위해 중국을 토벌하자는 주전론자들과 자신의 입장을 확연히 구별했다. 그는 중국의 "죽음은 동양의 죽음을 의미하고 그 파괴는 아시아의 패망을 초래할 위험"이 있으므로 "중국이 쇠퇴하고 서구가 그것을 차지해서는 안 된다. 서구가 중국을 가지면 조선의 독립은 허언이 되고 만다"고 하면서 "중국을 쓰러트리고 그 위에 일본이 서야 한다고 하는 사람은 세상의 대세에 너무나 어두운 사람"이라고 보았다. 청일전쟁은 중국을 각성시켜 일본과 협력하여 동양의 개혁에 임하게 하는 것을 최대의 목적으로 해야 한다고 그는 주장했던 것이다. 즉 일본이 아시아의 맹주가 되는 것이 아니라 중국을 소생시킴으로써 동양의 평화를 가져 오는 것이 전쟁의 목적이 되어야 한다는 것이었다.[53]

이러한 견해에 서서 그는 청일전쟁이 '정의로운 전쟁'임을 구미 각국에 호소했다. 8월 11일 『Japan Weekly Mail』에 'Justification of the Korean War'를 기고했고, 그것을 1894년 9월 『국민의 벗』에 '일청전쟁의 의'라는 제목으로 번역해 실었다. 그의 논문은 그를 국내외적으로 유명하게 해주었다. 우치무라의 견해는 사실 이 전쟁에 관심이 있는 대

---

51 마루야마 마사오, 『문명론의 개략을 읽는다』, 김석근 역, 문학 동네, 2007, 703쪽.

52 吉馴明子, 「内村鑑三と非戰論」, 『内村鑑三研究』, 43, 2010, 8쪽.

53 内村鑑三, 「日清戰爭の義」, 『國民之友』, 1894, 9, 全集 3권, 104-112쪽.

부분의 미국인들과 같았기 때문이었다. 예를 들면, 북경 주재의 전미국 외무부 관리였던 하워드 마틴(Howard Martin)은 "청일전쟁에서 일본의 승리는 저 불행한 조선의 개혁과 진보를 의미하고 …… 중국의 승리는 조선을 다시 동양적 나태와 미신, 무지, 반외 감정으로 후퇴시키는 것을 의미한다. 이것은 일본에 의해 대표되는 근대 문명과 중국에 의해 대표되는 야만주의와 희망없는 고대적 문명의 투쟁인 것이다"라고 했다.[54]

그러나 청일전쟁에서 일본이 승리하고 난 뒤 얼마 안 되어 전쟁은 오로지 일본의 이득을 위한 것임이 분명해졌다. 청국의 악한 세력으로부터 한국을 보호해야 한다는 전쟁의 명분과는 다르게 조선의 독립은 무시되었다. 우치무라는 정부를 순진하게 믿고 전쟁의 의로움을 선전한 자신의 어리석음을 깊이 자책하며 "청일전쟁 때 일본의 의로움을 영문으로 써서 세계에 호소한 것은 저였습니다. 난 지금은 그때의 저의 어리석음과 불신을 깊이 후회합니다. 나는 그 일에 관해서 신의 용서를 늘 구하며 기도하고 있습니다"라는 참회의 심정을 토로했다.[55]

우치무라의 이러한 자책과 후회에는 '삼국간섭'에 대한 일본의 대응과 1895년 10월 명성황후가 일본 공사에 의해 살해당하는 사건의 충격도 컸다. 우치무라는 일본이 세계 제일의 무력 국가로서 타국을 지배하는 국가가 되어야 한다는 '애국적 미망'에 대해 분노하기 시작했다. 그는 구약의 예언자의 경고에 유비하여 "농부 아모스는 열심에 불타는 애국자였다. 그가 아모스서를 만든 목적은 이웃 나라에 쌓인 죄악을 고치기 위해서가 아니라 그가 특별히 사랑하는 고국 유다를 경계하기 위함이었다"고 하면서, "서방 아시아에 그 옛날에 있었던 유다인은 동방 아시아에 있는 오늘의 일본인과 같아서, 그들은 특별한 역사와 국풍(國風)

54 Chiba Shin & Sibuya Hiroshi, op. cit, 48쪽.

55 内村鑑三, 「平和の福音」, 『聖書之研究』, 1903, 9, 全集 11권, 406쪽.

을 자만하며 이웃 나라 사람들을 보기를 늘 열등 인종이라는 생각을 갖고 말하기를, 우리는 신국(神國)의 백성이고 다른 나라가 멸망하더라도 결코 우리나라는 위태하게 되지 않을 것이다"라고 자만하고 있으나, 일본은 바로 이 자만에서 깨어나야 한다고 경고했다.[56]

비교적 온화한 우치무라의 일본 비판의 논조가 보다 격렬해진 것은 『국민의 벗』에 기고한 '시세(時勢)의 관찰'이라는 장문의 시사 비판의 글이었다.[57] '의분(義憤)은 운문(韻文)을 돕는다'는 서언으로 시작한 그는 1. 공덕(公德)과 사덕(私德)의 분리, 2. 실익주의의 국민, 3. 자찬적(自讚的) 국민, 4. 국민의 죄악과 그 건축물, 5. 방침이 정해지지 않는 이유, 6. 동양의 청년국, 7. 저속한 관리론(俗吏論), 8. 작은 '일본'이라는 총 8가지 항목을 두고, 통렬하게 일본을 비판했다.

여기에서의 그의 요점은 2개였다. 첫째는, 일본은 위대해지고 싶어하나, 위대해지기 위해 필요한 윤리적 기준이 일본에 없다는 점이었다. 정치 지도자를 포함한 대부분의 일본인은 자기의 협소한 이익만을 추구한다. 정당도 신문도 원칙이 없고 정부는 이상을 가져야 한다는 우치무라 같은 사람을 조롱한다는 것이었다. 그는 "의로움을 명분으로 하여 이익을 탐하는 자를 나는 위선자라고 부른다. 신문지상에는 천하의 대의를 주장하고 내각 공격을 전문으로 하여도 인정에 둔하고 개인적 절개가 없는 신문기자를 위선자라고 한다. 저서에는 이상적 인물을 그리고 자신은 그 이상을 추구하지 않고, 환자에게 약을 권하나 자신은 먹지 않는 의사와 같은 문학자는 위선자이다. 칙어에 머리를 숙이지 않았다고 사람을 공격하면서도 자신은 매춘부의 이야기를 다룬 소설을 즐기는 학생을 위선자라고 한다. 국가의 이익을 칭하여 사리사욕을 챙기

56 内村鑑三, 「農夫アモスの言」, 『國民之友』, 1896, 5, 全集 3권, 163-171쪽.

57 内村鑑三, 「時勢の観察」, 『國民之友』, 1896, 8, 全集 3권, 256-259쪽.

는 실업자는 실업자가 아니라 허업자(虛業者)이다. 이웃 나라의 독립을 도운다고 하면서 전쟁을 일으켜 승리한 후에는 자국의 강대함만을 도모하여 그 약한 나라를 일어서지 못할 지경으로 내모는 국민을 위선자라고 한다. 즉 위선자는 가면을 쓰고 연기를 하는 자로, 그는 영웅의 흉내를 내는 자이고 애국자인 척하는 자이다"라고 일본 제국에 만연한 비도덕과 위선에 대해 의분을 토로했다.

두 번째로 그는 일본의 중요성을 선전하는 자들이 가지는 오만을 일본의 왜소함과 대비시키며, 진정한 위대함이 일본에는 결여되어 있음을 비판했다. 그는 일본국은 위치, 국토, 생산물 등에서 '왜소한 나라'이나 이런 물리적 왜소함은 극복할 수 있는 것으로, 진정 문제가 되는 일본의 '왜소함'은 그 사상의 편협, 욕망의 용렬, 이상의 저급, 목적의 남루라고 지적했다. 또한 일본인들은 '일본적 윤리'를 말하나 "우주의 이(理)가 되어야 비로소 이(理)라고 칭할 수 있는 것"으로, 윤리에 '일본적'이라는 형용사를 붙이는 것 자체가 일본의 이익을 옹호하려는 용렬함이라고 비판했다.

우치무라는 벨에게 보내는 편지에서 이 글은 '예레미야류의 비탄서'라고 하면서 '성서와 토마스 칼라일에게 자극을 받고' 쓴 글이라고 했다.[58] 우치무라가 스스로를 '예레미야'와 동일시한 이 표현은 중요하다. 구약의 예언자들은 사회에 도덕적 생활의 필요성을 상기시키기 위해 신으로부터 소명을 받았다고 믿고 있던 점, 그들의 발언은 사회에 대해 정치 평론의 역할을 담당했다는 점, 그들은 주변 제국들이 약체화한 이스라엘을 위협하는 시기에 나타났다는 점, 권력자들에게 정치적 반대 세력으로 나타나 나라를 구할 유일한 길은 이스라엘인들의 윤리적 개선에 있다고 제시했다는 점에서, 우치무라는 자신과 예언자들을 동일

58 David C. Bell에게 보낸 편지, 1896년 3월 8일, 全集 36권, 435쪽.

시했다. 그중에서도 그는 자신과 예레미야를 가장 동일시했다.

'시세의 관찰' 이전까지 일본에 대한 그의 시각은 충분히 '예언자적 애국' 혹은 '비애국적 애국'이라고 말하기에는 어려운 점들이 있었다. 때로는 '제사장적 애국'의 성격조차 보였다. 오직 자민족에 대한 신의 은혜만을 말하는 '제사장적 지성', 즉 자민족의 유래에 대한 원시신화 내지 근원신화(根源神話)에 의해 민족을 신성화하는 지성과 '예언자적 지성'은 확연히 대립되는 것이었다. 우치무라가 결정적으로 '예언자적' 입장을 취한 것은 이 '시세의 관찰'의 일본론에서부터였다.[59] 그가 근대 일본의 주된 흐름에 반대하는 세력을 위해 큰 소리를 낸 덕분에 그 잡지는 하루 아침에 1만6천 부가 팔렸고, 그 다음 날 가격은 세 배나 뛰었다.[60]

그는 전승국이 된 일본에서 군국주의적 경향과 제국주의적 의식이 고조되는 것에도 슬픔과 분노를 느꼈다. 1896년 12월 25일의 『복음신문(福音新報)』에 기고한 다음의 시에도 청일전쟁에 대한 그의 분노가 잘 드러나 있었다.

과부의 제야(除夜)
달 맑고 별은 희며
서리 깊고 밤은 차네
집은 가난하고 벗은 적고
해는 갔건만 사람은 돌아오지 않는구나
마음은 서쪽 바다로 달려
눈물은 위해만(威海彎)에 얼어 붙는구나
배에 실려 남쪽 섬으로 간

---

59 柳父圀近, 「內村鑑三における預言者的 ナショナリズム」, 15쪽.

60 Chiba Shin & Sibuya Hiroshi, op. cit, 83쪽.

사랑하는 사람 그립기 그지없어
남들은 화사한 봄 차림
전공을 축하하는 잔치 술
나는 쓸쓸한 누옥에서
혼자서 떠 바치는 냉수 한 잔
나 하나 비어서 남들이 차고
나 쇠해서 나라가 홍한다
저승에 간 남편에게 정조를 다하고
전후의 나라에 수절하리
달 밝고 별은 희며
서리는 깊고 밤은 차네
집은 가난하고 벗은 적고
해는 갔건만 사람은 돌아오지 않는구나

우치무라는 이 시를 후에 『소분개록(小憤慨錄) 下』(1898년)에 재록할 때 부제로 '메이지 29년 세모, 군인들이 전승을 자랑하는 모양을 보고 분개해서 지음'이라는 말을 달았다. 이 시는 근대 일본의 반전문학사에서도 중요한 위치를 점한다.

이제 우치무라에게 일본은 무조건적으로 긍정되고 찬미되어야 할 나라가 아니었다. 그는 조국 일본에는 소멸해 없어져야 할 부분과 보존되어야 할 부분이 있음을 자각하기 시작했고 이 양자를 구분할 필요를 느꼈다. 그는 "망해야 할 일본이 있다, 망하지 않을 일본이 있다. 귀족, 정치가, 군대로 대표되는 일본, 이것은 조만간 반드시 망할 수밖에 없는 일본이다. 내가 늘 예언하고 있는 일본의 멸망이란 이런 종류의 일본을 가리켜 하는 말이다. …… 그러나 이와 동시에 또한 망하지 않을 일본, 망해서는 안 될 일본이 있다. 부용천고(芙蓉千古)의 눈(雪)과 더불어 영원히 변치 않을 일본이다. 이것은 근면, 정직한 평민의 일본이다. 천지와 더불어 무궁한 일본이란 이런 일본을 가리켜 하는 말"이라고 했다.[61] 이렇게 일본의 긍정적인 측면과 부정적인 측면을 식별하게 된 그에게 '근면 정직한 일본'을 위해서 해야 하는 역할 역시 자명해졌다. 그는 "하늘과 사람 가운데 서서, 하늘을 대신해서 말하고, 하늘의 뜻을 사람에게 전하고, 사람의 고통을 치유하기 위하여 하늘의 위로를 가져오고, 또는 하늘의 불로 사회의 부패를 태워버리게 하는 사람" 즉 예언자가 되어야 함을 자각했던 것이다.[62]

비윤리적인 전쟁을 의전(義戰)으로 정당화했던 비참한 경험은 우치무라에게 조국을 비판적으로 사랑하는 것이 필요함을 자각하게 한 것이었다. '불경 사건'을 겪어 '국적'이라는 비방 속에서도 일본에 대한 충성심만큼은 변함이 없던 그였으나, 이제 청일전쟁의 비참한 경험을 통해 그는 '두 개의 J'에 대한 헌신을 구체화시키는 방법이 '예언자적 애국'임을 발견하게 된 것이었다. 그러한 의미에서 청일전쟁의 경험은 그의 사상적 전개 과정에서 '불경 사건'에 필적할 만한 의의를 가진다고 하겠다. '두 개의 J' 사상의 새로운 전개를 이룬 중대한 전환점이 되었던 것이다.

---

61 우찌무라 간조, 「두 종류의 일본」, 『万朝報』, 1901, 11月, 전집 10권, 608쪽.

62 우찌무라 간조, 「종교가의 필요성」, 『万朝報』, 1901, 5月, 전집 10권, 605쪽.

5장

사회 평론가 시대

1. 사회 평론 활동

'시세의 관찰'을 통해 우치무라는 중요한 사회평론가로 주목받게 되었다. 서양인이나 일본 정부를 비판하는 그의 재능을 사기 위해 1897년 『요로즈호(万朝報)』사의 사장 구로이와 루이코(黑岩涙香, 기자, 작가, 1862-1920)가 우치무라를 찾아왔다. 『요로즈호』는 1892년 11월 1일에 창간된 일간지였다. 그림을 싣고 붉은 종이를 써서 일반 대중을 독자로 끌어들이는 신흥 신문이었다. 고급스러운 정치 기사보다는 집안 싸움, 신흥 종교 분규 사건, 명사의 사생활 폭로 등을 취급해서 차차 '황색 신문'으로 이름을 날리게 되었다. 사장 구로이와는 청일전쟁을 계기로 구독자가 비약적으로 증대해진 저널리즘의 전성기를 맞이하여 인재를 찾아서 『요로즈호』의 신망을 높이기로 했다. 그의 등용의 표적이 된 것이 우치무라였다. 그는 우치무라를 종교계의 필력 있는 문필가로서뿐 아니라 저널리스트로서의 탁월한 재능과 자유로운 영어 구사력을 가진 인재로 보았다.

그의 제안에 우치무라가 동의한 것은 그의 저작이 어느 정도 반향을 불러일으켜 펜의 힘을 알게 되었기 때문이었다. 신문 기자가 되는 것이 반드시 '속세의 일'이 아니라고 생각하고 펜을 통한 전도에도 기대를 걸었던 것이다. 1897년 2월 14일의 『요로즈호』 제 1면의 톱기사로 다음과 같은 우치무라의 입사 광고가 실렸다.

> 우치무라 씨 입사. 농학사 우치무라 간조 씨는 이번에 우리 회사의 간청을 들어 요로즈호 편집국에 들어왔다. 진지한 평론가로서 오늘의 사상계에 어떤 위치를 점하는가는 독자들이 이미 잘 알고 있는 터이다. 요로즈호는 이 기회에 지상에 몇 가지 쇄신을 단행해 전진해 마지 않는 본래의 정신을 발휘하고자 한다. 독자가 지켜보아주기를 바란다.[1]

우치무라는 파격적인 대우를 받고 요로즈호사에 영입되었다. 그의 급료는 자료마다 다르지만, 대략 연수입 1,000엔에서 1,200엔 정도였다. 교토 시대의 4배였다. 그는 이제 겨우 오랜 기간 동안 짊어지고 있던 채무를 정리할 수 있었다. 또한 사장 구로이와는 그에게 주제나 사용 언어를 자유롭게 선정하도록 해서 그의 작업 환경은 쾌적했다. 그의 입사를 전후로 해 코토구 슈스이(幸德秋水, 사회주의자, 1871-1911), 사카이 토시히코(堺利彦, 공산주의 정치가, 1870-1933) 등이 영입되었다. 우치무라는 이들 동료들에 의해 지적 시야를 넓히고 자신과 비슷한 지적 배경과 헌신적 태도와 청렴함을 가진 일본인들과 함께 하게 되었다. 이러한 정신적인 교제의 풍요로움으로 그는 이 기간 동안 다른 외국인 친구에게 편지를 쓸 겨를이 전혀 없을 정도였다.[2]

---

1 스즈키 노리히사, 앞의 책, 71쪽.

2 J. F. ハウズ, 앞의 책, 179-181쪽.

요로즈호사에서 그의 직책은 영문란 주필이었다. 최초의 영문 기사는 2월 16일의 'Our New English Editor(새 영문란 주필)'였다. 여기에서 그는 '일본인 중의 일본인'으로 일본의 최선의 전통과 세계의 최고의 문명을 열린 마음으로 대하겠다는 결의를 피력했다. 그는 주로 3가지 논점의 글을 썼다. 첫째는 서양인이 일본에 손님으로 와 있으면서 손님의 위치에 상응하는 주인에 대한 존경과 예의를 표시하지 않는 것에 대한 비판이었다. 그는 서양식의 삶의 방식과 다르다고 일본을 비판하는 서양인에 대해 "일본이 싫으면 돌아가면 된다. 머무르고 싶다면 손님에 상응하는 행동을 보여라. 주인에게 경의를 표시해라. 일본인은 당신들에게 와주라고 부탁한 적이 없다. 당신들과 교제하지 않아도 우리들은 만족하고 있었다"고 했다.[3]

또한 그는 서양인들이 스스로 중요시하는 매너를 일본이나 비서구 사회에 대해서는 지키지 않음을 비판했다. 그는 동양에서 서구의 치외법권이나 비도덕적인 비행을 가차없이 공격했다. 한편 그러한 대국의 지원을 받는 터키에 항거해서 용감하게 싸우는 작은 나라 그리스에 대해서는 성원을 보내기도 했다. '그리스를 동정'이라는 기사에서 그는 소국 그리스에 대한 동정을 표하는 한편, 터키를 지원하는 대국을 가리켜 번번이 '기독교 신앙을 가진' 혹은 '기독교도의'라는 말로 형용하고 있었다. 그는 기독교적인 정의관에 입각해서 세계의 가난하고 억압당하는 소국을 두둔하고 대국, 그것도 기독교국를 자칭하는 대국을 비판한 것이었다.[4] 서양인의 타민족에 대한 존경심의 결여가 그들의 피상적인 신앙과 연결되어 위선적 태도를 취하게 된다고 우치무라는 보았던 것이다.

---

3 内村鑑三(K. U.), "Unreasonable Complaints", 『万朝報』, 1897, 5, 全集 4권 , 161쪽.

4 스즈키 노리히사, 앞의 책, 69-73쪽.

두번째로 우치무라는 서양인들에게 일본인의 견해를 이해시키려고 노력했다. 일본을 잘 안다고 하는 서양인들조차도 자신들이 목격하는 일본을 잘못 이해하는 경우가 많았다. 그들의 잘못된 이해를 바로 잡고 일본의 지적 풍토에 대해 바른 인상을 전하려는 것이었다. 또한 그는 후쿠자와나 이토 히로부미 등이 서양에 알려진 바와 다르게 얼마나 부패한 관료인가를 논하는 등, 당시의 일본의 지적 분위기를 전하려고 노력했다. 일본인의 견해를 서양에 전할 필요가 있다고 느끼는 것은 우치무라나 『요로즈호』만이 아니었다. 우치무라가 입사한 2개월 후 정부의 조성금을 받은 영자신문 『재팬 타임즈(*Japan Times*)』가 간행되어 일본의 견해를 직접 서양인들에게 제시했다.

세 번째로 우치무라는 일본 사회의 비도덕성을 비판했다. 일본 사회의 불의, 부정, 상류사회, 귀족, 고관, 부자, 군인 등의 사리사욕을 비판하며 사회적 약자 입장에서 발언했다. 특히 그는 메이지유신을 일으킨 구 사츠마(薩摩)와 조슈번(長州藩) 출신자들이 정부 요직을 독식하는 번벌(藩閥) 정부를 규탄했다. 1875년 당시 우치무라가 신뢰할 수 있다고 여긴 정부의 정치가는 한 사람도 없었다. 공공의 이익을 내걸면서 그 의무에는 얼굴을 돌리고 타인의 선한 동기를 자신의 이익을 위해 이용한다고 보았다. "이용하라, 이용하라. 종교를 이용하라, 애국심을 이용하라, 근왕심(勤王心)을 이용하라, 나는 이러한 말을 혐오한다, 이것들은 사츠마적, 히고적(肥後的), 혹은 조슈적 일본어이다"라고.[5] 그는 원로(元老)의 명을 따라 움직이는 국회의원들을 풍자해 그들을 우에노(上野)동물원의 동물들에 비유하기도 했다.

우치무라는 『요로즈호』의 영문란 주필로 2일에 한 편 정도 글을 쓰는 일에 전력을 기울이며, 1898년 5월까지 1년 반 동안 근무했다. 이

5. 内村鑑三, 「'利用'という語」, 『万朝報』, 1897, 4, 全集 4권, 124쪽.

기간 동안 그는 2백 수십 편의 문장을 썼다. 그 모두가 뼈와 살을 깎는 심정으로 쓴 글이었다. 그의 영문 기사에는 그만의 독특한 스타일이 있었다. 그가 잘 쓰는 'not-but'의 구문이었다. 먼저 세속적, 상식적인 시각을 제시했다가 곧 그것을 부정하고 자기의 가치 체계에 기초한, 때로는 반대 의견을 제시하는 문체였다. 이러한 '뒤집기' 문장은 그가 영어와 일본어 양쪽에서 애용한 문체였다. 때로 '뒤집기' 문장 외에도 별안간 남의 의표를 찌르는 결론을 글 첫머리에 내세우기도 했다. 우치무라의 일본어 문장에 관해서 『요로즈호』사의 동료 사카이는 '쓴 맛이 나는 것이 담즙' 같아서 예리, 통쾌, 기발, 대담한 '언문일치체'라고 평가했다. 남성적이며 예리하고 열기와 활기와 영기(靈氣)에 넘치는 독자적 문장이라는 데에는 모든 동시대인들이 동의했다. 이 매력이 또 독자를 끌어서 마음속 깊은 데까지 파문을 일으켰다.[6]

한참 뒤의 일이지만 고베(神戶)에서 발행되던 『저팬크로니클』의 편집을 맡고 있던 아키모토(秋元俊吉)에 의하면, 그의 신문은 기사 가치가 있는 일본인으로 정계의 이토 히로부미(伊藤博文), 재계의 가와사키(川崎), 스미토모(住友)와 나란히 우치무라를 꼽았다고 한다. 그만큼 우치무라의 영문은 일본 주재 외국인과 외국계 신문의 주목을 끌었던 것이다.

『요로즈호』에서 필명을 날리던 그는 1898년 5월 22일 돌연히 '퇴사의 말'을 게재하고 신문사를 떠났다. 그리고 다음달 10일부터는 주필로서 『도쿄 도쿠리츠 잣시(東京獨立雜誌)』를 창간했다. 그는 서양인들에게 일본을 알리고 마땅한 존경을 표시하라고 호소한 것에 대해 이렇다 할 성과가 없는 것에도 지쳤고, 영문으로 사회비평을 하는 것을 차차 구차스럽게 느꼈던 것 같았다. 신문에 때로 일본어로 기사를 쓰는 일도 있

6 스즈키 노리히사, 앞의 책, 75쪽.

었지만 날로 심각도를 더해가는 일본 사회의 세기말적 퇴폐를 그런 식으로는 쫓아갈 수가 없다는 초조감이 생겼다. 일본 사회의 병폐의 근원을 큰 도끼로 베어내기 위해서 몸소 주필로서 잡지를 낼 것을 결심했던 것이다.

『도쿄 도쿠리츠 잣시』의 표지 이면에는 다음과 같은 말이 있다.

> 사회, 정치, 문학, 과학, 교육, 및 종교상의 여러 문제를 정직하게 자유롭고 대담하게 논평·토의한다. 확신하는 바가 아니면 말하지 않고, 독특한 사상을 품은 것이 아닌 기고는 싣지 않는다. 숙독되지 않는 책은 평하지 않고, 정직하다고 인정되지 않는 광고는 게재하지 않으며, 본지 게재의 기사에 대해서는 주필과 소유자가 전적으로 책임을 진다.[7]

여기에는 사회 전반에 대해서 확신을 가지고 대담하게 논하겠다는 주필의 의지가 뜨겁게 표현되어 있다. 같은 호의 영문란에는 구약 아모스 제3장 8절이 인용되어 있다. '사자가 으르렁대는데 겁내지 않을 자 있겠느냐? 주 야훼께서 말씀하시는데 그 말씀을 전하지 않을 자 있겠느냐?'라는 대목이었다. 우치무라는 사자와 같이 외칠 작정이었다. 그는 동생 타츠사부로(達三郎) 등, 제도 개혁에 관심이 있는 동지들을 모아 함께 일하는 스탭을 구성했다.

『도쿄 도쿠리츠 잣시』는 20페이지 남짓한 작은 잡지였지만 내용은 매우 다채로워서 '사회, 정치, 문학, 교육, 및 종교상의 제문제'를 다룬다는 말 그대로였다. 그는 『요로즈호』 시대와 같이 번벌정부, 군인, 부호, 귀족 등 상층 사회의 부패, 배금주의, 편협한 충군애국주의를 공격했다. 반면 농민, 어부, 소매상인, 인력거꾼 등 평민을 벗삼아서 자유, 평등, 세계정신, 고결한 윤리 도덕을 주장했다. 우치무라에게 '강병'의 목

---

7 內村鑑三, 「東京獨立雜誌」, 『東京獨立雜誌』 1898, 6, 全集 6권, 494쪽.

적은 권력을 자랑하기 위해서가 아니라 정의를 관철하기 위함에 있으며, '부국'도 침략 충동을 자극하기 위해서가 아니라 정의를 촉진하기 위함이었던 것이다. 그에게 '선하고 큰 나라'는 큰 진리와 이상의 사업을 통해 세계 개조를 도움으로써 인류의 발전을 위해 기여하는 나라였던 것이다. 그는 개혁이 필요하다고 생각하는 당대의 자유주의적 정치가들과 같은 자세를 취했다. 이것은 반생의 쓰라린 체험을 통해서 가까스로 내면화된 기독교적 가치 체계에 기초한 인간관, 세계관, 국가관이 그대로 적용된 것이기도 했다. 말하자면 사상적 응용편인 셈이었다. 또한 시대의 지배적인 인간관인 '부국강병'적 인간관에 대한 도전이었다.

1898년 11월 5일자의 신문에는 '우리가 원하는 개혁'이라는 제목으로 그가 일본 사회에 바라는 개혁을 다음과 같이 제시했다. 1) 군비를 축소해서 교육을 확장할 것, 2) 화사족(華士族: 귀족 계급과 상층 계급)·평민의 계급 제도를 폐지하고 전체를 일본 시민으로 칭할 것, 3) 군인을 제외하고는 위훈(偉勳)제도를 전폐할 것, 4) 부현도지사(府縣道知事)와 군수(郡守)를 민선으로 하고 지방에 완전한 자치제를 실시할 것, 5) 정치적 권리에서 금전적 제한을 제거할 것, 6) 상원을 개조해서 평균 수준 이하의 지식을 가진 자가 의원이 되지 못하게 할 것, 7) 번벌 정부(藩閥政府: 메이지유신을 일으킨 구 사츠마와 조슈번 출신자가 정부 요직을 독식하는 것을 일컬음)의 잔재를 청산할 것의 7항이었다.[8] 우치무라는 이러한 자신의 이상이 현실과 너무도 멀어 보여도 희망을 잃지 않았다. "나의 이상적 일본은 곧 올 것이다. 반드시 올 것이다. 백 년 후가 될지 2백 년 후가 될지, 3백 년 후가 될지 천 년 후가 될지, 그것은 우리가 알 바 아니다. 그러나 그것이 온다는 것만은 필연적이다. 밤 다음에 낮이 오듯이, 겨울 다음에 봄이 오듯이 나의 이상적 일본은 이 부패하고, 타

8 스즈키 노리히사, 앞의 책, 79-80쪽.

락하고, 불공평하고, 무자비한 일본에 뒤이어 반드시 온다"라고 했다.[9] 실제로 그가 바라던 이러한 7 항목의 개혁은 2차 세계대전의 패망 이후 맥아더의 점령군에 의해 일본에서 실현되었다.

『도쿄 도쿠리츠 잣시』를 간행하는 한편 이 시기 우치무라는 또 다른 일을 병행했다. 도쿄여자독립학교의 관리직의 일부를 담당한 것이었다. 이 학교는 우치무라가 쓴 『룻기』에 나타난 여성의 역할에 대해 동감한 부인이 12년간 경영하다가 죽으면서, 그의 아들과 우치무라에게 상속한 학교였다. 이 학교의 학생은 17명으로, 낮에는 가사일을 보고 저녁에는 정규 학습을 했다.

학교 일과 잡지 간행 일을 하면서 이 시기 우치무라는 잡지 편집의 기술을 익혔다. 매월 3일이 교정, 5일이 출판, 7일이 새로운 기사의 원고 마감으로, 그의 일과는 이에 응해 규칙적으로 움직였다. 늦은 밤부터 새벽까지 자료를 모은 다음 집필을 하기 시작했다. 그에게 쓰는 것은 언제나 대격전이었다. 그가 말하기를 문학은 "우리가 이 세계에서 전쟁할 때의 도구입니다. 오늘 전쟁할 수는 없으므로 미래에 있어서 전쟁하는 것이 문학입니다. 그러므로 문학자가 책상 앞에 섰을 때는 곧 루터가 보름스회의에 섰을 때, 바울이 아그립바왕 앞에 섰을 때, 크롬웰이 검을 빼어들고 덴바의 싸움터에 임할 때와 같은 것입니다. 이 사회, 이 나라를 개량합시다. 이 세계의 적인 악마를 정복하려는 목적을 가지고 전쟁을 하는 것입니다"라고 했다.[10] 원고 집필이 끝난 방에는 쓰다 버린 종이 쓰레기로 가득했다. 그러나 그의 전쟁은 언제나 최후의 승리로 끝났다. 우치무라는 이후 이 스케줄을 30년 이상 유지했다. 언제나 몇 개인가의 기사를 써두어 병이 났을 때도 잡지 발간에 지장이

9 우찌무라 간조, 「나의 이상적 일본」, 『万朝報』, 1901, 7, 전집 10권, 566쪽.

10 우찌무라 간조, 『후세에 남길 가장 큰 유물』, 전집 1권, 294쪽.

없게 했다. 실제로 이후 그의 잡지의 출간이 늦어진 적은 없었다.[11]

'예언자적 사회 비판'을 하는 『도쿄 도쿠리츠 잣시』에는 독자들의 충분한 반응이 있었다. 그는 독자들의 모임인 제1회 하기강담회에 출석한 청년들에게서 열렬한 지지를 얻었다. 『도쿄 도쿠리츠 잣시』는 사회의 '강권' 아래 우울증에 빠졌던 청년들의 불만이나 사적 분노를 공적 분노로 바꾸어놓았고, 도회지의 청년들뿐 아니라 지방의 농촌에도 많은 독자를 가진 것이 특징이었다. 그러한 청년들 중에서 후년 사회주의 운동가들이 많이 나왔다.

우치무라가 청년들에게 끼친 감화는 '하기강담회'에 참여한 시가 신타로(志賀眞太郎)의 일생에서 읽어볼 수 있다. 그는 교토부 아야베(綾部)시에서 온 청년이었다. 1872년생으로 당시 27세였다. 시가는 그때 촌 사무소의 서기를 하면서 농사를 짓고 있었다. 1902년부터 양잠소조장(養蠶小組長)이 되고 조역(助役)이 되고 이어서 1909년부터 4년간 촌장직을 맡았다. 촌장 시절의 일화로서는 작은 마을로서 너무 훌륭한 소학교를 지어, 다른 촌장들이 순시차 온 도지사한테 야단을 맞았다는 이야기가 있다. 이 촌에는 같은 해에 도서관이 생겼다. 인구가 겨우 3천 수백 명인 시골이 일찍이 메이지 말년에 도서관을 가졌다는 것은 대단히 드문 일이었다. 시가가 촌의 문화, 교육에 힘을 쏟은 결과였다.

시가는 촌사무소에서 퇴직한 후 표구사를 해서 생계를 꾸려 나간 것 같다. 촌에 어울리지 않는 훌륭한 소학교 건축을 보면 알 수 있듯이 시가는 개인의 생활면에서도 금전적으로는 아주 담백했던 것 같다. 전답은 잇달아 남의 손에 넘어가고 생활은 곤궁의 극에 달했다. 결국 그 촌에서 살 수 없게 되어 어느덧 그 촌에서 사라져버렸다. 그 행방을 추적해보면 만년에는 불교를 믿어 아이치(愛知)현의 어떤 해변에 있는 촌의

11 J. F. ハウズ, 앞의 책, 188쪽.

불당에서 살았다. 해변에서 작은 돌을 주워다가는 경내에 나란히 놓아 두고 그 돌의 말에 귀를 기울이거나 촌의 청년들에게 이야기를 들려주는 생활을 했다고 한다. 1937년에 세상을 떠났다.[12]

시가 신타로의 일생은 그 말년에는 불교를 닦았으나 젊은 시절에 만난 우치무라의 가르침에 따라 살다 간 일생이라고 할 수 있다. 그와 같이 우치무라를 사모했던 지방 청년들 중에는 지역의 문화, 교육, 복지에 진력하다가 마침내 가산을 잃고 세상적으로는 몰락해 간 사람들이 많았다. 소위 말하는 '우치무라 몰락'의 현상들이었다. 세상적인 눈으로는 불우한 한평생을 살았지만, 우치무라가 『후세에 남길 가장 큰 유물』에서 말하고 있듯이 각기 고상한 생애를 살다 간 것이다.

이렇게 청년들에게 지대한 영향력을 미치던 『도쿄 도쿠리츠 잣시』는 1900년 7월 5일 제75호로서 돌연 폐간되게 되었다. 주필 우치무라와 사원들 사이의 대립이 점점 커져서 결국 폐간에 이르게 된 것이었다. 이후 우치무라는 공동 작업은 두 번 다시 하지 않았다. 대신 그는 애머스트대학에 재학한 이래 품고 있었던 대중에게 성서를 가르치는 잡지를 간행한다는 꿈을 현실로 옮겼다.[13] 그는 『도쿄 도쿠리츠 잣시』의 최종호인 1900년 7월 5일자에 이미 『성서의 연구(聖書之研究)』 발간의 광고를 내었다. 그리고 1900년 10월 3일, 『성서의 연구』 제1호(9월 30일자)가 드디어 나오고 서점에 진열되었다.

그 첫머리에서 우치무라는 『도쿄 도쿠리츠 잣시』와의 차이점을 이렇게 말했다.

"'법은 모세에 의해서 전해졌고 은총과 진리는 예수에 의해서 왔다(요한복음 제1장 17절)'. 잡지 『성서의 연구』는 『도쿄 도쿠리츠 잣시』의

---

12 스즈키 노리히사, 앞의 책, 90-92쪽.

13 우찌무라 간조, 「본지의 발행에 관하여」, 『聖書之研究』 1900, 10, 전집 9권, 251쪽.

후신이다. 저들은 죽이기 위해서 일어나고, 이들은 살리기 위해서 태어났다. 저들은 상처를 입히기 위해서 칼을 휘두르고, 이들은 고치기 위해서 투약하기를 원한다. 질책함이 저들의 본분이었으나 위로함이 이들의 천직이다. 의(義)는 죽이는 자이고 사랑은 살리는 자이다. 사랑의 선전이 의(義)의 창도(唱道)에 뒤따르는 것이 순서이다. 잡지 『성서의 연구』는 바로 이때에 일어나야 한다"고 했다.[14] 그가 여기에서 인용한 요한복음 1장 17절의 말과 같이 『도쿄 도쿠리츠 잣시』가 '의'를 가르치는 모세의 율법이라면, 『성서의 연구』는 '사랑'을 전하는 그리스도의 복음이라고 본 것이었다.

하지만 이 잡지는 단순한 강의록이나 높은 곳에서 일방적으로 가르치는 것이 아니었다. 그는 "그렇다고 반드시 성서의 강의록 따위가 아니다. 우리의 성서를 넓은 뜻에서 해석하고 그것이 전하는 교리를 우리의 오늘의 실생활에 적용하고 그럼으로써 기독교의 인생관을 일본 안에 고취하고자 하는 데 목적이 있다. 우리는 물론 호를 거듭함에 따라 문자적 주석에도 손을 대고자 한다. 그러나 성서를 고전의 부류로 간주하고 그것을 해석함에 있어서 그저 무난한 방침을 세우는 따위는 우리가 절대로 취하지 않으려는 태도이다"라고 선언했다.[15] 우치무라의 목적은 오늘에 살아 있는 책으로서의 성서를 읽고 삶의 지침을 찾으려는 것이었다. 이것은 그가 『성서의 연구』의 창간호 표지에는 상단에 횡서로 *The Biblical Study*라고 영어로 쓰고 그 밑에 라틴어로 *Pro Christo et Patria*라고 쓴 점에서도 잘 나타났다. 이 말은 예수를 위해서, 나라를 위해서라는 뜻이다. '예수를 위해서, 나라를 위해서'는 젊은 시절부터의 모토인 두 개의 J의 다른 표현임은 물론이다.[16] 이후 이 잡지에서 그는

---

14 内村鑑三,「宣言」,『聖書之硏究』1900, 9, 全集 9권, 248쪽.

15 内村鑑三,「本紙の性質」,『聖書之硏究』1900, 9, 全集 9권, 249쪽.

16 스즈키 노리히사, 앞의 책, 96쪽.

기독교인의 인격, 기독교인에게 적합한 기독교의 형태, 그리고 기독교인과 사회와의 관계를 탐구해갔다.[17]

한편 그는 일본의 최초의 성서 잡지인 『성서의 연구』로 경제적 자립이 가능할 것이라고 생각하지 않아, 첫 호가 나오기 한 발 앞서 『요로즈호』사에 특집 기사를 쓰는 객원 주필로 복귀했다. 그는 이제 사회 개혁에 관심을 가진 동료들과 함께 하며 일본어로 빈번히 글을 썼다. 1900년에서 『요로즈호』사를 완전히 퇴사하는 1903년까지 『요로즈호』와 『성서의 연구』의 지면을 통해 그는 다시 한번 일본 사회에 사자와 같이 예언자적 외침을 외쳤다.

이 시기 그의 중요한 사회 평론 활동을 정리해보면, 먼저 아시오구리광산(足尾銅山)의 광독(鑛毒) 문제를 들 수 있다. 우치무라가 최초로 아시오구리광산의 광독 문제를 취급한 것은 『요로즈호』 1897년 3월 16일의 영문 '산(山)에 관한 악문 4제(惡聞 四題)'에서였다. 그 달 상순 광독 피해지 농민의 최초의 대거 청원이 일어난 데 대한 호응이었다. 아시오 동산의 광독에 의한 피해는 1880년대에 벌써 나타나서 도라세가와(渡良瀨川)의 물고기가 피해를 입기 시작했다. 그 후 되풀이된 홍수 때마다 그 이전의 옥토는 불모지로 변하고 특히 1896년의 세 번에 걸친 대홍수는 도라세가와 연안의 주민에게 심대한 피해를 주었다. 피해지 농민의 대거 청원은 1898년까지 세 번에 걸쳐서 제출되었고 그때마다 경찰과의 충돌이 반복되었다. 1900년 2월에는 마침내 피해민들이 네 번째 대거 상경해서 경관들과 대충돌이 벌어져 수십 명이 검거되었다. 소위 가와마타(川俣) 사건이었다.

우치무라가 처음으로 광독지를 직접 찾은 것은 그 다음해인 1901년 4월 22일이었다. 전날인 4월 21일, 우치무라는 도치기(栃木)현 아시카

---

17 J. F. ハウズ, 앞의 책, 190쪽.

가(足利)의 '우애의단(友愛義團)'의 초청을 받고 기노시타 나오에(木下尙江, 사회운동가, 1869-1937) 등과 함께 가서 강연을 했다. '우애의단'은 지방의 청년 실업가들에 의해서 1892년에 설립된 단체로서 회원은 130여 명으로 폐창 운동(廢娼運動) 등의 사회 개량에 힘쓰고 있었다.

피해지를 찾은 그는 전에 삿포로농학교에서 토양학을 공부한 사람의 눈으로 토지를 보았다. 그리고 그 피해가 극심한 데 놀랐다. '십수만의 동포가 집을 잃고 땅을 잃은 것을 보고 침묵을 지킬 수 없는' 심정에 사로잡힌 그는 귀경하자마자 붓을 들고 『요로즈호』에 '광독지 순유기(鑛毒地巡遊記)'(4월 25일-30일)를 썼다. 우치무라는 그 글에서 "슬퍼하는 자는 1부(府) 4현(縣)의 백성 수십만이고, 기뻐하는 자는 아시오 구리광산의 소유자 한 사람이다. 한 사람이 부유해지기 위해 만 명이 눈물 흘리는 것을 인정이라고 말할 수 있는가"라고 통탄했다.[18] 그는 광독의 원인을 천재(天災)가 아니고 경영자 후루가와(古河市兵衛)가 일으킨 인재(人災)라고 단죄했다. 그리고 "아시오광산 광독 사건은 대일본 제국의 커다란 오점이다. 이것을 벗어버리지 않는 한 13개 사단의 육군과 26만 톤의 군함을 가졌다고 해도 제국의 영광은 바닥이다. 이것은 이 한 지방 문제가 아니다. 이것은 실로 국가의 문제이다. 그리고 인류의 문제이다. 국가는 이것 때문에 멸망할 수 있다. 지금 국민이 모든 눈을 서쪽 만주 벌판으로 돌리고 있다. …… 그러나 알아야 한다. 적은 그들이 아니라 바로 이것이라는 것을"이라고 정부 시책의 불의함을 고발하기를 주저하지 않았다.[19]

청일전쟁에서 승리하여 중국으로부터 받은 3억5천만이라는 거대한 배상금은 일본의 급속한 자본주의화를 가져왔다. 그러나 그것은 메이

18 內村鑑三, 「鉱毒地巡遊記」, 『万朝報』, 1901, 4, 全集 9권, 158쪽.

19 內村鑑三, 위의 글, 159쪽.

지 정부의 침략 전쟁과 결탁한 군수산업을 중심으로 하는 군국주의적 자본주의였다. 그 결과 일본의 소작농의 비율은 급속도로 증가했고 그 가족들은 도시 공장의 저임금 노동자로 전락했다. 또한 군수 산업으로 인한 산업 재해와 환경오염도 심각한 사회 문제로 대두되었다. 그 대표적인 것이 아시오구리광산(足尾銅山) 광독사건(鑛毒事件)이었던 것이다. 우치무라는 국가의 침략 전쟁과 결탁한 자본주의화는 그 내부에 구조적 모순을 야기하지 않을 수 없다고 인식하고 그 구조적 부정의의 전형이 바로 아시오구리광산 광독사건이라고 보았다. 그는 내정의 문제와 대외 침략의 구조적 연관성을 예리하게 간파하고 있었던 것이다.

이러한 일본 국내외의 모순에도 불구하고 서구와 동등하게 식민지를 가진 제국이 되어 세계 열강과 어깨를 나란히 하는 일등 국가가 되었다고 자만하는 일본 국민과 그 지도자들의 애국심은 우치무라에게는 '잘못된 애국주의'에 다름없었다. 그는 "정부에 한 사람의 철학자가 있어 우주의 조화를 말해주지 않을 때, 육지에는 13개 사단의 병사가 가는 곳마다 검을 휘두르고, 들에 한 사람의 시인이 있어 국민의 우수를 달래주지 않을 때, 바다에는 26만 톤의 함대가 있어 바다 위 도처에서 파도를 일으킨다. 가정의 유린은 극에 달해 부자가 서로 미워하고 형제가 서로 비난하며 고부가 서로 비웃는 이때에 밖으로 향해서는 동양의 벚꽃나라, 세계의 군자국이라고 자랑한다. 제국주의라는 것은 실은 이러한 것이다"라고 지적했다.[20] 일본이 걸으려고 하는 군국주의적 제국주의의 실상은 국민들이 이상을 잃고 그 품성이 도덕적으로 파산하는 '망국'의 지름길이라고 갈파했던 것이다.

1901년 5월 22일에는 간다(神田)의 도쿄기독교청년회관에서 열린 아시오 동산 광독 문제에 대한 '동정자' 모임에 참석했다. 그 결과 '광독조

---

20 內村鑑三, 「『帝國主義』に序す」, 『万朝報』, 1901, 4, 全集 9권, 118쪽.

사유지회'가 결정되고 우치무라는 조사위원 5인의 한 명으로 뽑혔다. '광독조사유지회'의 조사는 6월 21일부터 우치무라가 주사(主査)가 되어서 행해졌다. 이 조사회의 제1회 보고서가 우치무라, 다나카 쇼조(田中正造, 정치가, 1841-1913), 다카기(高木政勝) 등의 연명으로 11월에 제출되었다.

한편 그 여름 7월에 우치무라는 『요로즈호』의 구로이와, 아마기(天城安政), 엔조(円城貞吉), 야마가타(山縣五十雄) 등과 함께 발기인이 되어서 이상단(理想團)을 발족시켰다. 미리 구로이와가 『요로즈호』 7월 2일자 신문에 '평화의 격문'이라는 제목으로 사회의 구제를 위해서 이상단을 제창하고, 그 가입을 호소하여, 이미 500여 명의 입회 지망자가 있었다. 발족식 석상에서 의결된 '이상단 선언'은 다음과 같았다.

> "사회의 부패, 타락이 해와 달을 좇아 심해짐은 누구나 인정하고 개탄하는 바이다. 이것을 구제하는 길은 각자가 자신을 올바르게 해서 남에게 미치는 것이다. 이 이치는 누구나 잘 아는 바이나 각기 분립하기 때문에 맞서기에 역부족이다. 오늘의 급선무는 먼저 이 분립하는 자를 합쳐 일단의 세력으로 만드는 것이다. 이것이 이상단을 일으키는 이유이다. 시세를 걱정하는 자, 와서 함께 사회 구제의 원동력이 되기를 기하라."[21]

이 취지문에는 사회의 구제 문제에서 자기 수양은 필수적이라는 우치무라의 의견이 강하게 반영되어 있었다. 그는 이상단에 가입한 제자들에게 비기독교인들과 맥주나 술을 마시고 교제함으로써 모임이 타락하지 않도록 경계했다. 그는 기독교적 가르침에 의해 개혁된 개인의 행위로부터 파생되는 사회 개혁이 진정한 개혁이라고 생각했던 것이다.

---

21 스즈키 노리히사, 앞의 책, 104-105쪽.

이후에도 우치무라는 인격의 청렴결백함이 사회 개혁자의 필수적 자질이라고 하는 원칙을 포기하지 않았다.

이상단에는 아베 이소오, 가타야마(片山潛), 기노시타(木下尙江) 등의 사회주의자들도 가입하고 있었다. 사회주의자들은 산업화하는 일본 사회의 불평등성을 우치무라에게 가르쳐주었다.[22] 우치무라는 사회주의자들의 물질주의와 폭력의 사용에는 반대했으나, 그들을 통해 사회주의자의 투쟁의 대상인 사회악에 대한 이해를 심화시켜갔다. 머지않아서 표면화되는 이들의 차이에 대해서는 후술하기로 한다.

1901년의 가을은 우치무라가 아시오 동산 광독반대운동에 가장 직접적으로 참여한 시기였다. 12월 12일에는 다시 도쿄기독교청년회관에서 이와모토, 구로이와, 고토구, 사지(佐治實然), 미야케(三宅雄二郎) 등과 아시오 광독연설회를 열고 사주(社主) 후루가와에 대해서 '포코'를 가하라고 외쳤다. 포코는 남북전쟁 전의 미국에서 노예 폐지론자들이 노예를 거느린 부자를 볼 때마다 '저들은 인도를 무시하고 신을 모독하는 악인들이다'라고 매도한 방법이었다고 한다.[23]

다음해 1902년에 들어서는 우치무라는 4월 2일의 광독 문제 해결 연설회에 출석한 것을 제외하면 두드러진 운동에는 모습을 나타내지 않았다. 그 대신 한층 더 성서 연구에 빠져들었다. 그는 본래 아시오 광독문제를 단순히 물질적인 광독이 아니라 그보다는 더 지독한 독인 후루가와의 문란한 마음에서 비롯된 욕망의 문제로 보았다. 그러다가 광독반대운동에 참여하는 동안에 반대운동의 실천가들에게도 피해지의 농민에게도 욕망에 의한 부패와 타락이 있음을 인식했다. 이를 계기로 그는 사회 개량을 위해서는 성서에 의해 변화된 개인에 의지할 도리밖

22 J. F. ハウズ, 앞의 책, 180쪽.

23 스즈키 노리히사, 앞의 책, 104쪽.

에 없다는 생각을 굳히게 되었다.

이러한 우치무라에게 다나카 쇼조는 '성서를 버리라'고 권고했다. 이에 대해 그는 '도라세가와에 성서가 퍼질 때가 광독 문제가 해결될 때'라고 응수했다.[24] 가와마타 사건으로 옥살이를 하게 된 다나카 쇼조는 옥중에서 처음으로 성서에 접하게 된다. 우치무라에게 '성서를 버리라'고 말한 지 2, 3개월 뒤에 성서에 접한 이후 죽을 때까지 그는 성서를 애독했다. 별세할 때 유물로서 신약성서, 삿갓, 일기장, 휴지, 돌멩이 몇 개만을 남겼다고 한다.[25]

2. 비전론

한편 이 시기 그는 세계에서 일어나고 있는 전쟁에도 관심을 기울였다. 청일전쟁에서 의전론을 주장하며 메이지 정부의 선전에 의도치 않게 동원된 아픈 기억이 생생했던 것이다. 그는 필리핀을 두고 벌어진 미국과 스페인 사이의 미서전쟁의 추이를 관찰했다. 그리고 미서전쟁의 결과, 미국이 필리핀을 스페인의 압제로부터 해방한 것이 아니라 오히려 미국이 스페인을 대신하여 필리핀을 식민지로 삼은 것을 비판했다. 그는 이 사건을 계기로 미국의 국시(國是)는 자유국에서 압제국으로 변했다고 보고 미국의 타락에 깊은 실망을 느꼈다.[26] 또한 영국과 남아프리카의 트란스발공화국과 오렌지자유국 사이에 일어난 남아(南阿)전쟁에도 깊은 주의를 기울였다. '서양주의'의 챔피언이라고 여긴 밀턴과 크롬웰의 나라 영국이 다이아몬드 채굴권을 확보하기 위해 자유와 독

---

24 內村鑑三, 「聖書之硏究の過去並びに現在」, 『聖書之硏究』 300호, 1925, 7, 全集 29권, 259쪽.

25 스즈키 노리히사, 앞의 책, 108-109쪽.

26 吉馴明子, 앞의 논문, 5-6쪽.

립을 요구하는 남아프리카의 두 공화국을 유린한 사실은 그에게는 커다란 충격이었다. 이러한 때 일본이 영국과 영일동맹을 맺은 것도 그에게는 결코 좌시할 수 없는 일이었다. 그는 "죄악의 종류는 많다. 그러나 미약한 자의 생명을 담보 삼아 자기의 이익을 꾀하는 것보다 더한 죄악은 없다. 그러나 일본국은 남아프리카의 두 개의 작은 공화국이 빈사 상태로 쓰러져가는 때에 그 적국인 영국과 동맹하여 그 멸절을 앞당겼다"라고 하며 영일동맹을 영국 제국주의에 대한 일본의 연대적 죄책이라고 비판했던 것이다.[27]

이러한 그의 전쟁 이해에는 자유를 주고 정의를 가져오는 고귀한 전쟁, 즉 의전(義戰)을 시인하는 사상이 엿보인다. 독립을 위해서 영국과 싸우는 남아프리카의 보아인들을 지지하는 것도 같은 맥락에서였다. 그는 정의를 희생시키면서 부질없이 '평화, 평화!' 하고 외치는 것을 비웃고 있었다. 『요로즈호』 영문란 주필 시절에도, 『도쿄 도쿠리츠 잣시』 시절에도 이 논조는 크게 다르지 않았다.

그런 그가 아마도 절대적 비전론에 이르는 것은 1903년에 들어서부터인 것 같다. 영일동맹이 맺어진 이듬해인 1903년에는 만주와 조선 지배를 둘러싸고 일본과 러시아의 갈등이 격화되었다. 러시아를 쳐야 한다는 주장이 대두되고 도쿄대학의 7명의 교수들이 가츠라(桂太郎) 수상에게 개전을 건의하는 등, 일본 전체가 다시 주전론으로 들끓었다. 우치무라는 개전을 주장하는 '7박사의 건의'를 보고 결연히 붓을 들었다.『요로즈호』에 6월 30일 게재된 그의 '전쟁폐지론'의 전문을 소개한다.

"나는 러일 비개전론자일 뿐이 아니다. 전쟁 절대적 폐지론자이다. 전

27 內村鑑三,「日本國の大罪惡」,『万朝報』, 1902, 6, 全集 10권, 184-185쪽.

쟁은 사람을 죽이는 일이다. 그리고 사람을 죽이는 것은 대죄악이다. 또 대죄악을 범하고서는 개인이고 나라고 영구적 이익을 얻을 리가 없다.

세상에는 전쟁의 이익을 말하는 자가 있다. 그렇다. 나도 한때는 그러한 어리석은 주장을 한 일이 있다. 그러나 지금에 와서는 그것이 어리석음의 극치였다는 것을 고백한다. 전쟁의 이익은 강도의 이익이다. 이것은 훔친 자의 일시적 이익일지언정(만일 이것을 이익이라고 할 수 있다면) 그와 도적을 당한 자의 영구적 불이익이다. 훔친 자의 도덕은 이로 인해 타락하고, 그 결과로서 그는 마침내 그가 칼을 뽑아서 훔칠 수 있었던 것보다 몇 배의 것을 가지고 그 죄악을 보상해야 한다. 만일 세상에 커다란 어리석음의 극이라고 할 것이 있다면 그것은 칼을 가지고 국운의 진보를 꾀하는 일이다.

가까이는 그 실례를 1894-1895년의 청일전쟁에서 볼 수 있다. 2억의 부(富)와 1만의 생명을 소비해서 일본국이 얻은 것은 무엇인가. 근소한 명예와 이토 히로부미 백작이 후작이 되고 그의 처첩(妻妾)의 수가 증가한 것 외에 일본국은 이 전쟁을 해서 무슨 이익을 얻었는가. 그 목적이었던 조선의 독립은 그로 인해서 강해지지 않고 오히려 약해졌으며, 중국 분할의 단서가 열리고 일본 국민의 분담이 크게 증가했다. 그 도덕은 대단히 부패하고 동양 전체를 위태로운 지경에 빠뜨리지 않았는가. 이 대해독, 대손실을 눈앞에 보면서도 개전론을 주장하는 것은 제 정신을 가진 자의 소행으로는 생각할 수 없다.

물론 군도(軍刀)가 정권을 잡는 오늘의 일본에서 나의 전쟁폐지론이 당장 이루어지리라고 기대하지는 않는다. 그러나 전쟁폐지론은 이제 문명국의 식자의 여론이 되어가고 있다. 그리고 전쟁폐지론의 소리가 들리지 않는 나라는 미개국이다. 그렇다. 야만국이다. 나는 비록 대단치 않은 자이지만 오늘 이 소리를 울려서 한 사람이라도 더 많은 찬성자를 이 대자비주의를 위해 획득하려 한다. 세상의 정의와 인도와 국가를 사랑하는 자여,

와서 대담하게 이 주의에 찬동하라"[28]

짧은 문장이지만 결의에 차고 격조 높은 문장이었다. 그러면서도 결코 고답적이 아니었다. 자칫 종교가의 비전론이라고 하면 부질없이 자기의 신념만을 휘두르는 관념적인 것이 되기 쉬우나, 우치무라의 논의에는 그러한 냄새가 없다.

그렇다면 우치무라가 정의로운 전쟁을 주장하는 의전론에서 절대비전론으로 선회한 까닭은 무엇일까.[29] 거기에는 당대의 비전론자의 영향도 있을 것이다. 그는 일련의 비전론 속에서 톨스토이와 네덜란드의 그로티우스 등을 인용하고 있었다. 또한 "나는 오랫동안 미국에 있는 퀘이커파의 친구들의 말을 거슬러서 가전론(可戰論)을 펴왔습니다. 그러나 지난 2, 3년 전부터 드디어 항복을 신청하지 않을 수 없게 되었습니다"라고 하며 퀘이커파의 친구 위스터 모리스가 준 큰 영향에 대해서도

28 內村鑑三,「戰爭廢止論」,『万朝報』, 1903, 6, 全集 11권, 296-297쪽.

29 기독교 역사 가운데 나타난 전쟁론의 유형은 대체로 3가지로 대별된다. 즉 절대평화주의(Pacifism), 정당한 전쟁(Just war), 성전(Crusade, Holy war)이다. '정당한 전쟁론'은 전쟁을 '정당한 전쟁(just war)'과 '부당한 전쟁(unjust war)'으로 분류함으로써 특정 전쟁을 정당화함과 동시에 그것에 제한을 가하려고 한다. 이러한 목적을 달성하기 위해 '정당한 전쟁론'은 전통적으로 두 가지 판단 기준, 즉 '전쟁의 정당성(jus ad bellum)'과 '전쟁에서의 정당성(jus ad bello)'을 설정하고 있다. 전자에서는, 어떤 조건이 갖춰지면 전쟁이라는 행위에 호소하는 것이 정당화되는가 하는 문제이다. 후자는 전쟁 중 어떠한 조건이 충족되어야 하는가를 논한다. 이 두 가지 기준은 엄격하게 구분되어야 한다고 생각되어져왔다. 왜냐하면 어떠한 전쟁이 시작되는 것이 정당화되었다고 하더라도 전쟁 중에 벌어지는 행위의 모든 것이 무조건적으로 정당화되어서는 안 되고, 역으로 부당한 방법으로 전쟁이 시작되었다고 하더라도 전쟁 중의 행위는 정당한 조건 가운데 수행되어야만 하기 때문이다. 한편 성전론은 상대방과 자신을 선악 이원론으로 분류하여 상대를 악마로 규정하고 그 존재 자체를 모든 수단과 방법을 총동원하여 말살하려는 전쟁관이다. 전쟁을 용인한다는 의미에서 성전론은 '정당한 전쟁론'과 유사한 점이 있지만, 양자는 확연히 구분된다. Roland H. Bainton, 中村妙子譯,『戰爭·平和 キリスト教』, 新教出版社, 1963. 小原克博, "戰爭論の神學的考察",「基督教研究」第70卷 第2號, 同志社大學, 2008 참조.

'모리스 씨 기념 강연'이나 서간을 통해서 여러 번 언급했었다.[30]

그러나 보다 직접적인 원인으로서 우치무라는 세 가지를 들고 있다. 즉 성서의 사상과 자신의 삶의 경험 그리고 청일전쟁 이후의 과거 10년간의 세계 역사에서 배운 교훈이라고 한다.[31] 이 세 가지 이유 중 첫 번째와 세 번째 이유는 특별히 주목을 요한다. 그는 구약성서에 전쟁을 승인한 부분이 있으나, '시대와 더불어 신의 계시적 진리가 깊어짐에 따라' 이사야서와 스가랴에 이어 신약성서에 이르러서는 '절대 평화'가 명해지고 있다고 보았다. "성서가 특히 신약성서가 명하는 것은 단 하나입니다. 즉 절대 평화입니다. 어떠한 경우에 있어서도 검을 들고 싸워서는 안 된다는 것입니다. 만일 어쩔 수 없으면 적에게 양보하고 다음은 신의 분노를 기다리는 것입니다"라고 보았던 것이다.[32] '원한, 질투, 분노, 흉악 살인, 만취, 방탕을 합친 모든 죄악보다' 전쟁이 더 나쁜 것이기 때문에 개전이냐 비전인가를 선택해야 하는 상황에 놓였을 때, 기독교인이 신에게 충성하기 위해서는 비전 이외에 다른 길은 없다고 그는 확신했다.

우치무라는 성서의 말씀이 인류 역사의 지향점과 일치한다고 확신하고 성서의 말씀에 현실 역사를 조응시켜 현실을 분석하고 미래를 모색하는 성서의 '예언자적 연구'를 대단히 중요시했다.[33] 만일 성서를 현실 역사와 무관한 개인의 내면의 문제에만 한정시킨다면, 성서와 성서를 읽는 신앙인이 처한 역사 현실과의 관계가 유리되고, 기독교인은 현실 역사에 대해 책임있는 응답을 할 수 없게 된다고 보았다. 그리고 그러한 신앙은 현실 도피적인 신앙이 된다고 보았다. 우치무라가가 이렇

30 스즈키 노리히사, 앞의 책, 112쪽.

31 内村鑑三, 「余が非戰論者となり理由」, 『聖書之硏究』, 1904, 9, 全集 12권, 423-426쪽.

32 内村鑑三, 「平和の福音」, 『聖書之硏究』, 1903, 9, 全集 11권, 404-409쪽.

33 土肥昭夫, 『内村鑑三』, 193-194쪽.

게 성서의 '예언자적 연구'를 중시하고 역사 현실에 대한 신앙인의 책임을 중요시한 이유는 기독교에 있어서 복음과 예언은 상호 공속적이라고 보았기 때문이다. 그는 인간을 해방하여 참 주체로 세우는 기독교의 복음은, 피조물적 존재이면서 마치 창조주인 것처럼 인간을 억압하려는 모든 의식이나 제도에 비판, 항거하며 신적 공의의 공동체를 대망하는 예언과 늘 어깨를 나란히 하고 있다고 보았다. 그에게 복음과 예언은 양자택일의 관계가 아니라 상호 공속적 관계에 있었던 것이다. 따라서 우치무라에게 일본 역사에 점철하는 전쟁이라는 현실도 성서의 '예언자적 연구'를 통해 해석하고 그에 근거해 예언자적으로 항거하는 것은 다름아닌 신앙 실천의 문제였던 것이다.

우치무라는 러일전쟁의 제국주의적 성격을 지적하며 "전쟁의 이익은 강도의 이익으로, 검을 가지고 국운(國運)의 전진을 꾀하려는 것처럼 어리석은 것이 없다"고 하며, "적이라고 해도 하나님의 눈으로 보면 동포 형제이다. 적국이라 해도 같은 세계의 일부이다. 만일 인류는 한 개의 단체이고 세계는 하나의 가족·동족이라고 하는 과학의 학설이 진리라고 한다면, 전쟁 그것을 가지고 선이요 미요, 이로움이요 유익함이요 라고 말하는 것은 도저히 있을 수 없다"고 했다.[34]

러시아를 격퇴시킴으로써 일본을 세계 일류 국가에 진입하게 하자는 주장에 대해서 "군인을 자극해서 외적을 치게 하는 자는 마지막에 가서는 스스로가 그 군인에게 당할 것이다. 군인에게 중국을 치게 한 일본인은 과거 10년간 군인에게 괴롭힘을 당했다. 그 가진 부의 거의 전부를 군인 보육료로 바쳤다. 지금도 이 같은 군인에게 러시아인을 치게 한다면 그들이 또 얼마나 많은 것을 우리에게 요구할 것인가. 그 때에는 지금 우리에게 그나마 남아 있는 조그마한 자유도 헌법도 연기

34 内村鑑三, 「衝突の眞義」, 『万朝報』, 1903, 9, 全集 11권, 420쪽.

가 되어 사라지고 일본국은 하나의 거대한 병영(兵營)이 되어 국민은 쌀 대신에 화약을 먹고, 보리 대신에 삽을 베기에 이를 것이다"라고 하며, 러일전쟁의 결과 일본 사회는 거대한 병영 국가가 될 것이라고 예측했다.[35]

우치무라의 이러한 입장은 물론 기독교계 전체에서도 예외적이었다. 당시 일본 기독교회의 대부분의 지도자들은 러일전쟁에 찬성하고 전쟁을 정당화했다. 예를 들면 오자키(小崎弘道)는 "이번 전쟁은 인종의 전쟁도, 종교의 전쟁도 아니고 16세기의 문명과 20세기의 문명과의 전쟁이라고 할 수 있다. 러시아가 대표하는 16세기 문명, 우리나라가 대표하는 20세기 문명인 것이다"라고 하며 청일전쟁 의전론을 반복했다.[36] 우치무라는 이렇게 전쟁을 승인하는 교회를 주 예수 그리스도로부터 '저주받은 교회'라고 격렬하게 비판했다. 그는 "기독교의 교사가 성서의 말씀을 인용하여 전쟁을 장려하는 것만큼 교회 타락의 분명한 징후는 없습니다. ……평화는 기독교의 전문입니다. 이것 때문에 기독교는 세계의 존경을 받는 것입니다. 그런데 그 교사가 세상의 애국심에 휩쓸려 그 근본적인 교의까지 왜곡시키는 지경에 이르러서는 그 소금의 맛을 잃어버린 것으로, 이후에는 이미 쓸모가 없어 밖에 버려져 사람들의 발에 밟힐 뿐입니다"라고 경고했다.[37] 복음과 예언의 공속성에 기초하여 현실 역사의 모순을 성찰하고 그것을 정화시켜가고자 한 우치무라는 일본 기독교 전체에서도 이단아였던 것이다.

한편, 이렇게 신앙에 근거한 예언자적 항거인 비전론은 그것이 단순한 종교적 교조주의가 아니라는 점에 또 다른 특징을 지닌다. 그것은 이미 고찰한 바와 같이 청일전쟁과 세계 각지에서 일어나는 전쟁의 원

35 內村鑑三,「近時雜感」,『万朝報』, 1903, 9, 全集 11권, 419-428쪽.

36 小崎弘道,『70年の回顧』, 覺醒社, 1927, 189-190쪽.

37 內村鑑三,「戰時における非戰主義者の態度」,『聖書之硏究』, 1904, 4, 全集 12권, 150-156쪽.

인과 그 결과에 대한 분석이라는 현실에 대한 정확한 역사 인식에 매개된 이념이었다.[38] 이 점에서 그의 '예언자적' 사회 비판은 현실과의 매개 없이 종교적 신념만을 토로하는 종교적 열광주의자들의 추상적인 현실 비판과는 구별되었다. 그의 비판은 경험 과학적 분석에 매개됨으로써 구체성을 띠면서, 동시대를 사는 사람들에게 하나의 의미 있는 제안으로 공유될 수 있었다. 그의 비전론은 복음과 예언의 상호 공속성에 근거한 신앙적 신념이자 동시에 현실에 대한 철저한 경험과학적 분석에 근거한 이념이었던 것이다.

그러나 그가 비전을 주장하던 잡지 『요로즈호』도 정부의 압력에 굴복하여 마침내 주전론으로 선회하고 말았다. 비전론을 주장하는 자들은 자신의 신념을 굽히지 않는 한 회사에 머무를 수 없었다. 우치무라는 사회주의자로서 비전론을 펼쳤던 코토쿠(幸德秋水), 사카이(境利彦) 등과 함께 요로즈호사를 사퇴하지 않을 수 없었다. 그는 '속세 사람이 내가 살다 버린 산을 묻는다면 폭풍이나 마당의 소나무에 답하리'라는 노래를 인용하며 퇴사했다.[39] 이것을 끝으로 그는 '속문단(俗文壇)'을 떠나 이후로는 '성문단(聖文壇)에만 집중할 각오였다.

그러나 이렇게 사회적으로 고립된 상황에서도 그의 비전의 의지만은 흔들리지 않았다. 1904년 2월 10일 러시아에 선전포고함으로써 시작된 전쟁은 1905년 8월 10일 미국 대통령 윌슨의 권고를 받아들여 러일 양국이 강화 조약을 맺음으로써 종결되었다. 일본은 그 이상 전쟁을 계속할 국력이 없었고 러시아 역시 국내에 혁명 전야의 움직임이 거세졌기 때문이었다. 일본군 약 108만인이 동원되고, 1905년의 일본 국가 예산의 약 5배가 되는 약 20억엔을 전비로 지불한 대규모의 전쟁을 통

38 長谷部弘, 「内村鑑三の國家論」, 『内村鑑三研究』, 第24號, 1984年 3月, 29-30쪽.

39 스즈키 노리히사, 앞의 책, 116쪽.

해 일본은 요동 반도 조차권, 한국 보호권 등을 얻었다.[40] 청일전쟁이 문명국 대열에 들어가는 입학 시험이라면, 러일전쟁은 졸업 시험이라는 논리가 확산되면서, 국민들에게 '제국 의식'이 폭넓게 침투해갔다. 일본 전토가 이렇게 축제 분위기일 때에도 그의 비전의 주장은 확고했다.

그는 "전쟁은 전쟁을 종식시키기 위한 것이라고 말합니다. 그러나 전쟁은 실제로 전쟁을 종식시키지 못합니다. 아니 전쟁을 만듭니다. …… 전쟁에 의해 군비는 결코 감축되지 않습니다. 아니 전쟁이 끝날 때마다 군비는 더욱 확장됩니다.…… 청일전쟁의 명분은 동양의 평화를 위함이었습니다. 그러나 그 전쟁은 더욱 큰 러일전쟁을 만들어냈습니다. 러일전쟁 역시 그 명분은 동양의 평화를 위함이었습니다. 그러나 이것 역시 동양 평화를 위한 더욱 더 큰 전쟁을 만들어낼 것입니다. 전쟁은 결코 만족할 줄 모르는 야수입니다. 전쟁은 인간의 피를 먹으면 먹을수록 더욱 많이 먹기를 원하기 때문입니다. 이렇게 해서 국가는 그러한 야수를 기르면서 그 살아 있는 피를 마시고 있는 것입니다"라고 했다.[41] 그는 제국주의 국가 권력과 침략 전쟁의 상보 관계를 정확히 간파하고 있었던 것이다.

그로부터 10년 후의 제1차 세계대전의 발발은 다시 그의 관심을 비전론에 집중시켰다. 이 전쟁은 전사자 9백만을 낸 인류 역사상 최초의 세계 대전이었기 때문이었다. 독일의 야만적인 군국주의에 대한 십자군으로서, 혹은 영국의 '상인 정신적 위선'에 대한 '영웅 정신'의 싸움으로서 등등, 여러 가지 명분이 있었으나, 결국 이 전쟁 역시 열강들 간의 식민지 확보전에 불과했다. 기독교 국가들 간의 전쟁이며 기독교회에 의해 승인된 이 미증유의 전쟁은 우치무라에게 말할 수 없는 충격을 주

40 小松裕,『いのちと帝國』, 55-68쪽.

41 內村鑑三,「日露戰爭より余が受けし 利益」,『新希望』, 1905, 11, 全集 13권, 399-407쪽.

었다.[42] 특히 미국이 참전한 것은 그에게 '대실망'이었다. 미국의 참전과 그것에 대한 미국 기독교의 승인 그리고 종래의 평화주의자들이 돌변하여 전쟁 찬미에 분주한 것을 본 우치무라의 실망은 절정에 달했다. 그는 "세계는 지금 암흑이다. 문명은 3천 년 전으로 거꾸로 되돌아갔다. 바빌론, 앗시리아 시대를 재현하고 있다. 금수의 힘이 지금 세계를 지배하고 도리(道理)의 소리는 들리지 않는다. 만일 서양 문명의 공적이 기독교를 증명하는 것이라면, 기독교는 전쟁을 낳는 악마의 가르침이고, 평화의 복음이 아니다. 지금 전 세계는 전쟁터가 되었고 전 인류는 병사가 되고 있다"라고 했다.[43] 전 세계에 만연한 전쟁열을 노아의 대홍수에 비유하고 전쟁의 원인을 인류의 위선과 타락에 있다고 보았던 것이다.

더 큰 파국을 막기 위해서 그는 "전쟁은 최대의 악한 일이다. 따라서 타국이 전쟁을 폐지하는 것을 기다리지 말고 스스로 자진하여 전쟁을 폐지해야 한다. 스스로 칼을 칼자루에 집어넣지 않고 다른 사람에게 무기를 버릴 것을 요구하는 것은 아무런 효과도 없다"고 호소했다.[44] 그는 일본이 먼저 자진해서 평화주의로 스스로의 노선을 바꿀 것을 역설했다. 나아가 그는 기독교인은 평화를 증거하기 위해 기회를 얻든지 못 얻든지 상관없이 늘 평화를 주장해야 하고, 세상이 모두 전쟁열에 들떠 있을 때야말로 국민의 분노를 사는 것을 두려워하지 말고 평화를 주장해야 한다고 호소했다. 왜냐하면 "우리들(=기독교인들)은……진리를 주장하고 불의를 배격하며 주의 재림을 기다려야 한다. 우리들은 하나님과 함께 일하는 자이다. 하여 하나님이 평화를 가지고 위로부터 임하시

42 양현혜, 「우치무라 간조(内村鑑三)의 비전론(非戰論)과 무교회 2세대」, 『종교연구』 63집, 2011, 여름, 243쪽.

43 内村鑑三, 「ノアの大洪水を思う」, 『聖書之研究』, 1915, 12, 全集 22권, 135-141쪽.

44 内村鑑三, 「平和會議とその效果」, 『聖書之研究』, 1922, 11, 全集 27권, 113-115쪽.

는 것에 대해 우리들은 평화의 준비를 하면서 아래로부터 그를 영접" 해야 하기 때문이라는 것이었다.[45]

이러한 우치무라에게도 모순은 있었다. 여순항(旅順港)에서 일본 해군의 대승리의 보도에 접한 그가 옛날의 애국심에 하루 종일 사로잡혀서 자기도 모르게 인근 사람들에게 들릴 정도의 큰 소리로 '제국만세'를 삼창한 일은 유명하다.[46] 그러나 우치무라의 우치무라다운 점은 그가 '제국만세'를 외친 다음 '모순의 인간이다, 나는'이라고 덧붙인 점에 있었다. 당시 그는 영자신문 『코베 크로니클(*Kobe Chronicle*)』에 투고하기 위해서 영문 「이번 전쟁에 관한 소감」을 집필 중으로, 이 전쟁은 일본과 러시아의 전쟁상들의 욕망을 채우기 위한 전쟁이라고 하면서도, 러일전쟁의 한 원인이 기독교 국가인 러시아가 비기독교국인 일본에 대해서 무례한 태도를 취했기 때문이라고 했다. 밖으로 향해서는 아무래도 소박한 애국의 정을 끊을 수가 없었던 것이다. 우치무라는 기독교와 일본 즉 '두 개의 J'라는 양자를 통합하는 길을 추구했다. 그 과정에는 때로는 이완도 보이고, 때로는 한쪽의 극단으로 치우침도 보였다. 그러나 양자의 긴장을 완전히 해체해버리는 일은 없었다. 여기에 우치무라의 가장 커다란 탁월성이 있었다고 하겠다.

한편 이러한 우치무라의 비전론이 갖는 의의를 높이 평가하면서도 그것에 내포된 한계 역시 지적하지 않을 수 없다. 이것은 이후 일본 파시즘 체제에 대한 대응 양식을 둘러싼 무교회 2세대의 분열과도 연관되는 문제였다. 문제는 우치무라가 그의 비전론을 현실적으로 실천한 구체적인 방법이 무엇이었는가 하는 것이었다. 우치무라의 주장에 감동한 청년 사이토슈지로(齊藤宗次郎)는 사형을 각오하며 징집령을 거부

45 內村鑑三, 「基督教は何故に善を爲す乎」, 『聖書之硏究』, 1906, 10, 全集 14권, 298-304쪽.

46 스즈키 노리히사, 앞의 책, 116-117쪽.

할 것을 결의하고 그 뜻을 우치무라에게 전했다. 이에 대해 우치무라는 '비전론주의자의 전사(戰死)' 라고 하는 글에서 "만일 병역을 거부하려고 해보라. 의심으로 충만한 이 세상에서 우리들을 볼 때 비겁자라고 하여, 우리들의 비전론을 생명에 대한 애착 때문이라고 여기고 우리들의 주장을 듣고도 그것에 귀를 기울이려 하지 않을 것이다. 또 우리들이 병역을 거부한다면 어떤 다른 사람이 우리 대신 소집되어 결국 우리들의 거부는 타인의 희생으로 끝나게 된다. 따라서 우리는 그 사람들을 위해서도 스스로 자발적으로 그 고역에 복종해야만 한다. 또한, 모든 죄악은 선행에 의해서만 소멸될 수 있다면 전쟁도 많은 비전론주의자의 비참한 전사에 의해서만 궁극적으로 폐지가 가능해질 것이다"라고 대답했다.[47]

우치무라는 비전론의 최대의 근거가 무저항주의라면 그 주장을 펴는 수단도 똑같이 무저항주의라야 한다고 일러주었던 것이다.[48] 그는 청년들에 대해서 비전론의 원칙을 굽히지 않았지만, '진리'와 '진리의 응용'은 약간 구별해서 '진리의 응용'에 대해서는 신중을 기하라고 요구했다. 그러나 그가 제시한 이 방법은 '양심적인 전사'라고 말할 만한 것이었다. 이 우치무라의 '양심적인 전사'라고 하는 생각의 배경에는 죄없는

---

47 內村鑑三, 「非戰論者の戰死」, 『聖書之研究』, 1904, 10, 全集 12권, 447-449쪽.

48 간디의 비폭력 비협조 저항 운동을 '무저항주의'라고 명명할 때 일절의 저항을 거부하는 것으로 이해하는 오해가 종종 발생한다. 우치무라의 어법에도 이러한 위험은 내포해 있다. 간디의 비폭력 저항 운동은 무저항도 비무력적 저항과도 구별되어야 한다. 그것은 완전한 자기 정화에 의해 진리를 위해 스스로가 속죄양이 되어 두려움과 증오 없이 죽을 수 있는 정신의 소유자가 시민적 불복종을 통해 자유를 위해 투쟁하는 전투적인 저항의 방식이었다. 따라서 비폭력적 저항은 자기 정화의 내적인 힘을 가진 도덕적인 '강자의 무기'라고 간디는 주장했다. 간디에게 비폭력주의는 약자가 강자에 대한 증오와 자신의 무력 없음을 감추고 싸우는 위선적인 전술이 아니었다. 따라서 간디는 자신의 권리를 침범한 자에 대한 증오와 복수심이라는 정신적 폭력을 정화해낼 수 없을 때에는 정직한 폭력에 의지해 저항하는 것이 위선적인 비폭력보다 훌륭하다고 말했던 것이다(황필호 편역, 『비폭력이란 무엇인가』, 종로서적, 1986, 86-97쪽 참고).

자의 자기 희생적인 죽음, 즉 '대속적 죽음'이라는 종교적 발상이 있었다.[49] 그럼에도 불구하고 이 '양심적 전사'라고 하는 방법은 '비전'이라는 사상을 현실적으로 실천할 때 비전론자가 전쟁을 일으키는 세력에 저항해서 '반전(反戰)'하기보다 오히려 '참전'한다는 자기 모순적인 결말을 초래한다. 이 '양심적인 전사'라는 행동 양식에는 무엇보다도 전쟁을 일으키는 국가 권력에 대한 저항이라는 측면이 결여되어 있다. 따라서 일본 무교회 제2세대가 이러한 비전론에 근거하여 이후의 15년간의 전쟁에 대응하려 할 때 전쟁을 일으키는 국가 권력에 대한 구체적인 저항이 자각되지 않는 한, 비전의 관철은 좌절로 끝날 위험성이 내포되어 있었다고 말할 수 있다.[50]

라인홀드 니버(Reinhold Niebuhr)는 사람들은 정치적으로 더 책임있는 행동을 취해야 한다고 충고하면서 절대비전평화주의를 비판했다. 그러나 그럼에도 불구하고 전쟁 국가였던 근대 일본에서 적어도 한 번쯤은 진실한 평화주의를 드러내 선포하고 전쟁의 정당성을 거부하고 죽이는 모든 것은 대단히 악한 것임을 선포하는 예언자가 필요했다. 그러한 의미에서 '양심적 전사'를 구체적 실천 방법으로 제시한 우치무라의 비전론의 한계에도 불구하고 그의 비전론의 의의는 실로 크다. 초월적인 종교적 평화주의의 윤리가 선포된 이후에야 사람들은 종교적 '신념 윤리'와 세속적 '책임 윤리' 사이에서 고민하고 정치적으로 덜 악한 선택이 무엇인지를 생각할 수 있기 때문이다.[51] 또한 그의 비전론 주장은 지난 날 '불경 사건'에서 그가 아직 분명하게 자각하지 못했던 문제, 즉 국가 권력의 명령과 양심 사이에서 충성심이 분열될 때, 기독교인은 권력의 명령보다 양심의 명령을 따라야 함을 선명하게 지적한 것이라

49 宮田光雄,『平和の思想史的研究』, 創文社, 1976, 97쪽.

50 양현혜,「우치무라 간조(内村鑑三)의 비전론(非戰論)과 무교회 2세대」,『종교연구』63집, 245쪽.

51 Chiba Shin & Sibuya Hiroshi, op. cit, 88쪽.

는 의미에서 그의 '두 개의 J'의 사상적 전개에서 커다란 의미를 가진다 하겠다.

3. 사회주의와의 접점

이 절에서는 우치무라와 사회주의와의 관계를 생각해보자. 청일전쟁 이후 일본의 산업 구조는 크게 변화했다. 이것은 메이지유신 이후 줄곧 추진해왔던 일본 근대화의 성공을 의미하는 것이자 동시에 근대화에 따른 특유의 모순이 본격적으로 발생하게 됨을 의미했다. 이른바 자본주의적 생산 시스템은 다수의 노동자를 창출했다. 이들 신흥 임금노동자의 상황은 몹시 열악했다.[52] 따라서 노동 문제에 주목하는 사람들이 나타나기 시작했다. 일본에서 최초로 마르크스를 소개한 것으로 여겨지는 것은 1881년 구마모토 밴드 출신의 일본조합교회 목사 고자키 히로미치(小崎弘道)가 『리쿠고잣시(六合雜誌)』 제1권 제7호에 기고했던 「근세 사회당의 원인을 논함(近世社會党の原因を論ず)」이라는 글이었다. 이 글에서 고자키는 마르크스를 중심으로 근세의 사회당과 사회주의의 역사를 논했다. 그는 '사회당' 자체에는 비판적이었으나, '사회당'이 유럽에서 정부의 압제, 사회의 빈부 격차를 주목해 이를 해결하려고 한다고 소개했다.[53]

1897년 7월에 노동조합기성회가 조직되어 다카노 후사타로(高野房太郎), 가타야마 센(片山潛), 시마다 사부로(島田三郎), 무라이 토모요시(村井知至), 아베 이소오(安部磯雄), 가와카미 키요시(河上清), 기노시타 나

---

52 矢ヶ崎秀則, 「러·일전쟁을 전후한 일본의 반전사상 연구 幸德秋水와 內村鑑三을 중심으로」, 건국대학교 박사학위 논문, 1999, 16-18쪽.

53 海老澤有道·大內三郎, 『日本キリスト教史』, 394-395쪽.

오에(木下尙江), 니시카와 코지로(西川光二郎) 등이 가담했다. 이들은 모두 기독교인으로 유니테리언적인 입장에 서서 인류동포주의와 박애주의를 주창했다.[54] 그들은 1898년 10월 '사회주의의 원리와 이를 일본에 응용할지 여부'를 연구할 목적으로 '사회주의연구회'를 발족하고 그 활동의 본거지를 도쿄의 유니테리언협회로 했다. 그러나 이 연구회는 길게 존속하지 못하고, 1900년 1월 '사회주의를 일본에 응용할 것을 목적'으로 한 '사회주의협회'의 결성으로 이어졌다. 그런데 동년 3월 치안경찰법이 공포되어 노동운동이나 사회주의운동에 대한 정부의 탄압이 심해지자, 아베 이소오 등은 정당을 결성하여 대결해나갈 것을 천명했다. 1901년 5월 일본 최초의 사회주의 정당인 '사회민주당'이 결성되었다.[55]

창립자는 아베 이소오, 가타야마 센, 기노시타 나오에, 가와카미 키요시, 니시카와 코우지로, 코토쿠 슈스이(幸德秋水)로, 이들 가운데 코토쿠만 기독교인이 아니었다. 기독교와 사회주의의 관계에 대해 이들 각각의 입장이 달랐으나, 아직 양자가 미분화된 채로 최초의 사회주의 정당이 결성되었던 것이다.[56] 사회민주당은 선언서에서 사해동포주의, 세계 평화를 위한 군비 폐지, 계급 제도 타파, 생산 기관 및 교통 기관의 공유, 분배의 공평, 정권의 평등, 국비에 의한 교육을 이상으로 내세웠다. 사회주의를 위한 여러 정책과 함께 평화주의를 강령에 넣고 있는 점이 특기할 만하다. 그러나 당국은 '치안 방해' 라는 이유를 들어 결사 신고를 한 그날로 정당을 해산시켰다.[57] 이후 일본의 사회주의 운동은

---

54 土肥昭夫, 『日本プロテスタントキリスト教史』, 203-204쪽.

55 박은영, 「우치무라 간조의 사회사상에 관한 소고」, 『순천향인문과학논총』 33권 3호, 2014년 150-151쪽.

56 土肥昭夫, 「明治期におけるキリスト教と社會主義」, 『キリスト教研究』 第35卷 第2·3号, 1967, 同志社大學基督教研究會, 122-123쪽.

57 박양신, 「메이지 사회주의자의 반전론-고토쿠 슈스이(幸德秋水)의 非戰論을 중심으로」, 『아시아문화연구 제12집』, 2007, 아시아문화연구소, 52쪽; 조세현, 『동아시아 아나키즘, 그 반역

사회주의협회에 의해 추진되었다.

우치무라는 『요로즈호』에서 사회주의자인 코토쿠와 사카이를 통해 사회주의 운동의 지도자들과 개인적으로 교제하게 되었다. 그들은 우치무라에게 존경을 표하고 여러 가지 기획에서 그의 지지를 구했다. 우치무라 역시 같은 세대의 많은 사람들에게 비판적이었던 것과는 대조적으로 그들에게는 존경을 표명했다. 1901년 코토쿠의 저서 『제국주의』의 서문을 부탁받은 우치무라는 "나는 당신과 같은 지사를 친구로 가진 것을 명예로 여기며, 이 독창적 저술을 세상에 소개하는 영예를 준 것에 감사한다"라고 말하기도 했다.[58] 사카이가 낸 『가정 잡지』에도 1901년 그는 "만일 일본에서 가정 잡지를 낼 권리와 의무와 책임을 가진 사람이 있다고 한다면, 그것은 나의 친구인 사카이 씨라고 생각한다. 그는 성질이 온화하고 우의가 두텁고 선을 보는 눈을 가지고 있고 악을 보는 눈은 가지고 있지 않다"라고 했다.[59] 나아가 그는 아베, 기노시타, 이시가와 등이 공동으로 낸 『신기원』에 "이 주의(主義)의 깊은 곳을 우리에게 가르치려 한다. 나 자신은 사회주의자가 아니지만, 이런 신사적인 사업에 대해서 깊은 동정을 표하지 않을 수 없다"라고 열렬한 지지를 보냈다.[60] 우치무라는 주의에는 찬성하지 않았으나, 이런 주의를 가진 사람들에게는 호의를 가졌던 것이다. 그리고 '이상단(理想團)' 활동에서는 사회 개량을 위해 사회주의자와 직접 행동을 함께 했다.

우치무라가 이렇게 사회주의자들에게 개인적 호의를 가진 것은 당시 기독교인들과 사회주의자들 사이의 호의적인 관계를 반영하는 것이기도 했다. 사회주의 잡지의 구독자들 가운데에는 기독교인들이 많았

의 역사』, 책세상, 2008, 22-23쪽.

58 內村鑑三, 「『帝國主義』に序す」, 『万朝報』, 1901, 4, 全集 9권, 118쪽.

59 內村鑑三, 「『家庭雜誌』の發刊を祝賀す」, 『家庭雜誌』 1901, 4, 全集 11권, 199쪽.

60 內村鑑三, 「新紀元の 發刊を 祝す」 『新紀元』 1905, 11, 全集 13권, 413쪽.

고, 코토구와 사카이가 『요로즈호』를 사임한 후 창간한 『평민신문』 독자란에는 많은 기독교인이 투고했다. 사회주의자들도 기독교인의 예언자를 생각나게 하는 종말론적 어투를 종종 사용하기도 했다. 1903년까지 기독교와 사회주의는 대단한 감식력이 있는 사람이 아니고서는 상호 보완적인 것으로 생각되어졌던 것이다. 그러나 1903년 이후 이 양자는 확연히 분화되어 기독교인들은 더 이상 사회 개혁을 강조하지 않게 되었다. 철저한 사회주의자들만이 정부의 감시가 강화되는 가운데에서 운동을 계속해갔다.[61]

우치무라와 사회주의와의 관계도 대체로 이러한 전체적인 조류와 일치했다고 할 수 있다. 고토쿠의 저서에 붙인 서문에서 '친구'라고 칭했을 정도로 친밀했던 둘의 관계는 이후 급속하게 냉각된 것으로 보인다. 우치무라는 1904년 고토쿠가 『직언』이라는 잡지에 기고했던 글을 인용하며 다음과 같이 말하고 있었다.

> 고토쿠 슈스이 씨가 근경 발행한 『직언』이라는 잡지에 기고한 짧은 글 중에 다음과 같은 말이 있다. "나는 직언한다. 나는 유교를 좋아한다. 불교는 조금 싫어한다. 신도는 대단히 싫어한다. 야소교(耶蘇教)는 가장 싫어한다. 술을 마시지 말라. 담배를 피지 말라. 빚을 지지 말라 등을 말하는 사람을 대단히 싫어한다." 이것만 보아도 사회주의가 기독교의 벗이 될 수 없음을 가장 뚜렷하게 알 수 있다. 둘의 관계를 사회주의자 편에서 이토록 뚜렷하게 증명해주어서 나는 도리어 기쁘다.[62]

약간의 서운함이 나타나 있으나, 결국 서로 다른 종류의 사상, 곧 기

61 박은영, 「우치무라 간조의 사회사상에 관한 소고」, 153쪽.

62 内村鑑三, 「基督教と社會主義(再び)」, 『聖書之研究』, 1904, 1, 全集 12권, 31쪽.

독교와 사회주의가 혼동되는 것을 우려하여 분명하게 선을 긋고자 했음을 알 수 있다.

그렇다면 우치무라는 사회주의와 기독교를 어떻게 보았는가. 그는 먼저 다음과 같이 말한다.

“기독교와 사회주의와의 관계에 대해서는 많은 잘못된 생각이 세상에 나돌고 있습니다. 사회의 한 구석에서는, 기독교가 마치 사회주의의 한 파인양 생각되고 있습니다. 그렇게 생각하고 있는 사람들은 주로 귀족과 재벌들인데, 그들은 무식하고 탐욕적이기 때문에 무슨 주의든 간에 그들이 쥐고 있는 기득권에 도전해오는 것에는 모두 사회주의라는 달갑잖은(그들의 눈으로 볼 때) 이름을 붙여서 이를 배척하는 판입니다. 무식한 일본의 귀족들에게는 기독교나 사회주의나 공화정치나 모두 똑같은 것으로 보이는 모양입니다. 그래서 그들은 다른 데 의지할 곳이 없기 때문에 다만 충군애국만을 방패막이로 삼아, 다른 주의에 대해서는 무턱대고 반대합니다…. 또 다른 부류의 사람들은 사회주의와는 정 반대되는 것, 즉 그 방해자, 그 원수인 것처럼 생각하고 있습니다. 그리고 이렇게 생각하는 사람들은 주로 사회주의 사상을 품고 있는 사람들로서, 그들은 기독교란 하나님의 존재를 부르짖고 일종의 신권설(神權說)을 주장하며 또한 사회의 현상 유지를 부르짖고 혁명 정신이 부족하기 때문에, 이는 사회주의와는 도저히 양립할 수 없는 것이라고 생각하고 있습니다. 사회주의의 한 파라고 하기도 하고, 사회주의의 원수라고 하기도 합니다. 세상 사람들은 기독교와 사회주의와의 관계에 대해서는, 동이 서에게 먼 것 같은 완전히 다른 생각을 품고 있습니다.” 우치무라는 당시의 많은 사람들이 기독교와 사회주의를 미분화 상태에서 제각기 혼동하고 있음을 지적한 것이다.

그렇다면 그는 양자의 관계를 어떻게 정리했을까? “그렇다면 참으로 이 둘의 관계는 어떤 것일까요? ……우선 첫째로 우리가 주의해야 할 것은, 기독교와 사회주의는 둘 다 서로 비슷한 점이 있다는 사실입니다. 가난한 사람을 구제하는 것이 기독교의 이 세상에서의 최대 목적 가운데 하나인데, 빈곤의 멸절이 사회주의의 가장 큰 주안점이라고 한다면, 이 둘은 이 세상에서 그 달성코자 하는 목적에 있어서도 서로 일치하는 것이 사실 같아 보입니다."[63]

우치무라는 '가난한 자의 구제'라는 기독교의 사회적 역할을 접점으로 기독교와 사회주의의 일치점을 찾고 있었다. 그는 '기독교적 정치'란 '평민의 정치'라고 보았다. 즉 "그리스도는 평민이었다. 그러므로 평민에게 충실함이 그리스도에게 충실함이다. 그리스도를 믿는다고 하면서 왕에게만 충실하고 평민에게 충실하지 못함은 배신이요 위선이다. 나는 귀족적 기독교 신도의 존재를 믿을 수 없다.……기독교의 정치는 백성을 위한 것이다. 가난한 자를 위한 것이다. 비천한 자를 위한 것이다. 성서는 정치를 하나의 큰 자선사업으로 보고 있다. 샤를마뉴의 정치도, 프랑스의 카알 11세의 정치도, 크롬웰의 정치도, 링컨의 정치도, 세상에 기독교적 정치라고 일컬었던 것은 다 가난한 자, 압제받는 자, 사회의 최하층에 있는 자를 위한 정치였다. 귀족을 위해서 하는 정치는 하나님의 뜻에 맞지 않는 정치다. 또 귀족 그것을 위한 정치도 아니다"라고 했다.[64]

이러한 '기독교적 정치'관을 가진 우치무라로서는 평범한 사람들이 사람답게 살 수 있는 사회 건설이 기독교의 사회적 역할로서, 이것은 사회주의와도 일치하는 부분이라고 보았던 것이다.

그렇다면 기독교와 사회주의와의 상위점은 무엇인가. 우치무라는 기독교인이 해야 할 가장 본질적인 것은 복음을 동포에게 전하는 일이

63 우찌무라 간조, 「기독교와 사회주의(1)」, 『聖書之硏究』 1903, 3, 전집 10권, 543- 544쪽.

64 우찌무라 간조, 「기독교적 정치」, 『聖書之硏究』 1903, 1, 전집 3권, 248-129쪽.

라고 보았다. 그 이유는 “이것이 인류의 생명이기 때문에, 이것을 나누어주지 않으면 진정한 자신이 될 수 없다. 만일 인생의 최종 목표가 있다면 그것은 복음 전파일 것”이라는 것이었다. 기독교에서 복음 전파가 이렇게 ‘궁극적인 것’이라면 그는, 사회 개량은 ‘지상의 모든 사람과 사물이 하나님의 거룩한 뜻대로 완전한 조화’를 이루는 ‘만물의 부흥’에 조금이라도 기여하자는 ‘궁극 이전의 것’이라고 보았다. 또한 사회 개혁의 동력도 기독교에서는 도덕적 의무감에서가 아니라 복음이 주는 궁극적 ‘기쁨’을 이웃에게 나누려는 사랑의 봉사에서 나온다고 보았다. 즉 기독교인에게 사회 개혁은 세상에 대한 사랑의 봉사를 하는 것으로 궁극 이전의 일, 즉 ‘도락’이라고 보았다. 이 점에서 기독교의 사회 개혁은 사회주의자들이 사회 개혁을 ‘궁극적인 목적’으로 하는 것과는 명백히 구분된다는 것이다. 나아가 그는, 기독교인이 ‘궁극 이전’의 것으로서 즉 ‘도락’으로서 하는 사회 개혁이야말로 역설적으로 ‘가장 치열한 사회 개혁’일 수 있다고 했다. 왜냐하면 사회 개혁의 성공을 궁극적인 목표로 하지 않기 때문에 성공 여부에 집착하지 않고, 그 결과물을 독점하지 않으려는 깨어 있는 정신과 자유로움 그리고 진정성이 지속될 수 있다는 것이었다.[65]

한편 우치무라는 기독교와 사회주의는 사회 개혁의 방법에 있어서도 상위점이 있다고 보았다. 그는 “기독교와 사회주의와는 그 일하는 방법이 다릅니다. 기독교는 어떤 일정한 사회 제도를 정해놓고, 사람들에게 이대로 따르라고 가르치지는 않습니다. ……기독교는 말합니다. ‘제국주의라도 좋다. 오직 공정하게만 하라. 자비심을 발휘하라. 모든 사람의 권리를 존중하라. 만일 그렇게 하지 않으면 하나님이 너를 멸하실 것이다’. 또 말합니다. ‘사회주의 역시 좋다. 오직 경건하라. 가난한

---

65 우찌무라 간조, 「기독교 신자와 사회 개선」, 『聖書之硏究』, 1901, 9, 전집 10권, 502-505쪽.

사람을 변호하는 나머지, 부자에게 허술히 대해선 안 된다. 예절을 지키라. 폭력을 쓰지 말라. 평화와 겸손을 간직하고, 네가 바르다고 믿는 바를 행하라'. 즉 기독교는 안에서 밖으로 향해 일하는 것으로서, 사회주의 및 그 밖의 이 세상의 모든 주의가 밖에서 안으로 향해 움직이는 것과는 전혀 그 행동 방법을 달리하고 있습니다. 기독교가 보는 바에 의하면, 사회의 불공평은 모두 사람이 하나님을 버린 데서 온 것이요, 사회 조직의 불완전에서 온 것이 아니기 때문에 이를 바로잡는 방법은, 인간을 아버지이신 하나님께로 데려오는 일이지, 여기에 새 사회 조직을 만들 필요는 없습니다. 그러므로 기독교는 제도나 조직 같은 것에는 중점을 두지 않습니다"라고 했다.[66] 즉 기독교는 제도와 조직을 통한 사회 개량보다는 인간의 내적 개혁에 의해 사회를 개혁하려고 하는 점에서 양자는 구분된다는 것이다. 즉 사회 개혁은 '개인의 내면으로부터 시작'되어야 한다는 것으로, 그러한 기초 위에 성립하지 않은 모든 사회 개혁은 다 피상적이어서 결국 실패했다는 것이다.

이렇게 인간의 내적 변혁에 의한 사회 개혁을 주장하는 우치무라의 견해는, 사회 변혁을 일으키는 주체가 결국 인간이기 때문에 인간의 내적 변혁이 누락된 사회 개혁이 피상적이라는 면에서 일리가 있다. 즉 모든 것을 제도나 조직의 탓으로 돌린다면 제도의 물신화를 가져와 인간의 주제적 책임이 방기될 위험이 있다는 점에서 중요한 문제제기인 것이다. 그러나 한편으로 그의 주장이 인간 개혁이냐 사회 개혁이냐를 양자택일의 문제로 대치시키는 것이라면 , 이것 역시 비현실적이라고 할 수 있다. 왜냐하면 인간이 개혁되는 만큼 사회를 개혁할 수 있는 것이고 사회가 개혁되는 만큼 인간이 개혁되기 좋은 여건이 조성되는 것이다. 따라서 이것은 양자택일 문제나 선후(先後)의 문제일 수 없는 것이다.

66 우찌무라 간조, 「기독교와 사회 주의 1」, 『聖書之硏究』, 1903, 3, 전집 10권, 547쪽.

이러한 점에서 그의 사회 이해에는 일종의 나이브한 점이 있었다. 그는 사회를 개인의 연장선으로 혹은 단순한 개인의 집합체로 이해했다. 그는 "사회란 딴 게 아니다. 이것은 인간의 집합체다. 그런데 그 인간의 표본은 나 자신이다. 그러므로 사회를 개선하는 방법은 나 자신을 개선하는 데 있다. 나 자신을 개선할 수 없는 사람은 사회를 개선하겠다는 말을 입 밖에 낼 자격이 없을 뿐만 아니라, 그런 사람은 도저히 사회를 개선할 수가 없다. 자기를 이길 수 있어야 우리는 사회를 이길 수 있는 길을 발견하게 된다.……천하를 구원한다고 말하는 이가 천하를 구원하는 것이 아니다. 내가 나를 이겼다고 말할 수 있는 그 사람이 곧 천하를 구원하는 비결을 쥐고 있는 사람이다.……이와 같이, 사회 개선은 아주 어려운 것 같으면서도 아주 쉽다. 쉬운 것 같으면서도 매우 어렵다. 사회의 일부분이며 인간의 표본인 나 자신을 이길 수만 있다면 사람은 누구나 사회를 개선할 수 있다"고 보았다.[67] 그러나 라인홀드 니버가 도덕적 인간과 비도덕적 사회를 논한 것처럼, '자신을 이긴 사람'도 사회라는 집단적 역학의 장에서는 쉽게 비도덕적 선택을 하며, 종종 사회 개혁에 실패하곤 한다. 개인으로는 자신의 이익을 희생하면서 타인의 이익을 배려할 수 있지만, 사회는 종종 민족적, 계급적, 인종적 충동이나 집단적 이익을 따르기 때문이다. 집단 간의 관계는 힘의 역학 관계에 의해 규정되는 정치적 관계이며, 따라서 사회 집단 사이에 작용하는 운동의 강제성을 주목해야 하는 것이다. 사회 개혁을 위해서는 개인의 내적 도덕적 변혁뿐만 아니라, 개인의 도덕과 사회 정치적인 정의가 양립하는 구조와 제도를 어떻게 만들어가야 하는지의 문제가 동시에 물어져야 하는 것이다.[68]

67 우찌무라 간조, 「사회는 어떻게 하면 개선될 수 있는가」, 『万朝報』 1903, 7, 전집 10권, 499쪽.
68 라인홀드 니버, 『도덕적 인간과 비도덕적 사회』, 이한우 역, 문예출판사, 2004 참고.

우치무라의 논리에는 동전의 양면 같은 이 두 가지 문제가 분리되어 양자택일이나 선후의 논제로서 독해될 위험이 배태되어 있었다. 그럼에도 불구하고 그가 개혁의 주체로서 인간의 책임을 중요시한 점은 특기할 만하다. 그는 "나는 실제로 가장 힘있는 사회 개량에 종사하고 있는 것이라고 스스로 믿고 있다. 나의 사회 개량은 근본적 개량이다. 곧 죄악을 그 뿌리에서 끊어버리는 개량이다. 그리고 이 일을 하는 큰 능력은 이 낡고 작은 책 가운데 있는 것이다"라고 했다.[69] 그는 사회 개혁을 할 수 있는 도덕적 주체로서 인간을 세운다는 목표를 가지고 성서 연구와 그 보급에 전념했던 것이다. 이는 기독교도 사회주의도 수입된 지 얼마 안 되어 양자가 종종 혼돈되는 상황에서 사회주의와는 구별되는 기독교 전도자로서 자기 정체성의 표명이기도 했다.

69 우찌무라 간조, 「성서연구와 사회 개량」, 『聖書之硏究』 1902, 3, 전집 5권, 226쪽.

6장

『성서의 연구』 시대

1. 『성서의 연구』와 교우회

비전론으로 『요로즈호』사를 퇴사한 이후 우치무라는 『성서의 연구』의 간행에 전념했다. 그는 죽기까지 총 357권을 출판했고, 그 판매 부수는 마지막까지 거의 3,000부를 넘었다. 단 1905년의 일정 기간 동안 잡지 이름을 『신희망』으로 변경했는데, 그 기간 동안만은 판매 부수가 떨어졌다. 이것은 독자가 편집자의 명성과 함께 잡지 내용에도 관심을 가졌음을 시사한다. 일본인들은 기독교 자체에는 매력을 느끼지 않았지만 기독교의 중요한 고전인 성서에는 커다란 수요가 있었던 것이다.[1] 잡지의 주된 독자층은 전통과 쇄신의 상반하는 힘의 갈등을 첨예하게 느끼는 도시인들이었다. 이들에게 우치무라는 현대 일본인의 이상적인 삶의 모범을 그리스도의 삶으로 제시하며 성서를 권했던 것이다.

『성서의 연구』는 15×25cm 정도의 크림색 종이에 인쇄되고 있었다.

---

1 J. F. ハウズ, 앞의 책, 190쪽.

때에 따라 사진이 들어간 광택지를 집어넣은 것도 있었지만 화보는 없었다. 표지와 뒷 표면에는 광고가 실렸다. 광고의 대부분은 우치무라의 저작으로 가끔 다른 기독교인의 저작도 있었다. 첫 페이지에는 통상 한 단락의 긴 경구가 있어 신앙 본질을 취급하거나 계절에 대한 코멘트가 실렸다. 『성서의 연구』의 중심이 되는 기사는 모두(冒頭)의 경구에 관련된 것으로 거의 우치무라가 집필했다. 성서 일부에 대해 쓴 것, 교리상의 문제나 기독교 문화를 고찰한 것, 또는 그렇게 빈번하지는 않으나 기독교 신앙을 개인 생활이나 국제 문제에 관련시켜 생각한 것도 있었다. 다른 크리스천 저자의 비슷한 종류의 작품도 실렸다. 서양의 작품에서 인용한 것의 일본어 번역은 매호 마지막에 실렸다. 기사의 내용은 문제점에 대해 결정적 해법을 주려는 학문적인 것은 아니었으나, 자료를 충실하게 다루며 독자에게 흥미를 가지게 하는 내용이었다. 일정 기간 동안 그는 잡지에 문제를 내고 다음 호에 모범 해답을 게재하기도 했다. 때에 따라서는 그가 많은 것을 배운 책을 소개한 적도 있었다. 매호를 깊이 탐독한 독자는 기독교의 기초를 잘 이해할 수 있었다.

매 호의 마지막 부분은 통신난으로 독자들의 편지와 우치무라의 근황 보고가 실렸다. 우치무라에게 연하장을 보내는 사람들의 이름과 요지도 실렸다. 우치무라 집 주변에 홍수 경보가 울렸다는 것을 신문에서 안 독자가 안부를 묻는 편지를 보내오면 잡지의 지면을 빌려 독자 전원에게 답례를 싣기도 했다. 『성서의 연구』를 우치무라는 제자들에게 보내는 월간 편지라고 생각했다. 그는 "매월 책상에 앉아 펜을 잡을 때 나는 하나님께 이야기하는 것처럼 생각되고 또 친구를 상대로 말하고 있는 것처럼 느낍니다. 이렇게 해서 인쇄가 끝나고 그것을 발송한 후에는 수천 통의 편지를 친구들에게 보낸 것 같은" 느낌이 든다고 했다.[2] 『성

2 內村鑑三, 「予と研究誌」, 『聖書之研究』, 1908, 6, 全集 15권, 491쪽.

서의 연구』를 통해 매월 우치무라는 제자 전원에게 편지를 보내고 그들로부터 오는 편지의 답신을 실으며, 독자들과의 친밀한 교제를 유지해 갔던 것이다.

우치무라의 잡지는 19세기 미국이나 영국에서 인기가 있었던 성서 주해 잡지와 유사했다. 모두 다 기독교적 자기 개발법에 관심을 가진 탐구심 왕성한 인텔리 독자를 상정한 것이었다. 이렇게 성서 연구에 대한 태도는 공통적이라 해도, 양자가 처한 사회 환경은 일본과 서양이 각각 달랐다. 예를 들어 선생에 대한 제자의 태도는 영국의 『엑스포지터(expositer)』 지의 편집자에 대한 독자의 마음가짐보다 훨씬 더 경건하고 개인적인 열렬함이 있었던 것이다.

당시 일본의 기독교 관계의 사업의 대부분이 외국의 원조금을 필요로 하고 있었다. 그러나 우치무라는 이 잡지 운영을 철저히 독립적으로 운영하고 이를 통해 생계를 유지했다. 『성서의 연구』의 출판에 의해 획득한 재정적 정신적 자립은 그의 가장 커다란 자산이 되었다. 우치무라는 충분한 여유가 있는 일본인이 제공하는 원조는 받아들였다. 제자들이 주는 선물은 그가 그 제자를 위해 제공한 것에 상응할 경우만 받았다. 그러나 극소수의 예외를 제외하고 외국인으로부터의 원조는 거절했다. 언젠가 미국인이 50달러를 그에게 보냈는데, 그는 두 번이나 거절한 후 '부인의 용돈'으로라도 사용하라는 친구들의 간곡한 설득이 있어 겨우 받아들였다. 일본 사회 이외에서 들어오는 돈은, 그가 그 돈에 상응하는 것을 도저히 갚을 수 없다는 이유에서 위협이라고 간주했다. 외국인으로부터 재정적으로 지배당하는 것을 두려워했던 것이다.[3] 그가 『성서의 연구』에 두 번이나 영어로 다음과 같은 시를 개제한 것은 우연이 아니었다.

---

3 J. F. ハウズ, 앞의 책, 212쪽.

독립

돈보다 중요하고 명예보다 중요하고 지식보다 중요하고 생명보다 중요한 것, 아아, 너 독립이여! 왕들이여, 제후들이여, 감독들이여, 박사들이여, 너희들은 압제가이다. 홀로 진리와 함께 있고, 홀로 양심과 함께 있고, 홀로 신과 함께 있고, 홀로 예수 그리스도와 함께 있어, 나는 자유다.[4]

1928년 기독교 입신 50년을 회고하면서도 그는 같은 감상을 남기고 있었다. "나는 신앙의 초기에서부터 독립을 결심했다…… 3번 아사할 결심을 했다…… 독립에 의거해서 나는 인생의 재미를 알게 되고 신의 감사함을 이해하게 되었다. 신이 실제로 살아 계셔서 그에게 의지하는 자를 기적적으로 도와주시는 것을 실험했다…… 아사의 결심은 지금은 명예로운 이야기로 남아 있으나, 그 당시는 참 비참했다."[5]

우치무라가 이 시기 일본에 가장 적절한 기독교를 표현하기 위해 창안해낸 말이 '무교회' 즉 교회가 없는 기독교였다. 그는 이 단어를 불경사건 이후인 1892년 동료 기독교인들로부터 버림받았다고 생각됐을 때, 자기 상황을 묘사하기 위한 형용사로서 처음으로 사용하여 "나는 무교회 신자"라고 했다.[6] 8년 후인 1900년 『종교 좌담』에서 다시 형용사로 사용했다. 일본 기독교에 대한 그의 생각을 논하면서 "나는 실은 이 세상에서 무교회 신자의 한 사람으로"라고 썼다.[7] 그 다음 해인 1901년 3월 잡지 『무교회』를 창간하여 무교회라는 표현을 고유 명사로 최초로 사용했다. 잡지 『무교회』는 22×30cm 용지의 8쪽, 미제본의 형태로 간행되었다. 발행인란에는 '고독자의 친구……가정(家庭) 종교 미

4 內村鑑三, 『聖書之硏究』, 1913, 4, 全集 19권, 434-445쪽
5 內村鑑三, 「獨立五十年」, 『聖書之硏究』, 1928, 6, 全集 31권, 197쪽.
6 우찌무라 간조, 『기독 신자의 위로』, 전집 1권, 53쪽.
7 우찌무라 간조, 『종교 좌담』, 전집 1권, 317쪽.

문(美文)의 소책자'라고 되어 있었다. 그는 이 잡지의 주요한 역할을 "지상(紙上)의 교회' …… 즉 나처럼 갈 교회가 없는 자'들이 교회 회원들이 서로 교제하는 것처럼 독자들이 자신의 경험을 서로 나누는 것으로 생각했다. 잡지 『무교회』와 『성서의 연구』는 상호 보완하는 잡지였다. 그는 여기에서 '교회가 없는 자의 교회', 즉 집이 없는 자의 합숙소라고도 할 수 있는 것이 바로 무교회라고 했다. 그리고 무교회의 '무'라는 글자가 단순히 '없다'라는 것으로, 결코 '없게 한다'라거나 '무시한다'라는 의미가 아니라고 설명했다.[8] 당시 그에게 '무교회'에 대한 적극적인 개념 규정 같은 것은 없었다. 단순히 성서를 주해하고 그 내용에 일본인의 생활과 결합된 의미를 부여한다는 정도의 생각이었다. 그럼에도 불구하고 이 말은 단순한 소극적 개념이 아닌 인간의 힘에 의한 교회를 지양한다는 적극적 역설을 포함하고 있었다.[9] 이 잡지는 이후 1년 반 동안 계속되다 1902년 18호를 마지막으로 폐간되었다.

한편 그는 1901년 여름부터 일요일마다 츠노하즈(角筈)의 그의 자택에서 성서연구회를 열었다. 이것은 츠노하즈성서연구회라 알려진 것으로, 그가 소규모 집회를 고집했기 때문에 회원은 약 25명으로 한정되었다. 집회는 개회 기도, 미리 정해 외워온 성구의 암송, 강의, 그 후 토론의 형식이었다. 2년 후 1903년 9월 그는 돌연 이 연구회를 해산해버렸다. '제자를 만들고 교회를 만든다는 의혹'을 받기가 싫었기 때문이었다.[10] 교회가 없는 자의 교회의 뜻으로 '무교회'를 부르짖는 그가 하나의 교회로 보일 수 있는 것을 만들고 있다고 오해받는 것이 마음에 걸렸던 것 같다. 그러나 그 다음 달 『요로즈호』사에서 물러나게 되자, 1904년 츠노하즈성서연구회를 다시 재개했다.

---

8 内村鑑三,「無教會論」,『無教會』, 1901, 3, 全集 9권, 71쪽.

9 宮田光雄,『宗教改革の情神』, 創文社, 1981, 56쪽.

10 사토 슈지로(濟藤宗次郎)에게 쓴 편지, 1903년 9월 16일, 全集 36권, 557-558쪽.

츠노하즈 성서 연구회의 재개에는 또 다른 심각한 동기를 찾을 수 있다. 그것은 1902년의 여름쯤부터 시작된 친동생 다츠사부로 등이 그가 자기 집에서 부양하고 있던 양친에 대해서 기독교의 교사답지 않게 불친절하다고 비난한 것이었다. 신문사를 그만둔 후 그의 수입은 『성서의 연구』에서 나오는 것뿐이었다. 그것도 발행부수가 떨어져서 한때 집안 살림이 어려워졌다. 가정의 경제적 궁핍이 한층 더 모친이나 동생들의 반항심을 부채질하게 되었던 것 같다. 그가 자주 '육친'의 형제에 대한 '영(靈)'의 형제 이야기를 하기 시작한 것이 그 무렵이었다. 이것이 츠노하즈성서연구회의 재개로 이어지고 곧 『성서의 연구』의 독자 조직인 교우회(校友會)의 결성으로 이어지게 되었다.

교우회는 『성서의 연구』 독자를 대상으로 한 '신앙적 및 우의적 단합'의 모임이었다. 그 취지는 "우리들, 신과 그 분이 보내신 외아들 예수 그리스도를 믿는 자, 여기에 단합해서 교우회를 조직한다. 아버지이신 신의 원조를 얻어서 동지들이 서로 도와 신의 거룩한 뜻에 합당한 생애를 보낼 것을 약속한다"는 것이었다.[11] 교우회 회원의 자격으로는 다음과 같은 조건을 제시했다. 적어도 일 년간 '기독교적 삶을 살아보려고 노력한 자'에 한한다. 자립할 수 없는 자는 조직 안에서 책임있는 지위를 가질 수 없다. 적어도 월 1회 (가능하면 매주 일요일에) 모여 기도하고 찬양 부르고 감사를 드리고 서로의 안부를 묻는다. 회를 대표하는 개인의 지시를 따른다. 도쿄 지부가 모든 그룹의 활동을 총괄한다. 회합의 출석하는 것 이외에 회원은 담배와 술을 마시지 않고 일요일을 신앙과 도덕과 자기 수양을 위해 활용하고 매주 다른 사람을 돕기 위해 헌금한다.[12]

11 스즈키 노리히사, 앞의 책, 122-123쪽.

12 內村鑑三, 「校友會の設立」, 『聖書之硏究』, 1905, 10, 全集 13권, 380-381쪽.

이 취지에 공감하며 자격이 되는 자가 2인 이상 있으면 교우회를 조직할 수 있고 도쿄의 교우회를 중심으로 전국의 교우회는 연합일치를 꾀하기로 했다. 그 결과 도쿄에서는 츠노하즈교우회가 설립되고 지방에서는 니가타현(新潟縣)의 가시와자키(柏崎), 오지카(大鹿), 산조(三條), 나가노현(長野縣) 우에다(上田), 히가시호타카(東穗高), 치바현(千葉縣)에서는 나루하마(鳴濱), 도치기현(栃木縣)에서는 우츠노미야(宇都宮), 이와테현(岩手縣)에서는 하나마키(花卷)에 교우회가 속속 결성되었다.[13]

1906년 여름에는 니가타현 가시와자키에서 하기간담회를 열고 다음 해 여름에는 치바현 나루하마에서도 같은 간담회를 개최했다. 하기간담회에는 전국에서 교우들이 모였다. 1900년부터 3년간 연속해서 츠노하즈에서 열린 하기간담회의 부활이라고 볼 수 있다. 이것이 왕년의 이상단의 지부와 지반을 공유하고 있었다는 의미에서 우치무라를 중심인물로 하는 이상단의 재편성 같은 성격을 지녔다고 할 수 있다. 왕년의 이상단에는 사회주의자도 포함되었지만 이번에는 그들을 제외한 단체가 된 것이었다.

이러한 제자들에 대해 우치무라의 훈련이 엄격하다는 것은 정평이나 있는 일이었다. 그러나 실은 그는 다른 종교의 신자를 존경하고 그들의 신앙의 의미 있는 부분을 지지하는 관용을 가지고 있었다. 그가 가장 중요시한 것은 성실로, 스스로가 고백하는 종교상의 신념을 실천하고 있는가 아닌가였다. 그는 성실한 신앙을 가진 사람은 모두 존경받아야 마땅하나, 그러한 사람이 세계 인구에서 차지하는 비율은 극히 적다고 생각했다. 『성서의 연구』에는 종종 호넨(法然), 신란(親鸞) 등 불교 성인의 시를 실었다. 기독교에 대해서도 사도 전승의 장점을 인정하여, 만일 그가 어딘가의 교회에 소속된다고 한다면 로마 카톨릭을 생각할

---

13 스즈키 노리히사, 앞의 책, 123쪽.

것이라고도 말했다. 그리스도로부터 임명받은 사도에서 점차 개인을 통해 성직서임된다는 정신적 전통의 이상에 가장 가까운 형태를 취하고 있다고 생각했기 때문이다. 불교에 대해서도 기독교에 대해서도 이러한 태도를 취하고 있었기 때문에 흔히 보는 대부분의 배타적인 개신교 신자와는 많이 달랐다.

우치무라는 타인을 존중했기 때문에 그들의 신앙을 변경하고자 하지 않았다. 「내가 견딜 수 없는 것」이라고 하는 글 안에서 그는 자신의 방식을 이렇게 논했다. 많은 크리스천은 다른 그룹으로부터 멤버를 뺏어오는 것을 미덕이라고 하지만, 그런 행위는 '정치적 제국주의자'의 행위와 다름없다. 불교나 천리교(天理教)를 믿는 것은 나쁜 것이 아니다. 나쁜 것은 질투, 도둑질, 살인, 분쟁, 비난이다. 이러한 악덕으로부터 해방되도록 도와주는 것으로 충분한 것을, 악덕은 방치한 채로 타인의 종교만을 개종시키려 하는 것은 잘못이다. 나는 나의 신앙의 기초에 대해 질문하는 사람에게 대답하는 것으로써 전도한다. 나의 신앙을 나눌 수 있는 사람과 신앙에 대해 토론한다. 때때로 공적인 장소에서 나 자신의 신앙에 대해 이야기할 때도 있다. 미약하지만 진리 발전에 공헌하기 위해서이다. 그러나 나는 그 채용을 강제하며 다른 사람을 압박해서는 안 된다고 생각한다. 그것을 하나님과 시간에게 맡겨두면 그것으로 충분한 것이다. 결국 우치무라는 나에게 와서 동료가 되고 싶다고 말하면 기꺼이 받아들이나, "내가 권면하는 것은 그가 나와 같이 되라는 것이 아니라 오히려 나와 같이 되지 말라는 것이다"라고 했다.[14]

한편 그는 신앙을 같이하려는 사람에 한해서는 대단히 엄격해야 한다고 생각했다. 왜냐하면 진정한 신앙은 훈련을 필요로 한다고 보았기 때문이었다. 결론적으로 그는 그를 따르고 싶다고 원하는 사람에 대해

14 内村鑑三, 「予の耐えられない事」, 『聖書之研究』, 1909, 6, 全集 16권, 402-404쪽.

서는 엄격하게, 다른 신앙을 가진 사람들에게는 관대했던 것이다. 나아가 신앙에 필요한 훈련을 가르치는 그의 사명은 매우 어렵고 중요한 것이라 확신했다. 왜냐하면 "전도는 언어의 전달이 아니고 정신을 쏟아붓는 것으로 자기를 비움으로써 타인을 채우는 것"이기 때문에 전도처럼 어려운 일은 없다고 생각했던 것이다.[15]

1907년 11월 우치무라는 상수리나무 숲으로 둘러싸인 츠노하즈를 떠나서 같은 요도바시초(淀橋町) 내의 감자밭 안에 있는 가시와키(栢木)로 이사했다. 신문사를 퇴사한 후 그는 『성서의 연구』를 내는 것 외에는 츠노하즈에 칩거해서 소수의 청년들에게 성서를 가르칠 뿐 마치 마을의 성자처럼 고요하게 살고 있었다. 그 자신 외부의 강연이나 원고 청탁은 거절하고 숨어 살 생각이었다. 남들도 그를 '츠노하즈의 은자'니 '츠노하즈의 성자'니 하고 불렀다. 이러한 생활 태도는 가시와키로 옮긴 후에도 계속되었는데 청년들에게 성서를 가르치는 건물은 약간 넓어졌다. 그것은 『도쿄 도쿠리츠 잣시』의 애독자로 오사카의 향료상이었던 이마이 구스타로(今井樟太郎)의 미망인이 우치무라를 위해 기부한 돈으로, 1907년 이마이칸(今井館)을 세웠기 때문이다. 이것이 이후 무교회 기독교의 본거지가 되는 건물이 되었다.[16]

새로운 가시와키의 건물 속에 살며, 1908년 6월로 『성서의 연구』는 100호를 넘게 되었다. 내외의 청년들에게 숭배의 대상이 된 우치무라에게 마침내 보잘 것은 없지만 파란도 적은 흡족한 나날이 찾아왔다. 우치무라가 즐겨 하던 다음의 단가를 쓴 것도 이 무렵이었다.

> "가을이 한창. 코스모스 피고, 차매화(茶梅花)가 만발, 물푸레나무 냄새 좋고 국화 향기 그윽하다. 등불 아래 밤은 고요하고 필세(筆勢) 줄기차다.

---

15 内村鑑三, 「眞正の傳道」, 『聖書之研究』, 1906, 12, 全集 14권, 365쪽.

16 스즈키 노리히사, 앞의 책, 128쪽.

하늘의 계시가 풍성하여 가을이 한창임을 알 만하다."[17]

『성서의 연구』에 이 '가을 한창'이라는 단가를 실은 직후 '인생의 사기(四期)'라는 제목의 글이 실렸다. 인생을 춘하추동의 네 계절에 비유한 것으로 봄과 여름이 과거, 겨울은 미래로, 가을은 지금 찾아온 것으로 그려져 있었다.

"인생의 가을은 왔다. 감회의 눈물은 방울지고 생각은 엄숙하니, 회고하고 침묵하고 감사하고, 기도한다. 열매는 모르는 사이에 익고 일은 계획하지 않았는데 이루어졌다. 적조함에 감사하고 고독함에 축복이 넘친다. 가을은 실로 조용하고 즐거운 시기이다."[18]

이것은 구태여 계절이 가을이라는 것만은 아닐 것이다. 그 자신은 나이 48세에 오랫동안 탐색했던 '천직'을 가까스로 찾아 마침내 스스로 조용히 익어가는 '인생의 가을이 한창'이라는 생각이 들었을 것이다.[19]

1909년 가을에는 성서연구회의 성격을 적지 않게 바꾸게 되는 일단의 회원들이 입회했다. 그들은 지난 날 그가 불경 사건으로 사직해야 했던 도쿄제일고등학교의 학생들이었다. 우치무라의 친우인 니토베는 이 학교 교장으로 근무하며 독서회 그룹을 지도하면서, 학생 중 기독교에 관심이 있는 사람을 소개장을 써서 우치무라에게 보냈던 것이다. 우치무라는 자신이 사는 곳이 가시와키이고, 일고의 학교 마크에도 떡갈나무잎이 있는 것을 보고 이 회를 '가시와키회(栢會)'라 이름지었다. 이들은 우치무라의 제자가 된 후에도 여전히 취직이나 다른 일로 니토베

17 内村鑑三, 「秋酣なり」, 『聖書之研究』, 1908, 10, 全集 16권, 120쪽.
18 内村鑑三, 「人生の四期」, 『聖書之研究』, 1908, 10, 全集 16권, 120쪽.
19 스즈키 노리히사, 앞의 책, 131쪽.

의 신세를 지는 기회가 자주 있어서, 우치무라와 니토베 두 사람을 인생의 스승으로 삼았다. 그러나 같은 스승이라고 해도 자연히 기능의 차이는 있었다. 우치무라가 인생의 '아버지'라면 니토베는 인생의 '어머니'로서의 스승이었다. 이렇게 약간 유형을 달리하는 두 스승의 인도를 받은 것이 이들의 성장의 밑거름이 되었다. 10월 29일 제1회 모임에 출석한 20명의 회원 명부에는 우치무라 세대 이후의 현대 일본을 형성해 간 다음과 같은 인물들이 있었다.

이와나가 유키치(岩永裕吉, 동맹통신사 사장), 가나이 키요시(金井清, 諏訪(스와)시 시장), 가와니시 지츠조(川西實三, 일본 적십자사 사장), 구로자키 사이키치(黑崎幸吉, 전도사), 사와다 렌조(澤田廉三, 초대 UN대사), 젠케리노스케(膳桂之助, 실업가), 다카기 야사카(高木八尺, 도쿄대학 교수, 미국사 연구의 권위자), 다나카 코타로(田中耕太郎, 문부대신, 최고재판소 장관), 다지마 미치하루(田島道治, 궁내부 장관), 츠카모토 토라지(塚本虎二, 전도사), 츠루미 유스케(鶴見祐助, 작가), 마에다 다몬(前田多聞, 문부대신), 미타니 다카마사(三谷隆正, 일고 교수), 모리토 다츠오(森戶辰男, 문부대신), 후지이 다케시(藤井武, 전도사), 야나이하라 다다오(矢內原忠雄, 도쿄대학 총장).

이 그룹에는 도쿄대학 법학부 졸업생이 많았기 때문에 이들 외에도 외교관이나 법관, 혹은 관료가 된 사람들이 상당히 있었다. 이런 사람들 가운데서 특히 전후에 아마노 데이유(天野貞祐)를 포함해서 일본의 문부대신이 4명이나 나왔다는 것이 주목할 만하다.[20] '불경 사건' 때문에 전전의 일본 교육계에서 가장 위험시되고 기피되었던 우치무라의 문하에서 전후에는 국가 교육의 최고 책임자가 네 사람이나 나왔다는 것은 아이러니가 아닐 수 없다. 신앙상 반드시 우치무라와 동일한 가르

20 J. F. ハウズ, 앞의 책, 245쪽.

침을 유지했다고는 볼 수 없지만 그 한 사람 한 사람이 모두 뼈가 있는 인물들이었다.

한편 1912년 1월 30일에는 무라사메(白雨)회가 발족되어, 사카다(坂田祐: 간토학원 총장), 남바라 시게루(南原繁: 도쿄대학 총장) 등이 속했다. 무라사메라는 이름은 그들이 처음 우치무라의 성서연구회에 출석했을 때 구약성서의 시편 65편의 강의가 있었고, 그 속에 굳은 땅을 부드럽게 해주는 신의 은총의 '무라사메' 이야기가 나오기 때문이었다. 남바라는 후에 도쿄대학 총장이 되고 사카다는 간토학원(關東學院) 총장이 되었고, 헵번(James Curtis Hepburn, 미국 장로교회 선교사, 헵번식 로마자 표기법을 창시, 1815-1911)의 연구가가 되는 다카타니(高谷道男)도 이 그룹에 속해 있었다. 이들 우치무라의 제자들은 당시의 제도권 교육에서 매우 드문 고학력자들이면서도 사상적 정신적으로는 스승을 따라 아웃사이더로 성장해갔다. 이들은 패전 후 그들의 인생 경력의 최전성기를 맞아 신일본을 형성해간 사람들이었다.[21]

그렇다면 우치무라와 제자들과의 관계는 어떠한 것인가. 우치무라와 제자들의 관계는 기본적으로 일본의 전통적인 사제 관계에 뿌리를 내린 것이었다. 1902년 하기학교 후 어떤 제자는 우치무라와 제자들의 관계가 1850년대 요시다 마츠시게(吉田松陰) 아래 모인 제자들과의 관계와 유사하다고 말했다. 마츠시게의 마츠시타 촌숙(松下村塾)은 일본을 근대화시킨 초기의 지도자를 길러냈다. 우치무라는 이 유사성을 부정하지 않으나 마츠시게가 충과 효라는 유교적 이상을 존중한 것에 반해 그와 제자들의 관계는 '형제주의'라고 하는 기독교 이상에 근거하고 있다며, 양자를 구별했다.[22]

---

21 赤江達也,『'紙上の教會'と日本近代: 無教會キリスト教の歴史社會學』, 岩波書店, 2013, 40쪽.

22 澁谷浩,「角筈時代の內村の集會論」,『內村鑑三研究』 2호, 1974, 6, 518-59쪽.

『성서의 연구』의 창간 때부터 그는 제자들과의 관계 정립을 신중히 고려했다. 창간호의 8페이지에 「기독교와 사제 관계」라는 제목의 논문을 게재하고 마태 23장 8절, 즉 '너희 스승은 한 사람 즉 그리스도이고 너희들은 모두 형제이다'라는 구절을 인용했다. 그리고 "세상에 사제 관계라는 것이 있다. 그러나 기독교에 있어서 이런 것은 없다. 기독교에 있어서 스승은 유일하게 신이신 그리스도뿐으로, 그 외 모두는 형제 관계이지 사제 관계가 아니다"라고 논했다.[23] 10년 후 그는 이 표현을 다음과 같이 바꾼다. "나는 나이다. 나는 나의 구주 예수 그리스도의 제자이고 그의 제자의 제자가 아니다. 나는 다른 제자들을 통해 많은 것을 배울 수 있다. 그러나 나는 주님에 관해서는 주님께 직접 배운다"라고.[24]

1929년 우치무라가 병상에 누웠을 때 제자들이 그의 유훈에 대해 고민하고 있을 때 우치무라는 29년 전과 마찬가지로 마태복음서를 인용하며 다음과 같이 말했다. "스승을 우러러보고 그를 따르는 것, 이것이 인생의 일반적인 일일 것이다. 그러나 실은 그러한 존재가 인간 가운데 있을 리 없다. 인간 안에 노약지우(老若智愚)의 차별은 있으나, 그들 사이에 '스승' 즉 완전한 자가 있을 리 없다. 때문에 사람을 스승으로 우러를 때 실망하지 않을 수 없다. 또 사람을 스승으로 우러러보는 것만큼 불행한 것은 없다. 이 점에 있어서 어떠한 큰 스승이라 해도 마찬가지다. 바울이 그랬다. 요한 역시 그랬다. 루터, 칼빈, 웨슬리 역시 스승이라고 하기엔 부족했다. 역시 스승으로 우러러서는 안 되는 것이다. 성서에서 말하는 스승과 제자 사이는 하늘과 땅 차이가 있다. 그리스도는 스승, 제자는 모두 형제"[25]라고. 그는 그리스도의 제자로서 인간의 모든

23 内村鑑三, 「基督教と師弟の關係」, 『聖書之研究』, 1900, 9, 全集 8권, 287쪽.

24 内村鑑三, 「我は我たり」, 『聖書之研究』, 1910, 6, 全集 17권, 235쪽.

25 内村鑑三, 「師は一人」, 『聖書之研究』, 1929, 7, 全集 32권, 157쪽.

관계는 결국 '피가 통하지 않은 형제 관계'라고 결론짓고 있었다.

우치무라는 육친의 형제들과의 관계가 악화됨에 따라 혈연관계보다도 '친구'를 우선하게 되었다. 친구는 인생 과정에서 점차적으로 만들어져 마침내 가족보다도 긴밀한 관계가 되는 것이다. 피가 통하지 않는 형제자매의 관계를 표현하는 단어로 그는 '친구'라는 단어를 썼던 것이다. 그는 세상에서 가장 친밀한 관계는 부모 자식도, 형제도 부부도 사제 관계도 군신 관계도 아니고 "친구 관계이다. 모든 관계는 친구 관계가 되기까지는 영구적인 관계가 될 수 없다. 부모 자식도 서로 친구가 되었을 때 가장 친밀한 부자관계가 되는 것이다. ……우리들은 부부보다도 먼저 친구이지 않으면 안 된다"고 했다.[26] 이렇게 유교의 가족관계를 친구 관계에 종속시키는 것은 전통적 제도를 근본적으로 전복한다. 일본에서 이해되고 가르쳐진 유교 사상에 의하면 친구 관계를 제외하면 개인 관계는 모두 상하 관계였다. 따라서 전통적 유산을 재정리한 우치무라의 사고는 일본 사회에 대한 도전이었다. 상호 인간으로서 존경할 수 있는 친구 관계가 기본이 된다면 사회는 변하지 않을 수 없는 것이다. 개인 관계에 관한 우치무라의 이러한 새로운 정의에 내재하는 혁명적 요소에 관해서 우치무라와 제자들이 어느 정도 의식했는지는 분명하지 않다. 그러나 우치무라는 전통적으로 보급되어 있던 유교적 관계 대신에 20세기 사회에 통용할 수 있는 새로운 인간 관계를 '친구'라고 본 것이다. 따라서 그와 제자들의 사제 관계는 외견상 전통적 사제 관계의 모습을 띠지만, 그 권위주의적 성격을 기독교적 평등의 이상에 의해 이념적으로 강하게 한정하는 관계였다고 할 수 있었다.[27]

26 內村鑑三, 「予の好む人物」, 『聖書之硏究』, 1905, 8, 全集 13권, 250쪽.
27 J. F. ハウズ, 앞의 책, 231쪽.

이러한 우치무라와 제자들의 집단을 종교 사회학적으로 보면 매우 특이했다. 그들은 현대적 통신 수단과 인쇄 매체에 의해 사제 관계의 원을 확대할 수 있었다. 그의 잡지는 그의 생각의 결론을 논한 것이었기 때문에 제자들에게 보내는 개인적 편지의 역할을 했다. 그리고 그 외에 다른 많은 사적인 편지들이 잡지 내용을 보완했다. 이 수단에 의거해서 그들은 서로의 친근함을 유지하며 교우회를 조직·유지하는 것이 가능했다. 때때로의 지방 여행은 제자의 집에서 제자들과 친밀하게 사귀는 기회를 제공했다. 제자들이 상경했을 때 이마이칸에 숙박하며 우치무라의 집에 출입하는 다른 멤버들과 서로 알고 지낼 수 있었다. 이렇게 해서 제자들은 신앙에 의한 대가족의 일원이라고 느끼는 것이 가능했다. 인쇄 기술과 우편 제도 덕분에 실현된 이 새로운 방식은 전통적인 사제 관계의 틀 안에서 우치무라의 사상을 넓혀 많은 제자와 모임을 만들어낼 수 있었다.

우치무라의 모임에서 단체와 잡지 혹은 회원과 독자의 관계는 매우 특수하다. 통상 교회 조직이 잡지를 발행할 경우, 잡지보다 교회 조직이 우선이고 그 활동을 보완하기 위해 잡지가 간행된다. 이에 반해 우치무라의 집회에서는 단체와 잡지의 일반적 관계가 역전되고 있었다. 여기에서는 독자 공동체가 회원 공동체이고 독자들의 네트워크가 기반이 되어 다른 여러 가지 단체가 파생된 것이다. 잡지가 단체에 우선되는 것이었다. 또한 건물과 잡지의 관계 역시 동일하다. 일반적으로 교회가 건축물이라는 장을 통해 제도화된 것에 반해 여기에서는 잡지라는 서물(書物)을 통해 독자가 신도가 되는 '지상(紙上)의 교회'라는 종교 사회학적 형태를 가지고 있었다.[28] 이러한 형태는 신문, 잡지 등 미디어를 통한 복제 기술 시대에 가능한 교회의 새로운 존재 형태라고 할 수

---

28 赤江達也, 앞의 책, 89-93쪽.

있었다. 물론 우치무라의 무교회주의는 단순히 종교사회학적 존재 형태만으로 다 설명될 수는 없는 것이었다. 이 개념은 그의 이후의 사상적 발전과 역사적 계기를 통해 그 내적 정신적 측면이 보다 명확히 전개되어야 할 개념이었다.

2. 『성서의 연구』의 주된 주제들

이제 이 시기 그의 『성서의 연구』의 주된 주제들을 기독교 사상, 성서관, 기독교인과 사회 관계라는 3가지를 중심으로 고찰해보자.

1) 기독교 사상

1903년 우치무라는 「청년에게 고한다」라는 제목의 소논문에서, 기독교에 대한 일반적인 오해를 정리했는데, 요약하면 다음과 같은 내용이었다.

일본의 독립을 보증하는 종교

일본에는 동양적 애국주의자가 많다. 그들은 기독교의 힘으로 나라를 구하기를 원한다. 기독교에 그러한 힘이 있는 것은 확실하나 그들이 원하는 방법으로 구할 힘은 없다. 기독교는 먼저 정신의 병을 치유한다. 각 개인에 대해 '나는 죄인의 두목이다'라고 고한다. 참된 기독교는 구하기 전에 먼저 죽인다. 자신의 나라보다도 자신의 정신에 대해서 마음 아파하는 수도사와 같은 은자로 만든다. 동양적 애국주의자는 이러한 선택을 혐오한다. 그들은 먼저 국정을 정리하고 조직을 개혁하고자 한다. 그리고 기독교가 즉시 그들의 목적을 달성할 수 없을 때에는 신앙을 버린다. 혹은 신앙을 잃지 않더라도 국가를 관리할 수 있는 국가주의적 기독교를 제안한다. 그것은 조직과 인쇄물과 법률로 구성된 것으로 인류를 구원하거나 부활시킬 수는 없다. 이러한 국가주의적 종교를 믿는다면 신앙을 보존하는 것은 불가능하다.

자선 또는 사회 개혁의 기독교

기독교가 자선과 사회 개혁을 옹호하는 것은 당연한 것으로, 기독교가 행하는 일 중에 좋지 않은 것은 없다. 나아가 기독교 그 자체가 다함이 없는 선의 원천이다. 그러나 선행이 기독교의 주요한 특징이라고 생각하는 것은 선행 즉 기독교라고 생각하는 것과 마찬가지로, 천박한 기독교다. 기독교는 신앙이지 행위가 아니다. 기독교를 행위라고 보는 것은 원인과 결과의 혼동이다. 정서적인 종교는 인간을 제일로 생각하고 인간의 복지를 위해 신과 진리를 이용하려고 하지만, 이 오해는 신과 인간의 성격을 이해하지 못한 것에서 비롯된다. 신의 사랑은 때로는 가난한 자에게 양식을 주고 때로는 주지 않는다. 현세에서 행복을 기준으로 신의 사랑을 저울질하려는 자는 기독교의 신을 버린다. 특정한 예를 들자면 사회주의자, 공리주의자, 그리고 '신신학자'가 그것이다.

철학적 기독교

기독교는 비논리적 종교는 아니나 신의 계시에 의한 종교는 인간의 지성만으로 이해 가능한 것이 아니다. 철학을 통해서 신앙에 도달하고 그 철학이 변하면 신앙도 버리는 크리스천이 일본에도 매우 많다.

교회적 또는 의례적 기독교

이 기독교의 천박함은 일목요연하다. 교회는 기독교를 덮는 껍데기, 그를 위해서 행하는 일은 시체에 행하는 것과 마찬가지다. 그럼에도 불

구하고 이 무익한 것을 위해 일하는 사람은 오늘날에도 참으로 많다.[29]

우치무라는 애국주의적 기독교, 사회사업적 기독교, 철학적 기독교, 의례적 기독교를 모두 기독교에 대한 '오해'로서 부정했다. 그러한 기독교는 기독교의 근본적인 핵심인 속죄 신앙에 의거한 '자립하는 개인'의 육성이 누락되어 기독교의 본질적인 힘을 상실했기 때문이었다. 그에게 있어 속죄 체험에 의거해 자신이 오직 신의 사랑에만 의지하며 구원받을 수 있음을 자각함은, 동시에 신 이외의 모든 것으로부터 해방되어 자립한 존재가 되는 것임을 의미했다. 즉 속죄 신앙은 신자의 일상생활에서 신에게만 의지하여 모든 인간적인 것으로부터 독립·자유한 주체로 선다는 '의뢰적 독립'의 모습으로써 귀결되어야 한다고 보았다. "기독교 신자 된 사람은 원래 독립하는 존재입니다. 의뢰하는 자는 기독교 신자가 아닙니다. 그리스도를 믿는다고 하면서 외국 선교사나, 그들이 세운 교회에 의존하는 자는 실은 아직 그리스도를 믿지 않는 자들입니다. 독립은 신도의 유일한 시험석(試驗石)입니다. 독립심이 없는 자는 신앙이 없는 자라고 보면 틀림없습니다"라고 했던 것이다.[30] 그에게 신에게만 의지하고 모든 것으로부터 독립한 '의뢰적 독립'을 달성하지 못한 기독교인은 아직 충분히 신앙이 성숙하지 않은 기독교인이었다. 속죄 체험을 개인의 내밀한 신앙 체험에서 그치지 않고 그것이 신자의 현실 생활에서 어떠한 모습으로 귀결되는지를 진지하게 추구하는 것이 우치무라의 속죄 신앙의 중요한 특징이었다. 그 결과, 그는 이상적인 기독교인이란 교회에도 사회에도 국가에도 의지하지 않고 오직 신과 함께 신 앞에서 '독립된 개인'으로 서는 자여야 한다고 보았다.

그는 '의뢰적 독립'에 의해 개인이 홀로 설 때 신에게 가장 가까이 갈

---

29 内村鑑三, 「青年に告ぐ」, 『聖書之研究』, 1903, 5, 全集 21권, 246-252쪽.

30 内村鑑三, 「獨立教會의の眞意」, 『無教會』, 1902, 3, 全集 10권, 64쪽.

수 있다고 보았다. 신과 개인이 하나가 되면 그것은 어떤 단체보다 강력하게 된다는 것이었다. "대운동회는 모든 민중의 집합에서 시작하는 것이 아니라 신자 개개의 밀실에서 시작된다. 세계 개조의 실력은 한 사람의 영혼이 신의 영에 접속할 때 일어난다. 집회, 또 집회라고 하면서 다수의 세력을 가지고 일을 하려고 하는 것은 성서적이지 않고 또한 기독교적이지도 않다…… 나 신과 함께 있어서 나 한 사람은 전 세계보다도 강하게 된다. 이렇게 말하는 것은 결코 과대망상이 아니다. 참된 사실이다."[31]

인간 안에 내재하는 신의 은총으로 인간은 홀로 움직일 수 있고 그때 신과 함께 사회에 대해 가장 커다란 공헌을 할 수가 있다고 그는 보았다. '의뢰적 독립'을 통해 주체로서 선 개인만이 신의 영원한 진리를 위해 모든 것에 저항하는 자가 될 수 있기 때문이었다. 그는 이상적 인간 즉 이상적 기독교인이란 "용기를 필요로 하고 진리와 정의를 위해서 인정과 싸우고, 탐욕과 싸우고, 친구와 싸우고, 가정과 싸우고, 나라와 싸우고, 세상과 싸우는 사람이다…… 나는 완전한 신사를 요구하지 않는다. 준엄한 전사를 필요로 한다. 내가 생각하는 이상적 사람이란 세상을 상대로 해서 홀로 진을 치는 사람이다. 평생의 고립을 견뎌낼 수 있는 사람"이라고 했다.[32] 그는 '적지에 진지를 쳤다'는 비유를 즐겨 사용했는데, 인생의 초반기에는 주변 사회로부터 소외된 상태를 표현하기 위해서 썼다. 그러나 이 시기가 되면, 인간과 사회를 새롭게 이해하려고 하는 개인에게 필요한 '자리', 즉 초월적 신앙에 의거한 독립된 사람의 현실 참여의 모습을 정의하기 위해서 사용하고 있었다. 우치무라는 바로 이러한 '의뢰적 독립'에 기초한 독립된 개인만이 신적 진리에

31 内村鑑三, 「單獨の勢力」, 『聖書之硏究』, 1928, 2, 全集 31권, 105쪽.

32 内村鑑三, 「我が理想の人」, 『聖書之硏究』, 1909, 7, 全集 16권, 411쪽.

서서 사회를 비판적으로 성찰하고 그 대안을 모색하는 자, 즉 예언자로서의 역할을 다할 수 있다고 보았다. 그에게 참된 기독교인이란 속죄체험에 근거해 '의뢰적 독립'을 달성한 자립된 개인, 즉 예언자였다. 또한 개인을 신에 의지하여 신 앞에서 자립된 존재 즉 예언자로서 육성하여 그 자신을 변혁시키고 사회를 변혁시키는 종교만이 그가 생각하는 참 기독교였다.

우치무라에게 이 '자립하고 해방된 개인'에 대비되는 존재가 바로 '교회자(教會者)'였다. '교회자'만이 아니라 '교회자'가 대표하는 조직 즉 서양에서 발전하여 마침내는 신자가 신과 직접 접촉하는 것을 방해하고 있는 교회 조직 전체를 비판한 것이었다. 그는 일본의 교회는 개인의 신앙적 성숙보다 교회의 존속을 우선시켜 신자의 정신적 자립을 오히려 저해하는 역할을 하고 있다고 보았다.[33] 교회는 자기보전을 위해 존재하는 것이 아니라 같은 신앙을 나누는 개인의 그룹에서 자연적으로 분출해 올라오는 것이어야 했다. 그러나 일본의 교회는 신자를 너무나 교회에 의존시키고 있다는 것이었다. 이런 교회로서는 '자립된 개인=예언자'를 육성할 수 없고, 따라서 일본인의 영혼을 구할 수 없으며 일본사회를 구할 수 없다는 것이었다. 물론 그도 교회의 좋은 점은 평가했고, 다른 기독교인이나 교회 그룹과 기꺼이 협력하기도 했다. 그러나 매너리즘에 빠져서 신자들의 '의뢰적 독립'을 저해하는 일본 교회에 새로운 종교 개혁이 필요하다고 보았다.

2) 성서관

'의뢰적 독립'을 통한 '자립된 개인'의 육성을 참된 기독교 신앙으로

33 우찌무라 간조, 『종교좌담』, 전집 1권, 317쪽.

본 그는 신앙에 있어서 의식을 중요시하지 않았다. 마찬가지로 권위에 대해서도 우치무라는 언급하지 않는다. 종교에 관해서 우치무라는 개인의 양심의 권위 외에는 아무것도 인정하지 않았다. 신과 함께 신 앞에서 홀로 서는 개인의 주체성과 책임을 회피하는 수단이 될 수 있는 모든 것들을 부정했다. 오직 인간은 속죄 체험을 통해 신과 개인적 관계를 맺고, 자신의 신앙의 깊이는 '의뢰적 독립'의 정도에 대한 자신의 경험으로부터 판단한다는 것이었다. 이러한 우치무라에게 신앙적 질문에 답을 하거나 올바른 행위를 촉구하는 궁극적 권위를 가진 성직자 역시 있을 수 없었다. 따라서 개인에게 남겨진 것은 단 하나였다. 성서를 공부하는 것이었다. 우치무라는 성서 연구의 역할이 기독교인의 신앙 성장에서 가장 중요한 요소라고 보았다. 그는 『성서의 연구』의 창간호의 권두에 자신의 잡지의 의도를 다음과 같이 선언했다. "나의 목적은 성서를 광의적(廣義的)으로 해석하고, 그 전하는 교의를 우리의 실제적 생활에 적용하고, 이를 통해 기독교의 인생관을 일본인 가운데에서 고취하려는 것이다…… 성서는 과거의 기록이나 실은 오늘날의 책이다. 죽은 책같이 보이지만 실은 가장 살아 있는 책이고, 역사이나 과거의 사건을 전하기 위한 책이 아니고 인류 진보 역사에 대한 신의 직접적인 행위를 나타내기 위한 책이다…… 성서는 인간이 가진 가장 귀중한 책이고 성서는 신에 대한 유일한 교과서이다. 이것을 아는 자는 역사와 자연과 문학의 원천에 도달할 수 있다"라고.[34]

여기에서 그의 성서 이해를 찾아볼 수 있다. 그것은 성서가 개인으로 하여금 그 안에서 자신의 생활에 대한 신의 뜻을 발견하게 하여 개인 생활의 안내서의 역할을 하는 '살아 있는 책'이라는 것이었다. 그의 성서 이해를 보다 구체적으로 살펴보자.

---

34 内村鑑三, 「本誌の性質」, 『聖書之研究』, 1900, 9, 全集 8권, 286-287쪽.

그가 기독교에 대한 입문서로 출판한 『종교 좌담』에는 성서가 어떠한 책인가에 대해 자세히 기술되어 있다. 이를 요약하면 다음과 같다.

(1) 성서는 세상에서 말하는 경전이 아닙니다. 즉 이것을 읽는다는 것 자체가 어떤 공덕이 되는 책은 아니라는 것입니다. 성서 역시 사람의 손으로 쓰여진 책이므로 그 안에 쓰여진 진리를 제외하면 책 자체로는 다른 책과 조금도 다를 것이 없는 책입니다.

(2) 성서는 이해하기 힘든 책이 아닙니다. 성서도 다른 책들과 마찬가지로 사람들에게 읽히기 위해 쓰여진 책이기 때문에 적당한 방법과 정신만 가지고 읽어나가면 반드시 해석할 수 있는 책이어야 하는 것입니다.

(3) 성서는 하나님이 쓴 책은 아닙니다. 성서는 역시 우리와 동일한 인간이 쓴 것입니다. 그러므로 털끝만큼도 틀림이 없는 책으로 볼 수는 없는 것입니다. 때로는 연대가 맞지 않는 곳도 있을 것이요, 사람 이름이 잘못 표기된 곳도 있을 것이요, 가끔 듣기 거북한 말을 사용한 부분도 있을 것입니다. 또 문법상 착오도 상당히 있을 것입니다. 어떤 이들이 성서는 하나님이 인간의 손을 붙잡고, 마치 부모들이 꼬마들의 손을 붙잡고 글씨를 쓰듯 그렇게 쓰여진 것이라 생각하는 것은 이 존중해야 할 책을 모독하는 일입니다.

(4) 성서는 과학이나 문학 또는 역사책이 아닙니다. 물론 이 가운데서 그 쓰여진 시대의 과학을 엿볼 수 있습니다. 또 역사의 참고서로서도 성서는 가치있는 책 중의 하나입니다. 특히 미문(美文)으로서의 성서는 세계문학 사상에 으뜸을 차지하는 책입니다. 그러나 성서는 과학, 역사, 문학 등 소위 세상의 지식을 목적으로 하여 쓴 책이 아니므로 지식을 목적으로 이 책을 연구한다면, 매

우 실망할 것입니다.

(5) 성서는 한 사람이 쓴 책이 아닙니다. 또 한 시대에 이루어진 책도 아닙니다. 수많은 사람들에 의해 몇백 성상(星霜)을 거쳐 이루어진 책이므로 그 문체도 잡다하고 그 기자의 착안점도 여러 가지입니다. 그렇기 때문에 성서도 차라리 성서문집 또는 성서문고라고나 볼 수 있는 것으로, 이것을 단순히 성서라 해서 한 권의 서적으로 알면 그 주해에 상당한 혼잡을 느끼게 됩니다(그리스어로 성서를 Biblia라고 하는데 이는 즉 '문집'이란 뜻이라고 합니다).

그러면 성서는 어떤 종류의 책입니까?

(가) 성서는 하나님의 영에 감동된 사람이 쓴 책입니다. 성서가 보통의 고대사처럼 보이면서 실상은 전혀 다른 것은 오로지 이 때문입니다. 하나님의 마음이 되어 우주와 인생의 만사만물을 관찰한 결과가 성서로 되어 나타난 것입니다.

(나) 성서는 하나님의 거룩한 뜻을 인류에게 전하기 위해 쓰여진 책입니다. 그렇기 때문에 가끔 그 기록된 것과 우리의 생각에 차이가 나는 것입니다. 특히 그 속에 포함되어 있는 윤리 도덕의 관념은 사람의 상상을 초월할 정도로 뛰어나 우선 한 번은 이것을 향하여 격렬한 반대를 해보지 않고는 믿을 수 없을 정도입니다.

(다) 성서는 인류의 구원에 관한 하나님의 행동과 그 순서를 말한 책입니다. 그러한 길은 세상 처음으로부터 종말에야 끝나는 것이므로 성서의 기록도 인류의 역사와 병행하고 있습니다.

(라) 성서는 일명 예수 그리스도의 전기라고 해도 좋을 성싶습니다. 구약이라고 하는 책은 그리스도가 이 세상에 태어나시기까지의 준비를 말한 것이요, 신약은 그리스도가 이 세상에서 하신 행동이나 또는 직접 그리스도와 만난 사람의 언행

등을 전한 것입니다. 만약 성서 중에서 그리스도라는 인물을 빼고 보면 마치 아치형의 돌다리에서 가운데 기둥을 빼어버린 것과 같아, 그 전체가 의미도 형상도 없는 것이 되리라 생각합니다. 성서가 이해하기 어렵다는 것은 그 문체가 어렵다거나 이론이 복잡해서가 아니라 그리스도가 그 돌기둥인 것을 알지 못하기 때문입니다.

(마) 한 마디로 말하면 성서는 하나님에 관하여 쓴 책입니다. 즉 하나님의 본성, 뜻, 전능, 자애 등 그런 내용은 성서가 가장 밝히 진실하게 우리에게 가르쳐주고 있습니다. 눈앞에 하나님을 본 사람은 아무도 없지만 성서의 기자들은 모두 마음으로 하나님을 직접 느낀 사람들입니다. 그러므로 하나님을 알고자 하면 이 성서를 의지할 수밖에 없습니다.

성서란 이런 책입니다. 하나님의 사실을 사람이 전한 책입니다. 사람이 전한 것이기 때문에 그 가운데 다소의 결점이 없다고는 말 못합니다. 그러나 하나님의 사실을 전한 것이기 때문에 귀중한 책인 것입니다. 성서는 분별없이 짓밟을 것도 아니지만 신주 모시듯 모셔 놓을 것도 아닙니다. 성서도 역시 하나님이 지으신 자연과 같은 것인 까닭에 이것을 이용해 우리의 구원을 완성해야 할 성질의 것입니다. 성서를 바르게 이용하지 못하고 그것을 숭배하는 사람은 하나님이 인류에게 주신 선물을 쓸데없이 만드는 사람입니다. 성서 숭배란 하나님의 뜻에 어긋나며 역시 죄악의 일종으로 우상 숭배나 다를 바 없습니다. ……그렇지만 소중히 하지 않을 뿐만 아니라 비판의 안목으로 단지 그 흠만 찾으려는 비열한 근성을 가지고 읽어서는 안 됩니다. 이것을 숭배해서는 안 되나, 또 이것을 읽음에는 경건한 마음을 가지지 않으면 안 됩니다.

…… 하나님은 성서보다 크신 분입니다. 그러므로 성서에 쓰여

있지 않은 것 중에도 하나님이 우리에게 말씀해주시는 것이 있습니다(요16:13 참조). 우리는 우선 직접 하나님으로부터 듣지 않으면 안 됩니다. 우리의 진정한 교사는 이사야나 요한이나 바울이 아니고 하나님 그 자신입니다. 우선 기도를 통해 하나님과 직접 만나고 하나님의 말씀을 마음에 받지 않으면 우리는 성서가 즉 하나님의 말씀이라는 말을 이해하지 못합니다. 즉 우리는 성서 이상의 판단으로 성서를 해석하지 않으면 안 됩니다. 그러나 이 판단은 우리의 지식이 아니고 하나님으로부터 우리가 직접 받을 수 있는 광명입니다.

광명 없이 성서를 읽으면 우리는 성서의 노예가 되든가, 아니면 그 문학적 비판가가 되어 그 안에 계시하고 있는 중요한 진리를 조금도 이해하지 못합니다.…… 하나님은 성령으로 직접 우리 마음에 나타나고 성서를 통해 스스로를 나타내십니다. 비록 성서가 없다 할지라도 우리는 하나님을 알 수가 있습니다. 그러나 명백하게 그를 알 수는 없습니다. 성서 없이 하나님을 보는 것은 마치 어스름 달밤에 달을 보는 것 같은 것으로, 볼 수 없는 것은 아니나 희미하게 보일 뿐입니다.[35]

그는 성서 전체는 신과 인간과의 관계에 대해서 말하고 있으나, 성서의 각각의 부분은 오류를 피할 수 없는 인간의 지성에 의해 쓰여진 것이라고 보았다. 따라서 성서는 과학적 사실이나 역사적 사실을 오류 없이 전한다는 의미에서 '신의 말씀'이 아니다. 그것은 극히 특별한 점, 즉 신의 성격, 인간, 죄와 구원에 한해서 '신의 말씀'이었다.[36] 즉 성서의 언어는 한 자 한 자가 아니라 모두를 종합하여 성서 전체를 관통하고 있는 신의 성스러운 의사를 제시하고 있다는 의미에서 '신의 말씀'으로,

35 우찌무라 간조, 『종교좌담』, 전집 1권, 332- 337쪽.

36 土肥昭夫, 앞의 책, 186-200쪽.

"그 종이와 잉크 사이에 감추어져 있는 진리를 발굴함으로써 비로소 성서가 신의 말씀이 된다"고 보았다.[37] '사실'과 '진리'를 구별했던 것이다. 우치무라에게 성서는 '신과 인간이 만난 경험' 즉 '구원'을 논하는 책이라는 의미에서 '복음의 진리'를 전하는 책이었다.

우치무라의 성서 연구는 보통, 성서에 쓰여 있는 복음의 진리와 우치무라 자신의 경험이라고 하는 두 개의 초점을 가진 타원형을 이루고 있다. 성서에 쓰여져 있는 구원의 역사는 우치무라에게 있어서 그 자신의 속죄 경험이라는 실험을 통해 입증된 것이다. 즉 그의 일부가 된 것이었다. 이와 마찬가지로 성서의 독자도 그 자신의 도덕적 실험을 통해서 비로소 성서의 진리를 알게 된 것이었다. 기독교의 진리는 의식, 문화, 언어 혹은 교리를 통해서 표명할 수 없다. 유일하게 가능한 것은 사실로써 실험되는 것이었다. 그는 "자연을 알기 위해서는 자연에 가까이 간다. 마찬가지로 그리스도를 알기 위해서는 우리들의 혼 가운데 살아계시는 그리스도에 가까이 가야 한다. 과학의 길은 종교의 길이기도 하다. 신앙은 '실험'이다. 이렇게 종교는 과학에 유사하나, 종교 문제를 다룰 경우에 실험의 성격은 과학의 경우와는 달리 도덕적 실험이 된다. 결코 회피할 수 없는 양심의 명령에 의해 인간은 자기 성찰을 하고, 자기가 신을 버리고 암흑을 즐기고 있음을 깨닫는다. 그 결과 자신과 같은 죄인을 구원해주는 구세주를 찾게 되고 마침내 병든 양심을 치유해주는 존재를 추구하며 그리스도에 접근해간다"는 것이었다.[38] 이러한 자신의 실존적 종교적 경험 즉 '실험'을 통해서만 독자는 '신의 말씀'으로서의 성서의 진리를 이해하게 된다는 것이다.

이렇게 '경험'을 강조한 결과 우치무라는 성서의 언어를 문자 그대로

37 內村鑑三, 「聖書は如何なる意味に於て神の言辭なる耶」,『聖書之研究』, 1902, 4, 全集 10권, 147쪽.

38 內村鑑三, 「信仰復興(リバイバル)の眞僞」『聖書之研究』, 1920, 2, 全集 25권, 170-173쪽.

받아들이는 사람들과도, 비유적으로 해석한 사람들과도 해석을 달리했다. 성서 저자의 체험을 강조함으로써 축자 영감설을 신봉하는 사람들이 사실과 진리를 일치시키고자 애를 쓰는 것도, 고등 비평이 제시하는 많은 의문도 그에게는 문제시되지 않았다. 예를 들어 저자의 문제에 있어서 누가 요한복음서를 썼는가 등의 문제도, 그 책이 한 사람의 인간의 정신적 경험을 반영하고 또 다른 사람의 마음에 영향을 미쳤다면, 그것으로 충분한 것이라고 보았다. 그는 고등 비평이 제기한 문제는 학자의 일로 신앙을 촉구하는 것은 아니라고 보았던 것이다.

그리스도에 관한 전기를 쓸 때에도 복음서 저자들에 관해서 그는 무관심했다. 그리스도의 인격과 행위에 대해서만 쓰고 예수의 생애의 역사적 사실에는 관여하지 않았다. 오직 성서가 그리스도를 어떻게 표현하고 있는가 한 구절 한 구절을 음미하고 그 범위 내에서 판단하고 있었다. 성서 텍스트에 관한 특정한 의문에 대해 우치무라가 취한 태도는 과학적 정밀함만이 성서 연구를 지배해서는 안 된다는 신념이었다.

당시 창세기의 처음 몇 장은 과학적 발견과 상충된다고 생각되었다. 다윈의 『종의 기원』(1859)은 성서의 천지창조와 직접 대립했던 것이다. 우치무라는 이 논쟁에서 당시 관심을 집중시켰던 과학 대 성서라고 하는 두 개 분야의 상반되는 해석을 무시했다. 젊었을 때 읽었던 다윈은 그의 신앙을 오히려 강화시켰다고 그는 말했다. 성서의 설은 쓰여진 당시로서는 합리적이고 과학적이었고 집필자들은 당연히 그런 의미에서 다윈의 선구자였다. 이에 반해 『고사기(古事紀)』에 쓰여진 일본의 창조 신화는 성서보다도 훨씬 이후에 쓰여진 것임에도 불구하고 낮은 수준의 이해밖에 표명하고 있지 않다고 우치무라는 『성서의 연구』 창간 직후에 기술하고 있었다.[39] 그는 자신에게 자연 연구는 "내

39 內村鑑三, 「聖書と科學」, 『聖書之硏究』, 1904, 1, 全集 12권, 10쪽.

머리를 냉정하게 유지할 수 있게 하는 데 도움이 되고, 종교에 과도하게 열중하는 것을 막아줍니다……. 다윈은 자연계를 성실히 그리고 열심히 관찰할 것을 나에게 가르쳐주었습니다. 나는 62살이 된 지금에도 자연의 자식이고 신앙의 자식이라고 믿습니다. 그리스도를 통해서 모든 것이 나의 것인 것처럼 다윈과 그의 진화설도 그리스도에 있어서 나의 것입니다. 나는 그것을 신에게 봉사하기 위해서 사용합니다"라고 했다.[40] 당시 일본 사회는 초자연 분야의 진실을 엄격하게 추구하는 것에 집착하지 않았기 때문에 그는 성서 가운데에 과학적 증명과 역사적 사실을 언급하지 않고, 시적 혹은 상징적으로 표현되고 있는 종교적 혹은 실존적 진실을 인정하는 것이 가능했던 것이다.

성서는 모두 인간에 의해서 쓰여진 것이기 때문에 통상적 상식으로는 생각할 수 없는 구절이 있어도 그 결과 성서에 나타난 신에 대한 신뢰를 흠집 낼 수는 없는 것이고, 성서가 신의 뜻을 표명하고 있다는 주장을 논박하는 것도 아니다. 우치무라가 묵묵히 이 신념을 견지한 배후에는 하나의 근본적인 신앙적 요소가 있었다. 성서에 본래 텍스트를 쓴 사람도 이것을 편집해서 성서로 결집시킨 사람도 깊은 책임감을 가지고 행동하고 있다는 점이었다. 즉 '성서는 진지한 사람에 의해서 진지하게 쓰여진 책'이라고 믿고 있었다. 훌륭한 동기에서 쓰여져 과학적으로는 정확하지 않다고 해도 인간에게 가능한 범위 내에서 성서는 '하나님을 만난 인간의 경험'을 전하는 목적을 달성하고 있다는 것이었다.

한편, 우치무라는 각 사람이 성서 안에서 자신에 대한 신의 뜻을 발견해낼 수 있다고 보았다. 루터는 개인이 성서를 기도 가운데 해석함으로써 자기 스스로가 사제가 될 수 있다고 주장했다. 우치무라도 기도 안에서 개인이 성서의 해석을 결정할 수 있다고 강조하는 점에 있어서

40 David C. Bell에게 보내는 편지, 1922년 6월 21일, 全集 39권, 29쪽.

루터의 후예였다. 개인에 의한 성서 해석이라는 강력한 전통과 연대하여 우치무라는 기독교 해석을 정의했던 교회 회의나 권위 등을 무시했다. 판단의 기준은 성서 그 자체와 그것이 어떻게 신자의 경험에 적용될 수 있는가라는 것이었다. 이러한 의미에서 우치무라의 성서관은 '실험적' 또는 '실존적'이라고 할 수 있었다.

우치무라는 '실험'이라는 단어를 좋아했다. 19세기 말 이 단어는 영어의 'experiment'를 번역한 단어로 과학실험 등에도 사용되었다. 우치무라는 자연과학을 배운 배경도 있어서 성서 연구에도 이론적이 아닌 실험적 어프로치를 취했다. 그의 신앙은 '실험의 신앙'으로 '이론의 신앙'이 아니었다.[41]

우치무라가 해석하는 성서는 서양과 완전히 다른 전통 가운데 놓여져 있었다. 일본 사회에는 수세기에 걸쳐 성서의 부수되는 문화적 중하(重荷)가 없었다. 성서가 재판소의 증언에서 중심적 역할을 담당하는 등의 일은 없었던 것이다. 일본에는 성서에 대한 이러한 역사적 관련성이 없었기 때문에 우치무라는 그 내용의 실존적 종교적인 신선한 매력을 강조하는 것이 가능했다.

3) 일본 기독교인과 사회

한편 일본의 기독교인은 모두 다른 모든 일본인과 마찬가지로 피할 수 없는 사회적 책임이 있었다. 따라서 일본 기독교인과 일본 사회와의 관계 설정의 문제는 중요한 문제였다. 우치무라가 이 문제와 관련해 특히 관심을 가진 것은 첫째 일본 기독교인으로서 일본의 종교적 전통을 어떻게 이해할 것인가, 둘째 일본 기독교인과 국가 권력의 관계를 어떻

41 J. F. ハウズ, 앞의 책, 267쪽.

게 설정할 것인가의 문제였다.

기독교로 개종한 사람이 그를 둘러싼 사회의 종교적 신념에 대해 어떠한 태도를 취하는가는 사상가들의 중요한 관심사였다. 예수의 경우도 사도 바울의 경우도 '혁신'이라고 보이는 그들의 가르침은 실은 종래의 경험으로부터 극히 자연스럽게 유기적으로 파생된 것이기 때문이었다. 우치무라는 이 문제를 성서에 대한 지식과 일본인 기독교인으로서의 자신의 경험에 의거해 추구해갔다. 일본 기독교인은 일본의 전통 속에서 성장해온 종래의 종교 사상의 역할도 인정해야만 한다고 그는 생각했다. 이러한 생각의 근저에는 타인의 신조를 존중해야만 한다는 그의 신념이 있었다. 개인의 신앙을 변화시키려고 하지 말라, 그것은 그 사람의 신앙을 훔치는 것으로, 그의 소유물을 훔치는 것보다 더 악질적인 일이다. 그리스도가 보여준 모범을 따라 이교도와 자유롭게 교제하라고 그는 말했다. 타인의 개성과 성실한 신앙을 존중하는 것이 일본의 여러 가지 종교에 대한 우치무라의 태도의 기본에 있었던 것이다.

일본의 전통적 종교는 통상 신도, 유교, 불교로 분류된다. 일본의 종교 가운데 가장 일본적이라고 보여지는 신도에 대해서 우치무라는 거의 관심이 없었다. 그와 대조적으로 그는 도쿠가와 시대의 유학 전통에는 경의를 표하고 유학자들을 존경했다. 정치가가 공자의 가르침을 남용하는 것은 혐오했으나 유학의 가르침 그 자체는 칭송했던 것이다. 그는 유학자들이 어떻게 배우고 가르치고 자립된 권위를 가지게 되었는가를 배워야 한다고 생각했다. 이토 진자이(伊藤仁齊)는 우치무라가 가장 존경하는 인물이었다. 그 온화한 태도, 자립심, 거만하지 않은 태도가 마음에 들었던 것이다. 니노미야 손도쿠(二宮尊德)는 유학자는 아니었으나 유학의 가르침의 최선의 요소를 체현했던 인물로서, 우치무라는 『대표적 일본인』에서 칭송했다. 그는 유학 사상을 언급하면서 새로운 신앙에 열심인 나머지 오래된 도덕관을 버리는 일이 없도록 촉구했다. 그는 "순결한 유교와 공정한 신도는 기독교 복음을 위한 선한 준비였다. 이토 진자이, 나카에 도주(中江藤樹), 모토오리 노리나가(本居宣長), 히라타 아츠타네(平田篤胤) 등은 일본에 있어서 아마도 세례자 요한의 역할을 담당한 자이다"라고 했다.[42] 이토와 더불어 나카에는 도쿠가와 시대의 유학자이고, 모토오리와 히라타는 국학 운동을 일으킨 사람이었다. 우치무라는 이 네 명의 학자들을 그리스도의 길을 예비한 세례자 요한의 역할과 연결시키고 있었다. 요한이 이스라엘에서 행한 것과 같이 네 명의 학자들은 일본에서 기독교의 길을 준비한 것이므로, 그들을 존경해야만 한다고 생각했다.

그는 일본의 토양 안에 복음을 가장 효과적으로 전파하는 수단은 도쿠가와 시대의 유학자의 방법을 답습하는 것이라고 하며 이렇게 말했다.[43] "그리스도의 복음을 가지고 성서 연구에 전념하며 그 전파를 직업으로 하는 우리들 역시 서적(書籍)의 사람들로, 유학자와 계급을 하는 사람이 아니겠는가. 그렇다면 우리들이 유학자를 본받아 우리들의 목적을 달성하는 것이 불가능할 이유가 무엇이겠는가…… 따라서 동양인에게 기독교의 복음을 전하기 원하는 우리는 복음적 사대부로서 서야 하지 않겠는가"라고.[44]

우치무라는 유교가 과거 삼백 년간 일본의 윤리적 전통을 형성해온 것처럼, 불교 역시 천 년 이상에 걸쳐 종교적 윤리적 영향을 끼쳐왔음을 알고 있었다. 우치무라가 살던 시대에 불교는 강력한 세력을 자랑했다. 과거 삼백 년 동안 카톨릭을 방지하기 위해 일본의 모든 가정을 가까이에 있는 절에 신도로 가입시키는 정부의 정책 때문에 모든 일본인이 불교도였다. 불교는 또한 장례식과 화장(火葬)을 독점했다. 기독교인

42 内村鑑三,「先驅者ヨハネ」,『聖書之研究』, 1922, 12, 全集 27권, 263-264쪽.

43 内村鑑三,「軍人の信仰」『聖書之研究』, 1924, 4, 全集 27권, 385쪽.

44 内村鑑三,「寧ろ儒者に倣うべし」『聖書之研究』, 1925, 7, 全集 21권, 346-347쪽.

이 죽었을 때 그의 신앙을 지키기 위해 매장을 원한다면, 이것은 일천 년 동안 지속되어왔던 불교식의 화장 습관을 반대하는 것이 되었다. 이 문제에 대해 우치무라는 장례식은 유족이 아니라 본인의 의사에 따라야 한다고 생각했다. 기독교인은 기독교식으로, 그 외의 사람은 각각의 의사에 따라서 행해야 한다고 보았다. 두 번째 아내의 묘소를 그녀의 사후 삼십 년 만에 그녀의 아버지와 함께 방문했을 때의 일을 우치무라는 일기에 이렇게 기록했다. "우리들이 기독교인이라는 것은 우리들이 절에 있는 묘지에 참배하는 것을 조금도 방해하지 않는다"라고.[45] 절을 나올 때 그는 묘지지기에게 경의를 표하고 작은 선물을 건넸다. 우치무라는 바울이 우상에게 바친 음식에 대해 언급하는 고린도전서 8장을 논할 때 이 문제에 대해 더욱 구체적으로 언급했다. 우상에게 바친 음식을 기독교인이 먹어도 되는가라는 문제에 대해, 바울은 이러한 음식을 먹는 것 자체는 신앙을 위협하는 것이 아니나, 단 하나의 예외가 있다. 즉 누군가가 보고 그 결과 동료 기독교인의 신앙이 동요하는 위험이 있다면 기독교인은 그것을 먹어서는 안 된다는 것이라고. 바울의 이 대답은 다른 사람에 대한 그의 애정 또는 배려를 나타낸다고 우치무라는 말한다. 개인은 기독교인으로서 타자를 사랑한다는 넓은 컨텍스트 안에서 결단할 자유가 있다는 것이었다. 그는 이어서 "이와 비슷한 경우는 일본에서 극히 빈번하다. 혹은 불교의 법회에 초대되어 향연에 참석했을 때, 혹은 불교식 장례에 가서 향을 피우는 경우 등이다. 이런 경우 죽은 자에게 호의를 표시하기 위해 또는 유족의 마음을 위로하기 위해서 우리들의 양심에 문제를 제기하지 말고 이에 응해야 한다. 그러나 만일 이때 우리들을 적대시하는 승려가 있어 우리들의 신앙을 실험하기 위해서 우리들을 궁지에 몰아넣고 굴복시키려 한다던가 혹은 신앙

45 內村鑑三 日記, 1919, 4, 21, 『聖書之硏究』, 1919, 5, 全集 33권, 100쪽.

이 약한 형제가 있어 이 일로 커다란 고통을 느끼는 것 등이 있다면, 즉시 이것을 거부해야 한다"고 했다.[46] 기독교인의 생활에 불교가 관계될 경우 그의 태도는 명료했다. 자신이나 동료의 신앙을 약화시킬 경우를 제외하고 기독교인은 고인과 유족을 존중해 그 장소에 상응하는 행동을 취해야 한다는 것이었다.[47]

우치무라는 일본 불교의 위대한 사상가들을 존경했다. 호넨(法然)이나 신란(親鸞)의 작품은 보편적 진리를 표현하고 있다고 보고 다음과 같이 말했다. "우리들의 심령의 친구는 웨슬리보다도 오히려 호넨이고, 무디보다도 오히려 신란이다. 종교가 동일함은 신념의 경향이 동일함이 아니다. 우리들이 예수를 우러르는 마음은 호넨이나 신란이 아미타불에게 의뢰하는 마음과 유사하다. 영미의 기독교 신자가 예수를 믿는 마음과 유사하지 않다. 우리들은 물론 예수를 버리고 부처에게 귀의하려는 자가 아니다. 그러나 신이 우리들 일본인에게 선물로 보내준 특수한 종교심을 가지고 우리 주 예수 그리스도를 우러르기를 원한다"라고.[48]

이 말에는 우치무라의 또 다른 사상이 표현되어 있다. 즉 일본의 위대한 정신적 지도자는 일본인의 독특한 표현으로 보편적 진리를 말하고 있다는 그의 신념이었다. 웨슬리나 무디 등은 기독교 세계에 큰 공헌을 했으나, 모두 다 일본과는 극히 이질적인 사회의 언어로 말하고 있다고 그는 생각했다. 일본인이 아무리 그들에게 매력을 느낀다 하더라도 결국은 다른 나라의 옷을 입고 일본인에게 온 사람들이었다. 이에 반해 아미타불 즉 연민과 자비를 구현한 부처에 대한 소박한 절대적 신앙을 강조하는 정토종(淨土宗)을 연 호넨이나 신란 등은 일본인에게 익숙한 대중적 신앙의 언어로 직접 일본인에게 말걸고 있다는 것이었다.

46 內村鑑三, 「如何 偶像にして對處すべき乎」, 『聖書之研究』, 1919, 9, 全集 22권, 413쪽.

47 J. F. ハウズ, 앞의 책, 283쪽.

48 內村鑑三, 「日本人の宗教心」『聖書之研究』, 1906, 12, 全集 14권, 366쪽.

불교는 현재까지도 일본에서 커다란 호응을 받고 있다. 우치무라는 이러한 전통 가운데서 자라났다. 특히 아미타불 신앙에는 그가 동의하는 요소가 많았다. 그 가르침에는 감리교에 유사한 것도 있었다. 아미타불 신앙의 신자는 '신앙에 있어서 나의 형제 자매'라고 그는 영문 기사에 쓰고 있었다. "신앙의 대상을 변경하면 그들은 나와 같이 되고 나는 그들처럼 된다"는 것이었다.[49] 이렇게 일본 불교도에게 애정과 존경과 공감을 표시하고 있었으나, 우치무라는 그들의 생각 전체를 받아들였던 것은 아니다. "나는 예수를 믿는다. 아미타불을 믿지 않는다"라고 그는 자신의 신앙을 명백히 밝혔다.[50]

만년의 최고 걸작이라고 하는 로마서 연구에서도 우치무라는 불교와 기독교를 비교한다. "복음에는 하나님의 의가 나타나서 믿음으로 믿음에 이르게 하나니"(로마서1장 17절)라는 바울의 말을 인용하며, 우치무라는 불교와 기독교의 근본적 상위점을 설명한다. 아미타 신앙에서는 자비심 깊은 부처의 자비에 의지하여 구원받으나 기독교에서는 더 많은 것이 요구된다. 인간은 '죄'를 의식하고 신의 자비를 받기 전에 먼저 신 앞에서 죄인임을 인정하고 '의인으로 인정'받지 않으면 안 된다는 것이다. 즉 십자가에 있어서 신의 의와 사랑의 이원론적 일원성을 말하는 기독교에 비교했을 때, "불교 특히 정토종의 불교는 아미타불의 자비를 외는 것에 너무나 집착한 나머지 오히려 신의 의에 근거한 기독교 복음을 올바르게 이해하는 데에 많은 방해를 끼쳤다"고 보았다.[51]

로마서 12장 2절을 논할 때에도 우치무라는 양자를 비교한다. 여기에서 바울은 기독교인에게 이 세상을 본받지 말고 마음을 새롭게 하여 자신을 변화시키라고 충고하고 있다. 여기서 사용되고 있는 동사 '본받

---

49 内村鑑三, "Household of Faith", 『聖書之研究』, 1915, 11, 全集 22권, 3쪽.

50 内村鑑三, 「イエスを信ずる」, 『聖書之研究』, 196, 1, 全集 22권, 165쪽.

51 内村鑑三, 「先驅者ヨハネ」, 『聖書之研究』, 1922, 12, 全集 27권, 264쪽.

다'와 '새롭게 한다'는 그리스어는 능동태와 수동태의 중간태임을 우치무라는 지적한다. 그리스어의 중간태는 실행하는 의사는 있으나 능력이 없는 상태를 나타내는 것이기 때문에 자력과 타력의 중간을 나타낸다. 바울이 사용하고 있는 이 단어에서는, 신자가 이 세상을 따르는 것을 그만둘 의사는 있으나 그것을 실행할 능력이 없다. 그 결과 신에게 의탁하여 '새롭게 만들어 변화해' 받는 것이다. 이처럼 신앙을 갖는 개인의 의지는 신의 개입에 의해서 실현된다. 바울이 확실히 구별하고 있는 것은, 부처에 절대적으로 의존하는 아미타 신앙과 같은 타력 신앙과 구원받기 위해 스스로 노력하려는 기독교의 자력 신앙의 차이이다. 이러한 불교에 대한 우치무라의 언급에서 암묵적으로 표시하고 있는 것은, 자신의 종교적 정체성을 유지하되 타인의 종교적 관심을 기본적으로 존중하라는 것이었다.

일본의 전통적 종교에 대해 언급하면서 그는 일본의 기독교인들에게 일본의 전통이 그들의 신앙에 커다란 영향을 미치고 있음을 인정하도록 충고했다. 기독교 안에는 일본인에게 선례가 없는 것처럼 생각되어지는 많은 것들이 있으나, 실은 그중 많은 것은 이미 일본의 신앙 안에 존재하고 있었다는 것이다. "신앙의 성질이라면, 이것을 겐신(源信: 942-1017), 호넨, 신란과 함께, 전도의 방법이라면, 이것을 진자이, 에가와, 카이바라엑켄(具原益軒) 등에게 배우면 된다. 따라서 외국인에게 의지할 필요가 없다. 이 나라에 입각하여 그리스도를 믿고 그의 복음을 전해야 한다"고 보았다.[52]

우치무라가 기독교와 일본의 전통적 도덕 규범의 관계를 설명하기 위하여 결론적으로 사용한 것은 원예학의 비유였다. 즉 니토베가 『무사도』에서 처음 사용한 '접목'의 비유였다. 우치무라는 기독교는 '신의 길'

52 內村鑑三, 「寧ろ 儒者に倣うべし」, 『聖書之研究』, 1915, 7, 全集 21권, 348쪽.

이고 유교와 불교의 최선의 것이 응축되어 있는 무사도는 '일본인의 길'이라고 말한다. 무사도는 기독교에 비해 열등하고 기독교와는 이질적인 것이라고 생각하는 사람도 있으나 그는 그렇게 생각하지 않았다. 무사도에 포함되어 있는 것은 칼로 사람을 죽일 권리만이 아니다. 무사도에는 기독교와 유사한 점이 많다. 성실함이나 커다란 용기 등이 그것이었다. 또한 무사도는 수치를 강하게 의식하여 바울처럼 수치스러운 것보다는 차라리 죽음을 택한다. 일본인은 적을 사랑하지는 않았으나 적에게도 경의를 표할 줄 알고 적의 약점을 이용하거나 하지는 않는다. 일본인은 무사의 윤리를 가지고 있으므로 일반적인 윤리 문제를 해결하기 위해 특별히 성서를 찾을 필요가 없다. 교회가 유혹에 빠지는 것 같은 문제도 무사도의 윤리로 해결할 수 있다고 보았다.[53] 그는 무사도는 '복음을 접목할 가장 좋은 접대'라고 했다. 무사도라는 일본의 전통적 도덕 규범이라는 '접대'에 기독교를 접붙임으로써 일본에 전통적 정신은 보완·완성된다고 보았다."[54] 일본의 종교 중에 모든 나라와 모든 시대에 가장 폭넓게 말걸 수 있는 것은 기독교라고 믿고 있었으나, 사람은 모두 특정 지역과 연결되어서 성장하고 자신의 문화에 확고하게 뿌리를 내림으로써 비로소 국제주의자로서 활동할 수 있다고 그는 믿었다. 그는 기독교를 전통에 대한 탈출과 배제의 매개로서가 아니라 전통을 복음의 빛 안에서 비판적으로 보완·완성하는 창조적 계승의 매개가 되어야 한다고 보았다. 그리고 그리스도교를 믿는 것이 최선이나, 차선책은 이교도로서 성실하게 사는 것이라는 것이 그의 소신이었다.

이제 일본 기독교인과 국가 권력에 대한 그의 생각을 살펴보자. 우치무라의 불경 사건 이후 일본의 국가 권력은 일본인에게 강력한 국가

53 内村鑑三,「武士道と基督教」,『聖書之研究』, 1928, 10, 全集 31권, 292-293쪽.

54 토착화 유형에서 '접목'형에 대해서는 武田清子,『土着と背教』, 新教出版社, 1980를 참고할 수 있다.

주의적 정체성을 주입하고자 노력했다. 그리고 청일전쟁과 러일전쟁에서의 승리, 영일동맹의 체결, 시베리아 출병 등 군사·외교 방면에서의 승리는 일본의 국가주의적 애국심을 고양시키는 동력이 되었다. 그러나 국가를 초월한 신앙을 믿는 기독교인들은 이러한 국가주의적 흐름에 저항했다. 기독교인으로서 인류애를 심각하게 고려한다면 일본 사회의 국가주의적 흐름과 대립할 수밖에 없는 것이었다. 1903년 우치무라가 비전론을 주장한 배경에는 이러한 사정이 있었다. 당시 그는 비전론은 당연하다고 생각했으나 일본 사회는 그의 애국심을 의심했다. 그로부터 수년이 지난 1910년대에는 기독교 신앙에 근거해 비전론을 주장해도 반역죄로 물어지는 일은 물론 없었다. 그러나 우치무라의 동료 비전주의자 중 신도쿠 슈스이가 천황 암살 미수 혐의로 처형되는 사건에서도 볼 수 있듯이, 신앙과 국가의 관계라는 질문은 천황제 국가 일본에서는 잠재적으로 반역죄에 해당될 소지가 여전히 있었다.

우치무라는 기독교 신앙만이 개인에게 자신의 존재의 근거를 주고 신자를 애국자로 만드는 동시에 국가주의적 악으로부터 지킬 수 있다고 주장했다.[55] 기독교 신앙이 일본인에게 자기와 국가 양방의 정체성을 부여할 수 있다는 것이었다. 왜냐하면, 신의 공의에 근거하여 자국을 객관적으로 관찰하며, 자국민이 신의 가르침에 따라 살고 있는가를 볼 수 있는 자만이 '애국자'이기 때문이었다. 이러한 '애국자'만이 국가로 하여금 신과의 관계를 이해하게 함으로써 국가의 사명을 이해하게 하고, 진정으로 국제적이 되어 다른 나라의 필요를 고려할 수 있게 하기 때문이었다. 우치무라는 단순히 자국의 이익을 옹호하는 자가 아니라, 국가에 대한 신의 계획에 자국을 협력시키는 자가 참된 애국자라고 보았다. 이러한 애국자란 다름아닌 '예언자'였다. 그는 애국을 예언자에

55 J. F. ハウズ, 앞의 책, 288쪽.

게 배운 나라는 근본적으로 구제되고 국민은 철저하게 정화된다고 생각했다.[56]

그는 제자들에게 예언자의 인격과 거짓 예언자에 대해 가르쳤다. 인격의 위대함에 더해 단독으로 자립해 행동하고 동시대의 사람들을 해방시키는 능력이 있는가 여부가 예언자를 식별하게 한다. 하여 예언자는 "의례를 중요시하는 의식가(儀式家), 문자를 논쟁하는 신학자와 정반대에 선 사람으로, 살아 있는 신에게 가장 가까이 있는 자"라고 보았다.[57] 또한 예언자는 신의 나라를 건설하기 위해 군국주의를 주장하는 거짓 애국주의자와도 확실히 구분된다고 했다. 그들은 "그리스도의 복음을 선언함과 동시에 군비 팽창의 필요를 주장하고 ……선한 자인 것처럼 '거짓 복음'을 설파하는 자이다. 그리스도의 복음의 정신은 그들이 좋아하는 정신과는 근본적으로 다르다. 사람이 선의(善意)를 가진다고 해서 위선자 되는 것을 피할 수 있는 것은 아니다"라고 하며,[58] 그들은 "악인은 아니다. 단지 국가의 이익을 위해 신의 정의를 왜곡시키는 자일 뿐이다"라고 경종을 울렸다.[59] 우치무라는 신의 공의(公義)에 근거한 예언자적 애국심을 가진 기독교인의 신앙이 최종적으로 만들어내는 결과는 신 앞에서 그리고 국제 사회에서 자국의 행위에 대해 책임을 지는 정의로운 국가를 만들어내는 것이라고 했다.

우치무라는 진정한 애국자를 육성하기 위해 제자들에게 속죄 체험에 근거한 '의뢰적 독립'을 가르쳤다. 신만에 의지하고 모든 것으로부터 자립한 예언자적 삶은 그들을 사회적 제약으로부터 해방시키는 한편, 일본의 과거의 위대함에 대해 경의를 유지하는 것을 가능하게 하기 때

56 內村鑑三, 「理想と實際」, 『聖書之硏究』, 1928, 4, 全集 31권, 44쪽.

57 內村鑑三, 「天然詩人としての 預言者エレミヤ」, 『聖書之硏究』 1909, 4, 全集 16권, 281쪽.

58 內村鑑三, 「僞預言者とは何ぞや」, 『聖書之硏究』, 1907, 6, 全集 15권, 92쪽.

59 內村鑑三, 「僞の預言者」, 『聖書之硏究』, 1917, 6, 全集 23권, 258쪽.

문이었다. 그들은 진정한 일본인이면서 진정한 애국자요, 진정한 기독교인이자, 세계주의자일 수 있다는 것이었다. 우치무라는 '예언자적 애국'을 두고 '무사도의 접대에 기독교를 접붙인 것'으로, 이것은 '세계 최선의 산물'일 것이라고 했다.[60] 여기에는 '두 개의 J'라는 그의 사상이 잘 표현되고 있었다. 즉 기독교는 생래(生來)의 일본을 정화시켜 신의 공의 위에 세우고, 일본은 기독교에서 서구 우월주의적인 형식들을 제거하여 그 본질을 보다 분명히 하고 일본의 토양에 뿌리를 내려 구체화시키는 것이었다.

그렇다면 우치무라가 이상적으로 생각하는 국가상은 어떠한 것이었을까. 그것은 1911년 10월 청년들에게 한 강연 『덴마크 나라의 이야기』에서 특히 감명깊게 나타나 있었다. 『덴마크 나라의 이야기』는 덴마크가 1864년의 독일과 오스트리아와의 전쟁에서 패하고 슈레스빗히, 홀스타인이라는 비옥한 땅을 잃었지만 엔리코 달가스(Enriko Mylius Dalgas) 부자의 불굴의 신앙과 노력으로 남은 황무지에 나무를 심어 그 땅을 아름다운 녹지로 만든 이야기였다. 그는 그의 이상을 실현한 나라로서 덴마크를 높이 평가했다. 후일 '신앙과 수목을 가지고 나라를 구한 이야기(1913년)'라는 부제를 달아 출판한 이 책에서 그는 "덴마크는 이상적인 농업국이다. …… 우리나라의 큐슈(九州)보다 적은 면적과 겨우 300만의 인구를 가지고 주로 농업을 하며 전 세계의 존경을 받기에 충분한 국가적 생명을 가지고 있다. 그 문학, 미술, 철학, 종교를 통해서 인류의 진보에 공헌한 바가 크다. …… 덴마크 국민 한 사람이 소유한 부가 영국인 또는 미국인 한 사람이 가지는 부보다 크다. 그리고 그것은 주로 농산물을 가지고 이룬 국부(國富)임을 안다면 놀라지 않을 수 없다. 일본은 본래 농업국이다. 지금부터 덴마크에게 크게 배워 농업을

---

60 内村鑑三(K. U.), "Bushido and Christianity", 『聖書之研究』, 1916, 1, 全集 22권, 161쪽.

가지고 강대한 평화적 문명국이 되어야 한다"라고 역설했다.[61] 여기에서 우치무라가 그린 근대 일본의 이상적 국가상은 식산적(殖産的) 소국주의였다. 대국주의를 거부하고 소국주의를 관철할 것, 그리고 국제적 침략의 길이 아니라 농업입국으로 상징되는 국내의 사회 개발을 우선하자는 정책이었다. 나아가 그는 진정으로 국민을 살리는 것은 군사력이나 경제력이 아니라 인격의 존중과 개인의 확립 그리고 보편적 가치에 열린 국민적 정신의 육성에 있다고 보았다. 『덴마크 나라의 이야기』는 현실의 나무를 심는 이야기였지만 우치무라는 가시와키에 모인 청년들의 정신 속에 그가 사랑하는 '두 개의 J'에 근거한 국가상과 '예언자적 애국자'라는 마음의 나무를 심고 물을 주려고 했던 것이다.

한편 우치무라의 '두 개의 J' 사상은 크게는 동시대의 모든 일본인에게 영향을 미치는 일본과 서양과의 관계에 대한 그의 질문을 배경으로 하고 있었다. 서양은 그의 마음속에서 늘 위협과 동시에 자극의 원천이었다. 외국인 문제에 대처하는 방법의 하나는 그들을 전적으로 숭배하여 추종하는 것이었다. 또 하나의 방법은 이들을 무시하고 일본의 과거에 전념하는 것이다. 그러나 우치무라는 이 양자의 방법 모두를 택할 수는 없었다. '두 개의 J'를 사랑하는 그로서는 결국 양자의 변증법적인 통합의 길을 걸을 수밖에 없었다. 그는 기독교 신앙에 의거하여 자신의 문화적 전통을 창조적으로 계승하면서 동시에 서양으로부터 고용인이 아니라 친구로서 존경과 형제애로 대접받기를 원했다. 그러나 이 길은 앞의 두 길에 비해 쉬운 길이 아니었다. 오직 '창조적 소수자'에게만 허락된 길이기 때문이었다. 자국에도 새로운 문화의 원천인 서양에도 뿌리를 내리지 못하고 '적지'에서 단독으로 생활하고 있다는 그가 자주 쓰는 비유는 바로 이러한 상태를 말해준다.

---

61 内村鑑三, 『デンマルク國の話』, 岩波文庫, 1946, 79-80쪽.

이것은 그의 풍모에서도 잘 나타났다. 집안에서 그는 일본의 기모노 차림으로 전통적인 일본 스승의 복장을 하고 있었으나, 공공의 장소에서는 다른 사상에 대한 충성심을 선언한 것처럼 정식 양복을 입고 나타났다. 서양 문화의 측에서 보면 우치무라에게 일본적인 것을 느끼고, 일본 문화 측에서 보면 서양적인 것을 느끼는 이러한 애매한 상황이 우치무라에게 뿌리 없는 풀과 같은 기분을 느끼게 했을 것이다. 우치무라는 이러한 '아웃사이더'로서의 역할에 평생 만족했으나 지불해야 할 대가가 큰 점도 인정했다.

그러나 자신에 대한 엄격함, 타인에 대한 관대함, 나아가 기독교 전도자로서의 그의 강한 사명감에 커다란 감명을 받은 제자들이 보는 우치무라의 본질은 서양화된 인간 혹은 그들의 말을 빌린다면 '현대인'이었다. 그들에게 우치무라는 민주적 신념과 동시에 새로운 미지의 생활양식을 구체적으로 나타내주는 인물이었다. 동시에 일본의 전통을 존중하고 그것을 창조적으로 계승하며 일본의 역사에 대해 신 앞에서 책임 있게 행동하라고 가르치는 그는 누구보다도 확실한 일본의 '애국자'였다. 그들에게 우치무라는 새로이 독립한 서양적 사상가이고 동시에 확실히 일본인이었던 것이다. 이러한 그를 롤 모델로 삼아 제자들은 우치무라와 같이 '서양에서도 존경받는 진정한 일본인'이 되고 싶다는 소망을 품었다.

7장

재림 운동

『요로즈호』사를 퇴직하고 『성서의 연구』에 전념하며 '츠노하즈의 은자'로 살아왔던 우치무라가 다시 세상으로 나온 것은 1918년 1월이었다. 그는 도쿄기독교청년회 회관에서 '성서의 예언적 연구 연설회'를 개최하여 연일 1000명이 넘는 참가자들을 대상으로 재림에 관해서 강연했다. 또한 3개월 후에는 관서와 관동의 주요 도시에서 재림 강연회를 열어 초교파적인 재림 운동을 전개해갔다. 우치무라가 이렇게 재림 운동을 전개하게 된 경위는 무엇일까.

1. 재림 신앙에 이른 경위[1]

우치무라의 재림 신앙 형성에 커다란 영향을 미친 계기로는 3가지를 들 수 있다. 연대순으로 살펴보면, 먼저 그의 딸 루츠코의 죽음을 들 수

1 이 부분은 필자의 졸고 「우치무라 간조와 재림운동」, 『종교 연구』(제74집, 2014)를 가필·수정한 것이다.

있다. 우치무라의 첫 아이는 1885년 4월 15일에 다케와의 사이에서 낳은 노부였다. 노부는 다케의 오빠 아사다(淺田信芳)에게서 자라났다. 1902년 봄이 되자 우치무라는 크게 자란 노부와 첫 대면을 했는데 노부가 너무도 세속적인 여자로 보여서 적이 실망했다. 그러나 그 후 노부는 아버지의 감화를 받아서 같은 신앙을 갖게 되고 소학교 교사를 하다가 히나가(日永初太郎)와 결혼해서 1967년에 일생을 마쳤다.

평생을 같이 한 시즈와의 사이에는 두 아이가 있었다. 1894년 3월 19일에 태어난 딸 룻(ルツ子)과 1897년 11월 12일에 태어난 장남 유시(祐之), 두 아이였다. 룻이 태어난 것은 생활이 가장 곤궁했던 교토 시절이었다. 룻이 태어나기 3달 전에 우치무라는 일본인이 쓴 최초의 성서 주해서라고 할 수 있는 『정조미담 룻기』를 간행하기도 했다. 룻은 우치무라가 좋아한 여자이고 그 소책자에는 우치무라의 이상적 여성상이 투영되어 있다. 딸의 이름을 룻이라고 한 것은 부친의 뜨거운 기구를 생각하게 한다.[2]

룻은 사진을 보면 알 수 있듯이 부친 우치무라를 아주 닮은 딸이었다. 그도 그것을 인정했다. 그래서 더욱 룻을 몹시 사랑했다. 다정스러운 심성의 보통 여자로 키웠다. 그런데 여학교를 1911년 봄에 졸업한 후 별안간 병상에 눕는 일이 거듭되기 시작했다. 열이 오르고 병의 원인은 분명치 않았다. 아마도 결핵이 아니었나 싶었다.

그해 말부터 룻의 병세는 중대한 고비에 이르렀다. 그해를 넘기고 1912년 1월에 나온 『성서의 연구』에는 여러 번 부활과 내세의 희망이 언급되고 죽음은 '생명의 한 상태에서 다른 상태로 옮아가는 것'에 불과하다고 단언하는 말이 나온다. 성서에서 나오는 '딸은 죽은 것이 아니라 잠든 것뿐'(누가복음 8장 52절)이라는 말을 인용하곤 했다. 그리고 자

2 스즈키 노리히사, 앞의 책, 135쪽.

식의 병이 낫기를 원해서 나날이 열심히 기도를 올렸다. 그러나 룻은 기도의 보람도 없이 1912년 1월 12일 숨을 거두었다.

임종하기 3시간 전에 우치무라는 룻에게 세례를 주고 성찬을 받게 했다. 병으로 여윈 손으로 잔을 받아 마신 룻은 만면에 희색을 띠우고 선명한 목소리로 '감사, 감사'를 되풀이했다. 룻이 미소를 지으며 남긴 마지막 말은 '이젠 갑니다'라는 한마디였다. 이 광경을 바로 눈앞에서 본 우치무라는 '영혼불멸은 명백히 증명'되었다고 느꼈다.[3] 친구 미야베에게 쓴 1월 23일의 편지에는 이런 말이 있다.

> "딸이 죽은 모습, 실로 아름다웠습니다. 죽음이 아니고 전이(transition)입니다. 영혼불멸은 거의 증명된 사실(demonstrated fact)입니다. 이것은 신조(creed)가 아니고 사실(fact)입니다."

1월 13일에 진행된 룻의 장례식을 우치무라는 영원한 이별로 보지 않고 룻을 천국으로 시집보내는 결혼식이라고 했다.[4] 가시와키의 성서 연구회에 나오기 시작한 지 얼마 되지 않은 야나이하라는 처음 참석한 기독교의 장례식에서 이 말을 듣고 놀랐다. 그리고 그는 조시가야(雜司ケ谷) 묘지의 매장 예식에까지 따라 갔다. 우치무라가 관에 뿌릴 흙을 쥐고는 그 손을 높이 쳐들고 '룻 만세'하고 절규하는 것을 보고 마치 벼락을 맞은 것처럼 선 채로 목이 굳어버렸다고 한다. 기독교의 신앙에 입문하는 것이 대단한 일이구나 하는 긴장감을 느꼈다는 것이다.[5]

룻의 죽음은 우치무라에게는 큰 타격을 주었다. 그해 가을 그는 다음과 같은 노래를 지었다.

---

3 아오키 요시오(青木義雄)에게 보낸 편지, 1912년 1월 20일, 全集 37권, 468쪽.

4 李慶愛, 『内村鑑三のキリスト教思想: 贖罪論と終末論を中心として』, 110쪽.

5 스즈키 노리히사, 앞의 책, 137쪽.

우리 집 뜰의 백합화 진 다음
가을의 저녁 노을 한층 더 쓸쓸해

그러나 사랑하는 딸의 죽음은 신앙적으로는 그에게 영생, 내세, 부활이라고 하는 세계에 대한 실재감을 한층 깊게 해주었다. '우리는 네 사람이다'를 쓴 것도 이즈음이었다.

우리는 네 사람이었다.
그리고 지금도 네 사람이다.
호적등본에는 한 사람의 이름은 지워지고
사각의 식탁 한 모퉁이는 비었고
4부 합주의 1부는 없어졌고
찬미의 곡조는 흐트러졌으나
그래도 우리는 여전히 네 사람이다.

우리는 아직도 네 사람이다.
땅의 등본에서 한 사람의 이름이 지워지고
하늘의 기록에 한 사람의 이름이 붙었다.
세 끼 식사에 공석이 생겼지만
남은 세 사람은 더 친해졌다.
그녀는 지금 우리 뒤에 있다.
한 사람은 세 사람을 묶는 사랑의 끈이 되었다.

그러나 우리는 언제까지라도 이렇게 있는 것은 아니다.
우리는 후에 또 전처럼 네 사람이 된다.
신의 나팔소리가 울릴 때

잠자는 자들이 모두 일어날 때
주님이 다시 이 땅에 오실 때
새로운 예루살렘이 하늘에서 올 때
우리는 다시 네 사람이 된다.[6]

여기에는 머지않아서 표면화할 재림 사상이 나타나 있다. 룻의 죽음이 우치무라를 내세와 영생과 부활의 세계로 가까이 이끌어 간 것은 그 세계의 도래를 고하는 예수의 재림을 대망하게 한 셈이다.

그의 재림 사상 형성에 영향을 미친 두 번째의 계기는 제1차 세계대전의 발발과 미국의 참전, 그리고 그로 인한 진화론의 파탄이었다. 앞에서 살펴본 것처럼 그는 러일전쟁 시기부터 '절대 비전(非戰) 평화주의'를 주장했다. 그러던 그에게 1914년 제1차 세계대전의 발발은 크나큰 충격이었다. 약 900만의 전사자를 기록한 인류 역사상 미증유의 세계대전을 통해, 우치무라는 딸의 죽음과 같은 개인적 층위에서의 죽음의 경험을 넘어서, 소위 '문명'에 동반되는 사회적·집단적 층위의 죽음을 목도하게 되었다. 이러한 전쟁과 죽음에 대하여, 전쟁 당사국들 사이에서는 독일의 야만적인 군국주의에 대항한 십자군, 혹은 영국의 '상인정신적 위선'에 대항한 '영웅적 투쟁' 등 여러 가지 명분이 있었다. 그러나 이러한 명분은 우치무라에게는 열강들 간의 식민지 쟁탈전으로 인해 야기된 대량 참살에 대한 합리화에 불과했다. 더욱이 기독교 국가들 간의 전쟁이며 교회에 의해 승인된 미증유의 전쟁이라는 점에서, 우치무라는 말할 수 없이 큰 충격을 받았다.

특히 미국이 참전한 것은 그에게 '대실망'이었다. 그는 미국이 중립국으로서 자국의 부를 교전국의 피해 보상으로 제공함으로써 전쟁을

6 內村鑑三, 「我等は四人である」, 『聖書之硏究』, 1912, 2, 全集 19권 , 47쪽.

방지하고 세계적 참상을 저지해줄 것을 기대했다. 즉 미국에게 다른 나라의 죄로 인해 대신 괴로움을 당하여 그 죄를 대속하는 '구세주적 국가'로서의 역할을 기대한 것이었다. 우치무라의 미국관은 이러한 의미에서 양가적이었다. 한편으로는 그에게 새로운 삶을 살게 해준 '복음'이라는 선물을 준 미국에 대한 기대와 다른 한편에서는 그렇기 때문에 더욱 이상에 근거한 가열찬 미국 비판이 있었던 것이다. 그런 우치무라이기 때문에 미국의 참전과 그것에 대한 미국 기독교의 승인, 그리고 종래의 평화주의자들이 돌변하여 전쟁 찬양에 분주한 미국의 현실 앞에서 그의 실망은 절정에 달했다. 그의 실망은 평화를 이루지 못하는 인류의 정치, 외교, 도덕, 문명, 나아가 기독교에 대해 절망이기도 했다. 따라서 그것은 자신을 비롯한 모든 인간적인 힘에 대한 총체적인 절망이었다. 사실 이러한 절망은 비단 우치무라만의 특유한 현상은 아니었다. 소위 기독교국이라고 하는 서구 제국들이 무기를 가지고 서로 싸우고 그 범위가 구미를 넘어 전 세계에 파급된 이 전쟁은 기독교 신앙에 대한 공신력을 땅에 떨어트렸다. 서구 문명의 우수함을 가지고 기독교의 우월성을 변증하려던 모든 노력들은 더 이상 의미를 가질 수 없게 된 것이다.[7] 뿐만 아니라 틸리히(P. Tillich)가 '19세기는 1914년 8월 14일에 끝났다'고 설파한 것처럼 이 전쟁은 인간 이성에 근거한 역사의 무한한 진보라는 19세기의 합리주의와 낙관주의를 붕괴시킨 대사건이었다. 1차 대전을 획으로 해 인류 지성사는 19세기와는 다른 지성을 모색하지 않을 수 없었다. 이 점은 우치무라에게도 역시 마찬가지였다.

인간적 노력에 대한 총체적인 절망은 그가 그동안 견지해왔던 진화론을 뿌리째 흔들어놓았다. 앞에서 살펴본 대로 다윈의 『종의 기원』을 애독했던 그는 만물은 무한하게 진화한다는 신념을 가지고 있었다. 그

7 土肥昭夫, 『內村鑑三』, 137쪽.

리고 젊은 날 애머스트대학에서 모스(Morse) 박사의 영향 아래 진화론적인 발상과 헤겔의 역사철학의 감화를 받은 서구 근대 문명 중심의 유신론적 진보사관을 가지고 있었다.[8] 그의 이러한 역사관은 1899년 집필되어 그의 초기의 역사 인식을 대표하는 저서의 하나로 평가받고 있는 『홍국사담(興國史談)』에도 잘 나타나 있다. 그는 역사를 '인류 진보의 기록이자 발육학'으로 보았다. 한 나라가 일어나 하나의 문명을 완성하고 그 활력이 다하여 인류 진보에 공헌할 수 없게 되면 다른 나라가 일어나 그 문명을 계승·보존하고 개량하며 그 나라 특유의 장점을 더해 다른 나라에 넘겨준다. 따라서 세계 역사는 여러 국가의 홍망사라고 할 수 있다. 국가의 융성은 소위 말하는 국위 선양으로 이루어지지 않는다. 인류 진보의 기록인 역사는 영토 확장을 가지고 홍국(興國)이라고 하지 않는다. 무력 국가는 인류 진보를 방해하고 질서를 문란하게 하는 것에 불과하다. 국가의 융성은 무력에 의한 것이 아니라 진리의 현창(顯彰)에 의하고 망국은 그것을 게을리하여 인류 진보에 무용하게 되어 존재 이유를 잃어버리는 것을 말함이다.

이 책에서 우치무라는 다음과 같이 주장했다.

국민의 진보, 퇴보 혹은 융성이라고 하는 것은 모두 그 향유하는 자유의 많고 적음에 의해 결정되는 문제이다. 역사적 인종 가운데 자유의 관념이 가장 결여되어 있는 것은 트라니안(Tranian) 인종 즉 황인종이다. 그들은 왕자 있는 것은 알아도 자기 있는 것은 모르고, 그들은 복종하는 것은 알아도 자립하는 것은 모른다. 충효는 그들의 유일한 도덕이고, 그들은 연장자에게 의지하는 것은 있어도 사람들이 서로를 믿고 사회를 조직하는 방법은 알지 못한다. 그들 사회에 있어서 개인은 단위(Unit)가 아니라 분

8 위의 책, 123-124쪽.

자(Atom)이다. 자주자립한 하나의 개인이 아니고 무의식의 물체이다. 황인종에게 왕은 만유(萬有)이며 백성은 허무이다.……이들 국가는 인간의 군집체에 머물러 의사를 갖춘 개인의 조직인 유기체에 이르지 못했다. 황인종의 다수는 20세기인 오늘날에 이르기까지 거의 이러한 수준에 있는 것이다.……몽고인, 만주인, 그리고 조선인, 중국인 등 그 외관적인 문명은 무엇이라 하더라도 그 기본적인 인생관에 있어서 그들은 역시 바빌론 문명 이전의 황인종으로, 그들은 역사적으로 가장 열등한 사람들로 거의 자유의 맹아도 가지지 못한 사람들이다.[9]

우치무라는 황인종은 자유의 관념이 결핍되었을 뿐만 아니라 "사물의 이기를 볼 줄은 알아도 그 이치를 투시하는 능력이 결여"되어 사상, 과학, 예술, 권리 등 '순수 진리'의 영역에 속하는 것을 파악할 능력이 결여되어 있는 열등 인종이라고 규정했다. 반면 자유라는 것은 셈 인종에 의해 비로소 파악되었고 그것을 제도로 만들어 사회적 공유물로 만든 것은 아리아 인종으로 이들의 출현에 의해 현대사라는 것이 비로소 시작되었다고 주장했다. 즉 현대 서구 문명의 기원은 아리아인이 양성한 자주독립의 관념, 준법정신, 형이상학적 경향 등을 발달시킨 것이라고 인식했다.[10]

이러한 우치무라의 생각의 배경에는 서구의 제국주의적 통치를 생물학적 우등성의 결과로서의 우월한 정신문명에 근거한 것이라고 정당화하려는 서구 우월주의적인 오리엔탈리즘이 있었다. 이것은 사이드(E. Said)가 지적한 대로 서구가 초월적인 위치에서 자신들의 문화적 정치적 규범 안에 비서구를 봉쇄하려는 전형적인 서구 우월주의적 담론

9 内村鑑三, 『興國史談』, 全集 2권, 383쪽.

10 위의 책, 388-389쪽.

이었다. 서구가 세계를 보는 주체로서 자신들을 '정상'으로 보고 이에 대해 비서구를 서구적인 특징이 결핍 내지 부재한 '불구 혹은 비정상'으로 보는 '지(知)의 제국주의'의 담론이었다. 이러한 담론에서 아시아인에게는 자율성, 형이상학적 이성과 추상적 사고능력, 그리고 도덕성이 결핍된 열성(劣性) 이미지의 인간 타입이 고유한 인종학적 본질로서 부여되었다. 아시아는 유럽의 '진보'에 대비되는 '정체' 사회로서 '재표상(re-representation)'되었던 것이다.[11] 우치무라는 세계 문명과 인류사에 기여할 수 있는 일본인의 고유한 미덕을 찾아 일본인으로서의 자긍심을 재구축함으로써 서구의 오리엔탈리즘에 저항하는 것을 자신의 사상적 과제의 하나로 삼았다. 그럼에도 불구하고 그의 서구 중심적 유신론적 진보사관은 오리엔탈리즘에 포획되는 한계점을 가지고 있었다.

그러던 그가 이제 서구 중심적 유신론적 진보사관으로 해결되지 않는 난제에 봉착하게 된 것이었다. 만일 진보·진화라는 것이 자연과 역사의 법칙이라면, 반드시 세계에 평화가 도래하고 있어야 한다. 그러나 현실에서 평화는 오지 않고, 유사 이래 전쟁이 계속되었다. 이 사태는 진보·진화라는 가치와 전면적으로 모순된다. 인류는 진보하는 것이 아니라 '야만적이며 사교적(邪教的) 퇴화'를 겪고 있는 것이었다.[12] 여기에서 인류 역사의 진화라는 역사관은 그의 내부에서 파탄나고 말았다. 뿐만 아니라 러일전쟁 이래 비전론을 주장하며 평화의 실현을 고대해왔던 그는 이제 인간적인 어떠한 것으로부터도 평화의 실현을 기대할 수 없다는 깊은 절망감에 빠졌다. 그리고 무엇보다도 절망스러운 것은 이제 그가 성서를 어떻게 읽고 해석해야 하는지 도무지 알 수 없게 되었다는 사실이었다. 그는 몇 번이나 『성서의 연구』지를 폐간할까 고민했다.[13]

11 Edward W. Said, 『오리엔탈리즘』, 박홍규 역, 교보문고, 1991, 47, 180쪽.

12 우찌무라 간조, 「재림을 믿게 된 유래」, 『聖書之研究』 1918, 2, 전집 6권, 38쪽.

13 澁谷浩, 『近代思想史における内村鑑三: 政治, 民族, 無教會論』, 新地書房, 1988, 145쪽.

그런 그에게 미국의 벨로부터 『일요학교 시보(時報)』 한 부가 보내졌다. 거기에는 '그리스도의 재림은 과연 실제 문제가 될 것인가'라는 내용이 있었다. 이 기사가 바로 우치무라가 재림 신앙을 가지게 되는 세 번째 계기가 되었다. 이 기사를 수차례 읽은 우치무라는 세계의 개선과 평화는 자신을 비롯한 인간의 노력에 의해서가 아니라, '그리스도의 다시 오심', 즉 재림에 의해서 비로소 실현될 수 있다는 주장에 깊이 공감했다. 그리고 "성서의 중심적 진리는 곧 재림이다"는 확신을 가지기에 이르렀다.[14] 그는 재림에 대한 "성서의 말씀을 그대로 믿는다"고 단언했다. 즉, 오늘날의 표현으로 말하자면, 재림을 비신화화하지 않고 그대로 믿는다고 단언하기에 이른 것이다.[15]

그렇다면 우치무라가 재림 신앙을 가짐으로써 성서에서 새롭게 발견한 것은 무엇이었을까. 그는 성서에서 그리스도의 재림에 의한 세계 완성과 만국 평화 실현의 약속을 발견해내었다. 군국주의와 살인이 횡행하며 불의가 판을 치는 역사 현실의 한복판에서, 정의가 승리하고 평화가 임하며 사랑이 인류의 법칙이 되는 그 날이 그리스도의 재림에 의해 반드시 실현된다는 약속을 발견해낸 것이다. 그리고 비로소 "이제 인류가 어떻게 타락하든, 교회가 어떻게 부패하든, 위선이 얼마나 세를 떨치든, 불의가 얼마나 횡행하든 나는 실망하지 않는다. …… 이제 인생의 구름은 걷혀 모든 것은 분명하다. 지금은 두려워하지 않고, 그의 명령을 쉬지 않고 따라 일의 잘잘못에 구애되지 않고 나아갈 뿐이다. 참으로 감사할 뿐이다"라고 말하면서, 역사적 현실에 다시 직면할 수 있는 용기를 얻었다.[16] 재림 신앙은 우치무라를 오랫동안 괴롭혀왔던

14 우찌무라 간조, 「재림을 믿게 된 유래」, 『聖書之硏究』 1918, 2, 전집 6권, 39쪽.

15 紫田文明, 「內村鑑三における再臨信仰」, 『內村鑑三硏究』 25호, 1988. 28쪽.

16 우찌무라 간조, 「그리스도의 재림을 믿는 데서 온 나의 사상상의 변화」, 『聖書之硏究』, 1918, 12, 전집 6권, 49쪽.

평화 문제에 대해 새로운 차원의 돌파구를 열어주었던 것이다. 그의 재림 신앙이 이렇게 전쟁과 평화라는 역사적 현실과 치열하게 대결하는 가운데 형성되었다는 것은 후술할 그의 재림 신앙의 실천적 역동성을 이해하는 데 있어서 특히 중요하다.

한편 재림 신앙은 또 다른 난제였던 죽음의 문제에 대해서도 그에게 해결의 실마리가 되었다. 그는 "나는 그리스도의 재림을 믿고 죽음의 비통을 근본적으로 고침 받았다. 데살로니카 전서 4장 13절 이하의 말씀을 문자 그대로 믿을 수가 있어서, 죽음은 신자에게 임하는 일시적인 일임을 알고 말로 할 수 없는 위로를 받는다. 나와 나의 사랑하는 사람의 미래는 몽롱하고 애매한 것이 아니다. 확연한 것이다. '주께서 친히 하늘로부터 내려오실 때, 그리스도 안에서 죽은 자들이 먼저 살아나고 다음으로는 살아남아 있는 우리가 그들과 함께 구름에 싸여 올라가 공중에서 주를 만나게 될 것이다. 그리하여 우리는 언제까지나 주와 함께 있다'는 성서 말씀을 문자 그대로 믿을 수 있을 때, 죽음은 없는 것과 마찬가지가 되는 것이다. 재림, 부활, 들리어 올라가는 일, 재회, 영생, 안심입명(安心立命)이란 이 일을 말하는 것이다. 이 확실한 신앙 없이는, 종교는 있어도 없는 것과 다름없다. 아아! 미래는 암흑이 아니다. 광명이다. 재회는 의문이 아니다. 확실함이다. …… 그때의 망아적(忘我的) 환희, 이것을 생각하며 재림의 날을 기다리는 것이다"라고 말할 수 있었다.[17] 우치무라는 사랑하는 딸의 죽음과 제1차 세계대전으로 인한 대량 살상을 목격하고 괴로워했는데, 그 죽음의 문제가 재림 신앙에 의해 해결되었던 것이다.

나아가 우치무라에게 재림 신앙은 인류 역사뿐만 아니라 자연까지도 영화(靈化)시켜 우주 만물의 구원을 가져온다는 '우주 완성'의 희망을

17 위의 글, 49-52쪽.

가능하게 했다. 그는 "하나님의 아들들(=신자)이 자기가 구원받기를 간절히 바라는 것처럼, 자연도 또한 그들(하나님의 아들들)이 나타나기를, 즉 속량 받은 영혼이 여기에 걸맞은 썩지 않는 몸을 가지고 나타나기를 기다리는 것이다. 그래서 하나님의 아들들과 자연은 그 희망을 함께 하고, 목적을 함께 하는 것이다. …… 자연은 지금은 '파괴의 종노릇'을 하고 있다. 풀은 마르고 그 꽃은 진 상태이다. 그러나 이것은 정해진 운명이 아니다. 자연도 또 하나님의 아들이 받을 영광의 자유로움으로 들어가야 하는 것이다. 썩지 않는 생명이 사람을 기다리는 것처럼 땅도 기다리는 것이다. …… 참으로 그리스도의 십자가는 단지 죄인을 구하기 위한 것은 아니다. 이것 또한 천지만물을 완성하기 위한 것이다. …… 그리스도의 재림의 때에 신자의 구원과 함께 이 일이 행해지는 것이다. 이를 데 없는 장관이다"라고 했다.[18]

우치무라에게 있어서 평화라는 것은 단순히 전쟁이 끝나고 다음 전쟁이 시작되지 않은 상태를 말하는 것이 아니었다. 평화는 자연과 인간 세계가 최고로 완성되는 이상적인 상태로, 물질적으로도 영적으로도 완전성을 갖추지 않으면 안 되었다. 이러한 평화의 완성이 궁극적으로 우치무라가 말하는 '구원'이었다. 이러한 구원은 인간의 힘으로는 불가능하지만, '그리스도의 재림'이라는 외부로부터의 돌발적 개입에 의해 지상에 반드시 실현된다고 확신했다.

이렇게 우치무라에게 재림 신앙은 인간의 역사와 평화 문제 그리고 죽음의 문제의 해결뿐만 아니라, 그의 신앙을 자연과 우주 만물이 완성되는 우주론적 지평까지 확장시키는 활로가 되었다. 이것은 인간의 노력에 의한 점진적인 진화라는 진화론과 그것에 의해 대변되는 근대의 합리주의가 파탄에 이르러, 인간과 세계에 대한 의미 부여에 실패하고

18 위의 글, 51-52쪽.

삶의 원리를 상실하여 표류하던 그에게 심리와 인식 면에서 돌파구를 열어주는 '유레카적 발견'이었다. 스스로를 학자라고 생각했던 우치무라에게 세계의 의미를 해명할 수 있는 정합적인 세계관은 필수불가결한 것이었다. 재림 신앙은 그 자신과 전 세계의 모든 문제를 해결하게 해주는 커다란 신앙이 되었던 것이다.[19]

우치무라의 재림 신앙을 한층 더 탄력 받게 만든 것이 바로 유대인 문제였다. 제1차 세계대전에서 고전하고 있었던 영국은 미국에게 연합군에 참가할 것을 요청했으나 미국은 계속해서 반대하고 있었다. 이런 상황 하에 영국은 시온주의자(Zionist)와 비밀조약을 맺어 팔레스타인에 유대인 국가를 설립해주는 조건으로, 미국에 있는 유대인들을 움직여 미국 참전을 종용하게 했다. 마침내 미국이 참전한 후, 1917년 11월 영국은 '발포어 선언(Balfour Declaration)'을 발표하여 시온주의자들에게 유대인을 팔레스타인에 복귀시키는 것과 통일국가 건설에 가능한 한 협력할 것을 약속했다. 그리고 동년 12월 예루살렘을 점령했다. 우치무라는 연합군의 예루살렘 점령을 재림을 예고하는 적극적인 '때의 징후'라고 받아들였다.[20]

이렇게 하여 오랫동안 미해결된 문제였던 죽음의 문제와 인류 역사의 완성 그리고 우주 완성의 문제를 해결해줄 새로운 암호로서 재림 신앙을 발견한 우치무라는 '구원받았다'는 거대한 해방감을 맛보았다. 그것은 평화는 영원히 불가능할지도 모른다는 불안으로부터, 그리고 평화를 자신과 인간의 노력만으로 완성해내야 한다는 커다란 중압감으로

---

19 ゾンターク·ミラ,「大正期日本における合理主義と救濟: 1918-1919年の再臨待望運動の'厚い記述'」東京大學大學院 博士論文, 2008, 167쪽.

20 우찌무라 간조,「재림신앙의 증인으로서의 유대인」,『聖書之硏究』1918, 6, 전집 6권, 165-169쪽; 우찌무라 간조,「예루살렘 대학의 설치」,『聖書之硏究』1918, 9, 전집 6권, 169-172쪽; 우찌무라 간조,「만민에 관한 크나큰 복음」,『聖書之硏究』1919, 2, 전집 6권, 143-150쪽.

부터 해방시키는 커다란 '구원' 체험이었다.[21] 이 구원 체험에 의거하여 우치무라는 역사의 '부조리' 속에서 암중모색 중인 동시대인들을 향해 자신의 신앙을 공개하지 않을 수 없었다. 즉 재림 창도의 운동을 일으켜야 했던 것이다.

2. 재림 운동의 경과와 논쟁들

우치무라의 재림 운동은 준비기, 진행기, 논쟁기, 쇠퇴기의 네 시기로 구분할 수 있다. 먼저 준비기를 살펴보면, 나카다 쥬지(中田重治: 1870-1939)의 성결교회의 움직임을 들 수 있다. 나카다는 1897년 미국 무디성서학원(Moody Bible Institute)에 입학하여 '성결'을 체험하고 다음 해에 귀국했다. 이후 그는 1901년부터 카우만(C. E. Cowman) 부부와 협력하여 복음전도관과 성서학원을 개설했다. 1908년에 동양선교회를 설립하고 1917년에는 동양선교회 일본 성결교회의 초대감독이 되었다. 성결교회는 주간지로 『성결지우(聖潔之友)』를 간행했는데, 나카다가 주필로서 사설을 담당했다.

『성결지우』에 재림에 관한 기사가 최초로 게재된 것은 1917년 5월 3일이었다. 권두사설에서 "주의 재림을 앞당기는 것은 성결운동이 나날이 왕성해져 성결하게 되는 신자가 속속 일어나는 만큼 그리스도의 재림이 앞당겨지는 것이다"라고 나카다는 주장했다. 나카다는 성결운동이 진전하는 결과로서 재림이 있다고 논하고, 이것을 전도의 목표로 삼았다.

1917년 10월 31일에는 '성결교회선언'이 공표되었다. 표방하는 '사중

---

21 ゾンターク·ミラ, 「內村鑑三と大正期の再臨運動」, 『キリスト教學』 第43號, 2001, 46쪽.

복음' 안에 '십자가의 구원', '성령의 성결', '신유(神癒)'와 함께 '주 예수 천년기 전 재림'이 있었다. 그리고 영국이 오스만제국으로부터 예루살렘을 점령하여 탈환한 12월 13일에 발행된 『성결지우』에는 "특히 이번 달의 성지(聖地)의 사건에 세심한 주의를 기울여야만 한다. 또 주님이 성도를 공중에 들어올리기 위해서 내려오시는 것이 임박했다"라고 말하고 있었다. 재림 운동이 개시되기 반년 전에 성결교회에서는 이미 재림에 대한 가르침을 신자들에게 전파하고 있었다.[22] 물론 이것은 우치무라의 경우처럼 전쟁과 평화라는 역사적 현실과의 대결 가운데에서 성서를 신학적으로 해석함으로써 나온 것이라기보다는, 재림의 시기를 예측하거나 성서의 말씀을 현실의 국가에 대응시켜보려는 것이었다. 또한 성결운동이 활발해진 것이 재림의 조건이라고 인식되어, 재림이 주창되고 여기에 신자들도 적극적으로 참가했던 것이다.

한편 기무라(木村清松, 1874-1958)는 1894년 도미하여 무디성서학원에서 배우고 1902년 귀국한 이후 전국적으로 전도를 전개했다. 1908년부터 6년간은 일본 조합교회 낙양교회(日本組合敎會洛陽敎會) 목사로 근무했다. 기무라 역시 무디성서학원 유학 중에 재림론을 배웠다. 의기투합한 이 두 사람에게 우치무라가 가담한 것이다.

재림 운동의 진행기는 1918년 1월 6일 세 사람이 발기인이 되어 마침내 도쿄기독교청년회 회관에서 '성서의 예언적 연구 연설회'를 개최한 시점부터였다. 오십대 후반의 연장자이자 이미 성서 연구자로서의 권위를 인정받고 있었던 우치무라는 이 운동의 지도적 인물이 되었다. 강연은 1월 6일, 2월 10일 양일 모두 1,200명을 넘어서는 참가자들이 운집했다. 3월 3일 강연에는 1,300명 이상의 참가자들이 모였다. 성결교회에 의한 재림 운동이 선구적 움직임을 보인 결과, 재림 운동은 그

22 黑川知文, 『內村鑑三と再臨運動』, 103-107쪽.

시작에서부터 고양된 운동으로 전개되었다.[23] '성서의 예언적 연구 연설회'는 그로부터 3개월 후, 관서와 관동의 주요 도시인 오사카, 교토, 고베, 요코하마로 확대되었다. 연설회는 우치무라를 중심으로 조합교회, 자유감리교회, 성공회, 일본전도대 소속의 목사와 신자가 참여하는 초교파적 운동의 모습을 보이는 가운데 순조롭게 진행되어갔다.

그런데, 운동의 논쟁기에 해당하는 3월부터 이 운동을 비판하는 사람들이 나타나 격렬한 신앙적 논쟁이 오가게 되었다. 유니테리언교회의 목사 우치가사키 사부로(内ヶ崎三朗), 내무성(内務省) 관리 아이하라 이치로스케(相原一郎介)와 육군대학 교수 스기우라 세지로(杉浦貞二郎), 일본조합기독교회(日本組合教會) 혼고교회(本郷教會) 목사 에비나 탄죠(海老名彈正), 감리교회 목사 시라이시 기노스케(白石喜之助)가 지면을 통해 재림론을 비판했던 것이다. 이러한 비판자들에 대항하여 재림 운동을 지지하는 조직들이 형성되었다. '일본기독희망단'과 '가시와키(柏會) 형제단'이 그것이었다. '일본기독희망단'은 자유감리교회의 가와베 데이키치(河辺貞吉, 1864-1953), 성공회의 후지모토 쥬사쿠(藤本壽作, 1873-1969), 일본조합교회의 이마이 타로(今井安太郎, 1878-1961) 등이 참가했다. 또한 '가시와키 형제단'은 그때까지 우치무라의 성서연구회에 출석하고 있었던 제1고등학교와 도쿄대학 학생들로 구성된 가시와키회(柏會), 같은 학생들로 구성된 무라사메회(白雨會)와 엠마오회 등이 협력하여 만든 조직이다. 이 조직체는 광고, 강연회장, 헌금, 판매, 위생 등에 봉사하며 재림 운동을 지원했다. 한편, 이 시기에 기무라는 재림 운동에 비판적인 일본 조합교회에 소속되어 있었기 때문에, 3월 중순에 운동으로부터 이탈했다. 그러나 자연스러운 이탈이었으므로 운동에는 별 지장이 없었다.[24]

---

23 위의 책, 110쪽.

6월 9일에는 일본 조합교회의 지도자인 에비나(海老名彈正)의 혼고교회에서 '기독재림문제 강연회'가 개최되었다. '기독재림문제 강연'의 목적은 우치무라 등의 재림 운동을 비판하는 것이었다. 재림 운동을 비판하는 세력이 이렇게 활동을 전개해나간 한편, 다음날인 6월 10일에는 '일본기독교 평신도 신앙혁정회(革正會)'가 설립되었다. "재림이 성서의 중심적 진리라고 믿고 그 연구·선전을 기약할 것"을 설립 취지로 한 혁정회는 재림 운동을 선전하고 지원함으로써, 교회 그 자체를 개혁하고자 하는 단체였다. 이러한 취지에 대해서 우치무라는 "이제서야 동지들 사이에서 이러한 신앙 위에 선 단체가 성립하는 걸 보니 내 마음이 뛰지 않을 수 없다"고 기뻐했다.[25] 이상과 같이, 재림 운동을 지원하는 단체로서 '일본기독희망단'과 '가시와키 형제단' 그리고 '일본기독교 평신도 신앙혁정회'가 설립되었으며, 다른 한 편으로 재림 운동을 비판하기 위한 단체로 '기독재림문제 강연회' 등이 설립되어, 양자 간의 팽팽한 긴장 속에서 재림 운동이 전개되어갔다.

그런데 나카다의 성결교회에서 1918년 5월경부터 몇 명의 '자칭 메시아'가 나타났고, 그중 한 사람을 나카다는 본인의 집에 머무르게 했다. 이 일은 결국 우치무라와 나카다가 결별하게 되는 원인이 되었다.[26] 우치무라는 재림의 시기를 특별히 정하는 것, 천년왕국설의 '천년'을 원리가 아니라 물리적 시간으로 이해하는 것, 재림 신자의 신유를 믿는 것에 반대했다.[27] 그는 8월 3일 '가시와키 형제단'에게 "오는 9일부터 나

---

24 ゾンターク・ミラ, 『大正期日本における合理主義と救濟: 1918-1919年の再臨待望運動の'厚い記述'』, 167쪽.

25 黑川知文, 앞의 책, 115-220쪽.

26 ゾンターク・ミラ, 「大正期日本における合理主義と救濟: 1918-1919年の再臨待望運動の'厚い記述'」, 167쪽.

27 우찌무라 간조, 「내가 그리스도의 재림에 대해 믿지 않는 일들」, 『聖書之硏究』 1918, 2, 전집 6권, 71-72쪽.

카다 씨 파와 분리해서 활동할 것"을 제안했다.[28] 이렇게 하여 우치무라는 기무라에 이어 나카다와도 결별했다. 이제 재림 운동은 우치무라 한 사람의 이름으로 이루어지는 운동으로서 그 성격을 재정립하게 되었다. 우치무라, 기무라, 나카다 등 세 사람의 강연 내용과 신앙의 경로를 보건대, 이 세 사람 사이에 어떠한 공통적인 지향점을 확인하는 것은 쉽지 않다. 오히려 이 세 사람은 '공동으로'라기보다는 '나란히' 재림 운동을 전개했던 것이라고 보아야 할 것이다.[29] 그렇기 때문에 기무라의 이탈에도 크게 동요하지 않았던 우치무라는, 지속적인 협조를 희망하며 가시와키 형제단에 입단원서까지 낸 나카다와도 결별을 단행했다.

1918년 11월 11일에 제1차 세계대전이 종전되었다. 이것을 계기로 재림 운동은 쇠퇴기에 들어간다. 공공연하게 재림을 표방하는 것은 프리머스파, 성결교회, 무교회파뿐이었다. 뿐만 아니라 '부패한 교회의 특징은 예언 연구를 혐오하는 데에 있다'고 하며 재림 운동에 반대하는 교회를 강하게 비판한 우치무라에 대해, 교계는 격분하여 일본 기독교 청년회관에서 우치무라의 강연회를 개최하지 못하게 했다. 이러한 '청년회관 사건' 이후, 대일본사립위생회 강당을 새로운 강연회장으로 하여 강연회가 개최되었다. 이 시기를 획으로 우치무라의 관심이 점차 재림으로부터 다른 곳으로 옮겨가기 시작함에 따라 재림 운동은 종식되게 되었다. 재림 운동의 쇠퇴기는 나카다와의 결별에서부터 '청년회관 사건'까지를 거쳐 운동의 종식에 이르는 시기라고 할 수 있었다.[30]

그렇다면 재림 운동을 통해 우치무라가 주장하려고 했던 것은 무엇일까. 먼저 우치무라는 '그리스도의 재림'을 주장했는데, 그에 대한 주된

---

28 ゾンターク·ミラ,「大正期日本における合理主義と救濟: 1918-1919年の再臨待望運動の'厚い記述'」, 167쪽.

29 ゾンターク·ミラ,「内村鑑三と大正期の再臨運動」, 51쪽.

30 黒川知文, 앞의 책, 129쪽.

요점은 세 가지라고 할 수 있다. 첫째, 십자가에 달려 죽은 그리스도의 육체의 부활. 둘째, 그리스도의 재림, 즉 두 번째 강림. 셋째, 그리스도 재림에서 비롯되는 기독교인의 육체의 부활과 우주 만물의 완성이었다.

우치무라는 그리스도의 재림을 "영화된 몸으로 부활·승천하신 그리스도가 다시 그 영체를 가지고 오신다는 말"이라고 하여 육체를 동반한 '유형적(有形的) 재림'을 주장했다.[31] 이것은 신자에게 내재하는 그리스도의 영의 재림이라고 하는 소위 '영적 재림'과는 근본적으로 달랐다. 또한 우치무라는 그리스도가 재림할 때에는 '신자 역시 영화된 육체로 부활'하여 '영광'의 몸, 즉 '부활의 몸'으로 변하고 그것이 '만물 재생의 첫 이삭'이 된다고 보았다. 왜냐하면 그리스도의 재림 때 주어지는 신자의 '부활의 몸'은 이전과는 질적으로 다른 '신생명(新生命)'이기 때문이었다. 그는 「신생명」이란 문장에서 다름과 같이 말한다.

> "새로운 생명이라고 부르는 것은 새로운 해라고 부르는 것처럼, 생명이 오래된 것으로부터 새롭게 시작한다는 의미가 아니다. 새로운 생명이라 함은 이 세상에는 없는 생명이 새롭게 인간에게 임하는 것이다. 즉 식물, 동물, 또는 인간과는 완전히 그 성질을 달리하는 생명이 신자에게 임하는 것이다. '우리들의 생명이신 그리스도'라고 하는 것은 바로 이 생명이다(골로새서 3:4). 이 생명은 그 발달에 생존경쟁을 필요로 하지 않는다. 이 생명은 ……식물 또는 동물이 진화해서 이루어지는 것이 아니다. 또 야만인에 대한 생명의 문명화도 아니다. 이것은 신으로부터 내려와 그를 믿는 자에게 임하는 특종(特種)의 생명이다. 기독교인은 소위 기독교적 문화와 접하여 이루어진 산물이 아니다. 그는 신이 새롭게 창조한 자 …… 그리스도 예수를 가지고 빚어낸 자이다(에베소 2:10). 만약 전 우주에 특별히 조화(造

31 우찌무라 간조, 「트루베츠코이 공의 십자가관」, 『聖書之硏究』 1918, 8, 전집 5권, 461-465쪽.

化)된 일이 있다면 우리들은 그 실례(實例)를 참된 기독교인에게서 볼 것이다. 그리스도는 생명 이외의 생명이며, 심리학자나 사회학자가 탐지할 수 없는 이종(異種), 특별한 생명이다."[32]

그리스도의 재림 때에는 부활한 그리스도와 마찬가지로 인간 역시 영과 육이 모두 성화(聖化)된 질적으로 완전히 다른 새로운 생명체로 부활한다는 것이었다. 그것은 현재 인간 생명의 점진적 성장이 아니라 현재와의 엄연한 단절을 의미하는 것이었다.[33] 즉 부활 생명체는 종말의 때에 신적 의지의 돌발적 초월적인 개입으로 주어지는 인간 생명의 완성체로, 우주 완성의 초석이 된다는 것이었다. 이러한 우치무라의 부활 생명체 이해의 배후에는 그가 인간 이성과 낙관적 진화론을 포기했음에도 불구하고, 인류 역사와 세계 완성에 대한 이상주의적 염원이 깔려 있음을 알 수 있다.

한편 그는 그리스도의 재림의 궁극적 목적은 '심판'이 아니라, 역사 속에서의 '하느님 나라의 완성'에 있다고 보았다. 재림에는 최후의 심판이 동반되나, 그것은 어디까지나 '목적에 도달하는 예비'이며 나아가 '인간에 대한 위로'라고 보았다. 심판이 위로가 될 수 있었던 것은 두 가지 의미에서일 것이다. 하나는 살아 있는 동안 악한 일을 한 자들이 심판에서 정당한 벌을 받을 것이라는 원한에 지배되는 배타적 이해에 근거한 것이다. 그러나 우치무라는 심판을 이처럼 이해하지 않았다. 오히려 그에게 있어서 심판은 비록 불완전하다 하더라도 자력으로 이루었던 것들에 대한 아버지로서의 신의 평가이고, 그렇기 때문에 그것이 위로가 된다고 생각했다.[34] 또한 우치무라는 재림 운동 시기에도 소위 '만인

32 內村鑑三, 「新生命」, 『聖書之硏究』 1921, 8, 全集 26권, 492쪽.

33 사실 바울 이래로 기독교에서 말하는 종말은 '발전 개념'이 아니라 '대조 개념'으로 이해되었다. 박태식, 『타르수스의 바오로』, 바오로딸, 2006, 156쪽.

구원설'을 주창했다.

즉 "그리스도 재림의 목적은 처음 오신 목적과 다를 바가 없다. 그가 처음 오신 것은 세상을 심판하시기 위한 것이 아니고 이것을 구원하기 위해서였다. 그가 다시 오실 때도 역시 똑같을 것이다. …… 만인이 구원되는 것은 하나님이 만인 가운데 있어 만사가 되려는 때문이다. 심판은 반드시 구원에 따른다. 그러나 심판은 구원의 부수적인 것이지 그 목적이 아니다. 그리스도의 재림은 우주적 사건이다. 모든 사람은 여기에 관련되고, 모든 사람은 이것에 의해 은혜를 받는다"라고 보았다. 우치무라는 재림의 날, 누군가가 구원으로부터 배제된다는 것을 상상할 수 없었던 것이다.[35] 결국 그리스도 재림의 목적은 신이 성령을 가지고 이미 역사 속에서 시작한 일을 완성하여, 완전한 인간 사회와 만물의 완성을 실현하는 것이었다. 따라서 재림은 무섭고 두려운 일이 아니라 '찬미해야 할 일, 감사해야 할 일'이었다.[36]

한편, 재림 신앙은 기독교 도덕의 원동력이라고 우치무라는 주장했다. 그는 "성서는 도덕의 책이 아니라, 예언의 책이다. 예언에 따르는 도덕의 책이다. 성서의 예언을 돌아보지 않고는 그 도덕을 알지 못한다. 성서를 잘못 이해하는 주요한 원인을 그 예언을 떠나 그 도덕을 이해하려는 데 있다. 예언은 역사관이다. 세상은 어떻게 되어가는 것인가, 하나님은 어떻게 인류를 처분하시는가, 그것을 말하는 것이 예언이다. ……성서는 역사이다. 그러나 다만 과거를 말하는 역사가 아니다. 과거, 현재, 미래를 통하여 일관하는, 우주 인류에 관한 하나님의 계획의 실현에 대하여 말하는 역사이다. 예언을 제쳐놓고 도덕은 남지 않는

---

34 ゾンターク・ミラ, 「大正期日本における合理主義と救濟: 1918-1919年の再臨待望運動の'厚い記述'」, 92쪽.

35 우찌무라 간조, 「재림의 목적」, 『聖書之硏究』 1919, 2, 전집 6권, 60쪽.

36 우찌무라 간조, 「그리스도 재림의 두 가지 측면」, 『聖書之硏究』 1920, 6, 전집 6권, 58쪽.

다. 그저 사랑하라, 조심하라는 권고가 아니다. 세상 끝 날이 가까웠다. 천지 만물은 이제 바야흐로 일변하려 한다. 주의 날이 이르려 한다. 우리가 다 그리스도의 심판대 앞에 설 때가 눈앞에 닥쳐왔다. 그러므로 조심하라. 사랑을 행하는 것이 계명이라는 그 계명을 좇아 사랑하라는 권고이다. 그리스도의 재림, 죽은 자의 부활, 만물의 부흥, 이러한 예언적 사실을 배경으로 하고 읽지 않으면, 확실히 알 수 없는 교훈이다. …… 성서에 있어서, 예언은 경고의 기초이며, 위로의 이유이다"라고 했다.[37] 재림이 기독교 도덕의 '경고의 기초'가 되는 것은, 인간의 죄뿐만 아니라 의로움도 드러나게 하는 최후의 심판에서 선을 행한 것이 무익한 것이 아님이 명백히 드러나기 때문이었다. 한편 '위로의 이유'가 되는 것은 이 약속에 대한 믿음에 기대어 섰을 때 비로소 신자는 암흑의 한복판에서도 "천년이 결코 늦지 않고, 만년도 견딜 수 없는 것이 아니다. 주는 반드시 오신다. 속히 오신다. 생각보다 속히 오신다. 그래서 우리들의 기다림에 비웃음을 받으면서도 우리는 기꺼이 기다리는 것이다. 이 기다림이 있으므로 우리들은 모든 고난을 이기고 무덤에 임해도 실망하지 않는 것이다"라고 하는 불굴의 희망을 유지할 수 있다는 것이었다.[38]

기독교인은 재림의 희망에 기댈 때, 자신의 시간을 '와야 할 그 날'을 기다리는 기다림의 시간으로 자리매김하며, 일상의 삶에서 사랑을 실천할 수 있다는 것이었다. 따라서 그는 기독교 신앙의 신망애(信望愛)의 관계를 논하며, 재림의 희망에 격려되지 않은 사랑과 믿음은 상실되기 쉬우며, 희망이 믿음을 북돋우고 사랑을 키워간다고 했다. 이렇게 희망에 의해 양성되는 믿음과 도덕의 관계는 '망신애(望信愛)'로 고쳐서 말할 수도 있을 것이다.[39] 우치무라의 재림 운동은 우주론적 재림을 주장하

37 우찌무라 간조, 「성서의 예언적 연구」, 『聖書之硏究』 1918, 1-2, 전집 5권, 122-130쪽.
38 우찌무라 간조, 「비웃는 사람」, 『聖書之硏究』 1918, 5, 전집 6권, 186-187쪽.
39 우찌무라 간조, 「재림신앙 제창의 필요」, 『聖書之硏究』 1930, 4, 전집 6권, 73-76쪽.

면서도, 현세의 일상에서 도덕을 강력히 추진해가고자 하는 운동이었다. 구원에서 어떠한 낙오자도 없는 '만인구원론'을 주장하면서도, 재림의 희망을 기독교 윤리의 기초로 세우는 것은 우치무라의 재림 신앙의 커다란 특징 중의 하나라고 할 수 있을 것이다.

이렇게 그리스도의 재림을 주장하며 재림에 의해 드러나는 '영원한 생명'을 살아 있는 도덕의 원동력으로 삼고자 한 우치무라는 당시의 '신신학(新神學)'에 대하여도 포문을 열었다. 이미 살펴본 대로, 일본에는 1866년경부터 '성서 무오류설', '삼위일체설', '원죄설'을 부정하는 유니테리언주의와 성서 고등비평학이 소개된 바 있다. 이에 영향을 받아 가나모리 미치토모(金森通倫), 요코이 도키오(横井時雄) 등은 그리스도의 신성을 둘러싼 문제에 관심을 표명하고, 예수는 신의 아들이 아니라 '신인(神人) 화합의 이치'를 실현했기 때문에 그리스도라고 불리게 되었다고 주장했다. 이러한 움직임은 1901년부터 1902년에 걸쳐 전개된 일본기독교회의 지도자 우에무라 마사히사(植村正久)와 일본 조합교회의 지도자 에비나 사이의 '기독론 논쟁'으로 그 절정에 이르렀다. 우에무라는 성서적 신앙에 서서 '삼위일체론', '그리스도 양성론'을 주장했다. 반면, 에비나는 그리스도의 신성과 삼위일체론을 인정하지 않는 '신신학'을 주장했다.[40]

우치무라는 속죄는 유대 사상이기 때문에, 부활은 허위이기 때문에, 재림은 비과학적이기 때문에 인정하지 않으려는 신신학자들의 성서 해석을 단호히 거부했다. 그는 "그리스도 재림은 기독교의 장식물에 불과하고, 소중한 것은 재림 그 사실이 아니라 그 안에 포함된 영적 진리"라고 하는 '신신학자'들에 대해 "하나님 자신이 이 세상에 출현하신다는 묵시록 기자의 신시대 사상은 기독교의 단순한 수식어가 아니

40 李慶愛, 『内村鑑三のキリスト教思想: 贖罪論と終末論を中心として』, 98쪽.

라 그 열심을 환기시키는 중심적 동력이 된다"라고 하며 반박했다. 그리고 일면적인 합리성으로 성서를 심판할 것이 아니라, '먼저 성서로 하여금 나를 심판하게 할 때' 성서의 중심에 있는 진리가 바로 보인다고 주장했다.[41] 그는 인간의 이성으로 설명되지 않은 신적 초월의 신비를 제거해버리려는 성서 해석을 비판했던 것이다.

나아가 눈에 보이는 변화만을 주목하고 보이지 않는 발전, 즉 영적 발전을 무시해버리는 근대 합리주의를 '일면적인 합리주의'로서 거부했다. 그것은 인간 경험의 다양성에 대한 설명을 결여하고 있을 뿐만 아니라, 진화론적 약육강식의 원리 위에 서서 세계 평화의 실현에 대한 인간의 무력함의 원천이 되고 있다는 이유에서였다.[42] 그는 이러한 '일면적인 합리주의'에 의해 지탱되고 있는 이 세계의 참을 수 없는 부조리를 더 이상 지속하지 않기 위해서는, 합리주의가 인생의 최고의 가치라는 사고에서 벗어나 '합리주의'에 대한 충성을 폐기해야 한다고 주장했다. 나아가 이러한 '일면적인 합리주의'에 의거하여 인간의 한계에 대한 자각과 신적 초월성을 상실하고 오직 자력주의에만 의거한다면, 기독교에는 세계의 구원도 진정한 평화의 보증도 있을 수 없다고 못 박았다. 그는 교회의, 나아가 넓게는 근대 사회의 기초를 이루는 합리주의와 그 배후에 있는 인간의 자력주의를 거부한 것이었다.[43]

이러한 우치무라의 주장에 대해 교회 지도자들은 즉각적으로 그의 주장이 '비합리적'이고 '무책임'하다고 비난했다. 그 대표적인 인물이 우치무라의 재림 운동을 저지하고자 '기독재림문제 강연회'를 조직한 일

41 우찌무라 간조, 「성서전부 신언론」, 『聖書之研究』 1918, 11, 전집 5권, 107쪽

42 우찌무라 간조, 「그리스도의 재림을 믿는 데서 온 나의 사상상의 변화」, 『聖書之研究』 1918, 12, 전집 6권, 49쪽

43 ゾンターク·ミラ, 「大正期日本における合理主義と救濟: 1918-1919年の再臨待望運動の'厚い記述'」, 148쪽

본 조합교회의 지도자 에비나와 우치가사키였다.

에비나는 「기독재래론(基督再來論)」이라는 장문의 논문을 1918년 4월 『신인(新人)』에 발표해 우치무라의 재림론을 비판했다. 그는 초대 기독교도의 재림관은 당시의 시대적 사상에 불과한 것으로 "바울 같은 사람은 그리스도의 재래를 육체적으로 생각한 것은 아닌 것 같다. …… 이것을 요약하면 다시 오는 그리스도가 육체의 그리스도가 아님은 명백하다. …… 만일 그렇다고 한다면 그리스도의 재림은 이 세계의 파멸을 의미하는 것이 될 것이다"라고 하여 '유형적(有形的) 재림'을 부정했다. 그는 "요한복음의 저자와 같은 기독교인은 내적으로 그리스도의 실재를 인정하고 가슴 깊이 영적 그리스도와의 교제를 맛보는 것이다. 그들은 공허하게 하늘을 올려다보거나 또는 장래를 대망해서 그리스도를 구하지 않고 그 내적 실험에서 그리스도를 발견했다"고 말하며, '영적 그리스도와의 교제가 곧 재림'이라는 '영적 재림론'을 주장했다. 그는 결론적으로 "천지의 파괴, 인류계(人類界)의 초열지옥(焦熱地獄)을 예상하고, 그리스도의 다시 오심을 마치 육안으로 볼 수 있는 그리스도의 재림으로 열망하는 것은 천 년을 하루와 같이 보는 신을 믿지 않는 압세적인, 비관적인, 절망적인 것이며, 세계와 인류의 발달을 무시하며, 또한 망국적 근성을 가진 비기독교적 교열(教熱)의 외침이다. …… 나자렛의 예수를 거짓 그리스도라고 판정한 유대인의 공상에 사로잡힌 미신이다"라고 단언했다.

에비나는 재림이란 고대 유대인의 이상이라는 시대적 제약이 있는 사상이며, 그리스도는 이미 영적으로 재림해 있어 유형적인 재림은 있을 수 없다고 설파했다. 그럼에도 불구하고 그리스도의 유형적 재림과 재림에 의한 세계 완성을 말하는 것은, 이성과 과학이 발달한 현대 세계에 적용될 수 없는 시대착오적인 미신이자 비과학적 망상이라는 것이었다.

한편 우치가사키는 『리쿠고잣시(六合雜誌)』 1918년 3월호에 「기독재림설 비판」을 실어 우치무라의 재림 신앙을 혹독하게 비판했다. 그는 에비나의 '영적 재림설'을 한 층 과격하게 첨예화시킨 이른바 '윤회적 재림설'을 주장하며, "그리스도 재림은 무엇 때문인가. 밀레니움 때문이다. 밀레니움은 무엇인가. 이상의 황금시대다. 그렇다면 이상사회 건설을 향해 노력하는 사람은 모두 재림한 그리스도가 아닌가. 그리스도의 권화가 아닌가. 이렇게 본다면 그리스도는 지금까지 수차례 재림한 것이다. 혹은 샤를르망 가운데, 혹은 단테의 가운데, 혹은 루터 가운데, 혹은 링컨 가운데, 또 나아가 윌슨 가운데, 로이드 조지 가운데"라고 했다. 예로 드는 자는 모두 기독교인이었으나, 그의 발상 자체는 불교적이었다. 그에게 그리스도는 이상화된 인간으로, 따라서 그리스도와 인간의 차이는 '발달의 차이'에 불과했던 것이다.

또한 우치가사키는 우주의 완성을 대망하는 우치무라의 재림 신앙은 이상주의적이지만, 그러나 행동을 취하지 않는 우치무라의 수동성은 오히려 재림을 방해한다고 단언했다. 즉, "단지 손 놓고 그리스도의 재림을 기대해서는 안 된다. 그것은 도리어 그리스도의 출현을 방해하는 자이다. 종교는 우리들의 생명이다. 이성이다. 이 이성에 반하는 자는 결국 인류의 진보를 반하는 자이다"라고 역설했다. 이러한 비판의 마지막에 우치가사키는 재림한 그리스도란 "그리스도의 정신을 사람들 각자에게 체득시키려고 하는 자이다. 이것은 실로 인간 영성의 핵심으로부터 나오는 사회 정책이고 또한 세계 정책이다"라고 단언했다. 여기에 '자력'이라는 단어는 나오고 있지 않으나, 인간 이성에 근거한 자력이 그 본질적인 주장임을 알 수 있다. 그리고 이 자력에 의한 세계의 점진적인 발달이 곧 역사의 완성을 가능하게 한다는 낙관주의가 팽배해 있었다. 이러한 낙관주의에 근거한 그는, 900만의 사상자를 낸 문명국가들 간의 전쟁을 통해 드러난 인간의 한계와 부조리에 대한 우치무라의 절망과 평화에 대한 염원에 공감할 수 없었다. 그리고 자력주의에 근거해 성서를 해석하는 것이야말로 합리적이며 과학적이라고 이해했던 것이다. 따라서 '보완'된 인간의 힘이 아니라, 인간과는 '질적으로 다른', 즉 별개의 차원으로서의 신의 힘을 추구했던 우치무라의 '신앙'을 이해할 수 없었다. 나아가 그들은 재림 신앙을 추진력으로 하여 기독교의 도덕을 실천함으로써 역사와 현실의 부조리를 타개하고자 하는 우치무라의 재림 신앙의 도덕적 역동성도 이해하지 못했다. 우치무라의 재림 운동에 대하여 비과학적, 비합리적, 미신적, 정신병적이라고 비난했던 사람들은 모두 스스로의 '일면적인 합리주의'에 매몰되어 진화론 및 그에 근거한 근대적 합리주의에 내재된 모순을 인식하지 못했던 것이다.

이러한 '일면적 합리주의'에 매몰된 신앙인들에게, 우치무라는 자신이 본래 자연과학도였음을 상기시키면서, 개구리 한 마리도 해부해본 적이 없는 그들이 자신을 '비과학적'이라고 말하는 것은 어불성설이라고 일갈했다. 그리고 신학적 논의의 근거를 '합리주의'가 아니라 인간의 힘을 초월한 어떤 힘이 인간 세계에 미치는 영향력에 대한 증거인 성서에 둘 것을 거듭 촉구했다. 합리적이냐 아니냐를 가지고 우치무라의 재림론을 비판하려던 에비나와 우치가사키의 시도는 과녁을 제대로 겨냥하지 못한 비난에 불과하다는 것이었다.

한편, 우치무라는 '일면적 합리주의자'들뿐만 아니라, 열광주의적 재림 운동자들로부터도 스스로를 구별하지 않으면 안 되었다. 그는 말한다.

> 재림은 성서의 중심 진리라고 말하기보다는 오히려 그 최종 진리라고 말해야 할 것이다. 재림은 성서의 결말이다. 그래서 성서의 모든 것을 안 후에, 적어도 그 대강을 안 후에 아는 것이 재림의 교리이다. 그런데 너무나도 엄청나게 크고 아름다운 교리이기 때문에 사람들은 처음에 이것을

대하고 정신이 아찔하여 판단할 수가 없다. 세상에 이른바 '재림광'이 많은 것은 이 때문이다. ……그 점에서 십자가는 재림보다도 훨씬 안전하다. 십자가는 하나님의 의의 나타나심이다. 그래서 곧 사람의 양심에 호소한다. 그리스도의 십자가는 윤리학의 최후 결론으로서 이것을 창도할 수가 있다. 그렇기 때문에 미신화될 위험이 매우 적다.[44]

우치무라는 십자가에 의한 속죄 신앙의 방향이 부활 신앙과 재림 신앙으로 나가야 하며, 그 반대 방향으로 갈 때 '재림광'을 만들어낸다고 보았다. 즉 심각한 죄의 자각과 그리스도의 십자가의 죽음에 의한 용서의 체험이라는 '내적 실험'이 있을 경우에만 재림 신앙은 건강한 신앙이 될 수 있다는 것이었다. 그가 재림 신앙을 견지하면서도 재림 운동을 그만둔 것은 '십자가 위에서 속죄를 실험하지 않은 그들'과 재림을 논하는 것은 불필요할 뿐 아니라 오히려 '위험'하다고 생각했기 때문이었다.[45]

3. 우치무라의 재림 신앙의 특징

지금까지 우치무라가 재림 신앙에 이르게 된 경위, 재림 운동의 경과, 그리고 그 과정에서 전개된 우치무라와 반대자들의 논쟁을 살펴보았다. 그렇다면 우치무라의 재림 신앙의 특징은 무엇일까.

첫째, 그의 재림 신앙은 속죄 신앙과 불가분의 관계를 갖는 구원론으로 전개되었다는 것이다. 속죄와 재림의 관계에 대해, 그는 "속죄와 재림 사이에는 밀접한 관계가 있다. 재림은 속죄의 결과라고 말할 수

44 우찌무라 간조, 「재림 제창의 필요」, 『聖書之硏究』 1930, 4, 전집 6권, 74쪽.
45 우찌무라 간조, 「재림과 속죄」, 『聖書之硏究』 1918, 4, 전집 6권, 106-107쪽.

있다. 주는 자신이 속량하신 자의 구원을 완성하시기 위해 다시 오시는 것이다. 그래서 신자는 주께 속량된 그 결과가 자기에게서 실현되기 위해 그의 재림을 기다리는 것이다. …… 나는 재림을 외치다가 속죄를 망각한 것은 아니다. 아니, 결코 그렇지 않다. 속죄의 필연적 결과를 설득케 하기 위해 재림을 높이 외치는 것이다. 그리스도의 속죄는 성령이 안에 임하는 데서부터 시작하여 육체의 구원에서 끝나야 하는 것이다. 그렇다, 속죄의 결과는 인류의 개조로 다하는 것이 아니다. 우주 만물의 재생에까지 미치는 것이다. …… 재림 없이는 속죄는 반밖에 이루어지지 않은 사업이다. 주는 우리들의 마음 가운데 시작하신 선한 사업을 완성하시기 위해 다시 오시는 것이다. …… 속죄다. 그렇다. 속죄다. 속죄의 결과인 재림이다. 설득해야 할 것은 이 2대 교리이다"라고 했다.[46]

우치무라는 십자가에서 고난의 그리스도에 의해 시작된 구원이 재림의 날의 영광의 그리스도로 인한 전우주적 완성 가운데 완전히 실현되는 것으로 재림을 이해했다. 다시 말해, '철저한 십자가의 사실'로서 재림을 받아들였던 것이다. 즉 재림은 그리스도가 십자가에서 시작한 '속죄'의 최종적인 단계로, 우주적 완성으로 파악된 것이었다. 우치무라는 속죄 신앙과 재림 신앙의 이러한 관계를 자신의 '신앙의 삼대 시기'라는 문장에서 다음과 같이 말한다.

> 나의 생애에는 신앙의 삼대 시기가 있었다. 그 첫 번째는 자기를 발견하였을 때였다. 아니 오히려 하나님에게 발견되었을 때였다. 자기가 죄인임이 발견되었을 때였다. 그 후 얼마 동안 나의 가장 큰 노력은 자기를 하나님 앞에서 깨끗해지고 거룩해지기 위하는 데로 향했다. 두 번째는 내가 나의 의로움을 발견하였을 때였다. 그것도 나 자신에 있어서가 아니라 나

46 우찌무라 간조, 「속죄와 재림」, 『聖書之硏究』 1918, 4, 전집 6권, 105-106쪽.

의 죄 때문에 십자가에 달려 돌아가신 그분에게서 이를 발견하였을 때였다. 나는 그 후 얼마 동안 예수 그리스도와 그의 십자가의 복음을 자신과 남에게 실현시켜보려고 노력했다. 그 셋째로는 아마도 최후의 시기였는데, 나는 나의 구원은 아직 완성된 것이 아니라 그리스도께서 다시 나타나실 때 그때에야 비로소 나는 그분을 닮게 될 것이라고 알게 된 때였다. 죄의 자각, 신앙으로 구원받는다는 것, 그리스도 재림의 소망 …… 이상 세 가지는 나의 영혼이 천국 바라보는 기쁨과 자유에 이르기까지의 삼대 단계였다.[47]

이렇게 우치무라에게 재림 신앙은 속죄 신앙, 부활 신앙과 밀접한 내적 연관성을 가지고 전개된 것이었다. 말하자면 십자가에 의한 속죄가 재림 신앙의 뿌리가 되고 있는 것이었다. 속죄 신앙에서 시작된 구원론이 재림 신앙에 이르러 우주론과 통합됨으로써 그는 신론과 우주론을 결합시켜 자신의 보편적 구원론의 최종적인 완성을 보게 된 것이었다.[48]

둘째, 그의 재림 신앙은 근대 일본 개신교회의 '일면적인 합리주의'에 이의를 제기한 신앙적 제안이었다. 개신교가 일본에 수용된 시기는 에도 시대 후기(1853-1867)에서 메이지 시대(1868-1912) 사이였다. 당시 기독교는 근본적으로 합리적 종교라고 간주되었고 또 '문명'에 도달하기 위한 수단으로 여겨지는 경향이 농후했다. 그러나 시간이 지남에 따라, 기독교는 '문명'의 불가결한 요소로서의 지위에서 제외되었다. 그렇더라도 합리성 자체는 합리주의와 함께 기독교와 관련해서 점점 더 중시되어갔다. 강요된 개국에 의한 '근대'로의 이행을 경험하는 일본의 정치적 맥락 속에서, 부국강병을 추진하기 위한 원동력은 다름아닌 공

---

47 우찌무라 간조, 「신앙의 삼대 시기(時機)」, 『聖書之硏究』 1918, 2, 전집 7권, 467-468쪽.

48 泉治典, 「贖罪と再臨」, 『內村鑑三硏究』, 創刊號(1973), 105쪽.

적 생활의 합리화라고 여겨졌기 때문이었다.[49] 그러나 합리주의가 일상생활의 제반 영역에 침투하여 일본이 공업국가라고 인식되기 시작한 제1차 대전기에 이르러서, 일본 사회는 서양 학문의 결합과 더불어 그것으로는 해결할 수 없는 생활의 여러 영역이 존재한다는 것을 점차 인식하기에 이르렀다. 이러한 가운데 영적인 생활을 탐구하는 여러 가지 대안적 운동이 일어났는데, 우치무라의 재림 운동도 그 대표적인 한 예라고 할 수 있을 것이다.[50]

그는 인간의 이성으로 설명할 수 없는 신적인 초월성을 모두 제거하고자 하는 일본 개신교의 구원론에 이의를 제기했다. 우치무라가 초월을 배제한 합리성에 근거한 성서 해석을 배제했다고 하여 이것을 이성을 배제한 '축자영감설적' 근본주의의 성서 해석으로 오해해서는 안 된다. 이미 살펴본 대로, 그는 신의 살아 있는 말씀으로서 성서의 권위를 대단히 중시했음에도 불구하고, 그의 성서 연구 방법은 진보적이었고 역사문헌학적 연구나 학문의 급진적 비판도 받아들였다. "성서는 하나로서 영구불변하지만, 성령이 신자를 통해서 일하시는 방법은 시간과 장소에 따라 다르다. …… 사실과 진리를 혼동하는 자가 세상에 많은 것은 슬픈 일이다. 우리들은 이 두 개를 엄밀하게 구분해서 처음부터 성서 해석에서 오류를 없게 하고, 또 신앙생활에서 실수가 없도록 해야 한다"라고 했다.[51] 이러한 우치무라의 태도는 재림의 날을 예측하거나 천년왕국을 문자 그대로 해석하는 것을 거부함으로써 재림 운동 기간에도 견지되었다. 그는 그리스도의 십자가에 대한 확신에 근거하여 성

49 ゾンターク・ミラ, 「大正期日本における合理主義と救濟: 1918-1919年の再臨待望運動の'厚い記述'」, 72쪽.

50 ゾンターク・ミラ, 「生命の不思議な理性: 中田重治, 内村鑑三, 木村清松の再臨運動」, 『内村鑑三研究』 43호, 88-89쪽.

51 内村鑑三, 「ペンテコステの出來事」, 『聖書之硏究』, 1920, 5, 全集 25권, 354쪽.

서에 대한 학문적 비평을 자유롭게 사용함으로써, 이성뿐만 아니라 초월과 신비까지도 포괄할 수 있는 신앙을 촉구했다. 즉 '구원'과 '합리성'의 균형을 회복할 것을 촉구했던 것이다.

이러한 우치무라의 촉구는 자력 구원 신앙과 타력 구원 신앙의 관계로도 다시 읽어볼 수 있다. 우치무라의 반론자들은 그의 재림 신앙을 철저히 수동적인 타력 구원 신앙으로 비판한 바 있었다. 그러나 그에게 재림 신앙은 자력과 타력이 균형을 이루는 신앙이었다. 그에게 재림 신앙은 심판의 날, 아버지인 신에게 미력하지만 자력으로 했던 것을 평가받는다는 의미에서는 자력이었으나, 동시에, 인간의 힘으로 불가능했던 것을 신이 완성해준다는 의미에서는 타력이었다. 또한 그것은 위로와 믿음에 근거해 '와야 할 그날'을 위해 지금 여기에서 선을 향해 가능한 한 걸음을 내딛게 해준다는 의미에서 인간의 자력을 활성화시키는 것이었다. 따라서 우치무라에게 있어서, 재림 신앙은 타력에 의해 자력이 활성화되는 구조로 자력과 타력은 불가동(不可同)이면서도 불가분(不可分)의 관계에 있었다. 즉 인간의 힘과 신의 힘이 분리될 수 없이 통합되면서도, 이 양자 사이의 '무한한 질적 상이함'을 강조하는 신앙이었다.

결국 죄 없는 어린 딸의 죽음과 문명국가들 간의 전쟁에 의한 900만의 사상자들의 죽음 앞에서, 평화를 이루지 못하는 자신과 인간의 한계를 절감하고 절망했던 우치무라는 재림 신앙을 통해 역사와 우주 완성에 대해 새로운 인식의 지평을 확대할 수 있었다. 재림 신앙을 통해 그는 자신의 시대에 팽배한 인간 이성에 대한 무한한 신뢰와 점진적 진보의 낙관주의, 그리고 자력주의에 이의를 제기했다. 그리고 인간의 이성뿐만이 아니라 신적 초월과 신비를 포괄할 수 있는 성서적 신앙을 새롭게 재발견할 것을 촉구했다. 그는 우주 완성의 약속이라는 종말론적 희망을 도덕적 추진력으로 세움으로써 자력 구원 신앙과 타력 구원 신앙을 통합하고자 했던 것이다.

그에게 재림 신앙은 이렇게 역사적 현실과의 첨예한 대결 속에서 형성된 것이며, 동시에 역사에 대해 보다 근원적인 참여를 가능케 한 것이었다.[52] 따라서 그의 재림 신앙은 묵시문학적인 종말의 날에 집착하며 무시간성에 안주하는 현실 도피나 숙명론적 미신과는 근본적으로 달랐다. 그것은 늘 역사의 한복판에서 종말론적 희망에 의거해 '궁극 이전의 자유로움'을 가지고 역사의 완성에 봉사할 책임을 감당하려는 신앙이었다. 우치무라의 재림 신앙은 종말론적 희망에 근거한 현실 비판이자 대안 모색의 원동력으로 기능했던 것이다. 그러한 의미에서 재림 신앙은 우치무라에게 탈세속과 더불어 세속회귀를 가능하게 하는 종말론적 실천철학이었다.

우치무라의 재림 신앙의 이러한 종말론적 성격은 당시 유럽에서 등장한 철저한 종말론에 근거한 '위기 신학'과 여러모로 유사한 점이 엿보인다. 우치무라 자신은 후일에 알게 된 위기 신학에 대해 일기에서 칼 바르트의 이름을 거명하면서 "비평가들은 이것을 '위기신학'이라고 말하지만 나는 '재림 신학'이라고 이름붙이는 것이 좋을 것 같다. 구미신학이 대체로 그리스도 재림 신앙에 근접해가는 것은 눈에 띄는 사실이다"라고 쓰고 있었다.[53] 우치무라 역시 19세기에서 20세기로의 세계사적·사상적 전환을 모색하는 과정에서 바르트와는 다른 경로를 밟으면서 종말론적 신앙에 도달하게 된 것이다.

52 宮田光雄,「近代日本のキリスト教平和思想」,『宮田光雄內集』5권, 岩波書店, 1996, 288쪽.
53 위의 책, 286-287쪽.

8장

성서의 대중 강의 시대

1. 대중 강의의 풍경

재림 강연회에서 우치무라는 기독교계를 개혁할 필요를 강하게 주장했다. 그 요지를 요약해보면 다음과 같다. 신앙생활 40년의 경험에서 보건대, 일본인은 기독교의 가르침을 원하고 있음에도 불구하고 교회도 신학교도 이 요구를 충족시키지 못하고 있음을 알았다. 한 교회의 신도수는 평균 20명, 신학교에서는 교수 수가 학생수를 상회한다. 교회 내부에는 이단이나 억측이 횡횡하여 신학열을 고취시키기는커녕 냉각시켜버린다. 교회의 지도자들은 성서가 하나님의 말씀임을 의심한다. 선교사들은 나의 신앙이 교회 지도자들의 신앙보다 올바르다고 생각하면서도 이것을 입밖에 내지 않는다. 이 이상의 이단이 있을 수 있겠는가. 교회는 또한 세속화되었다. 작년 세계일요학교 회의를 지원하기 위하여 교회는 오쿠마 시게노부(大隈重信)이나 시부자와에이지(澁澤榮一) 등의 유명한 무신론자에게서 기부금을 받았다. 이것이 세속화가 아니고 무엇이겠는가. 신자는 이러한 교회에 소속해도 좋다. 그러나 바라기는 이단을 믿지는 말아라. 바라기는 가난해도 깨끗한 삶을 살자. 이렇게 해서 따뜻한 사랑을 가지고 하나가 되어 세속화된 교회의 쇄신에 힘을 다하자. 이것이야 말로 내가 간절히 원하는 바이다.[1]

이 강연회에서 우치무라는 불가지론자로 커다란 영향력을 갖고 있었던 오쿠마와 몇몇 교회 지도자 이름을 실명으로 언급했다. 이 정도로 확신에 차 자신의 견해를 공언한 적은 지금까지는 없었다. 그의 의견에 반대하는 사람들도 행동을 개시했다. 그 결과 우치무라는 YMCA강당에서 추방되었다.[2]

우치무라와 제자들은 오테마치(大手町)의 대일본 사립 위생회 강당을 새로운 강연회장으로 확보했다. 우치무라와 교회의 화해는 더 이상 불가능해졌다. 그는 "때는 곤란할 때이다. 암흑이다. 교회는 부패해 있다. 목사는 자고 있다. 그러나 하나님께 감사한다. 국민은 복음의 빛에 눈뜨기 시작하고 있다. 하나님은 일본국을 자신의 것으로 요구하고 있다…… 교회와 그들이 고용한 목사의 손을 빌리지 않고서…… 일본국은 완전히 독립하여 그 자신의 자녀들에 의해 기독교국이 되고 있다."고 주장했다.[3] 오랜 세월 참아왔던 에너지를 발산했던 것이다. 격렬한 주장은 우치무라를 일본의 지도자라고 하는 새로운 지위로 끌어올렸다. 싸움을 마친 후 그는 이제 종래의 기독교 사상을 대신하는 것이라고 확실히 인정된 새로운 해석의 최전선에 섰고 신봉자들은 그를 추종했다. 강연회장에는 넘칠 정도의 청중이 몰려들었다. 헌금은 1,063엔으로 올랐는데, 이것은 중류 샐러리맨의 연봉에 필적하는 금액이었다. 한 권 내고 중지되었던 『전집』 제1권 초판은 일주일도 되지 못해 절판되고 1개월 이내에 3판을 거듭했다. 지난 날 불경 사건으로 퇴직하지 않을

---

1 内村鑑三, 「基督教界革正の必要」, 『聖書之研究』, 1919, 6, 全集 25권, 40쪽.

2 J. F. ハウズ, 앞의 책, 338쪽.

3 内村鑑三, 「光明の日」, 『聖書之研究』, 1916, 6, 全集 25권, 3-4쪽.

수 없었던 제일고등중학교에서도 강연 의뢰가 있었고, 유명한 다른 종교계 지도자들과 함께 내무대신과의 회합에 초대되기도 했다.

이러한 상황에서 '무교회'에 대한 이해도 구체화되어갔다. '무교회'라고 하는 표현은 우치무라가 1892년 신앙 상태를 표현하는 말로 쓰기 시작한 이래, 명사로서보다 무교회주의라던가 무교회 신자라는 식의 형용사로 사용되는 일이 많았다. 그러나 개신교의 지도적 목사들에 대한 공격 때 이 표현이 사용된 것을 계기로, 우치무라의 생각을 믿고 그를 변호하는 기독교인 그룹을 지칭하는 말이 되었다. 아직은 견해라기보다도 신자 그룹을 지칭하는 명칭으로 사용된 것이었다. 무교회 멤버는 다른 소규모 교파 신도와 공통되는 태도를 상당 부분 가지고 있었다. 우치무라의 말년은 이 그룹 멤버와의 관계를 정확히 규정하는 것이 큰 과제의 하나가 되었다.[4]

강연회장을 옮긴 후 우치무라는 1919년에서 1923년까지 이곳에서 성서 강의를 계속 했다. YMCA 강당보다 밝고 환기가 잘 되는 대강당에 우치무라는 커다란 피아노를 들였는데, 이것을 구약성서의 시편 작자들이 하나님을 찬양하기 위해 사용했던 현금에 비유했다. 이 강당에는 700명이 함께 하나님을 예배할 수 있었다. 이 지역은 도쿄역에서 천황이 사는 황거(皇居)에 이르는 지역으로, 재계의 리더들이 국가의 경제를 움직이고 있었다. 수세기 간 일본 정부는 불교와 신사를 교외로 몰아냈기 때문에 도심에 종교 단체가 성립한다는 것은 예기치 않은 일이었다. 따라서 이러한 장소에 성서 강연의 강당을 확보했다는 것은 무교회의 자랑이었고 기독교가 일본에서도 번영할 것이라는 자신감을 강화시키는 일이었다. 훌륭한 강당에서 우치무라는 열심히 강의를 했고 청중들도 집중해서 들었다. 그의 강연은 많은 사람들에게 오랫동안 기억

---

4 J. F. ハウズ, 앞의 책, 39쪽.

에 남을 만큼 충실한 것이었다. 우치무라는 59-63세까지의 이 4년간을 자신의 생애의 절정기라고 했다.[5]

재림 신앙 운동에 참여했던 대부분의 사람들이 이후에도 그의 집회에 계속 머물렀다. 거의 다 인텔리 그룹으로 민주주의 이념에 헌신하는 사람들이었다. 고학력으로 합리적인 사고방식을 가진 사람들이 우치무라의 재림 교리를 쉽게 믿었던 것은 그만큼 그의 재림 신앙이 종말론적 신앙임을 말하고 있었다. 1921년에는 회원제도가 확립되었다. 이후 그룹에 대한 명백한 귀속의식이 우치무라 집회의 특징이 되었고 이것은 그의 사후에도 이어지는 전통이 되었다. 우치무라는 청강자의 조건에 대해 엄격하게 규정했다. 『성서의 연구』를 일 년 이상 구독할 것, 회비를 정기적으로 지불할 것, 3개월 이상 결석하면 회원권을 박탈당할 것, 성실한 강의에 상응하는 복장을 할 것, 강의 전 2시간은 강연자를 방해하지 말 것, 완전히 정숙을 지킬 것, 강연은 청중 전체의 것이므로 개인적인 용건으로 강연자의 주의를 끌면 나중에 계속되는 강연이 청강자 전원에게 미치는 손해를 염두에 둘 것, 10세 이하의 어린이를 데려오는 것은 어린애에게는 불편함이요, 다른 청중에게는 주의산만해지고 강연자에게는 커다란 장애가 되니 데려오지 말 것, 비판이나 조소를 목적으로 하는 출석은 집회의 진행을 방해하기 때문에 신문기자는 자기 수양을 위해 출석하는 것이 아니면 입장 금지. 또한 "각자 상응하는 기부를 할 생각으로 출석해야 한다. 대가가 없는 진리는 진리가 아니다. 무료 수강은 강사에게는 무해하나 청강자에게는 유해하다. 대가를 지불하고 들어야겠다고 원하지 않는 강연이라면 듣지 않는 쪽이 좋은 것이다" 등등이었다.[6] 이렇게 조건은 엄격했으나 회원들은 주저하지 않았다. 자기

---

5 内村鑑三, 「羅馬書の研究に附する序」, 『聖書之研究』 1916, 6, 全集 28권, 357쪽.

6 内村鑑三, 「聽講注意錄」, 『聖書之硏究』, 1918, 9, 全集 24권, 605-606쪽.

신고제의 회비는 월액 10전에서부터 10엔까지 평균 1엔 20전. 최고액인 10엔은 샐러리맨의 월급의 1/4에 해당한다. 제자들은 재력도 있어서 기쁘게 지불했다. 회원 신청이 시작된 다음 달 발표된 회원수는 650명. 그 가운데 420명이 남성이었고, 더구나 절반 이상은 25세의 청년 남녀로 불교의 스님도 몇 명인가 있었다. 절정기의 회원수는 900명이었다. 일본 기독교 그룹에서 최대는 아니었다고 할지라도 커다란 그룹의 하나였다.

우치무라의 강연은 먼저 회원들이 지지할 것 같은 내용의 말로 시작하여 청중들이 고개를 끄덕거리고 동의하면, 그는 처음의 견해의 약점을 지적하고 그것을 대신할 자신의 견해를 제시했다. 강연을 들었던 사람들은 그의 이러한 테크닉이 성공적이었다고 회상했다. 대일본 사립위생회 강당에서 그가 행한 성서 주해 강연은 그의 생애에서 가장 중요한 것의 하나가 되었다.

2. 성서 주해서

그는 1893년 최초의 성서 주해서로 「룻기」를 간행했고, 이어진 37년간의 저술가 인생에서 성서 66권의 거의 전부를 분석했다. 예외는 모두 구약성서로 느헤미야기, 아가서, 예레미야 애가, 요엘, 미가, 호세아, 하박국, 말라기였다. 우치무라의 성서 연구는 오늘날에도 단독 저자의 손에 의한 일본어 성서 주해서로서 최대 규모이다. 그 가운데 창세기, 욥기, 시편, 이사야서, 4복음서, 로마서 등은 매우 상세한 분석이 이루어져 있다. 이중 욥기와 로마서, 그리고 4복음서를 분석한 '그리스도의 생애'에는 성서 중의 인물이 신앙을 가지고 생활한 체험을 중심으로 하는 그의 성서 주해 방법이 가장 원숙하게 나타나 있었다. 또한 비기독교적인 풍토에서 크게 비약하여 기독교로 개종한 사람들이 씨름하지 않으면 안 되는 문제에 대해서 우치무라가 자신의 체험을 곁들여 대답하고 있는 주해서이기도 했다. 이하에서는 이 세 가지 주해서를 중심으로 우치무라의 성서 주해를 살펴보도록 하자.

욥기는 부유하고 자손도 많고 신앙심이 깊어 하나님이 크게 사랑하는 남자에게 덮친 재난에 대해서 서술하고 있다. 사탄은 충실한 종에 대한 하나님의 신뢰에 의문을 던진다. 물질적으로 충족되고 자손도 번영한 욥이 경건한 것은 당연한 것이라고 그의 신앙을 시험해보자고 한다. 하나님도 이에 동의하여 먼저 재산을 그리고 가족을 마지막으로 그의 건강까지 빼앗아 마침내 욥은 재 속에 앉아 자신의 몸을 긁으며 한탄하기에 이른다. 이렇게 그가 당한 여섯 가지의 불행에 이어 일곱 번째의 고난이 찾아온다. 그것은 그를 위로하기 위해 찾아온 친구들과의 정신적인 단절이었다.

친구들은 율법적 태도에 서서 불행은 악인에게만 오는 것이었기 때문에 욥은 악인임에 틀림없다, 그러니 신앙을 새롭게 하여 회개하라고 권함으로써 욥을 단죄하고 그의 소외감을 더욱 강화시킨다. 욥은 자신이 태어난 날을 저주할 정도에 이른다. 우치무라는 이러한 상황을 현대적으로 치환하여, 교회 안에서 다른 신자들로부터 고난과 죄를 연결시키며 비난받는 상황으로 설명한다. 엘리바스, 빌닷 그리고 소발의 3 친구는 각각 목사, 신학자, 평신도 대표로 구성된 교회 위원회 등으로 말할 수 있는데, 이들은 욥이 왜 불행의 원인을 죄라고 인정하지 않는가를 비난하고 있다는 것이다. 이들과의 욥의 논쟁이 욥기의 중심을 이루고 있다. 엘리바스는 욥이 죄를 범했기 때문에 죄를 고백하면 신 앞에서 의로운 자라고 인정받을 거라고 장황하게 설교한다. 이에 욥은 자신의 결백을 주장한다. 두 번째로 온 친구 빌닷은 엘리바스처럼 인간을 이해하지 못한다. 그는 젊은 신학자처럼 "인생을 이해하지 못하고 즉시 신학적 단정을 친구의 머리에 쏟아부으며 의기양양하게 그 신학적 정당성을 주장하는 젊은 신학자라고 할 수 있다. 그의 말은 마치 학교에서 배운 기존의 교리를 필기장을 보고 반복하는 것과 같다".[7] 그는 욥을 사랑하는 것이 아니라 교리를 호소한 것이다. 욥은 빌닷의 태도가 얼마나 멍청한가를 지적한다. 소발에 대해서도 마찬가지였다. 욥은 악행과 불행을 연결시키면서 친구들이 자신에게 주려는 위로를 거절한다. 고통을 무시함으로써 일시적으로 고통으로부터 도피하도록 권고하는 위로였기 때문이다. 진정한 위로는 같은 신앙을 가진 친구로서 곁에서 지지해주고 격려해주는 것이었다. 욥을 설득하려고 하는 친구들의 노력에도 불구하고 그는 친구들에게 완전히 버림받는다. 그리고 그때 처음으로 비로소 신과의 진정한 관계에 눈뜨게 된다. 욥은 새로운 신앙에 점차 눈뜨게 되어 신의 사랑과 부활의 가능성을 모색한다. 그는 마음의 자연스런 움직임에 따라 '구속의 주'라는 깨달음에 도달한 것이다. 우치무라는 욥기 19장 25-27절, "내가 알기에는 나의 구속자가 살아계시니 마침내 그가 땅 위에 서실 것이다. 나의 이 가죽 이것이 썩은 후에 내가 육체 밖에서 하나님을 보리라. 내가 친히 그를 보리니 내 눈으로 그를 보기를 낯선 사람처럼 하지 않을 것이라"를 욥기의 클라이맥스라고 한다. 그리고 이렇게 설명한다.

> '나의 구속자'는, 나의 변호자 즉 나를 의롭다고 증거하여 내 오명을 깨끗이 하여 주시는 자라는 뜻이다. 이런 분이 지금 살아 있음을 나는 안다. 나는 확신한다고 하는 것이다. 그는 존재해 있을 뿐 아니라, 지금 살아서 활동하고 있으며, 내 편인 동시에, 내 정의의 보호자라고 하는 것이다. 이는 실로 암중에서 찾아낸 눈부신 신앙의 주옥이다. 그리고 '후일에 그가

---

7 内村鑑三,「神學者ビルダデ語る」,『聖書之研究』, 1920, 7, 全集 25권, 402쪽.

땅 위에 서실 것이니'라는 것은, 이 변호자가 후일 지상에 출현한다는 예감이다. 그리고 26절의 '나의 이 가죽 이것이 썩은 후에 내가 육체 밖에서 하나님을 보리라'는 것으로 사후에 하나님을 보리라는 확신을 말한다. 27절에서 '내가 친히 그를 보리니'라고 이것을 반복하여 강조하고, 다음으로 '내 눈으로 낯선 사람처럼 하지 않을 것이라'고 세 번 되풀이하며, 그 확신을 표현하고 있다. 이 최후의 말은, 하나님을 내 친구로서 인식하리라, 오늘날처럼 대적으로 상대하는 일이 없으리라는 의미를 나타내 보인 것이다. 이 위대한 말의 최후에 '내 마음이 이를 바라기에 조급하구나'라고 한 데 주의해야 할 것이다. 나를 구속하는 자는 후일 지상에 나타나실 것이라고 하고, 사후 내가 하나님을 보리라고 한다. 실로 이것은 위대한 희망이다…… 그는 이 마음의 불타는 열망을 나타내 보이며 '내 마음이 이를 바래 조급해하는구나'라고 한 것이다.[8]

19장에 이르러 욥의 영적 실험이 최고점에 달해 마침내 자신마저 예기치 못했던 진리, 즉 구속자는 하나님이라는 사상, 그리고 이 구속하실 이가 지상에 나타나실 것이라는 사상, 나아가 어느 때인가 사람이 하나님을 볼 수 있는 눈이 열려 하나님을 직시(直視)할 수 있게 된다는 사상에 이르렀다고 하며, 제19장을 욥기의 분수령이라고 우치무라는 보았다. 그리고 고난을 통과하는 과정을 통해 욥의 신앙이 서서히 성숙해졌고, 고난의 목적이 구세주를 보이기 위함에 있음도 알게 되었다고 한다. 욥은 고난을 거쳐, 구세주를 알기에 이르렀고, 여기에서 비로소 고난의 의미가 구세주를 알게 하기 위함임도 분명해졌다는 것이었다.

마지막으로 우치무라는 욥을 통해서 우리가 알 수 있는 것은 신앙은 본래 '개인적'이지 않으면 안 된다는 사실이라고 지적한다. 즉 신앙은

8 우찌무라 간조, 『우찌무라 간조 성서 주해』 욥기편, 이성호 역, 성서연구원, 2001, 314쪽.

"사교적, 또는 국가적, 또는 인류적인 것은 아니다. 욥은 혼자 고생하여 혼자서 구세주를 발견하고 '내가 안다'고 하기에 이르렀다. 누구이건 욥과 같지 않으면 안 된다. 우리들은 인류와 함께 그리스도를 아는 것이 아니다. 혼자만으로 그리스도를 아는 것이다. 지금 사람은 혼자만으로 하나님을 알려 하지 않고, 사회와 함께, 국가와 함께, 세계만국과 함께 하나님을 알려 한다. 이는 커다란 과오이다. 그러한 우견(愚見)에서 출발하는 까닭에 오늘의 신자에게는 신앙이 얕은 자가 많은 것이다. 우리들은 욥처럼 혼자 스스로 고생하여 마침내 '내가 안다. 나를 구속하시는 자는 살아 계시도다'라고 말할 수 있는데 이르지 않으면 안 된다"고 했다.[9]

이 클라이맥스 강연 후 그는 욥과 친구들과의 논쟁을 생략하고 하나님이 나타나는 38장까지 건너뛰었다. 이것은 19장을 클라이맥스로 보는 그의 전반적인 견해에 걸맞는다. 젊은 엘리후가 연장자들이 이 토론에 실패하는 것을 보고 토론에 참가하나, 욥은 하나님과 직접 이야기하고 싶어 했고, 그의 소망은 받아들여진다. 마침내 하나님이 직접 나타나 욥에게 하나님과 동등한 위치에 있을 생각이냐고 질책하자, 욥은 하나님의 주권을 인정한다. 하나님의 주권을 말하는 것은 쉬운 일이나 실제로 믿는 것은 매우 어려운 일이다. 하나님의 힘을 믿어버리면 모든 것을 평화롭게 받아들일 수 있게 된다. 그리고 '당신의 뜻대로'라고 마음으로부터 바랄 수 있게 된다.

욥의 최초의 번영과 시련 후의 번영은 겉보기에는 동일하나 거기에는 차이가 있다. 최초에 그는 풍요로움을 선한 것의 결과라고 믿었으나 후에는 악인임에도 불구하고 풍요로운 것을 깨달았다. "불신자는 물질의 소유를 가지고 정당한 권리라고 생각한다. 때문에 물질이 부족할 때

9 위의 책, 313-318쪽.

에는 불평이 끊이지 않는다. 그러나 신자는 아주 조그마한 소유물을 가지고 만족한다. 이것들 일체가 자신의 공에 의한 것이 아니라 철저히 하나님의 은혜에 기인한다고 생각하기 때문이다."[10]

이상으로 『욥기』에 대한 우치무라의 해석을 정리해보았다. 그는 『욥기』를 자기 발견의 작품 즉 신과의 관계를 인간에게 알릴 의도를 가지고 쓰인 작품임과 동시에 위대한 문학으로서 다뤘다. 스스로의 경험을 그려낸 작품이라는 해석과 문학 작품으로서의 해석이라는 두 개의 축 사이에서 움직이고 있었다. 그리고 스스로를 욥과 오버랩시키고 있었다. 욥이 처음에 구세주의 존재를 느낀 16장 19절의 "지금 나의 증인이 하늘에 계시고 나의 중보자가 높은 데 계시니라"의 부분에 관한 강연을 한 날 일기에 그는 이렇게 썼다. "내 자신이 욥이 되는 것 같은 기분이 들었다…… 내 눈에도 눈물이 고였고 청중들 사이에도 눈시울을 닦는 사람들이 여기저기에 보였다. 이것은 교회자 또는 신학자의 소리가 아니다. 인간의 소리다. 인간이 자기 몸의 환란과 교회자의 냉담함에 내몰려서 하늘의 중보자가 계심을 인정하기에 이르렀을 때의 소리이다"라고.[11] 1개월쯤 지나 욥이 구세주에 대한 신앙을 말하는 19장 강연을 끝낸 직후 우치무라는 현기증이 났는데, 다음날 일기에 "욥기 19장을 강의하고 이런 증세가 일어나는 것은 당연하다"고 하며 "열성을 다하지 않으면 욥기를 해석했다고는 결코 말할 수 없을 것이다"고 썼다.[12] 그날 강연에서 그는 이야기의 주인공과 마찬가지로 확신에 찬 신앙을 표명할 수 있었다.

『욥기』 강연을 들은 사람들은 모두 크게 감동했다. 19장에 관한 강연에는 800인의 청중이 강당을 꽉 채웠다. 제자 이시하라(石原兵永)는

10 위의 책, 355-356쪽.

11 內村鑑三 日記, 1920, 9, 19, 『聖書之硏究』, 1920, 10, 全集 33권, 293-294쪽.

12 內村鑑三 日記, 1920, 10, 11, 『聖書之硏究』, 1920, 11, 全集 33권, 301쪽.

강연 후 하숙집으로 돌아왔는데 감동이 진정이 되지 않아 조용한 장소를 찾아 근처 신사의 계단에 앉아 도쿄만을 바라보며 열성적인 짧은 기도를 드렸다고 한다. 이러한 반응을 나타낸 사람들이 많았다. 연속 강연은 1922년 단행본으로 정리되어 우치무라의 생전에 4판을 거듭했다.[13] 제자들의 대부분이 비슷한 반응을 보인 것은 기독교에로의 회심 때문에 사회에서 소외당하고 있는 자신들의 고난 상황을 욥과 오버랩시켜 실감하게 한 우치무라의 능력 때문이었다. 당시 일본 사회에서는 회심 자체가 신자의 결의를 시험하는 하나님의 시련이라고 여겨졌던 것이다. 이야기의 클라이맥스에서 우치무라가 보인 감동을 보면 그가 왜 때때로 기독교에 회심하기 위하여 정신적으로 커다란 희생이 필요하다고 역설했는지 이해할 수 있다.

『욥기』에 이어 그의 최대의 걸작이라고 알려진 『로마서』의 방대한 주석이 시작되었다. 『욥기』가 일본인 기독교인으로 하여금 자신의 고난을 통해 하나님과 자신의 직접적인 관계를 발견하게 된 체험을 성찰하게 한 것이었다면, 『로마서』는 그렇게 하여 새로운 신앙에 눈뜬 사람이 자신의 새로운 신앙과 이전에 몸담고 성장해왔던 전통과의 관계를 어떻게 해야 하는가의 물음에 대한 탐구이기도 했다. 우치무라는 로마서 강연을 1921년 1월에 시작하여 1923년 10월까지 21개월간, 병이 났을 때나 여름방학을 빼고 매주 일요일 계속했다.

『로마서』는 신약성서 가운데에서도 중요한 부분으로 4복음서와 사도행전 바로 다음에 위치한다. 바울은 사도들 가운데서도 가장 위대한 인물로 날 때부터 유대인이었던 사람에게도 혹은 그 외의 이방인에 대해서도 전도했다. 로마의 신도들에게 보내는 그의 편지에는 그가 신앙의 핵심이라고 생각했던 것이 압축되어 있었다. 즉, 기독교라는 새로운

13 J. F. ハウズ, 앞의 책, 352쪽.

신앙과 그 신앙의 모체인 유대교와의 관계, 새로운 신앙과 동포 유대인 사회와의 관계 및 이방인 사회와의 관계, 그리고 기독교인이 비기독교인들 사이에서 어떻게 행동해야 하는가에 대한 문제를 논하고 있었다. 이러한 문제는 모두 회심자가 신앙적 성장 과정에서 씨름하는 문제였다. 우치무라는 텍스트를 한 자 한 자 정중히 설명하면서 자연스럽게 이러한 문제에 대해 언급하고 있었다. 이를 통해 성서 텍스트의 중요한 구절과 자신의 생활과의 관계를 이해하게 하려는 것이었다.

먼저 '바울에 의한 복음서'라고 불리는 최초의 8장은 수세기간 비밀로 유지되어왔던 계획이 이제 예수 그리스도 안에서 모든 사람의 구원을 위해 명확하게 되었다는 사실, 그리고 이 계획이 구약의 '율법'과 어떻게 관련되고 있는가를 논하고 있다. 그의 극적인 회심 체험 이후 바울은 이전 그가 참 종교로 이해하고 있었던 것과 예수야말로 구약성서에서 예언된 그리스도라고 하는 그의 새로운 신앙을 조화시키기 위해 노력하고, 이 과정에서 이 새로운 계시의 의미를 성찰하면서 새로운 신념을 다른 사람에게 전하려 했던 것이다.

이러한 바울의 견해를 주해하면서 우치무라는 한편으로 이것을 현재의 일본인 신자들의 생활과 연관시키려 노력했다. 예를 들어, 제 8장을 논하며 그는 회심자가 가족이나 전통의 도움 없이 새로운 신앙을 익혀가는 방법이 무엇인가라는 질문에 대해 대답했다. 그는 기독교적 전통 안에서 자라지 않은 사람이 이것을 배우는 길은 성서 연구를 통하는 것 외에는 없다고 대답했다. 그리고 성령이 사람의 마음을 내부에서 움직이며 그를 격려하고 가르치고 힘을 공급하여 하나님과 사람의 '합일(合一)'을 가능하게 한다는 로마서 8장의 내용이 너무나 일상생활에서 멀리 떨어진 공허한 소리처럼 들리지만, 실은 그렇지 않다고 했다. 그는 성서가 우리들의 가장 절실한 관심사를 다루고 있기 때문에 오늘날까지도 가장 널리 읽혀지고 있다고 하면서, 당시 세상의 이목을 집중시키고 있는 워싱턴에서 열린 세계 평화를 위한 군축 회담과 8장을 연결시켜 다음과 같이 논했다.

> 인간 사회에서 정의 실행의 문제를 그 깊은 근저에서 논하는 것은 성서, 특히 로마서이기 때문이다. 인간 상호간에서 정의 실행의 문제는 거슬러 올라가면 개인의 정의 실행의 문제가 되고, 정의 실행의 문제는 또 거슬러 올라가보면 신 앞에서 의롭게 여겨지는 길이 무엇인가의 문제가 된다. 왜냐하면 신 앞에서 의롭게 여겨지는 인간이 되고서야 비로소 개인으로서 정의의 실행자일 수 있기 때문이고, 개인으로서 정의 실행자인 사람이 되고서야 비로소 인간 상호에 대한 정의 실행자일 수 있기 때문에, 어떻게 하면 인간 사회에 정의가 행해질 수 있는가의 문제는 궁극적으로는 어떻게 하면 인간은 신 앞에서 의로울 수 있는가의 문제에 귀착되는 것이다.
>
> 따라서 인류 사이의 평화 문제는 즉 신과 인간 사이의 평화 문제이다. 인간과 인간 사이의 정의 문제는 즉 신과 인간 사이의 정의 문제이다…… 물론 회의에 참석한 구미 각국 사람들이 모두 독실한 기독교 신자라고 할 수는 없다. 그러나 오랜 세월 구미 민족을 길러온 성서가 아직도 그들의 감정과 정신을 지배하고 있지 않다고 누가 말할 수 있겠는가. 조상은 어떠하며 전통은 어떠한가? 그들 역시 자국의 이익을 생각하지 않을 수 없지만 그 밖에 정대(正大)한 공의적(公義的) 정신을 깊이 가지고 있는 것은 사실이다. 역시 문제는 성서다. 성서는 그들의 마음속 깊은 데를 움직이고 있는 것이다. 어떤 의미에서 성서는 여전히 그들을 지배하고 있다.
>
> 워싱턴 회의가 오늘날 인류의 최대의 관심사인 것은 결국 성서의 문제가 세계 인류의 최대 관심사인 것이다. 그런 의미에서 성서는 여전히 인류를 지배하고 있다고 말할 수 있다. 예언자 이사야가 이사야서에서 평화의 예언을 한 후 2,600년간, 인류 세계에는 여전히 전쟁이 그치고 있지 않지만 인류는 어떻게 해서든 전쟁을 그치게 하려는 희망과 이상을 품어왔다.

평화는 바로 성서의 문제다. 성서의 정신은 평화 실현을 보는 데 있다. 인류를 가장 힘있게 움직이고 있는 것은 성서이다. 그러므로 인류가 가장 열심히 연구해야 할 것은 성서이다.[14]

당시 세계의 지도자들은 워싱턴 군축회의에서 일본에게 영토 확장을 제한하도록 촉구했는데, 우치무라는 일본과 교섭하는 서양 측의 대표자들이 이사야서가 예언한 평화를 실현하고자 하는 공공의 이익의 입장에서 행동하고 있다고 논했다. 이것을 듣는 그의 청중들은 일본이 선진국의 대열에 들어서기 위해서는 이러한 신념이 필요하다고 인식했을 것이다. 우치무라는 성서의 내용을 주해하면서 그것을 언제나 일상의 문제와 연결시키고자 했던 것이다.

한편 로마서 9장-11장은 로마서의 두 번째 주제, 즉 신의 선민이라고 생각되고 있었던 이스라엘에 관해 논하고 있다. 그는 '선민'이란 유대 민족의 원조 아브라함의 혈통을 계승하는 물리적인 자손이 아니라 신의 참된 정신을 가지고 사는 사람들이라고, 바울은 선민의 의미를 재해석했다고 논한다. 바울은 유대인을 깊이 배려하면서도 그들이 신의 성스러운 초대에 합당한 생활을 하지 않았다고 믿었다. 신은 이방인을 구원함으로써 유대인이 눈을 떠 회심한 이방인들과 같은 정신을 갖게 되기를 바라고 있다는 것이다. 바울 자신은 회심의 경험을 통해 유대인을 초월한 존재가 되었다고 느끼고 있었으나, 동포를 배려하여 그들도 신을 따를 수 있게 하는 길을 열고 있었다는 것이다.

마지막으로 로마서의 세 번째 주제는 기독교인의 생활은 어떠한 것인가였다. 이 부분에서 가장 중요한 부분은 국가 권력과 기독교인의 양심의 문제를 다루는 로마서 13장 1-7절이었다. 이 부분은 1930년대 후

---

14 우찌무라 간조, 『우찌무라 간조의 로마서 연구』 하권, 김유곤 역, 크리스챤서적, 2002, 17-19쪽.

반 일본의 전쟁기에 많은 영향을 미치는 부분이기도 하기 때문에 우치무라의 주해를 자세히 살펴보도록 하자.

먼저 그는 "크리스천은 평화의 백성이다. 세상에서 혁명이나 소요, 반란을 일으키는 것을 싫어한다. 진정한 크리스천으로서 사회 질서를 어지럽힌 자가 있다는 말을 듣지 못했다. 또 자발적으로 혁명이나 반란을 일으킨 자가 있다는 말을 듣지 못했다"고 하며 국가의 질서를 존중하라는 입장을 표명한다. 그러나 이어서 그는 질서 존중, 권력 존중의 통상적인 행위 규범이 의문시되는 예외적인 상황 즉 복종의 한계 상황이 일어날 경우에 대해 질문한다. "그러나 여기에는 하나의 문제가 있다. 만일 정권이 몹시 부패하여 명백히 백성의 원수가 된 경우, 혹은 자기 나라가 압제국의 판도에 속하여 포학과 횡포에 시달리는 경우에는 어떻게 해야 하나? 이런 때는 이에 반항하여 혁명 독립의 깃발을 날리는 것이 옳지 않겠는가? 이를테면, 크롬웰의 영국 혁명 전쟁, 오렌지공 윌리엄의 네덜란드 독립 전쟁, 조지 워싱턴의 미국 독립 전쟁 같은 것은 모두가 불의의 발호(跋扈)를 제지하려고 의를 위해 사랑을 위해 떨쳐 일어섰던 것이다. 그러므로 이것은 의의 전쟁으로서 칭찬할 것이며, 또 기독교로서 당연히 가담해야 할 것이 아닌가? 반란이라면 반란이지만, 이것은 기독교적 권장 또는 적어도 시인할 성질의 것이 아닌가"라고 질문하고 있었다.[15] 그는 이러한 한계 상황의 경우는 역사에서 물론 극히 드물지만, 이러한 상황에는 "먼저 겸손과 온화로써 권력자를 향하여 항의해야 한다. 몇 번이고 몇 번이고 되풀이하여 항의하며, 그 밖에 평화를 넘지 않는 범위에서 모든 수단을 취해야 한다. 백절불굴의 마음으로 목적을 관철하기 위해서 기도해야 한다. 그러나 그 목적이 이루어지지 않는다고 해서 무력에 호소하여 반란을 일으켜서는 안 된다. 평화적인

15 위의 책, 253-255쪽.

수단에만 한하고, 그 성공 여부는 모두 하나님의 손에 맡겨야 한다"라고 했다.[16]

우치무라는 정치의 무도함이 극에 달해 백성들이 괴롭힘을 당하는 특수한 상황 즉 한계 상황인 경우에는 평화적인 수단에 의해서 저항해야 한다고 논했던 것이다. 여기에는 일종의 '시민적 불복종'에 의한 항의 전략이 생각되고 있었다. 일반적으로 '시민적 불복종'은 권력과 정책의 정당성을 물으면서 당연히 실정법에 의한 제재를 염두에 두고 하는 것이었다. 우치무라 자신도 이 논점에 대해서 다음과 같이 말하고 있었다. 즉 기독교인이 정의를 위해 항의할 경우 그것이 죄로 다스려질 때에는 어떻게 해야 하는가. "자신의 생명을 내놓아야 할 경우는 이에 저항하여 반란을 일으켜야 하는가. 이런 경우에는 권력자가 명하는 대로 내 생명을 내어주어야만 한다. 이 점에서는 그리스의 철학자 소크라테스는 많은 기독교도 이상으로 기독교적이다…… 그렇다면 국법 복종의 관점에서 소크라테스는 오렌지공이나 크롬웰, 워싱턴을 훨씬 능가한다고 말해야 한다. 그리고 그리스도는 이점에서 소크라테스와 비슷하고 그리고 소크라테스 이상이었다. 그는 어떠한 반항의 수단에도 의지하지 않고 권력자가 재판하는 대로 죽음을 받아들였다. 우리들은 그리스도를 닮아야 하고 또한 소크라테스를 닮아야만 한다"[17]라고. '적을 사랑하는 정신'에 의한 비폭력의 시민 저항이야말로 우치무라가 규정한 '복종'의 한계를 초월하는 길이었다. 이점에서 우치무라는 '인도의 혁명가 간디의 무저항적 혁명 같은 것은 참으로 기독교적이다'라고 칭찬을 아끼지 않았다.[18]

로마서 13장 강연의 핵심 강해로 붙인 초안에서 그는 다시 한번 이

16 위의 책, 253-255쪽.

17 위의 책, 260쪽.

18 위의 책, 243쪽.

부분을 요약하면서 다음과 같이 정의했다. 만일 정치가 부패를 저지를 때는 어떻게 해야 할 것인가. 기독교인은 가능한 한 인내해야 한다. 그러나 불의와 부정이 극에 달하여 인내할 수 없으면 어쩔 수 없이 항의해야 한다. 우리는 불의를 불의라고 밝히 말한다. 마치 세례자 요한이 분봉왕 헤롯을 향하여 "그대는 동생의 아내와 결혼해서는 안 된다고 말한 것 같이 단호하게 말해야 한다. 그러나 그 이상으로 저항하지는 않는다. 기독교인은 검을 들어서까지 생명과 재산을 보호하려고 하지는 않는다. 목숨을 걸고 정의를 외친다. 그러나 정의를 외쳤기 때문에 세상의 권력자가 죽이려 하면 하나님을 믿고 자신을 그가 하는 대로 내어 맡긴다."[19] 우치무라는 이 글에서 '복종'이 양심에 의거해야 하고, 따라서 그 한계를 초월하는 비상 상황에서는 비폭력적 저항을 해야 한다는 것이었다.[20] 후일 태평양전쟁 중 일본 정부의 행동에 대해 저항하는 지도적 인물 중 몇몇이 이 날 우치무라의 강연을 듣고 있었다.

우치무라의 성서 주해는 인간 예수를 이해하는 것이 출발점이 되어 있으므로 그의 마지막 연속 강연은 이 주제를 다루고 있었다. 우치무라는 예수의 생애에 관해 76회의 연속 강연을 했다. 예수의 전도 생애 전반부와 그 가르침을 다룬 최초의 46회 강연은 1925년 『갈릴리의 길』로 출판되었다. 후반부 30회는 환호성과 함께 환영받은 예수살렘 입성에서 종교계의 권력자들과의 갈등, 그리고 십자가에 이르는 예수 생애의 최후의 5일간에 해당되는 부분이었다. 이 주해는 1925년 2월에서 1926년 3월까지 계속되었고 1928년 『십자가의 길』로서 출판되었다. 이 책들은 4복음서의 가장 중요한 부분에 관한 주석서였다.

그는 여기서 복음서는 역사적 문서가 아니라 전도의 도구로 쓰여진

---

19 위의 책, 260쪽.

20 宮田光雄, 『權威と服從』, 新敎出判社, 2003, 94쪽.

것이라는 견해에 근거해, 성서를 배우는 자가 가장 주목해야만 하는 것은 4복음서 사이의 차이가 아니라 복음서 전체가 가지는 명백한 의도라고 했다. 신앙의 길잡이로서 쓰여진 책은 역사서의 기준을 충족시킬 필요는 없다는 것이었다. 그는 마태복음을 중심으로 예수의 생애를 다루고 있는데 이것은 마태복음이 예수의 가르침을 가장 상세하게 보고하고 있다고 생각했기 때문이었다. 그의 복음서 주석은 "그리스도의 교훈과 업적에 의해 신의 아들로서, 또 사람의 아들로서의 구세주임을 명확하게 하려고 한 것"으로, '도덕적 영적인 그리스도전을 쓰려고 했던 것'이었다.[21]

이러한 우치무라의 성서 연구는 서양에서 일반적으로 행해지는 성서 연구와는 크게 달랐다. 역사학, 언어학, 고고학의 연구 성과를 참고로 한 연구는 우치무라가 오직 신앙에 근거하여 혼자 힘으로 해낸 연구를 훨씬 뛰어넘어 많은 정보를 산출해냈다. 서양적 성서 연구의 소양에 있는 사람들이 우치무라의 이러한 연구를 보면 시대착오적이라고 말할지 모른다. 그러나 우치무라는 그 당시의 학문적 성서 연구를 지지 혹은 반론할 의도는 전혀 없었다. 성서 텍스트의 '주해'라고 하는 옛부터의 일반적인 방법, 즉 성서의 특정 부분으로부터 현대인의 생활에 관련된 의의를 도출해내려고 하는 시도를 계속한 것이었다.

이것은 세계 여러 나라의 목사들이 통상 설교에 사용하고 있는 방법으로 성서 해석학과는 전혀 다른 전제에 서 있었다. 세속적 학문의 자료를 참고하지 않고 성서 그 자체가 개인생활의 안내서로서 충분하다고 하는 생각에 근거해 있었다. 성서의 언어는 신과 인간의 관계에 대해 가장 중요한 메시지를 전한다는 점에서 '진실'인 것이다. 과학적 역사적으로 증명할 수 없는 진리도 신화나 비유적 이야기에서는 진실이

21 J. F. ハウズ, 앞의 책, 364쪽.

다. 해석자는 이성에 비추어서 성서라고 하는 오래된 영지(靈知)의 보고로부터 자신에게도 청중에게도 유용한 교훈을 끌어낸다. 성서의 언어가 역사와 어떻게 합치하는가가 아니라 현재 모든 사람의 필요에 어떻게 응답하고 있는가를 묻는 것이다. 이러한 실제적 직접적 목적에 비추어 보면 우치무라의 성서 지혜가 당시의 일본 기독교인들에게 폭넓게 받아들여진 배경을 알 수 있다.

1920년대에는 일본어 성서를 손쉽게 구입할 수 있게 되었다. 지식인이나 실업가들은 성서가 서구에서 점하는 위치를 알고 성서를 읽고 서구를 이해하고 또 자신의 종교적 요구를 성숙시키기를 원했다. 그들 대다수는 젊은 날의 우치무라처럼 주위의 다양한 가치관 사이에서 새로운 것에 대한 호기심을 가지고 있었다. 성서를 사서 읽어보아도 별로 쓸모가 없을 거라고는 생각되지 않는 시대였다. 성서에 입각하여 한 부분 부분에서 텍스트와 독자의 관심을 결합시키는 우치무라의 성서 연구는 좋은 안내서가 되었던 것이다.

우치무라의 성서 주해가 일반 독자를 매료시킨 배경에는 특정한 요소가 몇 개 있었다. 첫째, 우치무라의 성서 연구는 독자들에게 과거와의 결별을 요구하지 않았다. 우치무라는 유교와 불교의 이상을 존경했고 기독교도 일본의 윤리적 전통 위에 접목해야만 하는 것으로 보았다. 과거를 조건부로 받아들인 독자들에게 있어서 전통에 대한 그의 해석은 충분히 납득할 수 있는 것이었다.

둘째, 성서 언어의 진리는 각자의 생활과의 관련에서 증명된다고 하는 주장이었다. 우치무라는 자신과 독자를 성서의 등장 인물의 입장에 세우고 모든 시대의 모든 사람이 같은 반응을 한다는 전제에서, 그 인물이 어떻게 느꼈는가를 생각하게 했다. 욥을 논할 때 그는 자신을 욥으로 치환하고 독자에게도 같은 체험을 하게 했다. 이렇게 개인과 경험을 강조하는 우치무라의 성서 연구 방법은 직감적이었던 것이다.

셋째, 성서의 등장 인물을 주체성이 강한 개인으로 소개하여 독자에게 개인의 가치와 책임감을 강하게 느끼게 한 점이었다. 정부 주도의 천황제 사회 윤리에 지배되고 있었던 근대 일본에서 '개인'으로서의 자립을 중요시하는 그의 견해는 다른 중요한 선택지를 청중들에게 제공했던 것이다. 그의 제자 세키네 마사오(關根正雄)는 "다이쇼(大正) 시대 일본에서 개인이 갖는 진정한 의미를 가장 철저하게 밝힌 것은 우치무라의 성서 강해, 특히 오테마치 시대의 강연 외에는 없다"고 했다.[22]

우치무라의 성서 연구의 이러한 특징을 독자는 '일본적'이라고 느꼈다. 성서가 가깝게 느껴지는 해석이었고, 우치무라가 일본 전통의 중요한 요소를 부정하지 않고 오히려 기독교가 개인을 자립적 주체로 세움으로써 일본 전통의 최고의 이상을 달성시키는 것으로 보고 있었기 때문이었다.[23]

3. 관동대지진

1923년 9월 1일 대일본위생회관 강당이 관동대지진으로 파괴되어 사용 불가능하게 되었다. 이 사건은 우치무라를 비롯해 수백만의 사람들에게 외부자들로서는 도저히 이해할 수 없는 커다란 전환의 계기가 되었다. 우치무라는 그해 여름 휴양지인 가루이자와(輕井澤)에서 한가하게 여름을 보내고 있었다. 9월 1일 귀경준비를 하고 길을 나서려고 할 때 도로가 갑자기 배처럼 출렁이어 걷기도 어려운 지경이 되었다. 밤이 되니 '불기둥'과 같은 것이 도쿄 방면 하늘에 피어올라 우치무라를

22 關根正雄, 『內村鑑三』 清水書院, 1967, 123쪽.

23 J. F. ハウズ, 앞의 책, 374쪽.

돕고 있던 제자 이시하라는 아브라함이 소돔과 고모라를 보고 '저 땅의 연기가 끓고 있는 가마'의 연기와 같다고 한 창세기 19장 28절을 떠올렸다. 도쿄 전체가 불타고 있다는 소문이었다. 우치무라는 다음날 아침 도쿄에 돌아가려고 가장 빠른 열차를 탔다. 그런데 도중에 만나는 건너편 열차에는 지금 막 지옥에서 탈출한 것 같은 사람들이 넘쳐났다. 도쿄 가까이에 오자 철교가 흔들려 열차가 더 이상 달리지 못해 승객들 전부는 내려서 걸어가야 했다. 여행용 가방과 무거운 서적이 들어 있는 상자를 두 사람은 들쳐메고 6시간을 걸어 겨우 집으로 돌아왔다. 그의 집도 가족들도 모두 무사했었다.[24]

그 이후 수주간 우치무라와 같이 재난을 피해 살아남은 사람들은 약탈을 두려워했다. 질서를 지키기 위해 이마이칸에는 잠시 동안 군대가 주둔했고 우치무라는 아들과 함께 야간 경비대에 참가했다. 여진은 9일간 계속되었다. 대일본 사립위생회관 강당도 불타버렸다.

지진 3일 후 그는 짧은 문장을 현관문 앞에 붙였다. "지금은 비참함을 말할 때가 아닙니다. 희망을 말할 때입니다"라고. 지진 후 한 달이 지난 시점에는 『주부의 친구(主婦之友)』지에 기고했다. 지진은 지질학적 원인에 따른 자연 현상이기 때문에 그것 자체가 정의도 도덕도 아니나 사람은 거기에서 천벌이나 하늘의 은혜를 느낄 수 있다고 했다. 그는 당일 일간지 『요로즈호』에 게재된 실업가 시부자와 에이치의 "유신 이래 도쿄는 정치, 경제 그 외에 전국의 중심이 되어 우리나라는 발달해 왔으나, 근자에 정치계는 개와 고양이의 각투장이 되고, 경제계 역시 상도가 땅에 떨어지고 사회 풍조는 퇴폐하여 유시마 사건(작가 유시마 다츠사부로[有島武郞]가 유부녀와 정사한 사건)과 같은 것을 찬미하기에 이르렀기 때문에 그 지진은 결코 우연이 아니다"라고 한 문장을 인용했다.

24 위의 책, 376쪽.

우치무라는 이 말에 공감한다고 하면서 다음과 같이 덧붙였다. "이렇게 천해(天害)가 내렸습니다. 우리들은 그 희생과 무고한 수만의 희생자들을 위해 웁니다. 그러나 그들은 국민 전체의 죄를 대속하기 위해 죽은 것입니다…… 지불한 대상은 실로 막대했습니다. 그러나 만회한 것은 국민의 양심입니다…… 신일본의 건설은 여기에서 시작되고 있습니다. 우리는 제국 수도의 황폐를 목격하면서 눈물지으며 일본국 만세를 외칩니다"라고.[25] 지진에 의한 무고한 희생을 국민 전체의 죄를 위한 대속으로 보는 점에, 사람의 생명을 다른 사람 혹은 사회와 관련해서 바라보는 기독교인 우치무라 특유의 속죄관이 투영되어 있었다. '양심의 만회'라 하는 것은 말할 필요도 없이 지진 후 국민 사이에 폭넓게 확대된 원조와 지원을 가리키고 있었다. 지진에 의해 동정의 샘물이 열려 일본인의 가슴 속에 '따뜻한 동정심'이 있음이 증명되었던 것이다. 뿐만 아니라 악화일로에 있던 미국과 중국이 일본에게 지원의 손을 내밀었던 것이다. 우치무라는 아직 지진의 혼란이 수습되지 않은 상황에서 국민의 양심에 근거하고 국제적 우정에 의해 지지되는 새로운 일본 건설에 희망을 걸었던 것이다. 그렇다면 우치무라는 어떠한 신일본상을 그리고 있었을까. 그는 그 다음 해 『국민신문』에 '모범으로 삼아야 할 나라'라고 하는 제목의 글을 기고했다. 일본이 모범으로 해야 할 것은 영국이나 미국, 프랑스나 독일과 같은 강대국이 아니라 평화와 공평을 사랑하고 자유와 독립을 존중하는 스위스나 네덜란드 그리고 덴마크와 같은 자급자족의 소국이지 않으면 안 된다고 호소했다. 여기에서도 전쟁에 의한 제국주의의 길을 걸으려는 일본 정부와는 다른 우치무라의 소국주의의 이상이 피력되어 있었다.[26]

---

25 月本昭男, 「内村鑑三 震災後の望み」, 『讀賣新聞』 夕刊, 2011.4.18.

26 위의 신문 기사.

평상시의 생활로 돌아왔을 때 우치무라는 자택에 인접해 있는 작은 이마이칸에서 강연을 계속하는 것으로 했다. 교통편이 좋지 않은 이 장소에 몰려드는 사람들을 어떻게 해야 하는가, 이것이 그의 남은 생애의 과제의 하나가 되었다. 지진으로 작은 이마이칸으로 옮겼기 때문에 우치무라의 강연을 직접 들을 수 있는 사람 수는 크게 제약되었다. 그러나 그가 재림 운동을 계기로 도쿄 한복판에서 강연을 시작한 이래 담당해왔던 커다란 사회적 역할은 감소하지 않았다. 그는 계속해서 그의 시대의 위대한 저술가로서 존경받았다. 이후 우치무라의 활동 무대가 된 이마이칸은 1923년과 1925년 두 차례에 걸쳐 증축되었다. 그러나 일요일의 2회의 집회로서는 대일본 위생회 강당에 모였던 인원의 전원을 수용할 수 없었다. 출석자를 엄밀히 제한하지 않을 수 없었다. 이하에서는 지진 이후 이마이칸에서 시작되어 그가 사망하는 1930년까지 우치무라의 말년을 고찰해보자.

9장

말년의 문제

우치무라는 이 시기에 사회에 무관심한 것처럼 보였으나 그가 사회 문제를 별로 다루지 않게 된 것은 당시의 일본 사회 상황을 반영한 것이었다. 1920년대 후반의 일본 사회는 비교적 평온했다. 새로운 것을 탐욕스럽게 받아들였던 메이지 시대 이후 사회는 더 이상 변화를 요구하지 않았다. 따라서 전통적 신념에 대한 위협을 염려하는 것도 없어졌다. 일본과 그 국제적 지위, 장래의 전망에 대해 낙관적이었다. 국내적으로도 제1차 세계대전이 가져다준 경제 성장, 선진국 대열에 들어간 것, 1928년 만 25세 이상의 남성 전체에게 선거권이 주어진 것 등을 자랑스럽게 생각했다. 이른바 '다이쇼(大正)민주주의' 시대였다. 이 시대의 주체는 다이쇼 시대에서 쇼와(昭和) 초기에 걸쳐 자유민주주의와 국제주의의 신념을 받아들였던 사람들로, 작가, 외교관, 외국 무역에 종사하는 실업가, 국제 정세에 민감한 학자들로 구성된 고학력의 직업인들이었다. 일본의 엘리트 교육의 산물인 이들은 국제적 시야에서 일본을 보려고 했다. 그 국제주의적 윤리 기반을 탐구하여 우치무라의 강연에 몰려들기도 했다.

우치무라는 이러한 안정되고 자유로운 사회적 분위기, 그리고 사회적 존경에 힘입어 그의 일생의 어느 때보다도 더 가족들과의 긴밀한 유대를 강화하며 가정적인 행복을 누릴 수 있었다. 아들 유시(祐之)는 독일 유학 후 우치무라의 모교, 삿포로농학교의 후신인 홋카이도제국대학에서 정신의학을 가르치는 교수가 되었다. 정신과 의사인 그는 우치무라의 말년에 병간호를 하면서 냉정한 의사의 눈과 동시에 아버지에 대한 애정을 가지고 그 모습을 기록했다. 그는 우치무라와도 궁합이 잘 맞는 아내와 결혼하여 도쿄를 떠나 홋카이도로 이사한 후, 1925년 9월 첫 손녀를 안겨주었다. 우치무라는 '영혼의 의사에 이어 마음의 의사가 우치무라가에서 나온 것은 좋은 일'이라고 종종 말하며 만족감을 표시했다. 애정 풍부한 가족에게 존경받고 사회적 지지를 받으며 우치무라는 동포 일본인과의 일체감을 새롭게 느끼고 있었다. 30년 전 그는 자신의 문장을 칭찬하면서도 그의 견해를 무시하는 사회를 향해 일본인의 윤리에 관한 그의 이상을 주장했었다. 그러나 말년에는 테마를 보다 신중하게 선택하며 긍정적인 틀 안에서 이의제기를 했다. 이 시기 그가 일본 정부에 대해 제기한 가장 중요한 이의제기는 종교의 자유에 관한 것이었다.

1927년 2월 초 일본 국회는 종교 단체에 관한 정부의 단속을 강화하려는 법안을 검토하고 있었다. 당시는 아직 보편적인 신 여호와에 대해 아마테라스 대신(天照大神)은 민족적인 신이라고 주장해도 검열에 걸리지는 않았다. 그러나 10년 후 이러한 주장은 불경죄로 간주되게 된다. 우치무라는 종교 단체 법안이 이러한 위험성을 배태하고 있다고 걱정했다. 그는 종교단체법이 내포하고 있는 위험성에 대해 편지를 써서 복사해 문부성의 종교 담당자와 국회의원 전원에게 보냈다. 전부 827통이었다. 그 내용은 선진국의 대부분이 신교의 자유를 개인의 권리로서 인정하고 있고, 일본이 그 이상(理想)을 인정하던 하지 않던 종교에 대한 규제는 불가능한 것이며, 이 법안의 기초자는 종교를 참으로 연구해 보면 이러한 사실을 알게 될 것이라는 내용이었다. 그 후 많은 교회 관계자와 함께 우치무라는 1,000명이 넘는 청중을 대상으로 강연했다. 진정한 자유는 개인 안에 존재하고 용감한 사람은 "복된 말씀을 가지고 세상에 임할 때 법률의 불비(不備) 혹은 사회의 압박을 두려워하지 않는다…… 어떠한 정부도 사회도 신을 이기는 것은 불가능하다. 전 우주가 우리들의 후원자로서 움직인다. 여러분은 안심하고 앞으로 전진하라"는 내용이었다.[1] 그의 염려는 귀족원 의원을 비롯한 다른 많은 사람들의 염려와 중첩되어 이 법안은 결국 폐기되고 말았다.

1. 배일이민법 문제

종교법안 이외에 일본 정부에 별다른 이의제기가 없었던 말년의 우치무라에게 최대의 문제는 배일이민법안 문제와 후계자 문제였다. 먼저 이민법안 문제를 살펴보자.

러일전쟁에 승리한 이래 일본은 서양에서 높은 평가를 받고 있었으나, 제1차 세계대전 중 일본이 중국에 요구한 21개조와 수년 후의 러시아에 대한 군사 개입은 이러한 호의에 찬물을 끼얹었다. 또한 일본 이민 노동자는 미국의 서해안 지역에서 정치적 문제가 되었다. 통계를 보면 1880년 재미일본인의 총수는 겨우 148명이었다. 그러나 1890년 2,038명, 1900년에는 24,326명으로 급증했다. 일본에서의 입국자, 이민자가 급증함에 따라 미국인의 일본 이민에 대한 태도도 변화했다. 캘리포니아를 중심으로 일본 이민 제한 운동이 일어났다. 그 결과 1908

1 内村鑑三, 「完全なる自由」, 『聖書之研究』 1927, 4, 全集 30권, 340쪽.

년에는 '미일(美日) 신사 협정'이 체결되어 일본이 자발적으로 미국 이민을 엄격하게 제한했다. 그럼에도 일본 이민 배척 운동은 지속되어 결국 일본 이민을 절대적으로 금지하는 1924년의 배일(排日)이민법이 성립된 것이었다.[2] 물론 이때 미국 사회는 여러 가지 사회 문제를 야기하는 세계의 다른 지역으로부터의 이민도 급속히 대처하지 않으면 안 되었다. 미국 대통령이 의식하고 있었던 것은 일본만이 아니었던 것이다. 사실 일본 이외의 아시아 각국은 7년 전부터 그리고 중국인은 1882년 이래 이민을 보낼 수 없었다. 그러나 이 법률로 유럽으로부터의 이민은 제한되었을 뿐이었으나 일본 이민은 사실상 완전히 금지되는 결과가 되었기 때문에, 이 법은 통상 '배일이민법'이라고 불렸다.[3]

이 법에 대한 일본 측의 시각은 매우 단순했다. 일본인에게 이 문제의 초점은 급속한 근대화에 의해 서양으로부터 인정받은 현재 지위가 앞으로도 지속 가능하겠는가 여부였다. 국제 연맹에서의 일본의 높은 지위는 이 특별한 지위를 보증하는 것처럼 보였다. 우치무라의 친우 니토베는 국제연맹사무국 차장에 임명되어 연맹의 중추부에서 활약하는 단 한 사람의 비서양인이었다. 니토베가 제네바에서 취하는 행동이 커다란 영향을 미칠 것이라고 기대했으나 결과는 만족스럽지 않았다. 미 의회에서 이민 법안이 위원회와 상원, 하원을 거쳐 가결되었을 때에도 미국 대통령이 거부권을 발동할 것이라고 기대했었다. 그러나 대통령은 이 법률이 야기할 결과를 숙고한 끝에 서명했다. 결국 일본 측의 바람은 이루어지지 않았던 것이다. 이 법의 통과는 일본 사회에 말할 수 없는 충격을 주어 반미적(反美的) 내셔널리즘의 계기의 하나가 되었다. 근대 일본 정신사에 획기적인 사건의 하나가 된 것이다.[4]

---

2 太田雄三, 『内村鑑三: その世界主義と日本主義をめぐって』, 研究社, 1977, 227쪽.

3 澁谷浩, 『近代思想史における内村鑑三』, 164쪽.

4 太田雄三, 『内村鑑三: その世界主義と日本主義をめぐって』, 253쪽.

우치무라는 자기의 반응이 '애국병'의 재발에 불과할지도 모른다고 생각하면서도 이민법에 격렬하게 항의하는 일본측의 운동에 참가했다. 후일 그는 "나로서는 반세속적(半世俗的) 일 개월이었다. 때로 내가 나설 자리가 아니지 않을까 생각한 적도 있었다. 그러나 인간인 이상 이러한 중대한 사건을 당해 어떻게 냉정을 유지할 수가 있겠는가. 설령 내가 틀렸다 할지라도 무슨 방법으로든지 조국에 대한 나의 충심을 표현하지 않고 가만히 있을 수만은 없다"고 자신의 일기에 쓰고 있었다.[5] 신문 기자들은 그가 기독교인으로서 미국의 결정을 지지할 것이라고 생각하여 취재하러 왔으나 그들의 예상은 빗나갔다. 이후 수개월간 그는 이민법에 관한 논평을 32개나 발표했다. 그 대부분은 주요 일간지나 잡지에 실렸다. 우치무라가 25년 전 근무한 『요로즈호』나 30년 전 '시세의 관찰'에 의해 처음으로 독자의 주목을 받았던 『국민의 벗』 등에 게재된 것이었다. 또한 지난 날 그가 평민주의를 배신하고 제국주의자가 되었다며 격렬하게 비판해 마지 않았던 토쿠토미와도 화해하여 다시 보조를 함께 했다. 우치무라는 이 문제에 관한 한 그와 완전히 공감했던 것이다.[6]

왕성한 논평 활동에 더해 우치무라는 장로교회의 리더 우에무라 마사이사(植木正久), 조합교회의 리더 오자키 히로미치(小崎弘道)와 함께 '기독신도 대미 문제협의회(對美問題協議會)'에도 출석했다. 오자키는 우치무라가 지난날 YMCA 강당에서 추방되는 계기가 된 논쟁을 의도하지 않게 야기시킨 인물이었다. 이 위원회에서는 신앙과 국가에 대한 공통적 관심으로 교의상의 차이는 부차적인 것이 되었다. 협의회에서 이 문제에 대해서 선언서를 발표하게 되어 우치무라는 기초위원의 한 사람이 되었다. 그가 작성한 '선언' 안은 일본 국민에 대한 '대모욕'에 대해

---

5 内村鑑三日記, 1924, 6, 26, 全集 34권, 323쪽.

6 우찌무라 간조, 「내가 종사하고 있는 사회 개선 사업」, 『만조보』, 1901, 9, 전집 10권, 519쪽.

서 의연하게 임할 것을 주장하고 차제에 미국 교회를 위시해서 기독교 제국과의 관계 단절을 외친 과격한 것이었다. 그 안은 결국 채택되지 않고 실제로 발표된 '선언'은 미국인의 반성을 촉구하고 일본의 기독교도는 그 자치독립의 촉진에 노력할 것을 요구하는 데 그쳤다.[7]

일본의 일반 사회에도 미국의 배일 법안에 반대 의견이 비등했다. 대미 개전까지 부르짖는 자도 나올 정도였다. 일본의 여론의 움직임과는 언제나 반대의 길을 걸어온 것이 우치무라의 종래의 태도였는데 이 번만은 보기 드물게 세상 여론과 보조를 맞추었다. 그의 배일법안 반대론은 미국의 배금주의, 물질주의, 비기독교 정신, 배타성, 이기심 등을 극구 공격한 것으로서 '미국 혐오의 급선봉'으로 이해되기도 했다. 그 격렬한 논란을 이상하게 생각하는 기독교인도 적지 않았다.

조국에의 충심을 나타내는 그의 이러한 행동은 물론 '두 개의 J'의 초점의 하나인 '일본의 J'에 연결된 행동이었다.[8] 우치무라는 6월 22일 밤 청년을 위한 집회에서 인류 완성이라는 신의 목표가 달성되기 위해 인류를 형성하는 각 민족이 그 개성을 충분히 발달시켜야 하기 때문에, 신을 위해 세계를 위해 일본을 사랑하고 그 국민성을 지키지 않으면 안 된다고 강연했다. 그런데 이러한 그의 강연에 흥미없어 하는 청년이 있다는 소리를 들었다. 그 날 밤 일기에 그는 "나의 성서 연구회 회원 가운데 애국심에 불타지 않는 사람이 있다니 기상천외할 일이다. 그런 사람은 나의 제자가 아니다. 그들은 스스로 나의 문하를 떠나야 한다. 자기 나라가 모욕을 받아도 분해하지 않는 자에게 진정한 사랑이 있을 리가 없다"고 기록했다.[9] 그의 대미 비판에는 이러한 의분이 있었던 것이다.

최초의 논평이나 강연에서 그는 '영원한 화친(和親)'을 선언한 1854

---

7 스즈키 노리히사, 앞의 책, 158쪽.

8 澁谷浩, 『近代思想史における內鑑三』, 169-170쪽.

9 內村鑑三日記, 1924, 6, 22, 全集 34권, 321쪽.

년의 미일수호조약을 미국이 파기한 것에 대해 비판했다. 이어서 일본 기독교인이 미국에 대한 의뢰심을 버릴 것을 촉구했다. 실제적 방법으로서는 재정 지원을 거부하고 선교사를 미국으로 돌아가게 한다면 자립이 가능하다고 주장했다. 그의 주장은 이렇게 요약될 수 있다. 강대국을 롤모델로 하지 말고, 바다의 자원 등을 활용하여 적은 인원이지만 세계사에 커다란 영향을 미친 네덜란드와 같은 소국(小國)을 모델로 해야만 한다. 그리고 일본인은 '진실한 신앙'을 세계에 제공할 사명을 다해야 한다. 신도나 불교의 전통을 가진 일본인은 유대인처럼 유능한 종교적 지도자가 될 수 있다. 즉 우치무라는 일본은 물질적 이익을 버리고 일본 특유의 정신적 전통을 우선시해야만 한다고 주장했던 것이다.

이 활동에 의해 우치무라는 다시 논쟁의 중심 인물이 되었다. 미국이 취한 행동에 의해 일본 기독교인에게 충성심의 문제가 재현된 것이었다. 즉 기독교인은 선량한 일본인이 될 수 있는가라는. 우치무라와 일본 기독교인들은 이 물음이 내포하는 문제를 잘 이해하고 있었다. 잡지와 신문은 기독교인은 외국의 원조와 후원을 받고 있다는 일반적인 생각을 반영하고 있었다. 일본 기독교인은 이 문제를 확실히 하지 않으면 안 되었다. 또한 스스로를 기독교인이라고 부르고 있는 대부분의 사람들이 '미국 숭배자'라는 것을 우치무라도 인식하고 있었다. 우치무라는 자신이 이러한 통상적인 기독교인과는 다름을 선언하지 않으면 안 되었다. 그는 이마이칸의 외부에 다음과 같은 포스터를 일본어와 영어로 붙여놓았다.

"미국의 불의·불신을 분노합니다. 이 기독교 강당에는 미국인의 돈은 한 푼도 사용되고 있지 않습니다."[10]

---

10 石原兵永, 『身近に接した内村鑑三』, 下, 表紙扉.

그러나 대부분의 사람들은 우치무라가 제창한 물질적 기준을 내리는 대신 정신적 향상을 도모하자는 주장에는 관심이 없었다. 그의 미국 비판은 '두 개의 J' 가운데 '일본의 J'에 연결된 것이었으나, '예수의 J'라는 다른 하나의 초점의 한계에서 벗어나지 않은 그의 제안은 사람들이 쉽게 받아들이기 어려운 대안이었던 것이다.

따라서 우치무라는 교회 지도자들과 함께 공동으로 움직이는 것을 그만두었다. 대신 외국인과 직접 이야기하기 위해 65세이지만 영문 월간지를 창간하기로 결심했다. 서양인에게 일본을 더욱 잘 이해시킨다면 일본인의 포부를 받아들여줄 것이라고 생각했던 것이다. 설득력 있게 일본인의 견해를 제시할 능력이 있다고 정평이 난 야마가타 고주오(山縣五十雄)와 함께 하기로 했다. 새로운 잡지는 『재팬 크리스천 인텔리젠서(*The Japan Christian Intelligencer*)』였다. 이민법이 통과된 후 2년 가까이 지난 시점이었다. 우치무라가 이 잡지를 낸 동기는 세 가지였다. 먼저 첫 번째는 외국인이 실은 일본을 거의 알고 있지 못하다는 것이었다. 두 번째는 불교계가 1924년에 홍보지 『영 이스터(*Young Easter*)』을 간행하기 시작했는데, 편집자는 유명한 불교학자 스즈키 다이세츠(鈴木大拙: 1870–1966)와 도쿄대학 종교학과 교수 아네자키 마사하루(姉崎正治: 1873–1949) 등의 거물들이었다. 이 두 사람과 스즈키의 아내는 일본 불교에 대해 영어로 쓴 가장 권위 있는 저자로 알려졌다. 우치무라는 "불교가 일본의 유일한 종교가 아니고, 기독교도 신자 수는 그에 미치지 않으나 불교와 마찬가지로 일본에서 강력하다는 것을 외국인에게 알리지 않고는 참을 수가 없는 일이다"라고 했다.[11] 세 번째로 가장 중요한 것은 소위 기독교국에서 기독교가 빈사상태에 이르고 있는 것을 팔짱만 끼고 두고 볼 수 없다는 것이었다. 즉 "이렇게 전력을

11 David C. Bell에게 보내는 편지, 1926년 8월 20일, 全集 39권, 268쪽.

다하여 내 생애 최후의 노력으로서 지금까지 내가 배워온 영문을 사용하여 일본으로부터 전 세계를 향하여 간단하지만 심원한 하나님의 아들의 복음을 전하기를 원한다"는 것이었다.[12]

이러한 동기에서 창간된 이 잡지의 사상적 컨텍스트는 1926년 3월 창간호에 실린 단문 「일본의 최선」에 잘 드러나 있었다.

> 『재팬 크리스천 인텔리젠서』는 우리들이 일본에서 최선이라고 생각하는 것을 세계에 알리려는 시도이다. 세계의 사상과 그 진보를 위해 조금이라도 공헌하려고 하는 것이다. 조금이라도 선한 것을 가지지 않는 나라가 있겠는가. 국가가 있다는 사실 자체가 그 나라 특유의 선함이 있다는 증거이다. 그렇지 않다면 그 나라는 국가일 수 없는 것이다. 이 말은 그 나라가 가장 좋은 나라라는 의미는 아니다. 이 세상에 최선의, 즉 완전무결한 국가는 존재하지 않는다. 일본은 확실히 그러한 국가는 아니다. 그러나 일본에는 일본 특유의 선함이 있어 이를 인정하고 세상에 그것을 나타내고, 또 역으로 다른 나라의 최선의 것을 받아들이는 것이 일본의 의무이다. 우리나라의 최선을 세계에 알리려고 한다고 해서 우리나라가 다른 나라보다 우월하다고 주장하는 것은 아니다. 우리가 주장하는 것은 우리나라의 독립과 다른 나라와의 사이의 평등일 뿐이다. 우리들이 주장하는 것은 개성이 있으므로 개성이 있는 존재로서 인정받을 권리가 우리나라에 있다는 것이고, 다른 나라로부터 존중 받고 싶다고 생각하기 때문에 다른 나라도 존중할 의무가 우리나라에 있다는 것이다. 각 민족의 최선의 것이 인류에 공헌함으로써 세계는 완성된다는 것을 우리들은 믿고 있다.

각 문화의 상대적 평등성이라는 것이 우치무라의 미국 비판의 배후

---

12 內村鑑三日記, 1926, 1, 20, 『聖書之硏究』, 1926, 2, 全集 35권, 9쪽.

에 있는 사상적 핵심이었던 것이다. 1926년 3월에 창간된 이 잡지는 월간지로서 총 24회 간행되었다. 표지는 갈색, 사이즈는 세로 23cm, 가로 15cm로 전부 44페이지였다. 체제도 내용도 훌륭한 평론 잡지였다. 야마가타와의 협력 관계는 1년으로 끝나고 그 후로는 우치무라가 단독으로 편집했다. 첫 해는 일반적인 내용이었으나 우치무라 단독 편집이 되었을 때부터는 기독교 사상에 많은 비중이 놓여졌다.[13]

이 잡지의 내용을 우치무라의 초기의 영문 기사와 비교해보면 강조점의 차이가 있음을 알 수 있다. 『요로즈호』에서는 일본의 전통적 가치관을 비판하고 서양화를 촉구하고 있었다. 그러나 새로운 영문 잡지에서는 일본이 서양보다 우월하지는 않더라도 적어도 동등하게 되었다고 생각하여 일본의 최선의 것을 소개하고 '일본 특유의 기독교 신앙'을 선언하고 있었다.[14] 따라서 이 영문 신문에는 전반적으로 서양인에 대한 비판이 칭찬보다 많았고, 서양 문명 비판도 엄격했다. "이 문명, '서양 문명'은 이미 우리들의 소박한 동양 가정에 대환란을 일으켜, 가정적인 미덕을 짓밟고 우리들을 그들과 같은 야만인으로 만들어버렸다. 즉 자기가 살기 위하여 타인을 죽이고, 피부색에 의해 다른 종족을 배제하고 스스로 지구 전체를 소유할 권리를 태연히 주장하는 야만인처럼."[15] 우치무라는 "일본도 좋지는 않으나 미국 정도로 나쁘지는 않다'"라고도 했다.[16] 서양인의 은혜를 베푸는 것 같은 태도, 예측할 수 없는 반응, 인종에 근거한 불공평한 태도에 대한 혐오감을 표명한 것이었다.

우치무라의 대미 비판에는 또한 서구 근대 문명 비판이라는 중요한

---

13 J. F. ハウズ, 앞의 책, 405쪽.

14 太田雄三, 『内村鑑三: その世界主義と日本主義をめぐて』, 162쪽.

15 "The Morning Cometh", *The Japan Christian Intelligencer*(이후 *JCI*로 약어 표기), 1926, 12, 全集 30권, 164쪽.

16 内村鑑三(K. U.), "The Most shocking", *JCI*, 1926, 8, 全集 30권, 27쪽.

사상적 요소가 내포되어 있었다. 1924년 크리스마스의 우치무라 일기에는 “나는 올해도 열심히 싸웠다. 상대는 주로 근대인과 미국이었다. 그리고 그 둘은 실은 같다. 근대주의 바로 미국주의이다. 기독교의 복음과 일본에 대해 충실하려고 애쓰는 이상 이 양자와 싸우지 않을 수 없다”라고 썼다. 근대주의가 미국 문화의 본질이라고 단언하고 있었다. 미국 문화 비판은 따라서 근대주의 비판이었으나 그 개념이 꼭 명료하지는 않았다. 같은 해 2월의 『성서의 연구』에 게재된 「근대인에 관해서」에 의하면, 그것은 ‘자기주의가 극도로 영화(靈化)된 것’이었다. 그해 3월호의 「개인주의와 자기주의」에서는 ‘진정한 개인주의’와 ‘자기주의’가 구별되었다. 전자는 ‘자기의 개인성을 주장하는 그 열심을 가지고 모든 사람의 개인성을 주장하는’ 것으로, 기독교와 모순되지 않는다고 했다. 반면 ‘자기의 절대적 자유를 요구하면서 타인의 자유는 고려하지 않는’ 후자는 ‘악마의 정신’이라고 했다. 이러한 자기의식의 무제약적 추구인 ‘자기주의’는 자기를 ‘전 우주 안에서 가장 중요한 자’라고 하는 근대 개인주의의 오만에서 나오는 것으로, 결국 ‘이기주의’와 같은 뿌리라고 지적했다.

또한 그는 근대의 기독교는 ‘신과 나 사이의 화해를 가져다주는 복음’이 아니라 ‘필경에는 사람과 사람의 관계를 명확히 하는 도덕’에 지나지 않는다고 보았다. 근대주의가 늘 조야한 이기주의만을 주장하는 것이 아니라 때로 인류애를 설파하기도 한다. 그러나 그 인류애가 실천되는 세계를 초월신에 의해 지배되는 세계라고 믿는 것을 근대적 기독교는 거부한다. 따라서 근대주의는 인간을 세계의 지배자 자리에 올려놓는다. 신 없는 근대 사상은 인간들의 ‘자력주의’와 거기에서 오는 ‘이기적 개인주의’ 그리고 양자가 배태한 오만과 절망감 사이에서 요동친다고 보았다. 우치무라는 미국으로 상징되는 서구 근대 문명이 상대적 존재에 불과한 ‘개인’을 절대화하는 이기적 ‘자기 중심주의’와 ‘신 없는

자력주의'라고 비판했던 것이다.[17]

이러한 그의 서구 근대 문명 비판은 일본 비판으로도 연결되어 있었다. 1924년 8월 5일 일기에 '계속해서 무더운 날이었다. 세계의 현상을 생각하면 매우 우울해진다. 나쁜 것은 미국만이 아니다. 일본 역시 나쁘다. 신이 특별한 은혜를 가지고 인류를 구원해주지 않는다면 인간은 스스로를 구원할 수 없을 것이다. 그리스도 재림이 역시 세계 역사의 유일한 해결이다. 미국을 질타한 후에 일본을 돌아보면 견딜 수 없이 실망스럽고 낙담스럽다'라고 썼다. 그는 기독교로부터 정신적 에너지를 흡수했으나 지금은 그 활력의 원천으로부터 분리되어 홀로 걷기 시작한 신 없는 근대 서구 문명을 받아들인 것이 근대 일본이라고 보았다. 그는 "서구의 니체와 같은 기독교에 격렬히 반대하는 사상가가 탄생한 이유는 여기에 있다. 그들은 기독교에 의해 심화된 깊이를 가지고 기독교를 조롱하고나 또 공격하는 것이다"고도 했다.[18] 즉 근대 일본은 서양 문명의 표면만을 보고 그것을 받아들인 것이다. 따라서 서양 문명의 역사적 구조를 이해하려고 하지 않고 그 활력의 근원을 이해하려 하지 않는다. 일본 문화가 깊이가 없음은 바로 이 때문이다. 다이쇼(大正) 시대의 자유주의나 개인주의, 문화주의가 보이는 감성과잉은 이러한 신 없는 근대 사상 즉 이기적 개인주의를 수용한 당연한 결과라고 우치무라는 보았다.[19]

한편 우치무라가 단독으로 편집하기 시작한 1927년 2월부터 그는 기독교에 관한 것을 중점적으로 쓰기 시작했다. 하우스(J. F. Howes) 교수에 의하면, 여기에는 후반기의 그의 기독교 사상을 간략하게 압축한 글이 많다. 대표적인 것을 소개한다.

---

17 澁谷浩, 『近代思想史における內村鑑三』, 177쪽.

18 에바라 반리(江原万里)에게 보낸 편지, 1923년 4월 7일, 全集 39권, 83-84쪽.

19 澁谷浩, 『近代思想史における內村鑑三』, 179-180쪽.

신앙과 사상에 대해

신앙은 사고가 아니다. 생각하는 것이 신앙이 아니다. 신앙은 존재 그 자체이다. 어떠한 인간인가, 이것은 즉 그 사람의 신앙이다. 사고는 존재의 일부, 그것도 표면적인 부분에 불과하다……. 현대인은 사고에 의해 신의 진리를 알 수 있다고 생각하지만, ……신앙은 정신의 수동적 활동, 정신 위에 신의 강한 힘이 움직이도록 내어 맡기는 것이다. 수동적이긴 하나 거기에서 일하는 신의 능력 때문에 극히 능동적이기도 하다. 이것이 신앙의 패러독스다. 기독교인은 새롭게 창조된 정신으로 신앙이라고 하는 특별한 활동을 발생시킨다. 이렇게 하여 신앙은 사고보다 훨씬 고차원의 기독교인의 활동, 자비심 풍부한 행위를 행하는 전정신(全精神)이다.[20]

또한 사도신경은 "사도들의 신앙으로 내 것은 아니나 내가 믿는 바를 명시하고 있기 때문에, ……나의 신앙의 최선의 표현, ……나의 내면적 체험의 간결한 표명이다"[21]라고 했다.

신에 대해서는 "그 존재의 증거를 구하는가. 건조한 지성을 만족시키는 것 같은 증거는 나는 모른다. 만일 증거가 있다고 한다면 그것은 경험에 근거한 것으로 이론적인 것은 아니다. 생명의 원천인 신 자신이 신에 의해 살려고 하는 사람들에게 그러한 생명을 주시는 것에 의해 그 존재를 증명하고 있다"[22]고 했다.

그리스도에 대해서는 다음과 같이 말한다. "내 안에는 어떠한 우정도, 성스러운 신의 우정을 갖고서도 제거할 수 없는 것이 있다. 그것은 정신적 질병, 인간의 힘으로는 제거할 수 없는 것이라고 느낀다. 그것

---

20 內村鑑三(K. U.), "Faith and Thinking", *JCI*, 1927, 4, 全集 30권, 318-319쪽.

21 內村鑑三(K. U.), "Witnessing, not Teaching", *JCI*, 1927, 6, 全集 30권, 357쪽.

22 內村鑑三(K. U.), "Belief in God", *JCI*, 1927, 1, 全集 30권, 190쪽.

을 '죄'라고 부르도록 가르침 받았기 때문에 그렇게 부른다. ……나는 이 문제에 대한 실제적 해결법을 신의 아들 예수 그리스도의 속죄의 죽음에서 발견해냈다. ……때문에 그리스도가 나의 구주이시다. 신앙에 의해, 십자가에 달려진 그리스도를 우러러 보았을 때에 체험한 것 같은, 나의 존재의 철저한 변화를 가져올 수 있는 사람은 그 외에는 없다. 이것을 나는 회심이라고 부르는데 이것은 바로 기적이었다."[23] 신과 그리스도에 대한 그의 이러한 표명은 그의 '실험적 신앙'을 단적으로 표현한 글이라고 할 수 있다.

의식(儀式)에 대해서도 그는 이러한 말을 남겼다. "나에게 있어서 형식은 예배에 도움이 되기는커녕 방해가 된다. ……나는 내면적으로 영혼을 가지고 하나님을 예배하고, 외면적으로는 보통의 인간 행위에 의해 하나님께 봉사한다. ……이것 즉 무교회주의의 기독교다. 소극적이 아니라 적극적인 신앙이다. 그렇지 않다면 일본인은 그것을 받아들이지 않았을 것이다"라고.[24] 의식에 중점을 두지 않고 행위로 표명되는 그리스도와의 일치를 강조하는 무교회주의에 대한 짧은 코멘트는 그의 무교회주의 신앙의 핵심을 단적으로 표명하고 있는 중요한 문장이라 하겠다.[25]

한편 이 시기에도 우치무라는 일본의 전통적 종교와 기독교의 관계를 여전히 다음과 같이 말했다. 가장 단순한 형태로 경건을 나타내고 있는 신도와 기독교는 공통의 요소를 가지고 있고, 불교 역시 마찬가지다. 신도와 불교는 종종 구별되어 한 쪽을 믿으면 다른 한 쪽을 부정하게 된다고 생각되나 일본인의 체험에서는 그렇지 않다. 양측 다 평화주의로 "그 가장 중요한 진리에 대해 합의하는 한 다른 차이는 없는 것과

23 内村鑑三(K. U.), "What I think of Christ", *JCI*, 1927, 2, 全集 30권, 212-214쪽.

24 内村鑑三(K. U.), "Spirit and Forms", *JCI*, 1927, 1, 全集 30권, 193-95쪽.

25 J. F. ハウズ, 앞의 책, 411쪽.

마찬가지다.” 호전적인 서양인은 기독교를 채용하면서 기독교의 가장 중요한 평화주의를 억압해버렸다. “기독교는 불교의 적인가. 아니다. 기독교는 그러한 전투적인 서양인의 불구대천의 원수로, 부처와 평화를 사랑하는 그의 제자들의 적은 아니다. 기독교를 전투적인 서양의 대표로 만들어 사랑과 무저항의 종교인 불교와 적대시키는 것은 커다란 잘못이다”라고.[26] 우치무라는 자신의 신앙과 일본의 다른 종교에 관한 이러한 견해에는 찬동하지 않는 사람도 많을 것이라고 생각했지만, 온건한 표현으로 자기의 입장을 확실히 표명하고 있었다.

우치무라는 나아가 선교사들이 일본어를 정확하게 배우지 않기 때문에 귀중한 복음을 정확하게 전달하고 있지 못하다고 비판하고 또한 일본인이 선교사의 영향 때문에 기독교인이 되기 위해서는 서양의 흉내를 내지 않으면 안 된다고 생각한다고 비판했다. 선교사나 미국을 맹목적으로 추종하려는 일본 기독교인을 비판할 때 그는 때로 절도를 잃은 표현을 사용하기도 했다. 미션스쿨의 여학생들에 대해서 이야기하면서, “이러한 일본의 기독교인은 사고, 도덕적 생각, 예의범절, 나아가 언어에 이르기까지 더 이상 일본인이 아니라 반쪽 미국인이 되고 있다. 온유함을 잃어버린 그녀들은 남성도 여성도 아닌 말하자면 양성의 헤르마프로디토스, 미국 여선교사들의 흉내를 내 신이 장식으로 특별히 선물해준 광택 있는 검은 머리를 자르기 시작하고 있다”는 것이었다.[27] 합리적으로 생각을 표현하는 그였으나 선교사가 대상이 되면 때로 절도를 잃어버린 표현을 하기도 했던 것이다. 이러한 우치무라에 대해서 학자풍의 선교사인 크레멘트(Honest W. Crement)는 왜 선교사에 대해 그렇게 혹독한 비판을 하는가, 그들에게 결점이 없다는 것이 아니라 너

26 内村鑑三(K. U.), “Christianity and Buddhism”, *JCI*, 1926, 10, 全集 30권, 74–75쪽.
27 Toraji Tsukamoto, “Eureka, or a Great Discovery”, *JCI*, 1927, 3, 全集 30권, 521쪽.

무나 혹독한 비판이 당신의 논의의 힘을 약화시킬 수 있다는 것을 알아야 한다고 충고한 적도 있었다. 우치무라는 그의 충고를 경의를 표하고 받아들였다.

그러나 고령의 여성 선교사 파멜리(1852–1933: H. Frances Parmelee)와는 신랄하고 격앙된 격론을 벌이게 되었다. 파멜리는 1877년 일본에 온 회중파의 선교사로 1924년에는 은퇴해 있었다. 그녀는 우연히 『재팬 크리스천 인텔리젠서』에서 우치무라가 쓴 종파에 관한 기사를 읽었다. 서로 경쟁하는 영미의 많은 종파 가운데 하나를 선택하지 않으면 안 되는 일본 개종자의 괴로움을 호소하면서, 종파주의는 기독교의 정신 그 자체에 위반되는 것이니 동양에는 결코 이식하지 말아달라는 내용이었다.[28] 파멜리는 우치무라에게 엽서를 보냈다. 최근 캐나다와 미국에서 진행되고 있는 서로 다른 교파를 통합시키려고 하는 종종의 움직임을 소개하고, 많은 종파가 경합하고 있다고 하는 우치무라의 주장은 50년 전에는 사실이었으나 더 이상은 그렇지 않다고 썼다. 그리고 이어서 "당신 자신도 새로운 종파를 만들고 있다고 생각합니다. '우치무라 교회'라는 이름으로, 다른 교회를 혐오하는 것을 신조의 하나로 하고 있는 교회를"이라고 덧붙였다.[29] 우치무라는 독신의 미국 여성 선교사가 흔히 보이는 개종자에게 은혜를 베푸는 듯하면서 '67세의 남자를 마치 십대 소년과 같이 다루는' 거만하고 지배적인 태도에 분노하며 격앙하여 그녀와 논쟁을 주고받았다. 논쟁은 지난날 재림 운동을 같이 했던 기무라의 중재로 겨우 끝났으나 그 후유증은 컸다. 우치무라는 그 다음달로 『재팬 크리스천 인텔리젠서』의 발행을 중지하기로 했던 것이다. 그의 노력에 비해 효과가 적다고 느꼈던 모양이다.

---

28 内村鑑三(K. U.), "Again about Sectarianism", *JCI*, 1927, 11,10, 全集 30권, 478–479쪽.

29 武田清, 『内村鑑三の未公開書簡—"Sectarianism"をめぐつての Miss H. Frances Parmelee との論爭』, 『文化研究』 6, 117쪽.

이러한 우치무라의 영문 잡지에 대해 비판적인 견해도 있다. 우치무라의 문체 연구가인 오오타(太田雄三)는 상대방을 비난하는 말투를 써서 단순히 비이성적인 인종 편견 감정을 일으켜 외국인과의 관계를 개선시키기는커녕 악화시켰다는 것이다. 그리고 이것이 1930년대에 들어 주류가 된 군국주의적 일본민족주의를 편동하는 데 이용되었다고 비판했다.[30] 그러나 하우스는 우치무라가 절도 있는 논의의 한계를 넘었기 때문에 인내심 강한 독자 외에는 많은 외국인 독자를 잃어버린 결과가 되었음은 인정해야 하지만, 『재팬 크리스천 인텔리젠서』는 일본이 서양에 자국을 설명하려고 하는 시도의 역사 안에서 중요한 위치를 점하고 있으며, 우치무라와 그 동료들의 영문 저널리스트로서의 고도의 능력은 높이 평가되어야 한다고 보았다.[31]

한편 이 시기 또 하나 특기할 만한 우치무라의 활동은 전도 활동이었다. 그는 1922년 10월에 '세계전도협찬회'를 창설해서 세계의 전도사업에 공헌하고자 했다. 일본의 기독교가 세계 전도에 협찬하려는 시도로서는 이것이 처음이었다. 기독교도가 되었다는 것은 세계의 시민이 된 것이고, 세계를 위해서 노력하는 것이 자국을 위해서 노력하는 것이 된다고 보았던 것이다. '세계전도협찬회'는 매월 한 번 열려서 세계의 전도를 위해서 기도하고 헌금을 했다. 아무것도 할 수 없다고 생각하는 사람은 세계 사람들을 위해서 기도해달라고 했다. '세계전도협찬회'가 모은 헌금은 1922년 말에 우선 중국, 대만, 남양군도의 전도를 도울 목적으로 보내졌다.

그 후 '세계전도협찬회'의 이름으로 한 것은 아니지만 1926년에는 아프리카의 람바레네에서 의료 전도에 종사하고 있던 슈바이처(A.

---

30 太田雄三, 『内村鑑三: その世界主義と日本主義をめぐて』, 307쪽.

31 J. F. ハウズ, 앞의 책, 417쪽.

Schweitzer)에게 우치무라의 성서연구회에서 헌금이 전달되었다. 우치무라가 슈바이처의 사업을 알게 된 것은 독일 유학 중의 장남 유시가 최초로 슈바이처에게 헌금하고부터였다. 슈바이처는 우치무라의 『나는 이렇게 기독교 신자가 되었다』 등을 독일어역으로 읽고, 늘 부친 우치무라에게 존경의 마음을 품어왔다고 답장했던 것이다. 이를 계기로 우치무라는 1927년에 슈바이처 후원회를 만들고 그 사업을 적극적으로 지원했다. 당시 성서연구회의 회원이었던 노무라(野村實)는 의사가 된 후 람바레네의 병원에서 슈바이처를 도와서 일하기도 했다.[32]

2. 후계자 문제

파멜리와의 논쟁의 후유증은 영문 잡지의 폐간에서 그치는 것이 아니었다. 우치무라는 그가 무의식적으로 새로운 종파를 만들려고 하지 않는가에 대한 파멜리의 질문에 대답해야만 했다. 사실 그는 재림 운동 때 그것을 지지하는 제자들의 모임인 '가시와키(柏木)형제단'을 구성한 바 있었다. 그러나 그는 이 모임이 교회화하는 경향을 보이자, 1918년 해산했다. 그리고 4개월 후 의사들의 모임인 '사마리아회', 그리고 '세족회(洗足會)', '가시와키(柏木)청년회' 등을 다시 조직했다. 이는 조직화된 형태보다는 정신을 중시하는 단체를 고수하려는 그의 고심의 흔적들이었다.[33] 말년의 우치무라에게 파멜리는 다시 이 문제를 제기한 것이었다. 이것은 다름아닌 우치무라가 이루어놓았던 업적을 어떻게 계승하게 할 것인가의 문제에 직결된 것이었다.

32 스즈키 노리히사, 앞의 책, 159-161쪽.

33 無敎會史 硏究會編, 『無敎會史』 1, 新敎出版社, 1991, 14-69쪽.

이와 관련하여 우치무라의 제자들 중에는 재계나 정치계 혹은 교육계로 나간 사람 외에 전도자라고 할 수 있는 세 명의 탁월한 제자가 있었다. 즉 후지이 다케시(藤井武), 아제카미켄조(畔上賢造), 츠카모토 토라지(塚本虎二)였다.

후지이(1888-1930)는 1909년 도쿄대학 정치학과 학생일 때 우치무라의 제자가 되었다. 관료가 되려고 했으나 1910년 전문 전도자로 진로를 바꾸었다. 그러나 10년간 실제 세계를 경험하라는 우치무라의 가르침에 따라 4년간 관료 생활을 한 후, 우치무라의 조수가 되어 『성서의 연구』의 편집을 도왔다. 그는 『성서를 통해 본 일본』이라는 제목의 책을 통해 당시 일본의 사회악을 현대의 예레미야처럼 시적인 문장으로 절규하며 비판했다. 일본 기독교 사상 연구가 쿠마노 다카요시(熊野義孝)가 이 책이 당시의 대학생들에게 커다란 영향을 미쳤다고 평가한 것처럼, 이 책은 이후에 살펴볼 함석헌의 역사철학에도 적지 않은 영향을 미쳤다.[34] 시적인 통찰력과 격렬한 강직함을 가진 후지이는 우치무라와 협력하면서도 그들 사이에는 늘 긴장감이 있었다.

이에 반해 아제카미(1884-1938)는 스승 우치무라와 유연하게 협력하면서도 적당히 거리를 두는 방법을 알고 있었다. 그는 중학교 때 처음으로 우치무라의 강연을 들었다. 이후 와세다대학을 졸업한 후 지방에서 영어 교사를 한 후 독립 전도자가 되어 우치무라를 도왔다. 특히 우치무라의 로마서 강의에 관한 노트를 기록하고 후일 가필해 출판하여 그것을 오늘날까지 남긴 공적은 특기할 만하다. 그는 1928년에는 성서연구회를 열어 독립 전도를 계속했다.

마지막으로 츠카모토(1885-1973)는 우치무라의 작업과의 일체화를 도모하여 앞의 두 사람보다 더욱 적극적으로 우치무라를 도왔다. 츠카

34 J. F. ハウズ, 앞의 책, 429쪽.

모토는 도쿄대학을 졸업하고 농상무성의 젊은 관료로 일하다가 우치무라를 돕게 되었다. 그의 걸출한 어학 재능은 대학 시절에 독일 시인이자 철학자인 칼 힐티(Carl Hilty)의 저서와 단테의 『신곡』을 전부 원어로 읽을 정도였다. 관료로 일할 때도 퇴근 후 성서를 이해하기 위해 그리스어와 히브리어를 공부했다. 33세 때 츠카모토는 관직을 사퇴하여 우치무라를 돕게 되었다. 그의 전직(轉職)은 아사히신문(朝日新聞)이 츠카모토와 우치무라 두 사람의 사진을 실어 기사로 보도할 정도로 세간의 주목을 끌었다. 그는 과거 자신의 아내가 다니는 교회 일로, 일본 기독교의 지도자 우에무라와도 교제했었다. 이 경험을 통해 교회의 신학은 일본을 구할 수 없으므로 일본의 바울인 우치무라와 함께 자기 자신의 신학을 형성하지 않으면 안 된다고 생각하게 되었다. 이때 관동대지진이 일어나 아내는 압사하고 말았다. 이후 그는 전적으로 우치무라를 돕기로 한 것이었다.

그의 지식과 기지 그리고 우치무라 사상에 대한 논리적인 설명으로 츠카모토는 모든 사람들을 매료시켰다. 그는 우치무라의 제자들에게 어학과 문학을 가르쳤다. 아우구스티누스의 『고백록』을 비롯한 기독교 고전 연구 집회를 매주 열었다. 이것이 그리스어로 신약성서를 읽는 클래스로 발전했다. 생도들은 복음서와 바울 서신을 읽으며 마침내 14그룹 총 400명 이상에 달했다. 2년 후 그들은 그리스어로 신약성서를 읽게 되었다. 츠카모토는 더 나아가 히브리어로 구약성서 강독, 라틴어로 단테의 『신곡』을 강독하는 클래스를 시작했다. 우치무라를 돕는 3명의 제자 중 츠카모토는 현저하게 두각을 나타내어 우치무라의 후계자라고 지목되기에 이르렀다.

우치무라의 후계자 문제에 대한 관심은 1915년 그가 기독교의 속죄 문제를 둘러싸고 후지이와 의견을 달리했을 때로 거슬러 올라갈 수 있다. 우치무라는 그것이 그의 리더십에 대한 도전임을 금방 알아차렸다.

이후 수년간 그는 이 문제를 덮어두었다. 그는 한 집단의 계승 문제를 '인간적인 생각'이라고 보았다. 그것은 하나님에 대한 마음에서 우러나오는 신뢰를 결여한 교회와 교회원 사이에서 일어나는 문제라는 것이었다. 그러나 10년 후인 1925년 장로교의 지도자 우에무라 마사히사가 죽었을 때 이 문제가 다시 재현했다. 후계자 문제를 둘러싸고 우에무라의 교회가 분열했다. 유력한 제자를 따르는 일파는 다른 교회를 만들어 분립했던 것이다.[35] 우치무라는 우에무라가 심장 발작으로 급서하기 수시간 전까지 제자들의 분열로 마음 아파했을 것이라고 확신했다. 그는 자신의 제자들을 불러 자기가 죽은 후에는 성서 연구 집회를 종료시키라고 지시했다. 그러나 후계자 문제와 무교회의 의미 규정을 어떻게 할 것인가는 여전히 미해답으로 남긴 채였다.

1928년 그의 세례 50주년을 기념하는 축하식이 거행되었다. 우치무라는 이때 후계자 문제를 다시 언급했다. "여러분들에게 부탁해두는데 내가 죽은 후 결코 우치무라 교회를 만들지 말아라. 츠카모토, 아제가미, 이시하라와 누가 원조라고 싸워서는 안 된다. 그런 짓을 시작한다면 나는 어떠한 방법을 통해서라도 반드시 그것을 깨뜨리고 말 것이다"라고 했다.[36] 그런데 후계자 문제는 다시 무교회주의의 의미 규정과 관련된 츠카모토와의 논쟁으로 재현되었다. 무교회가 무엇인가 하는 문제는 『성서의 연구』를 읽어도 우치무라의 개인적인 접촉을 통해서도 명확한 개념 규정을 얻을 수가 없었던 것이다. 츠카모토는 자신의 논리적인 지력을 다해 무교회주의의 개념을 규정하고자 했다. 그는 무슨 일에서든지 논리적인 통일성이 결여되는 것을 견딜 수 없었던 것이다.[37]

츠카모토는 1928년 9월 『성서의 연구』 10월호의 원고에 과격한 무

35 J. F. ハウズ, 앞의 책, 436-440쪽.

36 齋藤宗次郎, 『ある日の內村鑑三先生』, 209쪽.

37 塚本虎二, 『內村鑑三先生と私』, 113쪽.

교회론을 기고했다. 여기에서 츠카모토는 비록 신자에게 신앙심을 잃어버리게 한다 해도 일요일의 형식적 예배에는 절대로 출석해야만 한다는 특정 교회인의 관심에 대해 언급하며, 그들의 신앙은 자신의 신앙과는 다르다고 했다. 그는 “이 문제는 나에게 있어서 실로 사활의 문제이다. 왜냐하면 만일 내가 믿는 바가 틀리고 교회가 믿는 것이 옳다고 하고, ‘신앙만으로’는 불가능하다고 한다면 나의 구원은 절망이고, 내가 그리스도를 믿는 이유는 소멸하기 때문이다”고 했다. 이에 대해 우치무라는 “지금은 30년 전과는 상당히 달라졌습니다. 지금은 교회와 생사를 걸고 싸울 때가 아니라 그들의 친구가 되어 이끌어줄 때라고 생각합니다”라고 말하고 “나와 『성서의 연구』는 지금까지 무교회주의를 제2의 문제로 취급해온 이상은, 우리들의 진영을 달리하지 않으면 안 될 커다란 문제입니다. 츠카모토 군 자신의 주장으로서 제창하는 것에는 이의가 없으나 내가 그것을 지지하고 있다고 생각하는 것은 커다란 문제입니다”라고 하며 수정을 요구했다.

나아가 이 문제에 대해 우치무라는 ‘적극적 무교회주의’라는 글을 써서 자신과 츠카모토의 견해 차이를 분명히 했다.

“무교회주의는 나의 신앙이다. 내가 무교회 신자인 것은 혹자가 감리교회 신자이고 혹자는 침례교회 신자이고 혹은 성공회 신자이고 또 어떤 다른 사람은 회중교회 신자인 것과 마찬가지다. 이것은 나의 편의에 따라, 나의 성질에 맞게 나의 신앙을 도와주는 주의이기 때문이다. 나는 모든 사람이 나와 같이 무교회 신자이지 않으면 안 된다고 믿지 않는다. 나의 무교회주의가 나를 구원한다고도 생각하지 않는다. 교회 문제는 기독교의 근분 문제라고 나는 믿지 않는다. 나는 사람들에게 내가 무교회 신자임을 허락해주기를 원하는 것처럼 다른 사람이 원하는 교회에 다니는 것을 허락한다. 나는 다른 사람이 내가 무교회 신자라는 것을 공격하기 전에는 다른 사람에 대해서도 공격하지 않는다. 나는

'무교회 신자'라고 수차례 명언했다. 그러나 지금까지 한 번도 다른 사람을 향해서 '너도 나처럼 무교회 신자가 되어라'라고 권고한 적은 없다…… 나는 무엇보다도 사람을 개종시키는 것을 혐오하는 자이기 때문에 나 자신 역시 이러한 최대의 죄악을 범하지 않기를 원한다.

뿐만 아니라 나는 교회를 돕는 것을 주저하지 않는다. 물론 이 교회가 나의 무교회주의를 존중해줄 것을 요구한다. 교회는 어떤 교회라도 장점과 아름다운 점을 갖고 있음을 알고 있다. 따라서 그 장점에 따라 교회를 돕고자 한다. 그리고 교회에게 나의 무교회주의를 주장하지 않는다. 나는 교회의 신앙과 나의 신앙 사이에 존재하는 공통의 신앙에 근거하여 말한다. 따라서 나는 예를 들어 로마 카톨릭 교회라고 하더라도 그 사업을 도와야 할 것이 있으면 돕는다. 그리고 실제로 도운 적도 있다. 그 외…… 내가 가장 견딜 수 없는 것은 나에게 교회를 돕게 하려는 감독, 선교사, 목사, 전도사 등이 극히 소수를 제외하면 나를 돕고자 하지 않을 뿐만 아니라 그들 다수가 늘 의심의 눈으로 나와 나의 일을 보는 것이다. 나는 그러한 근성을 '교회적 근성'이라고 말하고 그것을 혐오하고 분노하지 않을 수 없다. 내가 그들에게 도움을 받고 싶어서 이렇게 말하는 것이 아니다. 인간의 도리로서 그들에게 이것을 요구하는 것이다. 내가 그들에게 진실을 가지고 대한 것처럼 그들 역시 나에게 진실로 대해 줄 것을 요구하는 것이다. 기독교는 무사도 이하여서는 안 된다. 그런데 교회가 하는 짓은 종종 무사도 이하이다. 나는 그렇기 때문에 때때로 교회에 대해 분노를 표시한 것이다."[38]

그러나 츠카모토는 점점 교회의 부정적인 측면을 다루면서 '무교회'를 정의하려고 했다. 여기에는 상대를 격렬하게 공격함으로써 자신의 확신을 강화시키려고 하는 의도가 있었다. 이 부정적인 무교회 해석은

38 內村鑑三, 「積極的無教會主義」, 『聖書之研究』, 1928, 1, 全集 31권, 283-84쪽.

우치무라가 십여 년간 그 자신의 경험을 통해서 발전시켜온 사상과는 상반하는 것이었다. 1929년 우치무라는 목의 통증을 호소하기 시작했다. 의사는 이것이 심장쇠약과 관련이 있다고 진단했다. 이러한 상황에서 우치무라는 '나의 기독교'를 선언했다. 그는 여기서 스승의 생각을 따르려고 하지 않고 역으로 "그 사람 자신의 신앙을 나의 신앙이라고 하고 내가 그들의 신앙을 말하고 있는 것처럼 생각하는" 제자들에 대한 불평을 토하고 있었다. 그리고 다음 네 개의 조항을 그의 신앙의 기본으로 논했다. 요약하면 다음과 같다.

1. 기독교는 그리스도의 십자가를 전하는 것이다. 주 예수는 십자가에 못박혀 죽고 부활했다. 그를 믿음으로써만 사람은 구원을 받는다. 이 관점에서 보면 기독교는 협소하게 보인다. 그러나 명백하기 때문에 협소하게 보이는 것이다.
2. 상식적인 신앙은 하나님이 모든 사람에게 부여한 지식과 옳고 그름의 감각이다. 하나님은 십자가의 은혜로 나를 인도함에 있어서 극히 평범한 수단을 이용했다. 기독교는 이성의 신앙이다. 그것이 그 사람의 양심을 만족시키는가 아닌가, 이것이 진실인가 아닌가의 질문에 대한 대답이 된다. 나는 이 방법을 따랐다. 윤리의 종점이 종교이고 종교의 종점이 십자가의 기독교다.
3. 기독교의 이원론은 만일 그것이 있다고 한다면 나의 철학의 기초인데, 하나님과 사람, 영과 육, 정신과 물질이다. 기독교인은 이들 양자 사이의 관계를 설명하려고 하지 않는다. 그들은 육체를 영의 유출이라고 간주하지 않고, 영을 육체의 본질이라고 보지 않는다. 그들은 이 양자가 어떻게 결합되는지 알지 못한다. 그러나 영은 영, 물은 물이라는 사실을 다만 신앙 안에서 승인한다. 이원론은 사람이 인간이 갖는 능력에 한계가 있음을 자각할 때 갖는 만물에

대한 시각이다. 불가지를 견디지 못하는 자는 양자를 일원론적으로 수미일관하게 설명하려고 한다. 일원론이라는 단일한 철학을 믿는 자는 단일한 윤리를 갖는다. 선은 악(절대선도 절대악도 없다?)이라는 입장을 취하기보다 나는 바울의 입장에 동의한다. 인생의 종국에만 그 설명이 얻어질 것이라는 주장에.

4. 신앙에 대한 동기는 때때로 개인적 불행이나 괴로움에서 생긴다. 그리스도를 우주 인생의 중심이라고 보고 만물을 완전히 해석하는 것이 가능하다고 말하는 것이 진리일지도 모른다. 기독교를 배워서 사람의 사상이 전체적으로 심화되고 또한 아름답게 된다는 것은 두말할 것도 없는 사실이다. 사람이 새로운 사상을 얻기 위한 목적으로 기독교로 온다면 그를 못 오게 할 것은 아니다. 세상을 개선하기 위해 기독교에 들어오는 것도 나쁜 동기는 아니다. 그러나 위에 쓴 어떠한 동기도 기독교의 핵심으로 사람을 인도해 줄 수는 없다. "기독교에 들어갈 유일한 정도(正道)는 죄의 관념이다". 주 예수를 통해서 인간의 죄를 하나님이 속량해준 것이다. 모든 위대한 기독교인이 바로 이 길을 통해서 신앙에 들어갔다. 우리들은 기독교를 윤리적 종교라고 부른다. 사람이 윤리적 문제를 인정할 때에만 이 진리를 이해할 수 있기 때문이다. 바울처럼 그 죄악에서 누가 자기를 구원해줄 것인가 하고 신음할 때에만 그 사람은 기독교에 들어올 수 있는 것이다.[39]

우치무라는 교회든 무교회든 그것이 기독교 신앙이라면 핵심은 십자가 신앙에 있음을 거듭 천명하며 츠카모토에 대한 자기의 입장을 분명히 했던 것이다. 그는 일본의 전통적인 계층적 상하 관계보다도 오히

39 內村鑑三, 「私の基督教」, 『聖書之研究』, 1929, 5, 全集 32권, 103-14쪽.

려 스승과 제자가 동등한 '친구'라는 수평적인 관계가 바람직하다고 반복해서 말했다. 그리고 무교회주의는 아마 재림의 때에 이르러서야 비로소 실현될 수 있는 불가능한 이상의 하나라고 최후의 일기에 기록하고 있었다.[40]

따라서 그는 츠카모토를 독립시키기로 결심했다. 그는 12월 1일 츠카모토가 자신에게서 분리해서 독립한다고 선언했다. 그는 일기에 이렇게 썼다. "청년 시절에는 노인에게서 독립하고 노년에 들어서는 청년으로부터 독립한다. 독립은 하나님께 도움을 받는 길이다."[41] 츠카모토는 1929년 10월 20일 성서 강의 집회를 열고 자신의 잡지 『성서의 지식』을 간행했다. 경제적 안정을 얻고 자신의 사상을 전개해갈 수 있었다. 이것으로 우치무라는 후계자를 둘러싼 억측에 종지부를 찍었다. 후계자는 없는 것이었다. 그가 죽은 후 성서 집회도 잡지도 종결시킬 것을 결정했다. 츠카모토의 독립에 우치무라는 만족했다. "극단적인 무교회주의를 주장하는 츠카모토의 논문을 내가 간행하는 잡지에서 보는 것은 상당히 괴로운 일이었다. 이제야 그런 일 없이 그도 나 자신도 자유롭게 자기의 확신을 말하기에 이르러 둘 다 행복하다."[42] 우치무라는 아제카미와 츠카모토의 독립에 관해서 그의 잡지에 다음과 같은 성명을 내었다. "이번에 아제카미와 츠카모토가 독립함에 있어서 나는 지금 두 사람의 행동 및 그가 주장하는 바에 대해 책임을 지지 않습니다. 이것은 정당한 행동으로, 이것이야말로 참된 독립입니다. 지금까지의 사제관계가 대등한 관계로 진전한 것입니다. 우의(友義)는 여전히 있습니다. 그러나 각각 독립입니다. 우치무라 간조."[43] 우치무라의 최후의 독

40 內村鑑三 日記, 1919, 10, 24, 『聖書之硏究』, 1929, 11, 全集 35권, 510쪽.
41 內村鑑三 日記, 1929, 11, 1, 『聖書之硏究』, 1930, 1, 全集 35권, 524쪽.
42 內村鑑三 日記, 1930, 1, 10, 『聖書之硏究』, 1930, 2, 全集 35권, 540쪽.
43 內村鑑三, 「謹告」, 『聖書之硏究』, 1930, 1, 全集 32권, 352쪽.

립 행동, 즉 무교회주의로부터의 결별은 이렇게 이루어졌다.

우치무라는 젊은 제자 야마모토(山本泰次郎)에게 '중요한 것이기 때문에 사후에 열라'고 유훈을 남겼다. 그리고 병석에서 강의를 할 수 없었기 때문에 3월 9일 일요 집회에서 '신의 분노와 속죄'라는 그의 논문을 큰 소리로 대독(代讀)시켰다. 이것이 우치무라 간조의 성서 집회의 마지막 성명이 되었다. 이 논문은 원래 1916년 후지이 다케시의 속죄에 관한 논문에 대한 대답으로 썼던 오래된 원고였으나, 동시에 츠카모토에 대한 최후의 회답이기도 했던 것이다.

점차 그는 쇠약해져 신문은 그의 병세가 위중하다고 전했다. 면회 사절의 표지를 현관에 붙였다. 3월 23일 그의 탄생일에는 100명 가까운 사람들이 모였다. 70세의 고희 기념이었다. 그는 물론 참석할 수 없었으나 장남 유시를 통해 참가자들에게 다음과 같은 말을 전했다.

> 신의 뜻에 합당하면 더 연명해서 일하겠다. 그러나 어떤 경우에도 우리와 제군에게 나쁜 일은 오지 않는다. 우주 만물, 인생이 다 좋은 것이다. 하고 싶은 말이 끝이 없다. 인류의 행복과 일본국의 융성과 우주의 완성을 기원한다.[44]

예수를 위해서 일본을 위해서 일생을 바친 인물답게 인류와 일본의 장래를 생각하고 우주의 완성을 기원한다는 실로 장대한 말이었다. 후세의 사람들에게 준 우치무라의 유언이라고 해도 좋을 것이다.

그 이틀 후인 3월 28일 아침 '아주 조화가 잡혀서 좋은데 이래도 괜찮은가'라는 말을 최후로 깊은 잠이 들어서 오전 8시 51분, 그는 가족들과 제자들에게 둘러싸여 조용히 숨을 거두었다.

---

44 스즈키 노리히사, 앞의 책, 163쪽.

우치무라의 사후 제자들은 유훈을 읽어보았다. 이것은 매우 짧은 것이었으나, 그가 죽은 후 2개월이 지나 55인의 제자들이 간행한 추모집의 백미가 되었다. 우치무라는 먼저 그가 '무교회주의'를 주장했던 30년 전은 목사와 선교사들이 지금보다 훨씬 강했던 때였다고 한다. 당시 무교회주의를 주장하여 교회를 비판하는 것은 조롱받고 배척당하고 신자들 전체로부터 소외되는 일이었다. 그러나 무교회주의는 '나의 신앙의 귀결로 본질은 아니다' 라고 하며 그는 이어서 말했다. "십자가가 제일주의로 무교회주의는 제이 또는 제삼 주의였다…… 나는 거만하고 무례한 미국 선교사들을 미워했으나 지금까지 한 번도 교회 그 자체를 미워한 적은 없다…… 교회는 부패해도 성령은 아직 거기서 완전히 떠나지는 않으셨다. 이러한 긍정적인 말을 하는 것은 교회와 화해를 추구해서가 아니다. 내가 오늘날 일반적으로 불려지는 소위 말하는 무교회주의의 신자가 아니라는 입장을 분명히 하기 위해서이다. 나에게 오늘날의 약한 교회를 공격할 만한 용기는 없다. 나는 남은 여생에 더 한층 드높게 십자가의 복음을 전하고자 한다."[45]

장례는 2일 후 일요일 오전 10시부터 이마이칸에서 열렸다. 이때 그의 유고가 제자들의 머리에서 떠나지 않았다. 우치무라의 생각지도 못한 '무교회주의에 대한 부정'은 종교적 진리는 각자의 일상의 신앙적 행동에 의해서만 얻을 수 있다는 사실을 다시 한번 제자들에게 깨닫게 해주었다. 객관적이고 합리적인 정의(定義)를 추구하는 츠카모토의 시도는 실패할 수밖에 없었다. 우치무라의 유훈에 대해서 뭐라고 해석한다 하더라도, 그것은 새로운 종파를 만드는 일로 이어지지는 않았다. 만일 츠카모토가 1928년에서 1929년에 걸쳐 논의했던 궤도를 계속 따랐다면, 교회사의 다른 선례처럼 파멜리가 말한 대로 신종파의 탄생에 이르

45 內村祐之編, 『內村鑑三追憶文集』, 聖書之研究社, 1931, 1-3쪽.

렸을 것이다. 600-800명이 모이는, 당시 일본에서 성서 연구를 위해 모인 가장 커다란 집회의 하나였던 그의 집회는 그의 유언대로 해산되고 잡지는 폐간되었다. 그는 자신의 후계자를 지정하지 않고 신에게로부터 받았던 모든 것을 신에게 돌리고 이 세상을 떠났다. 우치무라는 이렇게 후계자 문제에 대해 마침표를 찍었다. 그는 후계자 문제 그 자체가 일어나지 않도록 하는 형식으로 이 문제를 마무리했던 것이다.[46] 이후 무교회 운동의 리더는 우치무라의 모범에 따라, 후계자를 지명하지 않고 자신의 집회를 해산하고 잡지를 폐간하고 세상을 떠난다. 리더가 떠난 그룹의 남은 멤버들은 이제 둘 혹은 세 사람이 하나님의 부르심에 의거해 그들 자신의 집회를 새롭게 시작하든지, 아니면 다른 집회를 찾아 가게 된다. 새롭게 시작되는 집회는 결코 이전의 집회의 연속이어서는 안 되는 것이다.

신봉자들로부터 독립을 선언함으로써 우치무라는 기독교의 핵심을 이루는 가치—하나님의 눈으로 보면 모든 신자가 평등하다는 것—를 재확인했다. 인간은 기도를 통해 그 내적인 것을 직접 신에게 연결시킬 수 있을 뿐만 아니라 이것을 통해 만인이 서로 형제가 된다는 신앙을 고백한 것이었다. 우치무라의 최후의 마지막 며칠이 그의 종교적 유훈의 진로를 결정했던 것이다. 그의 최종적인 반론은 신봉자들에게 우치무라 자신이 그렇게 커다란 대가를 지불하고 획득한 진리를 각자가 자력으로 발견하지 않으면 안 된다는 것을 재확인해주었다. 무교회주의를 둘러싼 우치무라와 츠카모토의 대결은 이렇게 그의 유훈을 어떻게 이어가느냐는 문제의 가장 중요한 부분이 되었던 것이다.[47]

---

46 カルロ・カルタロラ, 앞의 책, 204-209쪽.

47 J. F. ハウズ, 앞의 책, 477쪽.

10장

남겨진 유산

우치무라가 세상을 떠난 1년 후 일본은 만주사변을 일으켰다. 만주사변이 발발하면서 일본 파시즘 체제가 그 모습을 구체적으로 드러내기 시작했다. 국민의 전쟁 열기와 배외주의 열기를 이용하면서 일본 정부는 군부와 관료가 주도가 되어 이데올로기와 조직 면에서 국민통합을 창출해가며 파시즘 체제를 형성해갔다.[1] 이데올로기 면에서의 국민통합에 가장 중심적인 핵이 된 것은 '일본정신=국체관념'을 적극적으로 국민들에게 침투시키는 것이었다. 대대적인 '국체명징운동'이 전개되고 철저한 사상 단속 방책이 강구되었다.[2] 치안유지법의 적용 범위가 광범

1 鹿野政直·由井正臣編,『近代日本の統合と抵抗』, 日本評論社, 1982年, 24쪽.

2 여기에서 1935년 '천황기관설배격사건'이 갖는 의미는 매우 컸다. 천황은 국가의 본질이 아니라 하나의 기관에 불과하다는 미노베의 주장은 1935년까지는 학계나 관계에 널리 받아들여지고 있었다. 그러나 군부와 재향군인회 등에 의해 이 설이 철저히 비판되기 시작했고 군부의 압력을 받은 의회는 급기야 '국체명징(國體明徵)' 결의를 전원 일치로 공포했다. 이 결의를 통해 천황은 주권자이고 그에 맞지 않는 외국 사상은 억압되어야 한다고 언명함으로써, 국가가 공식적으로 '국체명징'에 착수하고 국가의 모든 조직이 당연한 임무로서 '일본주의=천황주의'에 대한 '이단'의 박멸을 실행하는 시대가 본격적으로 열린 것이다.

위하게 확대되어 이 법은 사회주의자뿐만 아니라 반전사상을 가진 자유주의자, 그리고 1930년대 후반에는 외국과의 관련 등의 이유로 기독교도까지 탄압의 대상으로 삼았고 심지어는 토착종교 관계자와 우익분자에게도 적용되기 시작했던 것이다. 또한 후방에서 국민의 동원과 국내 전선의 유지를 위해 군사기밀의 보호, 유언비어의 규제, 스파이 체포, 출판 검열 등을 통한 사상 억압의 필요성을 느낀 일본 정부는 1941년 치안유지법의 개악을 법제화하여 체제에 대한 저항을 침묵시켜갔다.[3]

한편 1937년 중일전쟁이 시작되자 일본 정부는 '국가총동원법'을 제정해서 1938년부터 그 시행을 강행했다. 동시에 전쟁 지지를 위한 국민 감정을 육성하기 위해 '국민총동원운동'을 전개해 부락회, 반상회라는 말단 지방자치체에 이르기까지 국민을 획일적으로 조직화했다.[4] 이렇게 국가에 의한 국민의 획일적인 조직화와 이데올로기적 사상 선도 및 통제가 표리일체의 관계를 이루며 일본 파시즘 체제는 국민 생활을 구석구석까지 조여갔던 것이다.

중일 전면 전쟁은 마침내 1941년에는 태평양 전쟁으로 확대되었다. 우치무라 사후 1931년 9월 만주사변 개시에서 1945년 8월의 패전에 이르는 기간은 역사가들이 일본 파시즘이 체제로서 형성·확립된 시기임과 동시에 붕괴된 시기라고 하는 암흑의 시대였던 것이다.[5]

파시즘 체제 하에서 우치무라 사후 무교회 2세대들의 주된 과제는 그의 비전론을 어떻게 계승해갈 것인가였다. 이하에서는 이 주제를 중

---

3 Richard H. Mitchell·奧平康弘譯, 『近代日本の思想統制』, 日本評論社, 1980, 198쪽.

4 鹿野政直·由井正臣編, 앞의 책, 7-8쪽.

5 일본 파시즘의 제1기(1919-1931)는 준비 단계로서 민간 우익의 운동 시기이며, 제2기(1931-1936)는 성숙기로서 군부가 파시즘 운동의 추진력이 되어 점차 국정의 중핵을 장악해가는 과정이며, 제3기(1936-1945)는 완숙기로서 군부와 관료 중신 등의 반봉건 세력과 독점자본이 연합하여 지배 체제를 만들어낸 시기로 구분할 수 있다. 丸山眞男, 『日本政治の思想と行動』, 未來社, 1964, 32-33쪽.

심으로 무교회주의 2세대의 제자들의 움직임을 고찰해보자.

1. 전쟁과 우치무라의 제자들

그들은 우치무라의 비전론이 '예언자적 항거'의 영역에 속하는 것으로 이해하는 데 일치했다. 다만 기독교 이해에서 복음과 예언의 관계를 어떻게 설정할 것인가를 놓고 대립했다. 즉 만주사변에서 중일전쟁으로 치닫는 전쟁 상황에 대해, 복음만 주장하고 예언을 사상(捨象)시킴으로써 일본의 침략전쟁에 대해 방관할 것인가, 아니면 복음과 예언을 병행시킴으로써 비전론에 근거하여 침략전쟁에 저항할 것인가를 놓고 첨예하게 대립했다.[6] 표면적으로 보면, 전쟁에 대한 대응 양식에 대한 차이로 보이는 이 문제는, 궁극적으로는 우치무라의 기독교 신앙을 어떻게 이해하며 나아가 그가 주장한 '무교회의 사명'을 어떻게 이해할 것인가의 문제를 둘러싼 대립이었다.

전자의 입장의 대표적인 인물로는 츠카모토를 들 수 있다. 그는 자신의 잡지 『성서지식』의 표지에 '일인 일 교회 가능하다'라는 획기적인 선언을 내걸며 소위 '일인일교회주의(一人一教會主義)'를 주장했다.[7] '1인1교회주의'라는 것은 성례전의 배제와 함께 인위적 구원 장치로서 제도교회를 배제하는 것을 본질적인 신조로 주장하는 무교회주의의 요구를 구원의 원리에로까지 철저화시킨 것이었다.[8] 츠카모토는 교회는 완전히 악마에 의해 움직이는, 결코 그리스도와는 관계없는 조직으로 보았다.[9] 그

---

6 양현혜, 『윤치호와 김교신』, 한울, 1994, 144-151쪽.

7 無教會主義史研究會編, 『無教會史研究』 2, 新教出版社, 1993, 65쪽.

8 藤田若雄編著, 『内村鑑三を繼承した人々』, 上, 木鐸社, 1979, 66쪽

9 カルロ・カルダローラ, 『内村鑑三と無教會』, 93쪽.

의 잡지의 표지에는 "교회 밖에 구원이 있다(Extra Ecclesiam Salus)"고 쓰여 있다. 그는 사악한 교회와의 투쟁에 무교회의 사명이 있다고 생각했다. 따라서 그는 교회에 대해서 비타협적 · 대결적인 자세를 취하고 나아가 이와 같은 무교회야말로 '일본적 기독교'라고 생각했다.

이같이 철저한 츠카모토의 무교회론은 전술한 바와 같이 우치무라의 무교회주의의 논의를 넘어서는 것이었다. 그러나 츠카모토는 우치무라와의 무교회주의에 관한 의견 차이에 대해 "나의 무교회론은 선생보다 철저하다. 아니, 선생님에게는 아직 무교회론에 대한 형식적 이론은 없었다"고 말하고 우치무라가 일단 일으킨 무교회주의의 불은 우치무라의 의도와는 무관하게 발전해가는 것으로, 자신은 우치무라의 무교회주의를 보다 철저화시킨 것이라고 주장했다.[10] 그러나 츠카모토의 '1인1교회주의'는 성서 안에 그 근거가 있는지의 여부는 별도로 하더라도, 그것이 명백히 사회적 존재로서 인간이 처해 있는 현실을 외면한 관념적인 주장이라는 것은 지적될 수 있을 것이다.[11] 왜냐하면 신을 오직 한 사람의 개인으로서만 마주 향해야 한다면, 이웃사람은 신에게 흡수되기 때문에 결과적으로 이웃사람 부재(不在)가 되기 때문이다. 그러나 어쨌든 우치무라의 제자들이 시작한 집회 중 츠카모토의 집회에 가장 많은 사람이 모여 그 집회는 도쿄의 명물이었다.[12]

무교회의 사명을 이렇게 규정한 츠카모토는 복음과 예언을 분리하여 비전론과 같은 사회 문제를 신앙 문제에서 제외시켜버렸다. 츠카모토는 1932년 7월 『성서지식』에 「전쟁과 기독교」라는 제목의 강연 안내를 실었다. 그러나 그는 그 강연회를 스스로 중지하고 그 이유를 다음과 같이 밝혔다. "나는 이번에 가루이자와초(輕井澤町)에서의 전쟁과 기

10 塚本虎二, 『內村先生と私』, 112-113쪽. 194쪽.

11 藤田若雄編著, 『內村鑑三を繼承した人々』, 下, 木鐸社, 1979, 55쪽.

12 藤田若雄編著, 『內村鑑三を繼承した人々』, 上, 11쪽.

독교라는 공개 강연을 돌연 중지했다. 그것은 내가 복음을 말하는 데 방해가 될 위험이 있기 때문이다. ……생명은 아쉽지 않다. 그러나 신의 명령에는 따르지 않으면 안 된다. 나는 비난을 각오하고 그것을 중지했다. 나에게는 일본을 비전국(非戰國)으로 하는 것보다도 신의 명령에 따르는 것이 대사업이다"라고 말했다. 또한 "자신의 생명에 조금이라도 미련은 없다. 그러나 생명의 염가 판매만은 하고 싶지 않은 것이다. 그리스도의 십자가 이외의 것에는 사용하고 싶지 않다. 사용한다면 신에게 죄송하다"고 말했다.[13] 츠카모토는 비전 문제를 논하는 것이 복음을 말하는 것에 방해가 된다고 보았던 것이다.

더욱이 츠카모토는 예언과 복음을 분리하고 '복음만'의 입장에 서서 예언을 사상(捨象)해버렸다. 즉 "예언자의 종교는 예언자의 종교인 것으로 결코 복음은 아닌 것이다. 우리들은 어디까지나 복음 신자이지 않으면 안 된다. 나라의 죄를 질책하기 전에 먼저 자신의 죄를 질책하지 않으면 안 된다. 아니 죄를 책하는 것이 아니라 예수 그리스도를 믿음으로써 그 죄가 그리스도에 의해 사해진 것을 감사하지 않으면 안 된다. ……우리들은 누구든지 예언자여서는 안 된다. 복음 신자여야만 한다"고 말한다.[14] 이와 같이 예언을 사상해버린 츠카모토는 구약성서의 중요성을 인정하지 않게 되어 만년에는 「구약은 성서가 아니다」라는 제목의 글을 썼다. 이렇게 해서 츠카모토는 전쟁 문제에 의해 대표되는 현실 문제에 대해 침묵하는 입장을 취했다. 츠카모토와 함께 아제가미도 "전쟁 문제는 기독교의 입장에서 본다면 제2의 문제"라고 말해 같은 입장에 섰다.[15]

---

13 塚本虎二, 「二つの創造」, 『聖書知識』, 1932, 9, 藤田若雄 編著, 『内村鑑三を継承した人々』, 下, 106쪽.

14 塚本虎二, 「豫言者教と福音」, 『聖書知識』, 1938, 11, 藤田若雄 編著, 『内村鑑三を継承した人々』, 下, 124쪽.

15 畔上賢造, 「論難是非」, 『日本聖書雜誌』, 1937, 3, 藤田若雄 編著, 『内村鑑三を継承した人々』, 下, 82쪽.

"나 역시 복음만 말하고 있으면 족하다고 생각한다. 예언자적 정신으로 가득차서 크게 외치려고 한다면 그것은 그 사람의 자유이지만…… 그러나 나는 복음 제일주의로 그 외의 것은 제2의 것으로 보고 싶다. ……어쨌든 나는 복음 외의 것에는 더 이상의 흥미를 잃었다. 노인이 되었는지도 모르겠다"고 했다.[16]

그런데 15년 전쟁하에서 복음만을 말하고 현실 문제에는 침묵하는 입장은 사상 통제가 강화되어감에 따라 전쟁 협력의 입장으로 변했다. 츠카모토는 1938년 7월 「우리들의 싸움」이라는 글에서 "만주사변 발발 이래 황군(=일본군)은 파죽지세로 남경(南京)을 격파하고 서주(徐州)를 지나 한구(漢口)의 공격도 이미 목전의 일이 되었다고 한다. 구미인(歐米人)이 오늘날 우리나라의 무력의 강대함에 혀를 내두르는 것은 당연하다"고 일본군의 승리를 찬양했다. 그는 동시에 군사력에 의한 중국 정복과 함께 크리스천의 사랑에 의한 중국 정복의 임무도 주장했다. 이와 같은 츠카모토의 논리에는 조선인을 일본에 동화(同化)시키려는 취지에서 행해졌던 일본 조합교회(組合教會)의 조선 전도의 논리와 동일한 발상이 보인다.[17]

태평양 전쟁이 발발했을 때 츠카모토의 태도는 전승의 기쁨으로 나타났다. 예를 들면 1941년 12월의 『성서지식』에는 "12월 9일 쾌승(快勝)을 알림, 제국 해군은 잇달아 미국 전함 6척을 격파, 그 외에 항공 모함 1척, 순양선 4척을 격파하고, 그외 각지에서 적을 격멸했다는 보도

16 畔上賢造, 「暗中寸景」, 『日本聖書雜誌』, 1937, 12, 藤田若雄 編著, 『內村鑑三を繼承した人々』, 下, 95-96쪽.

17 츠카모토는 1943년 10월호의 『성서지식』에 "조선 여행 중의 교우로부터 '조선은 최근 내선일체의 사상에 크게 괄목할 만한 성과를 보이고 있다. 일본에서 갖고 있던 인식을 크게 바꾸게 되었다'라고 말해왔다. 과연 만세를 부를 만한 대단한 일이다"라고 써서 조선 총독부의 '황민화' 정책에 동조를 표명했다. 일본 기독교의 조선 전도에 대해서는 양현혜, 『근대 한·일 관계사 속의 기독교』, 이화여자대학교출판부, 2009, 44-74쪽 참조.

가 전해졌다. 만세, 만세"라고 쓰고 있다. 그 후에도 적극적인 전쟁 협력의 발언이 보이는데, 대표적인 것은 1942년 2월『성서지식』에 게재된「최후의 문제」라는 글이다. 여기에서 츠카모토는 이 전쟁을 "동아(東亞)의 민족을 영미(英美)의 착취로부터 구하기" 위한 '십자군'이라고 하며 전쟁을 역사적으로 정당화시켰다. 더욱이 그는 출정하는 학생들에게 "일본 군인으로서 누구에게도 지지 않는 혁혁한 무공을 세우는 동시에 그리스도의 병졸로서 빛나는 승리를 얻어낼 것을 열렬히 기도한다"고 말한다.[18] 여기에서 그리스도를 위해 싸우는 것과 일본 국가를 위해 싸우는 것이 완전히 하나가 되어버렸다. '1인1교회주의'라는 복음만을 전하며 기존의 교회와 대결함으로써, '일본적 기독교'로서의 사명에 충실하고자 했던 츠카모토의 입장은, 어느새 국가와 그 침략전쟁을 기독교를 가지고 정당화시킴으로써 '일본적 기독교'로서의 사명을 다하고자 했던 기존 교회와 완전히 동일한 형태가 되어버린 것이었다.

사실 우치무라는 그의 신앙의 최초기였던 삿포로(札幌) 시대부터 구미 의존의 교회와 전도 방식을 부정하고 자주적 전도를 통해 복음을 일본 정신 풍토에 정착시키고자 '일본적 기독교'를 주장했다.[19] 그의 '일본적 기독교'의 모색에는 복음적 가치를 실현해나가는 역사적 주체로서의 민족과, 복음 실천의 구체적 장(場)으로서의 민족의 역사를 발견해내고 그것을 기독교의 복음과 관계지음으로써, 서구 기독교에 대한 문화적 열등의식을 탈피하고 일본 기독교인으로서의 민족적 주체성을 확보하기 위한 고투가 담겨 있었다. 즉 그의 '일본적 기독교'의 모색은 각각의 역사 문화 공동체에 뿌리내린 기독교가 담지해야 할 종교 문화적인 수평적 평등성을 확보하려 한 것이었다.

---

18 塚本虎二,「二つの戰」,『聖書知識』, 1943, 11, 藤田若雄 編著,『內村鑑三を繼承した人々』, 下, 118쪽.

19 土肥昭夫, 앞의 책, 182쪽.

서구 자본주의 문명의 압도적인 우위 앞에서 비서구인이 기독교인이 되었을 때, 그들의 문화적 주체성은 심각하게 동요할 수밖에 없었다. 따라서 그들의 문화적 정체성을 방어해내며, 서구에 대한 종교문화적인 수평적 평등성을 어떻게 확보해낼 것인가는 모든 비서구 기독교인들의 공통적 과제였다. 이런 의미에서 '일본적 기독교의 모색'은 비단 우치무라뿐만이 아니라 일본 기독교인 전체의 공통적인 과제였다. 그렇다면 당시의 이러한 시도 가운데 우치무라의 '일본적 기독교'의 특수성은 어디에 있었을까. 그것은 우치무라가 확보한 일본의 종교문화적인 수평적 주체성이 자기 절대화에 갇히지 않고 비판적 성찰을 통해 늘 타민족에게 개방되어가는 구조였다는 점에 있었다. 즉 그의 '일본적 기독교'에서는 일본인으로서의 주체성이라는 수평적 평등성과 함께 기독교 고유의 규범성과 초월성을 통한 일본의 상대화가 한 세트로 움직이고 있었다. 여기에 기독교를 통해 일본을 신성화한 에비나탄죠(海老名彈正)나 15년 전쟁기의 황도주의적 일본적 기독교와는 다른 우치무라의 '일본적 기독교'의 특징이 있었다. 그렇다면 우치무라가 일본인으로서의 주체성을 누구 못지않게 강렬히 담지하면서도 기독교 고유의 규범성과 초월성을 담지할 수 있었던 힘은 어디에 있었을까. 그것은 다름 아닌 그의 기독교가 복음만의 한 축이 아닌 복음과 예언의 두 축을 가지고 움직이고 있었던 점이었다. 복음과 더불어 예언이 있음으로써 비로소 자신과 자신이 처한 역사적 현실에 대한 비판적 성찰과 자기 정화가 가능할 수 있기 때문이다. 이 점에서 예언을 사상해버린 츠카모토가 침략 전쟁을 정당화하는 '일본적 기독교'와 그 형태를 같이 했다는 것은 그리 놀라운 일이 아니었다.

한편 복음만을 주장하며 예언을 사상해버림으로써 결국 일본의 침략 전쟁을 종교적으로 정당화하는 입장을 비판하는 우치무라의 제자들이 적지 않았다. 이시하라는 아제가미의 입장을 "복음의 근본 문제로서 인간의 죄악을 문제시하는 기독교 신자가, 죄악의 조건을 가장 완비하고 있는 전쟁을 제2의 문제라고 말한다면 우리는 그 사람의 상식을 의심하지 않을 수 없다"고 비판했다.[20] 또 마사이케는 「신앙과 행위, 복음과 예언」이라는 글을 써서 예언과 복음을 양분하는 것을 비판했다. 구로자키(黑崎幸吉)와 가나자와(金澤常雄)도 현실 문제에 강한 관심을 보이며 예언과 복음을 분리시키지 않았다.[21]

복음과 예언을 병존시켜 우치무라의 비전론을 적극적으로 계승하려던 이들의 대표자로서는 야나이하라 타다오(矢內原忠雄)를 들 수 있다. 야나이하라는 1893년에 태어나 1910년 제일고등학교 시절에 니토베의 소개로 우치무라의 성서 강해에 참가했다. 이후 도쿄대학을 졸업한 후 스미토모(住友) 등에 취직하는 한편 전도 활동을 시작했다. 1920년 그는 도쿄대학에서 식민정책을 담당하던 니토베가 국제연맹 사무국 사무처장으로 임명되는 바람에 그의 후임으로 27세의 나이로 대학에 들어가게 되었다. 그는 2년 반의 영국, 독일, 미국을 중심으로 하는 서구 유학과 시찰 여행을 마치고 식민정책학을 강의하는 한편, 『식민지 및 식민정책』(1926), 『인구문제』(1928), 『제국주의하의대만』(1929), 『만주문제』(1934), 『남양군도의 연구』(1935) 등의 글을 발표했다.

그의 책은 후일 '일본에 있어서 사회 과학적 지역 연구의 탄생'이라는 높은 평가를 받았다. 특히 『제국주의하의 대만』은 간행 당시 대만총독부에 의해 대만 유입 금지가 되었으나 대만에서 온 유학생들은 '대만인 인텔리의 성서'라고 하며 탐독했다. 이러한 학문적인 경력과 함께 그는 1925년에는 우치무라의 허락을 얻어 도쿄대학 성서연구회를 발족시켰다. 당시 도쿄대학에는 야나이하라 외에 다나카(田中耕太郎), 남

---

20 石原兵永, 「戰爭問題」, 『聖書之言』, 1937, 4, 藤田若雄 編著, 『內村鑑三を繼承した人々』, 下, 334쪽.

21 藤田若雄 編著, 『內村鑑三を繼承した人々』, 下, 56쪽.

바라(南原繁), 다카키(高木八尺), 에하라(江原萬里), 야마자키(山崎匡輔) 등 우치무라 문하의 소장 교수들이 있었다. 이들 중 일부는 이 연구회를 도중에 이탈하기도 했으나, 이 연구회는 전후에 이르기까지 도쿄대학 내의 무교회 기독교인들을 연결시키는 역할을 했던 것이다. 이러한 점에서 야나이하라는 도쿄대학과 무교회 운동의 결합을 체현하는 존재이기도 했다.[22] 그는 우치무라가 사망한 후 무교회 기독교인으로서도 적극적으로 활동하기 시작했다. 무교회의 결속을 다지는 '우치무라 기념 강연회'에 등단하는 7인 강사의 한 사람이 되었던 것이다.

1932년 만주국 시찰 여행 중 그가 탄 열차가 일본인을 노리는 비적들의 습격을 받은 사건을 계기로, 그는 전도의 결의를 더욱 굳혀 개인 잡지 『통신(通信)』을 창간했다. 그리고 일요일에는 자택에서 무교회 집회를 열었다. 이것으로 그는 무교회에서 최초로 파트 타임의 전도자가 되었다. 다른 제 1세대의 전도자들은 기본적으로 풀타임 전도자였으나, 그만은 대학에서 직업을 가진 채 전도자가 된 것이다. 이후로 그의 문하에서 가장 많은 차세대의 전도자가 나왔고, 그들은 대부분 대학이나 고등학교에서 교편을 잡는 파트 타임 전도자였다.

그는 우치무라에게 나타난 복음과 예언의 공속성을 더욱 심화시킬 필요가 있다고 보았다. 복음은 구약의 예언의 성취이나, 동시에 그것은 그리스도의 재림과 하나님 나라의 완성이라는 새로운 예언을 포함하고 있다고 그는 보았다. 그는 신약에서 예언은 무용화된 것이 아니라 복음 안에서 보다 확실히 그리고 한 층 생생하게 되었다고 보았던 것이다. 또한 '하나님 나라'는 명백하게 사회적 개념이기 때문에, 복음을 단순히 개인 구원의 측면에서 이해하고 그 사회성의 측면을 도외시하는 것은 기독교를 무력화시키는 것이라고 보았다. 그는 기독교인은 자신의 죄

---

22 赤江達也, 『'紙上の教會'と日本近代-無教會キリスト教の歴史社會學』, 岩波書店, 158-161쪽.

에 대해서뿐만 아니라 현세의 죄의 전체적인 구조에 대해서, 즉 역사와 사회 안의 죄의 전 구조를 파악하고 이에 대항하는 싸움에 연대하며 종말론적인 '하나님의 나라'의 실현을 추구하는 존재라고 보았다. 그리고 역사와 사회 안의 죄의 전 구조를 파악하기 위해 사회과학적인 방법론을 적극적으로 활용할 필요가 있다고 보았다. 여기에서 그는 신앙적 비판을 현실에 매개할 도구로서 사회과학을 적극적으로 활용할 것을 주장했다.[23]

그는 이러한 점에서 무교회가 그 내부에서 다시 한 번 개혁되어야 한다고 보았다. 따라서 야나이하라는 츠카모토의 입장에 대해 "수입품의 교회를 무교회가 공격하더라도 그것에 의해 짊어져야만 하는 십자가는 심각한 현실이 될 수는 없다. 일본적 기독교는 일본적인 박해를 짊어져야 한다"고 비판했다.[24] 그리고 '일본적 기독교'가 짊어져야 할 십자가는 다름 아닌 천황제 국가의 침량전쟁이라고 보았다. 도쿄대학에서 식민정책학을 담당하는 사회과학자인 그에게 이러한 자각은 만주사변이 발발한 다음해 행해진 만주국 현장 답사에 의해 더욱 객관적 확신을 가지고 심화되었다. 이 답사의 결과, 그는 만주사변이 일본의 작위적인 자작극임을 확신하고 일본의 국가적 불의에 대해 저항하는 것을 그의 신앙적 그리고 학자적 사명으로 받아들였다.

1933년 그는 잡지 『이상(理想)』에 논문 「일본 정신의 회고적(回顧的)과 전진적(前進的)」을 실어 천황은 조물주에 대해 신성이 아니며 인성을 가진 존재라고 논하며 '천황 현인신 사상'을 비판했다.[25] 당시 터부시되

23 柳父圀近, 「矢内原院忠雄-帝國主義とパッシズム批判の預言者」, キリスト教文化學會編, 『プロテスタント人物史』, ヨルダン社, 1989, 182-185쪽.

24 矢内原忠雄全集刊行委員會, 『矢内原忠雄全集』 16권, 岩波書店, 1964, 이하 『矢内原忠雄全集』으로 표기, 538쪽.

25 無教會主義研究會編, 앞의 책, 86-87쪽.

었던 천황의 신성성을 정면에서 부인한 것이었다. 동시에 그는 천황 현인신 사상에 입각한 배타적 일본 중심주의에 동조하는 '일본적 기독교'에 대해 비판했다. 그는 '일본적 기독교'란 "기독교 신앙에 있어서 일본 정신의 미를 발휘하고 일본 국가를 진정으로 사랑하는 것"을 의미하는 것으로, 그를 위해서 비극적이지만, 세속의 '일본주의'와 싸워야 한다고 주장했다. 그는 "기독교가 일본주의에 굴복하는 것이 일본적 기독교가 아니다. 일본적 기독교에 있어서 시금석은 신사 문제, 국체 문제, 또는 국가주의의 문제이다. 이러한 문제에 있어서 기본적인 태도 결정을 잘못하지 않는 것이 일본적 기독교를 위해서 절대적으로 필요하다. 기독교인은 우리 국체를 정화시켜야 하는 자로, 국체관념이 기독교의 진리를 제약하는 것이 아니다"라고 주장했다.[26]

기독교가 참다운 일본의 기독교가 되기 위해서 신사 문제, 국체 문제, 국가주의의 문제에서 드러난 권력의 자기 절대화에 저항하며 그것을 정화시키는 '십자가'를 감당해야만 한다고 역설했다. 이 점에서 야나이하라는 복음과 예언을 공속성을 자각하고 그에 근거하여 자신이 처한 역사 현실을 책임적으로 살아가려고 한 우치무라의 '일본적 기독교'의 정신을 정확히 계승해가고 있었던 것이다.

이러한 그의 예언자적 저항 활동은 박해를 피해갈 수 없었다. 『중앙공론(中央公論)』에 게재한 「국가의 이상」이 삭제 처분당했다. 이어서 1937년 10월에 열린 후지이타케시(藤井武) 기념 강연회에서 행한 중일전쟁 비판은 결국 그가 도쿄대학을 사임하게 했다. 이 날의 강연을 다소 길게 인용해보자.

우리 일본국에서도 기독교는 신용을 잃었습니다. 혹은 잃어가고 있습

26 矢内原忠雄全集刊行委員會, 『矢内原忠雄全集』 8권, 222쪽.

니다. 기독교의 권위와 함께 일본국의 이상은 망해가고 있습니다. 아니, 망했습니다. 저는 자세히 말하지 않겠습니다. 그러나 일본인 모두가, 특히 그중에서도 기독교도는 지금 하나의 문제에 대해 태도를 결정하지 않으면 안 됩니다. 태도의 결정을 요구받고 있는 것입니다. 이에 대해 두세 가지를 생각해보겠습니다. 혹자는 말하기를 '기독교는 종교다, 정치 문제는 정치가에게 맡기겠다, 정치가가 정한 것을 따라 가겠다'고 합니다.

이것은 하나의 답안입니다. 하나의 태도입니다. 정치를 피해감으로써 기독교를 지키고자 하는 태도입니다. 그러나 그리스도는 '너희는 이 땅의 소금이다. 소금이 만약에 그 맛을 잃는다면 무엇으로 맛을 낼 것인가'라고 말씀하셨습니다. 현실 사회의 불의를 비판하지 않는 자는 맛을 잃은 소금입니다. 자신을 지키려는 행위로 말미암아 자신을 잃고 있는 것입니다. 정치 운동에 종사하지 않는다는 것과 정치를 비판하는 것과는 처음부터 다릅니다. 비판은 정의의 소리입니다.

두 번째 답안으로는, '일본국이 중국을 치는 것은 성서가 제시하는 가르침이다. 신의 명령이다. 중국은 스스로의 죄에 의해 심판 받는 것이기 때문이다. 일본은 이것을 심판하시는 신의 노여움의 지팡이이다. 그러므로 일본이 중국을 치는 것은 신의 부르심에 따르는 것이다'라는 논리입니다.

저는 분명하게 말씀드립니다. 이러한 성서 해석이 신의 이름 아래 성립된 교회와 그 신자에 의해 제창되고 있다니 이게 무슨 일입니까! 현실 국가의 명령에는 국민으로서 복종합니다. 복종해야 합니다. 그러나 현실 국가가 말하는 바를 일일이 도덕적으로 신앙적으로 더구나 성서적으로 변호한다고 한다면, 기독교의 존재 가치는 없는 것입니다. 신의 심판을 받는 유대 나라보다도, 스스로 자만하여 유대를 친 앗시리아의 죄가 더욱 큽니다. 알겠습니까! 앗시리아의 죄는 유대의 죄보다도 더욱 큽니다. 스스로 두려워하지 않으면 안 됩니다.[27]

공적 책임성을 가지고 정치에 참여해야 할 필요성을 회피하는 '종교적 순수성'의 주장이나, 일본이 '중국을 치는 신의 채찍'이라는 침략전쟁에 대한 합리화가 갖는 신앙적 기만성을 야나이하라는 통렬하게 지적한 것이었다. 그것은 스스로의 정체성을 잃고 자멸해가는 일본 개신교를 향한 예언자적 경고였다. 일본 당국은 이 날 그의 "먼저 이 나라를 장사(葬死)지내 주십시오"라는 발언을 문제삼아 그를 도쿄대학에서 사임하게 했다.[28]

한편 그는 '황민화' 정책 아래 신음하는 조선의 젊은이들을 격려하고자 한 조선 무교회주의자 김교신의 초청을 받아들여 1940년 9월 9일부터 5일간 경성 YMCA에서 로마서 강연회를 개최했다. 그리고 이때의 강의 초안을 골자로 해, 2년 후 그의 개인잡지 『가신(嘉信)』 1943년 10월호에서 로마서 13장을 다음과 같이 논했다.

"실제 문제로서 때때로 국가 권력이 남용되고 관헌이 나쁜 일에 대한 공포가 되는 것이 아니라 선한 일에 대한 공포가 되는 경우도 없지 않다. 그러나 본질적으로 국가 권력은 하느님에게서 나오고 하느님이 세워 정하신 것, 관헌은 선한 일을 두려워하는 것이 아니라 악한 일을 두려워하게 하는 것, 따라서 국가 및 관헌에 대한 우리의 복종은 두려움에 근거하지 않고 신앙의 의무로서 양심에 따라 복종해야만 하는 것은 움직일 수 없는 원칙이다"라고 했다.

그는 이어서 로마서의 "사랑에는 허위가 없고 악을 미워하고 선을 즐겨 하라"(12:9)라는 윤리적 태도가 복종에 대해서도 유추된다고 하면서 다음과 같이 말한다.

---

27 노다 마사아키, 『전쟁과 인간』, 서혜영 역, 길, 2000, 78-79쪽.

28 藤田若雄, 『矢内原忠雄: その信仰と生涯』, 教文館, 1967, 15-20쪽.

신앙으로 악을 미워하고 선을 가까이 하며 권력에 복종할 때, 비로소 그 태도는 위선적이 되지 않고 자유로운 선한 양심적인 복종이 되는 것입니다. 이렇게 해서 우리는 한편에서 국가가 부패한 경우 그것을 질책하는 예언자인 동시에 다른 한편에서 늘 국가 권력에 대한 양심적 복종자일 수 있습니다. 아니, 국가 권력이 하느님에게서 나온 것임을 알고 그것을 존중하기 때문에, 국가 권력이 남용될 때 예언자는 침묵하지 않는 것입니다.

기독교인의 복종은 양심에 근거한 자유로운 복종이고 그렇기 때문에 권력이 부패해 남용될 때에는 분연히 일어나 예언자의 비판을 두려워해서는 안 된다는 것이었다. 이러한 로마서 13장의 이해는 우치무라의 로마서 13장 이해의 기본선을 보다 명백히 한 것으로, 전시의 일본 기독교인이 제시한 역사적으로 귀중한 증언이었다.[29]

또한 야나이하라가 로마서 13장 11-14절을 종말론과 관련해서 기독교인의 정치 윤리를 적극적으로 근거지우고 있는 것도 주목할 만하다. 여기에서 바울이 '위에 있는 권위에 복종하라'고 한 것은 단순히 소극적으로 "주의 재림이 가까이 있음을 생각하고 아무리 혹독한 권력에라도 복종하고 아무리 곤란한 의무라도 인내하며 달성하는 것이 가능하다는 식의 사고방식"이 아니라고 전제했다. 야나이하라는 "재림이 가깝기 때문에 단연코 암흑의 일을 버리고 광명을 분명하게 하고, 생활태도를 일변하여 선한 일을 장려해야만 한다. 국가에 대한 의무도 이웃에 대한 사랑도 진실되게 하나님을 경외하고 하나님을 사랑하는 자로서 마음으로부터의 성실을 가지고 거짓없이 행해야만 한다는, 적극적인 가르침이라고 생각합니다. 주의 재림은 모든 허위가 분명하게 밝혀지는 날입

29 미야타 미쓰오, 『국가와 종교: 유럽 정신사에서의 로마서 13장』, 양현혜 역, 삼인, 2004, 236-238쪽.

니다. 우리들의 신앙의 허위 없음과 우리들의 사랑의 허위 없음, 우리들의 복종의 허위 없음을 사랑과 복종이 위선적이지 않고, 공리적이지 않고, 비겁함에서 나오는 것이 아니고 대낮과 같이 환할 때 올바르게 걸어가는 것이 되기 위해서 주의 재림이 가까이 왔다라고 하는 신앙은 현실감에 충만한 활기있고 강력한 동기가 된다는 것입니다"라고 논했다.[30] 여기에서도 우치무라의 종말론적 신앙이 힘차게 맥박치고 있음을 볼 수 있다. 즉 재림 사상=종말관은 현실 도피를 촉구하는 것이 아니라 도리어 '권력에 대한 복종'을 살아 있는 정치적 책임 윤리로서 가능하게 하는 것이라는 의미였다.

야나이하라는 끝으로 로마서 13장의 말하자면 전 괄호인 12장 1-2절의 권고를 다시 한번 반복해서 논하고 있었다. "바울은 제12장 처음에서 신자의 일상생활에서의 실천 도덕을 논하기 시작하면서 먼저 생활태도를 바꿀 것을 가르치고 있습니다. 이 세상의 방식을 따르지 말고 마음을 새롭게 고쳐서 자기 몸을 하나님이 기뻐하시는 제물로서 바쳐야만 한다는 것을, 하나님의 자비에 의거해 권고하고 있는 것입니다(롬 12:1-2). 지금 또다시 실천 도덕의 결론으로서 그는 다시 한번 생활태도를 바꿀 것을 강조하고……, 주 예수 그리스도의 마음을 내 마음으로서 하면서 생활해야만 한다는 것을, 이번에는 그리스도의 재림이 가까이 왔다는 것에 의해서 호소하고 있는 것입니다. 실로 수미일관한 당당한 논의입니다. 기독교 복음에 의한 구원의 완성을 대망하는 자로서 신자는 지상생활에서 도덕적 생활태도를 완전히 바꾸지 않으면 안 됩니다. 하나님의 자비와 재림의 희망 이 두 개가 신자의 실천 도덕의 원동력으로, 이에 의거함으로써 비로소 어떠한 거짓도 없는 겸손과 복종…… 의 생활이 가능해집니다." 참으로 당당한 로마서 13장의 '복종' 윤리의 적

30 宮田光雄, 『権威と僕従-近代日本におけるローマ書十三章』, 新教出版社, 2003, 239-240쪽.

극적 근거 제시라고 하지 않을 수 없다.[31]

또한 야나이하라는 1942년 1월 초 즉 미일전쟁이 시작된 지 1개월도 채 지나지 않은 시점에서 '애국심에 대하여'라는 강연을 하면서 다시 한번 로마서 13장에 대해 언급하고 있다. 여기에서 그는 국가의 위에 있는 신의 권위를 강조하며, 이것을 근거로 한 신권설이 '스스로 신에 대한 책임'을 경시하고 '전제정치의 변호론'이 된 것을 비판했다. 그는 '하나님 나라의 원리'에 따라 삶으로써 국가는 세계에 연결되고 진정한 의미에서 '국가의 도덕성'도 완성된다고 강조했다. 그는 이렇게 해서 당시의 대동아 공영권 사상이나 천황제 국가의 침략 이데올로기에 저항해갔던 것이다.[32]

파시즘 시기에 무교회뿐만 아니라 일본 개신교 전체로서도 국가 권력과 기독교의 관계에 대한 탐구는 중요한 문제였다. 이것은 곧 권력의 침략 전쟁에 기독교인이 어떻게 대응해야 하는가의 문제에 대한 성서적 전거를 찾는 작업과 직결되었다. 이 시기에 야나이하라뿐만 아니라 후지하라(藤原藤男)의 『로마서 연구』(1943)나, 마츠타니(松谷義範)의 『교회와 권위』(1942) 등 로마서 13장에 대한 많은 주석서와 논문들이 나온 것은 그 때문이었다. 또한 흥미롭게도 교회 투쟁의 체험에 근거해 로마서 13장을 해석한 바르트의 논문 「의인과 법」(1938)도 일본의 지각 있는 기독교인 집단에서 열심히 학습되었다. 바르트는 "국가 권력이 전도된 길을 걸을 경우, 국가 권력이 그 존재를 빚진 하나님의 세우심과 동시에 국가 권력 그 자체를 가장 존경하는 것은, 어떠한 경우에도 국가 권력에 대해 표현해야 할 존경의 방식, 즉 비판적 방식에 의해서다"라고 했다. 바르트에 따르면, 국가가 권력을 강화하기 위해 그 시민을 '내

31 위의 책, 240쪽.

32 위의 책, 239-241쪽.

면적으로 자기 것으로 만드는' 것은 결코 허락될 수 없다. 국가가 사랑을 요구하기 시작할 때 이미 국가는 '거짓된 하나님의 교회'의 모습으로 올바르지 못한 국가가 되려고 하는 것이었다. 그는 "올바른 국가가 필요로 하는 것은 사랑이 아니라 단호하게 책임을 지는, 도취되지 않는 행동이다"라고 했던 것이다. 그러나 일본에서 바르트의 생각은 당시의 정치 상황과 관련하여 굴절되어 왜곡되게 수용되었다. 그가 말하는 종말론이 명확한 정치 비판의 원동력이 되기보다는 피안적인 초월의 형태로 현실 도피를 정당화시키는 방식으로 이해되었던 것이다.[33] 그러나 야나이하라는 우치무라의 사상을 계승하면서 일본 파시즘과의 투쟁이라는 바르트와 다른 역사적 체험의 경로를 통해 바르트와 유사한 결론에 도달하고 있었다.

한편 독립 전도자로서는 활동하지 않았으나, 우치무라의 제자인 도쿄대학의 정치학 교수 난바라(南原繁) 역시 바르트와 동일한 로마서 이해를 보여주고 있었다. 난바라는 도쿄제일고 시대에 니토베의 추천을 받아 1912년 우치무라의 무라사메회(白雨會)에 참가하여 무교회 기독교인이 되었다. 그는 도쿄대를 졸업한 후 유럽 유학을 거쳐 법학부 교수가 되었다. 1942년 가을 난바라는 『국가와 종교』를 출판했다. 여기서 그는 로마서 13장에 대해서 "여기서부터 즉각 국가 권력에 대한 종교적 인증을 부여하는 것으로 간주되고, 그럼으로써 예를 들면 후세의 '왕권신수설'의 논리적 구성을 부여한다고 해석하는 것은 완전히 부당하다"고 지적했다. 난바라도 바울의 교설은 모든 것이 하느님의 의지에서 나온 것임을 믿고 소여의 질서를 존중하며 인종할 것을 권고한 '그들의 순수한 종교적 사랑에서 나온 수동적 태도'라고 보았다. 그리고 그러한 의미에서 '어떠한 시대에도 용인될 수 있는 신앙생활의 태

---

33 미야타 미쓰오, 『국가와 종교』, 220-225쪽.

도'라고 기술했다.

그러나 그렇다고 해서 바울이 '국가 그것 자체의 기독교적 의의의 신적 가치를 세우고 그에 대한 절대 신앙을 말하는 신정(神政)의 원리를 세운 것은 아니다'고 보았다. 우치무라의 제자다운 성서 이해였다. 나아가 난바라에 따르면, 인류사의 발전에서 기독교 출현은 고대 문화에 대해, 따라서 정치 문화의 관계에서 '근본적 전회(轉回)'를 이룬 것이었다. 즉 "국가 공동체는 더 이상 그 자체가 최고의 가치를 갖는 것이 아니고, 최고의 규범은 정치적 국가 생활을 초월해 존재한다. 이 의미에서 기독교에는, 국가 또는 그 주권자를 그 자체 기독교적 의미의 하느님 나라 또는 하느님과 같은 의미로 신화(神話)하는 근거와 여지는 없다고 말해야 한다"고 보았다. 국가의 신화화를 부정하는 그의 견해는 당시 창도되던 일본 정신의 복귀 또는 전체 국가 공동체 사상 등에 대한 투철한 시대 비판과 연결되는 것이었다.

덧붙여 이 책의 마지막 장에서 난바라는 바르트에 대해서도 언급했다. 바르트의 『오늘의 신학적 실존』(1933)에 대해, '신학의 입장에서이지만 시대의 세력에 저항해 쓰인 정신적 항의의 최후의 표제(表題)'라 하며 강한 공명과 적극적 평가를 부여했다. 그것은 바르트 신학의 정치적 사정거리를 정확하게 이해한 당시의 일본에서는 극히 드문 정치학자의 발언이었다. 이러한 관점은 나치즘에 대한 날카로운 비판이기도 했다. 이점은 책 끝부분에서 당시 천황제 파시즘을 신격화하는 정치학자 타나베하지메(田邊元)의 국가철학에 대한 비판에서도 일관되게 견지되었다. 일본 파시즘을 옹호하는 타나베는 절대무의 변증법에 의해 "국가야말로 진정한 종교를 성립시키는 근거, 아니 그 자체가 '지상의 하나님의 나라'가 된다고 논했으나, 이것은 현실의 국가를 신의 현현으로서 그리스도의 위치에 상응하게 하는 국가의 신격화"라고 비판했던 것이다. 난바라의 타나베 비판에는 권력의 신격화를 거부하는 우치무라의

사상적 계승을 엿볼 수 있다. 천황제 파시즘의 국가 신격화에 대한 분명한 거절이었던 것이다.[34]

이렇게 사상적 투쟁 및 현실적 저항을 통해 현실 문제를 신앙의 중심 문제로 생각했던 리더들은 1945년 8월 일본이 패전하기까지 여러 가지 박해를 경험하지 않을 수 없었다. 먼저 신앙 잡지를 보면 츠카모토의 『성서지식』을 제외한 모든 다른 개인 신앙 잡지는 폐간되었다.[35] 야나이하라가 도쿄대학에서 퇴직당한 이래 마사이케 역시 전쟁 반대를 이유로 시즈오카(靜岡)고등학교를 퇴직당했다. 또한 검거 구속된 사람도 있었는데, 그 대표적인 사람은 『구도(求道)』의 주필이었던 후지자와(藤澤武義)와 비전 평화주의자 아사미(淺見仙作) 등이었다.[36]

이러한 상황을 반전시킨 것은 1945년 8월 15일 일본의 패전이었다. 이후 연합국에 의한 일본의 전후 민주주의 체제 형성 기획 속에서 무교회 1세대의 지도자들은 다시 역사의 한복판에 나서게 되었다. 난바라는 제자들이 '동굴의 철인'이라는 별명을 붙일 정도로 철저한 학자였으나, 패전 후 1945년 12월 도쿄대학 총장으로 선출되고 난 후 전후 일본의 민주주의를 위해 대중들에게 광범위하게 호소하는 사상가로서 활동했다. 야나이하라 역시 전후 1945년 10월 '종전강연' 등의 일련의 강연을 행하고 11월에는 도쿄대학으로 복귀했다. 그리고 1951-57년에 걸쳐 난바라의 후임으로서 도쿄대학 총장의 임무를 수행했다. 이들은 대학 행정을 통한 전후 일본의 교육 개혁 이외에도 평화 문제, 헌법 문제에 관한 공적인 활동을 행하며, 우치무라의 사회 사상을 전후 일본의 민주주의 체제와 접목시키기 위해 노력했다.[37] 무교회의 '정신'은 전후

34 宮田光雄, 『權威と僕従-近代日本におけるローマ書十三章』, 234-237쪽.

35 藤田若雄 編著, 『内村鑑三を繼承した人々』, 下, 52쪽.

36 양현혜, 『윤치호와 김교신』, 148쪽.

37 赤江達也, 앞의 책, 212-213쪽.

일본에서 민주적 시민 육성을 위한 '계몽'을 매개로 해서 보편화되었던 것이다.

이렇게 보편화된 무교회의 '정신'을 야나이하라와 난바라 이상으로 체현한 인물로서 오츠카 히사오(大塚久雄)를 들 수 있다. 오츠카는 막스 베버의 『프로테스탄트 윤리와 자본주의 정신』의 번역자·소개자로서, 또한 그의 논의를 일본 사회에 응용한 비교경제사의 전문가로서 알려졌다. 동시에 그는 우치무라 문하의 무교회주의자로서도 알려져 있다. 1907년생인 그는 우치무라에게 직접 배운 마지막 세대였다. 그는 대학 시절 우치무라의 성서연구회와 야나이하라의 도쿄대 성서연구회에 참가하고 우치무라에게 세례를 받았다. 전후 계몽에서 오오츠카가 내걸은 것은 '근대적 인간 유형의 창출'이었다. 그는 일본의 평화적 재건을 위한 최우선의 과제는 '광의의 교육'을 통한 '근대적 인간 유형'의 창출이라고 보았다. '오츠카학파'를 형성한 그의 논의는 일본의 전후 사회과학을 대표하는 논의로서, 야나이하라와 난바라 이상으로 광범위하게 받아들여져 무교회파와 일본의 전후 민주주의를 연결하는 대표적인 인물이 되었다.[38]

마지막으로 우치무라의 저작을 대중들에게 보급하여 무교회 운동 및 그 보편화에 기여한 우치무라의 제자로서 이와나미 시게오(岩波茂雄)를 들 수 있다. 1881년 나가노현(長野縣)에서 태어난 그는 우치무라의 문하에서 기독교인이 되었다. 도쿄대학 철학과를 중퇴하고 간다(神田)여학교 교사를 하다가 1913년 간다에서 고서적상 이와나미서점(岩波書店)을 창업했다. 이후 우치무라의 저작집을 간행하여 보급하는 한편, 양심적인 출판과 '이와나미 문고', '이와나미 신서' 등의 염가판으로 고금동서의 양서를 보급하며 일본 국민의 인문학적 양식 향상에

38 赤江達也, 앞의 책, 244쪽.

기여했다. 그는 1946년 출판인으로서는 최초로 일본의 문화훈장을 받았다.

2. 무교회주의[39]

이 절에서는 마지막으로 우치무라가 남긴 무교회주의가 무엇인가를 다시 한번 정리해보고 그 현황을 살펴보자. 무교회는 현재 3세대 혹은 4세대에 의해 계승되고 있다. 제 1세대는 우치무라에 의해 대표되고 제 2세대는 그의 직접적인 제자들이며 제 3, 4세대는 직제자의 제자들이다. 무교회는 전국적인 사무국을 가지고 있지 않고, 그 고유의 건물, 재산 내지 기금을 가지지 않는다. 그들간의 공통적 유대라고 한다면, 일년에 한 번 우치무라가 사망한 날에 열리는 '우치무라 간조 기념 강연회'이다. 그러나 그것은 결코 대의원에 의한 의회도 아니고, 또 공적인 성격의 것도 아니다. 일본 국민을 기독교화하려는 것을 궁극적인 목표로 가지는 이 운동은 경제적, 정신적으로 완전히 자유롭고 독립적인 형태를 띠고 있는 것이다. 무교회는 당연히 아무런 통계도 가지고 있지 않다. 그러나 오늘날 무교회 운동의 회원은 10만인 정도로, 일본 개신교인 전체 인원의 5분의 1을 점하고 있다고 추정되고 있다.[40]

이제 무교회 운동의 구체적인 모습을 살펴보자. 안수 받은 목사를 두지 않고, 그 집회는 만인제사주의에 근거하여 완전히 평신도에 의해 지도된다. 그 리더는 많은 경우, 세속적인 직업을 가지고 있다. 그들은 매 주일마다 혹은 그 이외의 자유 시간을 복음 전도를 위해 쓰고, 소수

39 이 부분은 필자의 졸고「일본 무교회 운동과 그 신학」,『일본사상』21호, 일본사상학회 2011년 12월을 가필·수정한 것이다.

40 宮田光雄,『宗教改革の精神』, 創文社, 1981, 64쪽.

의 예외를 제외하면 선교 활동에만 전문으로 종사하지는 않는다. 그들은 매 일요일마다 행하는 성서 강해와 또 그 월간 전도지를 통해서 집회를 지도한다. 이렇게 해서 사람들이 인격적인 신앙적 결단에 이르게 하고 사회에서 신앙에 입각한 책임 있는 태도 결정에 이르게 하려는 것이다. 집회를 가지는 장소는 많은 경우 임대한 회장, 개인 집, 대학 내지 공장 등이다. 집회에는 우치무라의 집회를 모델로 하여 관행화된 일정한 형식이 있다. 그러나 거기에 기독교인이라면 필수적으로 소속하지 않으면 안 된다고 규정된 제도는 없다. 역으로 무교회의 집회에 참가하는 것, 그것만으로 이미 참 기독교인이라는 것을 의미하는 것도 아니다. 우치무라와 그의 후계자들은 이러한 집회를 통해 교회도 조직도 예전도 없이, 신앙생활과 교제를 지속해나갔던 것이었다.

그렇다면 이러한 무교회의 집회는 어떠한 에클레시아관을 가지고 있을까. 우치무라는 에클레시아(ecclesia)와 교회(church)를 구분한다. 어원적으로 보면 에클레시아는 보통 사람들의 모임을 의미한다. 이에 반해 교회는 성직자, 예전, 신조, 그리고 어떠한 식으로든지 교회 조직에 속하는 것이 구원을 얻는 데 불가결하다고 하는 배타성 요구를 가지고 자기의 역사적 연속성을 보증하려고 하는 종교 시설이다. 우치무라에 의하면 그것은 결코 그리스도의 교회, 즉 신약성서에서 말하는 에클레시아가 아니다. 그것을 대신할 진정한 교회를 우치무라는 만들고자 했다. 그렇다면 이 진정한 교회의 고유성은 무엇인가. 그것은 2인 혹은 3인이 그리스도의 이름 아래 모이고 그 한가운데에 그리스도가 계시는 영적 단체를 말하는 것이다.[41] 그리고 그것은 그리스도와 살아 있는 친교를 통해 생활에서 그리스도와 결합되어 있는 사람들이 그리스도에 의해 불러 모아진 모임이다. 그리스도에 직결해 있고 그리스도와 생활

41 内村鑑三,「信仰のすすめ」,『無教會』3호, 1901, 5, 全集 9권, 161쪽.

에서 결합되어 있는 사람들의 자발적인 연대를 우치무라는 에클레시아로 보았던 것이다. 이렇게 그 수장을 그리스도로 한 에클레시아는, 구성원 각자의 자유와 독립 그리고 평등에 대한 신뢰에 근거를 둔 정신적 공동체였다. 따라서 에클레시아는 조직화나 제도화가 불가능한 단체였다. 여기에서 우치무라는 마태복음 16장 18절의 예수의 말씀을 '내 에클레시아를 가정으로 만든다'라고 번역하고, 다음과 같이 주석했다. "규칙에 의하지 않고, 법률에 의하지 않고, 사랑의 신앙을 기초로 해서 가정에 유사한 신앙인의 형제적 단체를 만들려고 한다"라고.[42]

이러한 우치무라의 에클레시아관의 배후에 있는 것은 기독교에 대한 사상이었다. 우치무라는 기독교 신앙이란 신과의 살아 있는 교제라고 보았다. 이것을 얻기 위해서는 그리스도와의 개인적 관계, 즉 '나와 너'의 관계가 성립되어야 하는데, 이때 '나'라는 신앙자의 존재는 '너'라는 신의 존재 안에 완전히 포함되어야 하는 것이다. 왜냐하면 신앙은 자기를 신에게 맡기는 것으로서 절대적인 것이어야 하기 때문이다. 신앙은 신 자신의 생명에 참가하여 그가 자기의 정신과 인격을 지배하게 하는 활동 원리였다. 따라서 신앙은 우치무라에게 있어 생활과 분리되어서 생각될 수 없는 것이었다.[43] 중요한 것은 일상생활에서의 산 신앙에 의해 증명되는 그리스도와의 결합이었다. 이러한 의미에서 그에게 기독교는 근본적으로 개인적인 내면성의 종교였던 것이다. 우치무라가 기성 교회를 거부하는 것은 교회의 부패성에도 원인이 있으나, 보다 본질적인 이유는 기독교 신앙에서 교회는 비본질적인 것이라고 생각했기 때문이었다.[44] 우치무라에게 기성 교회의 오류는 그리스도와 생활 속에서의 결합이라는 본질적인 것을 버리고, 그것을 하나의 기관과 그것에

---

42 內村鑑三, 「思ふがままに四つ」, 『無教會』 3호, 1901, 5, 全集 9권, 163쪽.

43 カルロ・カルタロラ, 앞의 책, 101쪽

44 宮田光雄, 『宗教改革の精神』 50쪽.

부수하는 조직, 교의, 예배 형식으로 대체하는 것이었다. 그에게 교회는 기독교 신앙에서 2차적인 문제였던 것이다.

무교회는 기독교인의 생활 그 자체를 부단한 예배 행위로 보고 모든 활동이 그리스도에 대한 봉헌이라고 생각한다. 따라서 예배 행위와 일상생활의 구분이 없다. 기독교인은 전 생활을 통해 그리스도의 증인이 되어야 한다고 생각하기 때문이다. 무교회인들의 강렬한 신앙적 실천성에서 주목할 것은, 그들이 인간의 삶의 영역에서 특별히 사회적·정치적인 영역을 신앙적 책임의 영역으로 적극적으로 받아들였다는 점이었다. 기독교 신앙을 인간의 전 삶의 영역 안에서 관철시키려 했을 때, 그들은 인간의 삶에서 특별히 종교적인 영역과 비종교적인 영역을 구별할 수 없었다. 왜냐하면 모든 일상성이 바로 종교적인 영역이고 바로 그 안에서 신앙적 실천이 이루어져야 했기 때문이었다. 우치무라는 성서의 말씀이 인류 역사의 지향점과 일치한다는 확신 아래 성서의 말씀에 현실 역사를 조응시켜 현실을 분석하고 대응하는 예언자적 실천을 대단히 중시했다.[45] 그는 기독교의 복음이 예언과 분리될 수 없는 상호 공속적 관계에 있다고 보았다. 즉 인간을 해방하여 참 주체로 세우는 기독교의 복음은, 피조물적 존재이면서 마치 창조주인 것처럼 인간을 억압하려는 모든 의식이나 제도에 비판, 항거하며 신적 공의의 공동체를 대망하는 예언과 늘 어깨를 나란히 한다는 것이었다.

따라서 그는 정치·사회적인 공적 영역에서 예언자적 비판과 대안을 제시하는 것은 기독교 신앙의 양보할 수 없는 신앙적 실천이라고 보았다. 불경 사건에서 보았듯이 자기를 절대화하는 천황제 국가 권력의 우상성에 대한 저항이나, 러일전쟁기의 비전론 주장 등은 이러한 신앙 실천 행위에 다름없었다. 복음과 예언의 공속성을 주장하는 이러한 우치

45 土肥昭夫, 『內村鑑三』, 193-194쪽.

무라의 태도는 무교회 제 2세대에서도 일본의 파시즘에 적극적으로 저항하고, 패전 후 도쿄대학교 총장이 된 야나이하라와 난바라 등에 의해 계승되었다. 무교회 3, 4세대에서도 이 전통은 충실히 지켜지고 있다. 이들은 평화주의의 관점에서 인간의 존엄, 인권의 존엄, 특히 일본의 평화 헌법 9조에서 전쟁의 완전 방기(放棄)를 강조하고 있는 일본국 헌법을 지지하고 있다. 무교회인들은 "일본 국민은 정의와 질서를 강조하는 국제 평화를 성실히 희구하고 국권이 발동하는 전쟁과 무력에 의한 위협 또는 무력의 사용은 국제 분쟁을 해결하는 수단으로서는 영구히 방기한다. 전항의 목적을 달성하기 위해 육공군 그 외의 전력은 보유하지 않는다. 국가의 교전권은 인정하지 않는다"라는 내용의 이 9조를, 신으로부터 일본에 내려진 특별한 축복으로 받아들이고 이에 대한 어떠한 개정의 움직임에도 반대하고 있다. 또한 근대 일본의 침략 전쟁에서 사망한 군인들의 죽음을 '위업'으로 찬양하고 그들을 국가의 신으로 제사지내려고 하는 '야스쿠니법안'에 대해서도 단호히 반대하고 있다. 그들은 일본인이 자국에 대해서 책임을 질 뿐만 아니라 동시에 국제 사회에서 존경 받길 원한다면 일본이 타국의 여러 권리를 승인하는 보편적인 정치 도덕을 배워야 한다고 여기고 있다.[46]

한편 이렇게 기독교 신앙의 본질을 그리스도와 일상의 삶 속에서의 일치로 이해한 무교회는 교회의 제도주의와 성례전주의를 거부한다. 그들은 기독교인은 중개자 없이 그리스도와 직접적인 살아 있는 관계를 사는 사람이라 생각하기 때문에 평신도와 성직자를 구별하는 교회의 계급주의에 반대한다. 그리고 신 자신의 생명에 참가하는 신앙을 고정된 제도나 형식에 가두려고 하고, 일정한 교파적 신조와 관행이 구원을 독점한다고 주장하는 교파주의나 그에 부수되는 종교적 배타주의와

46 カルロ・カルタロラ, 앞의 책, 287-290쪽.

불관용주의에도 반대한다.

그들은 세례, 성만찬 등의 성례전에 대해서도 특별한 태도를 갖는다. 우치무라는 세례는 사람의 죄를 정화시키는 마술적 힘이 있는 의식도 아니고 교회에 들어가는 입문의 의식도 아니라고 보았다. 그것은 그리스도 안에서 완전히 죽고 다시 태어나는 것의 의미로, 완전한 그리스도인으로서의 생활의 상징이라고 보았다. 이러한 의미에서 그는 세례를 신앙의 중요한 상징으로서 인정하고 원하는 사람에게는 시행했다. 그러나 그것을 구원에 불가결한 요소라고 주장하는 성례전주의에 대해서는 '의식은 사람의 영혼을 구원할 힘이 없다'며 단호히 반대했다.[47]

우치무라의 이러한 태도는 성만찬에 대해서도 동일했다. 성만찬은 우치무라에게 단지 유대교의 유월절 대신에 축하되는 그리스도의 수난을 기념하는 축하만이 아니었다. 그것은 주의 몸과 피로 되는 성스러운 만찬이기도 했다. 기독교인들은 매일매일 우리들의 영적 생활을 보양하기 위해서 예수 그리스도의 생명을 받지 않으면 안 된다. 이것은 다름 아니라 신앙을 가지고 성서를 읽고 하나님의 말씀을 듣는 것을 의미한다. 성만찬은 기독교인들이 예수 그리스도를 단순히 표면적으로 믿는 것이 아니라, 그리스도가 자기자신의 살과 피가 될 정도로 진실로 믿어야 함을 말하는 상징인 것이다. 나아가 이 그리스도에 대한 신앙에 의해서 기독교인들이 함께 하나의 형제자매 됨을 상징한다. 그것이 하나의 상징인 이상, 그 정신을 이해하고 그것을 우리들의 생활 안에서 실현하는 것으로 이미 충분한 것이다. 때문에 성만찬을 교회의 외적 표현이라고 본다면, 그것은 제도주의화되고 나아가 개인의 신앙적 결단에서 완전히 분리됨으로써 오해된다. 그 경우, 성만찬은 쉽게 일종의 율법이 되고 구원을 위한 조건으로 변질되어버리는 것이다.[48]

47 위의 책, 112-114쪽

이렇게 볼 때, 결국 무교회인들이 비판하는 것은 성례전 그 자체가 아니라 그것을 신앙의 본질적 요소로 보고 구원을 위한 불가결의 요소로 보는 율법주의와 형식주의의 성례전주의였다. 무교회인들에게 사실 성례전 문제는 거의 의미가 없었다. 오직 그리스도의 생명에 참여하여 자신의 일상의 삶에서 산 신앙을 증명하는 것에 집중하고자 하는 것이 그들의 최대의 관심이었다. 따라서 우치무라는 이렇게도 말할 수 있었다. "나에게 교회 없고 그러나 그리스도 있고, 따라서 그리스도가 있기 때문에 나에게도 역시 교회가 있고, 그리스도는 나의 교회가 된다."[49] 그에게는 '교회 밖에 구원 없다'는 원칙은 타당하지 않았다. 그러나 그는 늘 '그리스도 밖에 구원 없다'는 신앙적 현실 안에 머물러 있었다.

그렇다면 이토록 치열하게 신앙과 생활을 결합시키는 정신적 중심과 그 힘은 어디에서 오는 것일까. 무교회는 그것을 성서 연구에서 구한다. 무교회 운동에서는 성서가 기독교 생활의 중심으로서 받아들여지고 있다. 우치무라가 그 집회를 '성서연구회'라고 명명한 것은 극히 시사적이다. 그것은 그의 집회가 다른 형태의 교회가 될 것을 우려했기 때문이기도 하지만, 보다 근본적인 이유는, 그것이 원시 기독교의 신앙적 현실로 되돌아가 그리스도와 살아 있는 만남을 가지기 위한 유일의 방법이라고 간주되었기 때문이었다.[50]

우치무라는 성서를 통해 신의 뜻을 이해하고 신과 대화하는 일대일의 관계에 들어갈 수 있다고 보았다. 따라서 그는 신의 살아 있는 말씀으로서의 성서의 권위를 대단히 중시했다. 그럼에도 불구하고 이미 살펴본 대로 그것은 기본적으로 근본주의나 편협한 성서주의자와는 달랐

48 宮田光雄, 『宗教改革の精神』, 81-82쪽.

49 內村鑑三, 「私が教會」, 『聖書之硏究』, 1908, 2, 全集 15권, 383쪽.

50 宮田光雄, 『宗教改革の精神』, 61쪽.

다. 그의 성서 연구 방법은 때로 진보적이고, 역사 문헌학적 연구나 래디컬한 학문적 비판의 성과도 받아들였다. 예를 들어, 그는 사도행전에 대하여 그것은 역사이고 따라서 그 기사를 영구불변한 것이라고 봐서는 안 된다고 보았다. "성서는 하나로서 영구불변하지만, 성령이 신자를 통해서 일하시는 방법은 시간과 장소에 따라 다르다. 사실과 진리를 혼동하는 자가 세상에 많은 것은 슬픈 일이다. 우리들은 이 두 개를 엄밀하게 구분해서 처음부터 성서 해석에서 오류를 없게 하고, 또 신앙생활에서 실수가 없도록 해야 한다."[51] 성서는 인간이 신을 만난 경험을 말하는 의미에서 진리였다. 그리고 성서의 이 자기 증언 능력은 지난날 우치무라가 그러했던 것처럼, 독자의 신앙 속에서 실존적으로 체험 가능하다는 의미에서 진리였던 것이다.

이러한 실존적 실험이라는 성서관은 한편으로는 지난날 자연과학자였던 우치무라의 경험에서 유래하고 있는 것이기도 하다. 그는 과학과 종교, 학문과 성서가 조화될 수 있다고 생각하고 있었기 때문이다. 그러나 그것은 다른 한편에서 그의 그리스도의 십자가에 대한 확신에 근거하고 있다. "신앙이 신앙으로서 그 권위를 갖는 동안은 성서의 비평, 해부에 의해서 그 기초가 동요할 리 없다"는 것이다.[52] 그는 오히려 살아 있는 신앙이 되지 못한 종교를 동요시키고 파괴하는 것을 신은 원한다고 보았다. 사실 성서의 경전성은 그 무오류성에 있는 것이 아니고 살아 있는 신을 증거하는 성서의 증언 능력에 있는 것이었다.

성서의 자기 증언의 능력을 신뢰하면서 무교회인들은 성서를 자유로운 입장에서 학문적으로 분석한다. 이 자유롭게 열려진 정신에 의해서 무교회 운동은 섹트운동에 늘 부수되는 열광주의에 빠지지 않는다.

---

51 內村鑑三, 「ペンテコステの出來事」『聖書之硏究』, 1920, 5, 全集 25권, 354쪽.

52 內村鑑三, 「神學瑣談」, 『聖書之硏究』, 1907, 8, 全集 15권, 164쪽.

또 과도하게 개인주의적인 성서 해석의 위험으로부터도 벗어날 수 있다. 무교회 운동은 리더의 지휘 아래, 성서를 무교회 집회 안에서 다른 신앙적 동료들과 함께 읽기 때문이다.

한편 무교회의 성서 독해는 이러한 객관성과 더불어 주체성을 요구한다. 성서를 통해 그들은 신 앞에 서서 일상의 지침을 얻으며 그것을 실천할 힘을 얻는다. 따라서 성서의 진리에 자신의 삶 전체를 투여할 주체적·실존적 결단이 요구된다. 그러한 의미에서 성서는 '이해하는 책'이 아니라 '사는 책'이었다. 그리고 이러한 무교회의 성서 독해법에는 '주체성과 객관성의 분리될 수 없는 통일성'을 발견할 수 있다. 무교회 운동은 '성서만으로'라는 종교개혁의 원칙에 따라 살고자 하는 운동이라고 할 수 있는 것이다.

이와 관련하여 무교회 운동이 스스로를 기독교 역사에서 위치 정하는 방식이 흥미롭다. 우치무라에게 무교회 운동의 신앙은 복음적 기독교의 진정한 형태이고, 인간의 행위에 의하지 않은 하나님의 은총에 대해 살아 있는 신앙이었다. 그것은 구약의 예언자들에 의해 경험되고 예수에 의해 실현되고 바울에 의해 정식화되고 종교개혁자들에 의해 재발견된 것이었다.

> 세계는 종교 개혁을 다시 할 것을 요구한다. 16세기의 종교 개혁은 저지된 운동으로 끝났다. 프로테스탄트주의는 제도화되고 폐기되었던 로마 카톨릭주의로 되돌아갔다. 우리들은 프로테스탄트주의를 이론적 귀결까지 가져가는 재개혁을 요구한다. 새로운 프로테스탄트주의는 완전히 자유로이 해서 그 내부에 교회주의의 흔적을 근절하는 것이 되어야 한다.[53]

53 内村鑑三, 「宗教改革仕直しの必要」, 『聖書之研究』, 1928, 4, 全集 31권, 133쪽.

우치무라는 무교회 운동을 제 2의 종교 개혁이라고 생각했던 것이다.

마지막으로 무교회의 기성 교회에 대한 태도를 살펴보자. 우치무라는 전통적인 교회를 파괴하려고 하지 않았다. 그는 재래의 교회의 자유와 평화를 방해해서는 안 되며, 또한 무교회 운동을 교회 안에서 주장해서는 안 된다고 충고했다. 무교회 운동은 재래의 교회와 정면에서 경쟁하고 대립하려고 하는 안티체제가 아니었기 때문이다. 오히려 무교회는 인간의 구원이 율법의 업적에 의하지 않고, 그리스도에 대한 신앙에 의한다는 신앙적 귀결로서 생겨난 것이었다. 그런데 무교회가 기성 교회와 그 예전을 부정하면서, 부정 그 자체를 고정적인 형식으로 절대화하고, 자기 자신을 순수한 교회로서 정당화한다면 스스로도 교회주의의 정통성의 주장과 같은 오류에 빠지지 않을 수 없는 것이다. 따라서 우치무라는 신에게만 의지하고 인간적인 모든 것으로부터 독립하는 신앙이야말로 제1차적인 것이었고 무교회주의는 제2차, 제3차의 것이라고 했다. 그는 "교회는 부패해도... 나는 그 안에 머무르고 계시는 성령 때문에 교회를 존경하지 않을 수 없다"고 하면서, 교회를 성령이 머무는 곳으로 인정했다.[54] 그가 바라는 것은 교회의 폐지가 아니라 진정한 의미의 개혁이었던 것이다.

물론 무교회 운동의 제 2세대 중 교회에 대한 격렬한 비판자 혹은 반대자가 출현하기도 했다. 츠카모토와 같이 교회와 무교회주의의 싸움은 그 자신의 '사활의 문제'였고 종국에는 '우주 최대의 문제'가 되었다.[55] 우치무라는 이러한 교회 적대적 태도를 비판하고 무교회 운동이 바리새주의적인 분파가 되는 것에 대해 경고했다.

무교회 제 3세대 사람들은 이 문제에 대해 보다 많은 숙고를 거듭하

54 宮田光雄, 『宗教改革の精神』, 58쪽

55 塚本虎二, 『內村先生と私』, 26쪽.

고 있다. 이 문제를 고민하는 사람의 하나인 세키네(關根正雄)는 무교회의 과제로서 3가지를 들고 있다. 첫째, 무교회가 살아 있는 개인들의 진정한 연대의 공동체가 되려면, 끝없는 자기 부정을 통한 자기 건설 작업을 필요로 한다. 또한 무교회는 선생-제자 관계의 조직화를 피하기 위해 노력해야 한다. 이 관계는 우치무라가 기독교에서 궁극적인 관계는 평등한 개인간의 우정의 관계라고 강조한 것처럼, 이 관계는 신앙을 매개로 한 개인들의 자발적인 모임에 한해서만 유용한 것이 되어야 한다. 왜냐하면 개인이 늘 자유롭게, 자발적으로 직접적으로 그리스도에게 참여하기 위해서는 가장 단순한 형식에 머물러야 하기 때문이다. 세키네는 교회가 그 세속적 구조를 파괴하면 할수록 진정한 교회에 가까워진다고 보았다.[56] 그리고 교회가 자기 부정을 하면 할수록 자기를 교회로서 긍정해 갈 수 있다는 이 역설적인 변증법은 무교회에도 적용되어야 하는 것으로 보았다. 무교회를 역사적으로 하나의 실체로서 정당화할 수는 있어도 자기 비평을 게을리 할 수는 없다. 왜냐하면 자기 정당화가 자기만족이 된다면 무교회는 조직적 교회의 오류를 계승하게 되기 때문이다. 따라서 끊임없는 성실한 자기비판이 요구되는 것이다.

두 번째로 세키네는 무교회 운동은 조직으로부터 해방되고, 그럼으로써 사회에 대해 문을 열고 이 세상의 무거운 짐을 스스로 짊어지려고 하는 교회, 즉 '세상을 위한 교회'가 되어야 한다고 주장한다. 무교회인들은 사랑의 봉사를 통해 세상을 극복하기 위해 이 세상에 파견되는 자들로서 각자가 처한 자리에서 그리스도의 증인이 되고 에클레시아를 건설해야 한다는 것이다. 그리고 이러한 '전투적 교회'야말로 늘 무교회 운동의 본질적인 표식이어야 한다는 것이다.

세 번째로 세키네는 기성 교회와 그 신학과 끊임없이 접촉함으로써

---

56 カルロ·カルタロラ, 앞의 책, 94쪽.

교회와 생산적인 대화를 나누는 것을 무교회의 제 3의 과제로서 들고 있다. 경험하지도 않은 것을 추상적으로 거부하는 것은 무의미하고 율법주의적인 것이다. 무교회가 교회의 제반 형식을 알고 그 형식화를 알아차리고 부정할 때 무교회와 교회는 상호 생산적인 관계를 가지게 된다는 것이다. 세키네는 이러한 세 가지 과제를 염두에 둔 끊임없는 자기 부정을 통해 무교회는 보이지 않는 정신적 교회라고 하는 목표를 향해 전진할 수 있을 것이라 한다.[57] 무교회는 우치무라가 지난 날 말한 대로 "결창하는 교회를 파괴함으로써 참된 교회를 건설하며 전진하는 것"이기 때문이었다.[58]

---

57 위의 책, 95쪽.

58 內村鑑三, 「無教會主義の前進」, 『聖書之研究』, 1907, 3, 全集 14권, 489쪽.

11장

우치무라 간조와 조선

우치무라는 당시의 정치적 관계를 매개로 하여 적지 않은 조선인 혹은 대만인 제자를 두었다. 그리고 조선과 대만에서도 무교회가 형성되었다. 이하에서는 우치무라와 조선의 관계를 고찰해보기로 한다.

1. 우치무라의 조선관

우치무라는 청일전쟁기에도 조선에 대해 관심을 표명한 바가 있었고, 이후에도 조선에 적지 않은 관심이 있었다. 이것은 사회 평론가로서의 시사 문제에 대한 관심과 더불어 조선인과의 우정에 기인한 것이었다. 그는 도쿄조선기독교청년회 초대 총무인 김정식과 평생 변함없는 우정을 견지했다. 김정식은 대한제국 때 관계에 진출하여 경무관(警務官)이 되었으나, 독립협회 사건에 연루되어 개화파 인사들과 함께 한성감옥에 투옥되었다. 옥중에서 기독교인이 된 그는 3년간의 옥살이 끝에 1904년 3월 석방되어 옥중 동지들과 함께 연동교회에 입교하는 한편, 황성기독교청년회를 창설했다. 1906년 8월에는 일본 도쿄에 파송되어 도쿄조선기독교청년회를 창설하고, 초대 총무가 된 이래 우치무라와 교류했다. 이후 이들의 우정은 평생 지속되었다. 1922년 11월 7일의 우치무라의 일기에 의하면 "오래간만에 조선 김정식 군이 찾아왔다. 변하지 않는 신앙의 빛으로 빛나는 그의 모습을 보고 기뻤다. 그를 만날 때마다 드는 생각은 그리스도 안에서 이루어지는 일선(日鮮) 합동은 확실하다는 것이다. 정치가나 군인이나 실업가는 모른다. 나는 일본인이고 김정식은 조선인이지만, 우리들은 그리스도 안에서 참된 형제이다"라고 했다.[1] 우치무라는 그리스도 안에서 조선인과 일본인이 형제일 수 있음을 확신했다.

그렇다면 신앙을 떠난 양국의 정치적인 현안에 대해서 그는 어떠한 생각을 가졌을까. 여기에서는 일본의 조선 침략이 초미의 현실이 되기 시작한 1905년 일사늑약 이후를 중심으로 그의 조선관을 살펴보기로 하자. 을사늑약으로 조선의 외교권을 박탈한 일본은 1907년 헤이그 밀사사건을 계기로 고종을 강제 퇴위시키고 조선의 군대를 해산시켰다. 이해 조선에서는 국가가 해체되어가는 위기 속에서 축적된 기독교인들의 울분이 평양을 중심으로 한 대각성 운동으로 분출되었다. 민족 독립의 좌절은 신비적 신앙을 심화시키며 민중들에게 침투해갔던 것이다.

우치무라는 조선 기독교의 대각성 운동을 전해 듣고 「행복한 조선」이라는 글을 썼다. "듣기로 조선국에 성령이 강림하셨다고. 행복한 조선국, 너는 지금 정치적 자유와 독립을 잃고 그 심령적 자유와 독립을 얻고 있구나. 바라기는 지난날 동양 문화의 중심이 되고 그것을 바다 건너 일본에까지 전한 너가 이제 다시 동양 복음의 중심이 되어 그 광휘를 사방에 퍼트리기를. 하나님은 조선을 멸시하지 않으시고 하나님

---

1 內村鑑三 日記, 1922, 11, 7, 全集 34권, 109쪽.

은 조선을 사랑하신다. 그들에게 군대와 군함을 주지 않았지만 그보다 더한 강력한 성령을 부어주셨다. 조선국은 실망할 필요가 없다. 지난날 유대가 그 정치적 자유를 잃었으나 그 종교를 가지고 서양 여러 나라를 교화시킨 것처럼 조선 역시 그 정치적 독립을 상실한 지금 새롭게 하나님의 복음에 접해 그것을 가지고 동양의 여러 나라를 교화시킬 수 있다. 나는 조선에 성령이 강림하심을 듣고 동양의 장래에 커다란 희망을 갖게 된다. 더불어 신의 섭리가 인간의 생각보다 훨씬 넓고 큰 것에 놀라지 않을 수 없다"고 했다.[2] 그는 여기서 일본이 담당해야 했던, 영(靈)을 통한 동양 계몽의 선구가 되어야 하는 임무가 이제 조선의 새로운 사명이 되어 조선으로 옮겨갔음을 말하고 있었다.

그로부터 2년 후 군대 해산에 이어 안중근이 하얼빈에서 이토 히로부미를 암살하는 일련의 사태를 보고 그는 『성서의 연구』 1909년 12월호에 「조선국과 일본국 – 동양 평화의 꿈」을 썼다. 그는 여기에서 조선이 어쩌면 일본보다 먼저 기독교국이 될 것이라는 경성 주재 미국 선교사의 편지 내용을 인용하며 이렇게 말했다. "나는 조선을 위해 이 일을 기뻐한다. 이 나라는 지금 실제적으로 국토를 잃고 정부를 잃고 독립을 잃고 참으로 비참한 상태에 있다. 자비로운 하나님이 지상에서 이들 조선인의 손실에 대해 영적인 것을 가지고 그들에게 보상하신다는 것은 당연한 일이다. 일본인의 하나님은 또한 조선인의 하나님이다. 하나님은 우리에게 후하시고 그들에게는 박하실 분이 아니시다. 하나님은 틀림없이 무언가를 가지고 조선인의 지상에서의 손실을 메워주실 것이다. 이렇게 그들이 지상에서 저주를 받았으나 하늘에서 은총을 받는다는 것은 참으로 당연한 일이다. 나는 조선이 은혜로우신 아버지에게 자비를 입을 것을 간절하게 기도하지 않을 수 없다"고 했다. 또한 그는 일

2 內村鑑三, 「幸福なる朝鮮國」, 『聖書之研究』, 1907, 10, 全集 15권, 209–210쪽.

본이 지상에서 대만, 시베리아, 만주, 조선을 얻었으나 영에 있어서 많은 것을 잃고 사기(士氣)가 쇠퇴하고 도덕이 타락하고 사회의 붕괴가 극에 달했음을 탄식했다. "이에 나는 생각하기를, 하나님은 조선을 구하고 일본을 버린 것이 아닌가 생각한다. 마음이 거만한 자를 흩으시고 권력 있는 자를 왕좌에서 끌어내시며 미천한 자를 끌어올리시고 굶주린 자를 좋은 것으로 채우신다는 마리아 찬가의 가사는 일본과 조선의 이후의 운명에서 사실이 되어 나타나지 않을까"라고 염려했다. 우치무라는 조선 기독교에 경의와 기대를 표명하면서 일본의 영적 빈곤을 탄식하고 있었던 것이다.

1910년 8월 22일 일본은 마침내 조선을 병합했다. 그해 9월호의 『성서의 연구』에 「영토와 영혼」이라는 글을 써서 우치무라는 다음과 같이 말했다. "나라를 얻고 기뻐하는 국민이 있고 나라를 잃고 슬퍼하는 국민이 있다. 그러나 기뻐하는 것은 일시적인 것이요, 슬퍼하는 것 역시 일시적인 것이다. 얼마 지나지 않아 양자는 모두 주님 앞에 설 것이다. 그리고 그가 행한 대로 재판받을 것이다. 사람이 전 세계를 얻는다고 해도 그 영혼을 잃는다면 무슨 이익이 있으랴. 가령 영토 팽창으로 우리가 전 세계를 갖기에 이른다고 해도 우리의 영혼을 잃는다면 어떻게 되겠는가, 아, 우리는 어떻게 하겠는가"라고 했다. 병합을 축하하기 위해서 등불 행렬을 하는 일반 국민들 그리고 총독부의 지원 아래 조선에 전도하여 교세를 확장하려는 일본 조합교회의 조선 전도 움직임 속에서 마지막 날 심판 때 일본의 죄가 많음을 아는 사람이 너무나 적음을 우치무라는 홀로 탄식하고 있었다.[3]

1915년 5월 30일 우치무라는 도쿄 조선기독교청년회에서 초청받아 「교회와 성서」라는 제목으로 강연했다. 당시 도쿄의 조선기독교청년회

3 內村鑑三, 「領土と靈魂」, 『聖書之硏究』, 1910, 9, 全集 17권, 332쪽.

관과 기숙사는 조선 유학생 600여 명이 모이는 유일한 장소였다. 조선 유학생들은 우치무라가 종종 보여주는 조선 민중에 대한 동정과 기독교 운동에 대한 평가에 격려 받아 그에게 강연을 의뢰했던 것이다. 우치무라는 여기에서 "나의 친구는 같은 나라 국민이 아니고 같은 교회의 회원이 아니다. 목적을 같이하는 자이다. 그리고 목적에는 정치, 사회, 학문, 예술 등 여러 가지가 있으나, 이것들은 모두 중간 목적일 뿐으로 최대의 목적은 신앙상의 목적이다. 신앙을 함께하는 자, 신앙의 목적을 함께하는 자, 그들은 가장 깊은 의미에 있어서 친구이고 또 형제이다. 그리스도 안에서 하나, 일본인도 조선인도 그리스도 안에서 하나가 되고 여기에만 완전한 이해가 생겨난다"고 했다.[4] 그러나 '그리스도 안에서 양 국민의 진정한 합동과 융합'이라는 내용의 이 강연은 조선 유학생들의 기대에는 충분히 미치지 못했던 모양이었다. 그들이 듣기를 원했던 것은 조선과 일본의 바람직한 관계는 양국의 민족적 평등과 독립에서 온다는 것이기 때문이었다.

이 강연 후, 그는 강연회의 인상을 미국의 친구 벨에게 써 보냈다. 그는 "불쌍한 조선인들은 그들의 나라를 잃었습니다. 어떠한 것도 그들의 손실을 위로할 수는 없습니다. 나는 일본이 조선을 병합한 것은 폴란드를 병합한 것과 같은 것으로, 결국 먹은 것을 완전히 소화할 가능성이 없지 않은가 싶습니다. 그들 중에는 훌륭한 기독교인이 있고 정신적으로 원칙대로 살아, 일본 기독교인보다 훨씬 더 뛰어납니다. 그들 가운데는 나에게 선한 친구가 되어주는 사람들이 몇 명 있습니다. 우리는 서로 마음으로부터 사랑하고 우리 사이에 인종 문제 같은 것은 없습니다"라고 했다.[5] 훌륭한 조선 기독교인들의 신앙과 독립에의 열망을 확

4 高崎宗司, '内村鑑三と朝鮮, 『思想』 1977, 9, 岩波書店, 85쪽.

5 C. W. Bell에게 보낸 편지, 1919년 10월 2일, 全集 38권, 164쪽.

인하면서 우치무라는 새삼 병합의 실패를 통감했던 것이다. 듣는 자와 말하는 자의 간극이 있었다고 하나, 조선의 국가적 망국에의 동정과 조선인에 대한 우의를 표명한 우치무라의 조선관은 당시로서는 보기 드문 진보적인 조선관이었다고 해야 할 것이다.[6]

1919년 3월 1일 3·1운동이 일어나 조선 전토에서 들불과 같은 독립 만세 시위가 일어나 일본 관헌의 잔혹한 탄압이 있었다. 우치무라는 서울 프레스에서 근무하고 있던 야마가타(山縣五十雄)를 통해 이야기를 전해 들었다. 3·1운동에 대한 그의 견해는 1919년 8월 4일의 미국의 친구 벨에게 보낸 편지에서 엿볼 수 있다. 그는 "우리나라 사람이 조선에서 한 일은 마음으로부터 죄송하다고 생각합니다. 미국인이 가장 문제시하고 있는 잔학 사건의 대부분은 근거 없는 날조(그것을 날조한 것이 신문기자인지 선교사인지는 모르지만)에 불과하다고 나는 확신하고 있습니다. 주가 오셔서 우리를 올바르게 재판해주시겠지요"라고 했다.[7] 그러나 우치무라의 이 확신은 불행하게도 틀렸다. 이후 증명된 것처럼 보도된 잔학 사건은 모두 사실이었다. 우치무라가 말하는 '미국인'이라고 하는 것은 당시 미국기독교연합회가 결의서를 만들어 상원에 제출한 것으로, 재조선 선교사단의 편지에 근거한 신빙성 있는 보도였다. 우치무라의 이러한 오인은 선교사에 대해 그가 평소에 가진 불신감에서 오는 것일 수도 있다. 그러나 분명한 것은 우치무라도 역시 조선 문제를 이해하는 것에는 한계가 있었다는 것이다.

이 점은 1923년 관동대지진에 대한 그의 태도에서 더욱 분명해진다. 지진 당시 일본에는 약 11만의 조선인이 체재하고 있었다. 지진이 일어나 치안 붕괴를 염려하던 일본 경찰은 조선인이 습격을 하고 우물에 독

---

6 佐藤全弘, 「朝鮮問題と内村鑑三」, 『内村鑑三研究』, 제5호, 1975, 10, 33쪽.

7 C. W. Bell에게 보낸 편지, 1919년 8월 4일, 全集 38권, 381쪽.

약을 넣는다는 유언비어를 날조하여 고의적으로 살포했다. 이에 격앙된 일본 민중에 의해 조선인 약 6천인이 학살되었다. 이 사건을 두고 우치무라의 제자 후지이 다케시는 「하나의 선언」이라는 글을 발표하여 "이번 사건에서 많은 자경단이 동정해야 할 조선인에 대해, 그리고 군대가 무력한 사회주의자에 대해 취한 행동은 용서할 수 없는 비인도적 범죄이다. 누가 무엇이라 하던 나는 이렇게 확신하고 여기에 선언한다"고 했다.[8] 우치무라 역시 조선인 학살에 관해 몰랐을 리 없다. 그러나 그는 이 문제에 대해 한마디도 남기지 않았다. 우치무라의 조선 문제에 대한 침묵에 많은 조선인들은 적지 않은 당혹감을 느꼈다.

우치무라의 식민지 조선에 대한 이러한 한계에 대해 특히 당혹감을 느낀 것은 그의 제자인 조선 무교회주의자였다. 후일 함석헌은 우치무라와 김교신이 조선에 대해 이야기하던 것을 전하면서 "김교신이 조선의 독립 문제에 대해 물어보았는데, 선생님(=우치무라)이 '영국의 스코틀랜드와 같이 되면 좋지 않은가'라고 대답하셨다는 것이었습니다. 우리들은 그 대답에 불만이었습니다"라고 증언하고 있다.[9] 우치무라는 아마 조선이 평화적으로 일본에 동화되어 일본인과 조선인 사이에 민족적 구별이 없어진다면 그것으로 족하다고 생각했을 것이다. 우치무라의 조선관은 '신앙 안에서의 일치'와 인간적인 동정이 공존하는 것이었다. 그러나 여기에는 정치적 독립과 자유를 추상화시키는 한계가 있었다. 우치무라의 예언자적 사회 비평이 조선 독립을 지지하는 데까지 확대되지 못한 원인에는 일본에 대한 그의 강한 애착을 들 수 있다. 일본의 현실은 예언자적 비판의 대상이었으나, 일본 그 자체는 예언자적 비판의 틀 밖에 있었던 것이다.[10]

---

8 佐藤全弘, 앞의 논문, 8쪽.

9 咸錫憲,「私の知っている內村鑑三先生」, 內村鑑三 全集, 月報39号, 4쪽.

10 土肥昭男 앞의 책, 85-89쪽.

한편 식민지 문제에 대한 그의 둔감성은 일본에 대한 그의 강한 애착과 더불어 그가 재림 운동 이전까지 견지한 서구 중심적 진보사관의 한계라고도 볼 수 있다. 역사의 진보를 '진리의 현양(顯揚)', 즉 '자유의 발달' 이외에 아무것도 아니라고 규정한 우치무라의 역사관은 그의 예언자적 사회 평론과 일맥상통하는 측면도 있으나 다른 한편으로 앞에서 살펴본 대로 당시의 오리엔탈리즘적 담론과 깊이 연결되어 있었다. 그는 황인종은 자유의 관념이 결핍되어 사상, 과학, 예술, 권리 등 '순수 진리'의 영역에 속하는 것을 파악할 능력이 결여되어 있는 열등 인종인 반면 자유라는 것은 셈 인종에 의해 비로소 파악되어 아리아 인종에 의해 사회적으로 제도화되었다고 보았다.[11]

아시아인에게는 자율성, 형이상학적 이성과 추상적 사고 능력, 그리고 도덕성이 결핍된 열성(劣性) 이미지의 인간 타입이 고유한 인종학적 본질로서 부여되어, 아시아는 유럽의 '진보'에 대비되는 '정체' 사회로서 '재표상(re-presentation)'되었다. 이렇게 그에게 조선은 중국과 더불어 퇴행적 문명의 대명사였던 것이다. 그 특징은 오직 고대 문명을 현재까지 보존해오고 있다는 점에 있을 뿐이라고 인식되었다. 따라서 "인도에 있어서 영국 정부는 결코 완전한 것은 아니나 그러나 인도인 종래의 정부에 비하면 한층 휴머니즘적인 것이라고 말해야만 하고, 북아시아에 있어서 러시아의 정치, 베트남에서의 프랑스의 정치도 동일하다"고 하여 서구의 제국주의적 통치를 용인했던 것이다.[12]

우치무라에게 있어서도 일본을 현실적으로 상대화시킬 타자란 서구였다. 거만한 서구 여행자가 미처 파악하지 못한 일본의 고유한 심성과 사명, 그리고 메이지유신에 의해 봉건제로부터 입헌군주제로 변화하여

---

11 內村鑑三, 「興國史談」, 全集 2권, 383쪽.

12 위의 책, 388-389쪽.

서구와 동일한 '자유 평등의 정신'을 구현한 일본인의 능력을 다름 아닌 서구인에게 알리는 것이 그의 대외 인식에서 가장 중요한 문제였다. 그의 타자 인식에서도 항상 문제가 되었던 것은 '일본'과 '서구'와의 관계였던 것이다. 조선을 비롯한 아시아 인식이 결여된 서구 지향의 한 축만으로 그의 타자 인식이 구성되어 있는 한, 그의 '두 개의 J'라는 사상조차도 서구 우월주의적 담론이라는 당시의 '지적(知的) 제국주의'의 큰 틀에 함몰될 수밖에 없었다.

이러한 한계에도 불구하고 우치무라가 종생 조선인 제자들과 조선 기독교에 적지 않은 기대와 지지를 보낸 것은 사실이었다. 우치무라는 그의 생애의 대사업이라고 할 60회에 걸친 로마서 강연이 끝난 후 청중 700인 가운데 그에게 감사를 표명해온 사람이 단 4명이었다고 했다. 그런데 그 가운데 가장 우치무라의 마음에 감동을 준 것은 조선인 김교신의 편지였다고 한다. 김교신은 "선생님, 전 국민의 박해와 견디기 어려운 국적이라는 비방 속에서도 극동의 일각(=일본)에 굳게 서서 십자가의 성스러운 깃발을 하늘 높이 지켜주신 것을 감사하게 생각합니다"라는 감사의 편지를 보냈던 것이다.[13]

김교신 외에도 우치무라에게는 성실한 조선 유학생 수강자들이 적지 않게 있었던 모양이다. 한 조선 유학생 수강자가 1929년 4월 1일 귀국을 앞두고 우치무라에게 작별 인사를 하러 우치무라를 방문했다고 한다. 그의 귀국 인사에 감격한 우치무라는 다음과 같은 내용을 일기에 남겼다. "그는 도쿄 체재 9년간 단 한 번도 내 성서연구회 출석을 게을리 하지 않았다고 한다. 그리고 커다란 결심으로 조선에 돌아가 신앙을 위해 싸우려고 하고 있다. 그를 배웅하고 나는 기쁨의 눈물을 참을 수가 없었

---

13 內村鑑三日記, 1922, 10, 24, 全集 34권, 104쪽, 김교신전집간행위원회, 『김교신전집』 2권, 일심사, 1981, 305-306쪽, 이하에서는 『김교신전집』이라고 표기.

다. 예수님의 말씀이 저절로 떠올랐다. '내가 진실로 너희에게 말한다. 이스라엘 가운데 지금까지 저렇게 커다란 믿음을 본 적이 없다(마8:10)'라는 말씀이었다. 신앙의 일에 있어서는 전체적으로 조선인이 일본인보다 위에 있다. 아마 나의 신앙이 조선인 중에 뿌리를 내려 세월이 지난 후 일본에 전해질 것이다. 소수의 조선 학생을 가르치는 것만으로도 성서 연구회를 하는 보람이 있다"라고.[14] 9년간 한 번도 결석하지 않은 조선인 제자와 그에게 커다란 기대를 하고 있던 우치무라는 개인적으로는 주 안에서 일치를 이룰 수 있었다. 하여 우치무라는 자신의 기독교를 가장 잘 이해하는 사람이 조선인 가운데 있지 않을까라고 종종 말했다고 한다.

한편으로 조선 청년들에게 희망을 거는 우치무라는 일본 청년 특히 제국대학 학생들의 애국심 결여를 한탄하기도 했다. 1928년 12월 1일의 한 연설에서 우치무라는 이렇게 말했다. "나는 늘 생각합니다. 내가 보는 바 일본 안에서 애국심이 가장 없는 곳은 제국대학이라고…… 그들이 가장 관심을 가진 것은 자기 이익 문제, 그 다음으로 혹은 그 이상으로 민감한 것은 연애 문제입니다…… 이 점에 있어서 조선인 쪽이 훨씬 일본인 이상입니다. 내가 내 성서 연구에서 애국에 대해서 말할 때 손에 땀을 쥐고 듣는 사람은 조선 학생들로 일본 학생들은 그렇지 않습니다"라고.[15]

국제적 정의의 차원에서 우치무라의 조선관이 한계가 있었음에도 불구하고 그와 조선인인 제자는 신앙 안에서 따뜻한 교류를 가졌던 것이다. 그렇다면 우치무라의 조선인 제자들은 귀국 후 어떠한 활동을 전개했을까.

---

14 内村鑑三日記, 1929, 4, 1, 全集 35권, 435쪽.

15 佐藤全弘,「朝鮮問題と内村鑑三」, 40쪽.

2. 우치무라의 조선인 제자들

우치무라의 조선인 제자로는 먼저 조선 무교회를 이끈 김교신을 들 수 있다. 김교신은 1901년 4월 함경남도 함흥에서 태어났다. 그는 9세가 되던 해에 조국이 일본의 식민지가 되는 것을 경험했다. 1919년 3월 함흥공립농업학교를 졸업한 김교신은 그해 일어난 3·1 운동에 참가하여 활동했다. 이것은 청년 김교신에게 조선인으로서의 자각을 새롭게 한 계기가 되었다. 이후 그는 일본에 건너가 1922년에 도쿄고등사범학교(東京高等師範學校)에 진학했다. 이 사이 1920년 6월 도쿄에 있는 성결교회에서 시미즈(淸水俊藏) 목사에게 세례를 받고 기독교 신자가 되었으나, 교회의 세속적인 이권 투쟁에 실망했다. 1921년 1월부터 우치무라 간조의 성서연구회에 출석하게 되었다. 그 이후 귀국할 때까지 약 7년간 우치무라에게 성서를 배웠는데, 전술한 대로 로마서 강의가 있었을 때 김교신은 언제나 맨 앞자리에 앉아 경청했다고 한다.[16] 김교신은 마사이케 진(政池仁), 이시하라 효에이(石原兵永) 등과 함께 '가시와키청년회(柏木青年會)'에 소속을 두었다. 1925년부터는 우치무라의 조선인 제자 함석헌, 송두용, 정상훈, 유석동, 양인성 등과 함께 '조선성서연구회'를 만들어 민족적 자각 속에서 성서 연구에 전념하면서 기독교 진리의 근간(根幹)을 습득해갔다.

김교신은 기독교를 그 역사적인 형태가 아니라 오히려 역사적인 형태를 내부에서부터 파괴시키면서 스스로를 계속해서 새롭게 표현하는 '영(靈)'적인 것으로 이해한 우치무라의 기독교 이해를 '진정한 복음'이라고 생각했다. 그리고 복음의 진리를 일본 사회의 역사 현실 속에서 실천하려는 우치무라의 예언자적 사회 비평 활동에서 진정한 기독교적

16 양현혜, 『김교신의 철학: 사랑과 여흥』, 이화여자대학교출판부, 2013, 65-67쪽.

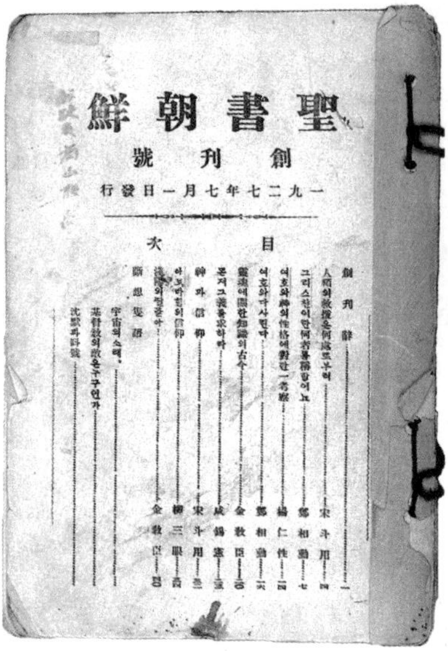

『성서조선』 창간호(1927년 7월)

신앙 태도를 발견했다. 1927년 도쿄고등사범학교를 졸업한 김교신은 귀국하여 고향 함흥의 영생여자고등보통학교 교사가 되었다. 이후 서울의 양정고등보통학교, 경기중학교 등에서 약 15년간 교사로서 교육을 통한 민족의식 각성에 힘을 쏟았다. 그리고 일본에서 귀국한 직후인 1927년 7월부터 함석헌, 송두용 등 앞에서 언급한 '조선성서연구회' 멤버 다섯 명과 함께 잡지 『성서조선(聖書朝鮮)』을 발행했다. 1930년 5월 제16호부터는 주필로서 잡지 발행에 전 책임을 지게 되었다. 자신의 집회와 신앙 잡지 발간을 두 축으로 하는 무교회의 전통적인 방식을 따르는 파트타임 전도사로서 활동을 개시한 것이었다. 이후 그는 1942년 3월 소위 '성서조선 사건'으로 폐간될 때까지 『성서조선』을 158호까지 발간했다. 이 잡지를 통해 그는 무교회적인 입장에 선 기독교 전도와 사회비평 활동을 전개하면서 스스로의 사상을 심화시켜서 '조선산(朝鮮産) 기독교'를 주장했다.

1942년 김교신은 독립운동을 했다는 혐의로 체포되었다. 소위 말하는 '성서조선 사건'이었다. 이 사건으로 그는 1년간의 옥중생활을 보낸 후 1943년 3월 불기소 처분을 받고 출옥했다. 그 후 교직과 전도 생활의 길이 막혀버린 김교신은 전국을 순회하면서 암흑 속에 있던 신앙 동지들을 격려했다. 1944년 7월에는 흥남일본질소비료공장에 취직하여 3,000여 명의 조선인 노동자의 복리와 인격 교육에 힘을 쏟으면서 해방을 준비했다. 그러나 해방을 3개월 남겨두고 당시 조선인 노동자들 사이에 유행하던 발진티푸스에 걸린 환자를 간호하는 도중 스스로도 감염되어 44세로 이 세상을 떠났다.[17]

한편 김교신은 그의 무교회주의적 입장과 관련해 조선 개신교계에서 적지 않은 오해와 논쟁을 경험해야 했다. 대표적인 것으로는 먼저 무교회주의 속에 있는 기독교의 보편성과 일본이라는 역사적 구체성의 관계를 둘러싼 김린서와의 논쟁이었다. 김린서는 1930년 조선 장로교 평양신학교의 잡지였던 『신학지남』에 「무교회주의자 우치무라 간조에 대해서」라는 글을 발표했다.[18] 이 글에서 그는 우치무라뿐만 아니라 김교신을 중심으로 한 조선 무교회 집회까지도 비판의 대상으로 삼았다. 그는 "그의 무교회주의에는 오류가 적지 않다. 교회란 조직체가 부패의 원인인 것처럼 보는 것이 근본적인 오류이다. ……인간이 새로울 때에 교회도 새롭고, 인간이 타락한 곳에 교회도 타락하는 것이다. ……교회가 낡아진다는 일면만을 가지고 성경이 명(命)한 교회를 부인하는 것은 자가당착이다"라고 말하고, 교회 부패의 문제는 조직에 원인이 있는 것이 아니라, 오히려 인간의 문제라고 주장했다.

그리고 김린서는 우치무라의 무교회주의에 내포되어 있는 일본적 요소에 대해 다음과 같이 비판했다.

> 우치무라의 무교회의 진의는 어디에 있는가? 서양인의 영향을 일절 거부하는 종교의 독재제국을 건설하기 위해서만 필요하다. 일본주의자인 그에게 그 정도의 야심이 있다는 것은 외국인인 내가 비판할 것은 아니다. 그것이 도리어 후일 일본 신자들에게 일종주(一宗主)로서 받아들여질 것이

17 위의 책, 225-244쪽.

18 김린서, 「무교회주의자 内村鑑三씨에 대해서」, 『神學指南』, 第12卷 第4号, 1930, 1, 39-42쪽.

다. 우치무라는 봉황당 애국자(奉皇堂 愛國者)로서 스스로 자랑하는 '무사(武士)의 자식'이므로 정계에 나갔다면 칼을 차고 총독으로서 군림할 정도의 거대한 인물이다. 그는 야마토주의(大和主義)로 바쁘고 일본 이외에는 한 발자국도 밖으로 못 나갔던 전형적인 무사의 아들이지 세계인은 아니다. 배외(排外) 운동할 여가가 있다면 조선론과 같은 것도 쓸 필요가 있지 않았겠는가. 아마도 조선에 대해서는 침묵할 필요가 있었던 모양이다. 진리에는 국경이 없다고 말하는 사람이 있다. 진리는 하나이나 진리를 말하는 사람은 국경 속에 들어앉아 있다. 결국 우치무라는 국경선을 긋는 야마토 기독교 제작자이다.

여기에서 김린서는 우치무라의 무교회주의는 일본주의에서 생겨난 것이므로 그는 조선 문제에 대해 침묵할 수밖에 없었고, 이 점이 바로 그의 예언자적 활동의 한계라고 비판했다. 결국 무교회는 '야마토 기독교=일본 기독교'에 지나지 않는다는 것이었다.

김린서는 우치무라에게서 "조선 영계(靈界)를 호시탐탐하는 영적 제국주의의 야심"을 볼 수 있다고 했다. 그리고 조선 무교회 집회를 "야마토 기독교 제작자인 우치무라가 조선 영계에 군림"한 것으로 단정했다. 그는 김교신 등을 "복음까지도 우월감을 갖는 소위 상국신자(上國信者)에게 배우려 한다"고 비난하며, "우치무라는 바울 교리를 가진 일본주의의 무사당(武士黨)이기 때문에 그의 제자가 되려는 조선 기독교인도 무사도(武士道)의 할례를 받음이 당연하다"고 비판했다. 이러한 김린서의 우치무라에 대한 이해는 첫째, 무교회에 대한 이해가 피상적이며, 둘째, 김린서의 편협한 민족주의적 감정이 엿보인다고 하겠다.

그러나 당시의 조선과 일본의 기독교의 관계에는 식민지 지배국과 피식민지국이라는 정치적 상황이 기독교적 정신에 의해 조금도 변화되지 못하고 그대로 반영되어 있었다. 더구나 조선 기독교의 민족주의적 성격을 탈색시키려는 조선 총독부의 기독교 정책은 일본 기독교인에 대한 조선 기독교 측의 경계심을 더욱 강화시켰다.

이와 같은 당시의 한일 기독교의 관계를 고려한다면, 김린서의 비판은 조선에 무교회주의가 뿌리내릴 때 무교회주의 속에 내재되어 있는 일본적 요소를 어떻게 극복해야 할 것인가라는 문제에 직결된 것이기도 했다. 김교신은 김린서의 비판에 대해 어떠한 형태로든 대답하지 않을 수 없었다.

김교신은 우치무라와의 관계에 대해 "조선인인 나에게 과연 명예인가 손해인가, 이익이 되는가 해가 되는가는 알 수 없으나, 기정사실로서 우치무라 선생은 나의 무이(無二)의 선생이다"라고 말한다.[19] 조선인 김교신은 일본인 우치무라를 유일한 선생으로서 존경하고 있었다. 그렇다면 그토록 존경했던 이유는 무엇일까? 이에 대해 김교신은 "우치무라가 아무것도 아니었다 하더라도 일본의 진정한 애국자라는 사실만은 처음부터 간파하고 있었다. 자연과학자의 정신에 근거한 성서 연구와 전 국민으로부터 국적(國敵)이라는 비방 속에 매몰된 반생의 생애 속에서도 결코 조국 일본을 버릴 수 없었던 애국자의 충혈, 그것이 무엇보다도 강력하게 나를 끌었다"고 한다.[20] 즉 김교신은 '진정한 애국자이며 동시에 살아 있는 신을 아는 사람'으로서의 우치무라의 '애국심'에 끌린 것이었다. 이러한 김교신의 모습에서 '예언자적 애국'을 통해 '두 개의 J'를 통합시킨 우치무라의 사상을 적극적으로 계승하고자 하는 것을 알 수 있다.

이러한 입장에 선 김교신은 무교회주의에 내재되어 있는 일본적 성격과 관련해서는 "바울 당시의 이방인이 유태주의의 할례당을 거절하

---

19 金敎臣·咸錫憲 共著, 『内村先生と朝鮮』, 聖書朝鮮社, 1940, 44쪽.

20 위의 책, 42쪽.

고 복음만을 신수(信受)한 것과 같이 조선 기독교도가 우치무라 선생에게 배우려고 한다면 무사도보다는 그가 가진 바울의 교리를 받아들이자"[21]고 말했다. 일본에서 시작했던 무교회주의를 받아들인 조선인 김교신은 그 안에 내재되어 있는 어떤 보편적인 것만을 배우고 그 외 부차적인 것, 즉 일본적인 특성은 조선적인 것으로 변화시킬 필요가 있다고 생각했던 것이다. 이러한 생각이 김교신이 의도한 '조선산 기독교'의 출발점이었다고 말할 수 있다.[22]

또한 우치무라의 조선관의 한계에 대해서 김교신은 "이집트의 애국자에게 유태의 영계(靈界)까지 걱정시키려니까 문제도 일어나는 것이다. 일본의 애국자에게 일본을 열애하도록 하라. 증오도 비판도 일어날 것이 없고 오히려 아름다운 것을 거기서 발견할 것이다"라고 말하며 "우치무라는 많은 조선 기독교인들에 대해 좋은 사마리아인이었다"고 말했다.[23] 이러한 김교신의 응답에는 우치무라에게 조선을 위한 싸움을 기대하거나 의존하지 말고 그가 일본을 사랑한 방법으로 조선을 사랑하는 것을 자기의 사명으로서 주체적으로 받아들이려는 자세가 보인다.

김린서와의 논쟁이 무교회의 발생과 관련된 일본적 성격을 둘러싼 것이었다면, 복음 교회를 일으킨 최태용과의 논쟁은 무교회의 교회론을 둘러싼 것이다. 최태용은 우치무라에게 배운 적도 있었으며 그의 잡지를 탐독했다. 우치무라는 이런 최태용에 대해서 "이렇게까지 깊게 나의 저서를 읽어준 사람이 있다는 것을 지금까지 몰랐다. 그리고 그 사람이 조선인이기 때문에 더욱 고맙다"는 감상을 남겼다.[24] 그리고 1923

21 위의 책, 47쪽.

22 김교신의 '조선산 기독교'에 대해서는 양현혜, 『윤치호와 김교신』, 178-197쪽 참조.

23 金教臣·咸錫憲, 앞의 책, 42쪽; 『김교신전집』, 제2권, 305쪽.

24 金教臣·咸錫憲, 앞의 책, 37쪽.

년 최태용의 저서 『일본에 보낸다(日本へ送る)』를 그의 성서의 연구사(聖書之研究社)에서 간행해주었다.

우치무라는 최태용의 책에 "영미인이 일본인을 멸시하는 것처럼 일본인은 조선인을 멸시한다. 그러나 하나님은 사람을 차별하지 않는다. 하나님은 선한 자를 모든 민족 안에서 선택하시고 그에게 천국의 복음을 가르쳐주신다. 하나님은 조선인 가운데에서 많은 참된 기독교인을 일으켜 그들을 멸시하는 자들을 부끄럽게 하신다. 최태용 군은 하나님께 특별히 선택받은 조선인의 한 사람이다. 그의 전도에 의해 많은 일본인은 하나님을 아버지로 인정하는 기쁨을 맛보았다. 그는 이 기쁨을 더 많은 일본인에게 전하려고 한다. 그것이 이 책을 쓴 이유이다. 진리는 어떤 사람으로부터 받아도 이익이 된다. 하나님은 장래에 조선인을 들어 크게 일본인을 가르치실 것이다. 우리들은 겸손하게 이 가르침을 받아야만 한다"라고 서문을 직접 써주었다.

한편 최태용은 이 책에 다음과 같은 저자 서문을 붙이고 있었다.

"예수 그리스도의 복음은 모든 믿는 자를 구원하는 하나님의 대능(大能)이다. 나는 죄의 고통스런 경험이라면 어거스틴, 번연에게도 뒤떨어지지 않을 만한 대죄인이다. 그런 나이지만 구원받고 기뻐하는 것에 있어서는 누구에게도 뒤지지 않는다고 확신한다. 이 책은 내가 일본에 온 것을 좋은 기회로 생각하고 하나님께 명령받은 기쁨으로 쓴 작은 책이다. 하나님의 사랑을 이루신 예수 그리스도의 십자가 부활, 이 복음이라면 확실히 일본을 구원할 수 있다. 때로는 자책했다. 죄를 깨닫는 기쁨을 얻기 위해서였다. 때로 멸망을 절규했다. 십자가에 죽는 평안을 얻기 위해서였다. 때로 그리스도에 대한 신앙에 힘썼다. 부활에 의해 살려지는 찬송에 넘치는 환희를 맛보기 위해서였다. 이 책을 하나님이 사용하셔서 취한 듯이 살고 있는 사람들에게 죄를 자각하게 하고 죄 때문에 고통받는 심령에 구원의 증거가 되고, 사랑하는 형제의 기쁨을 크게 하여 천상 아버지께 영원한 영광을 돌릴 수 있다면 더 바랄 것이 없다. 하나님의 사랑이 낳은 일본이여 춤춰라, 구원받은 영혼이여, 찬미하라. 할렐루야 아멘".[25]

이 책은 전체 81쪽으로, 1부는 구원의 복음, 2부는 구속의 기독교라는 내용의 기독교 개론적인 성격의 소책자였다. 이 책에 쓰여진 우치무라와 최태용의 서문을 통해 양자 사이의 신앙을 통한 신뢰와 공감을 확인할 수 있다. 따라서 1930년 우치무라의 죽음을 애도하며 최태용은 그의 신앙지 『영(靈)과 진리(眞理)』 제15호에 우치무라에 대한 감상을 다음과 같이 적고 있었다.

> 우치무라의 저서를 취독(取讀)했던 것은 얼마나 유익했던가. 그때 나는 그의 안에 있고 그는 내 안에 있는 것 같아 그의 말은 나의 마음의 오저(奧底)까지 울려 퍼졌다. 그때에 그 위대한 사도의 호흡을 나의 호흡으로 하면서 그에게 배운 것은 지금에 와서 그것을 회고해보는 것만으로도 상쾌한 일이다. 그에게 배워 기초를 닦은 일이 없었다고 한다면 나의 지금의 기독교는 없었을 것이다. 나는 그에게 말할 수 없는 감사를 느낀다.[26]

그러나 이후 최태용은 메이지학원(明治學院) 신학부에서 바르트 신학의 영향을 받아 무교회주의적인 입장을 버리고 1935년 12월 '조선복음교회'를 창립했다.[27] 무교회주의의 배교자라고도 할 수 있는 최태용으로서는 교회론은 뼈를 깎는 숙고의 대상이 되었다.

---

25 崔泰鎔, 『日本へ送る』, 1923, 聖書之硏究社, 1-2쪽.

26 최태용, 「內村鑑三氏 서거」, 『영과 진리』, 제15호, 1930, 3, 83-84쪽.

27 최태용에 관해서는 전병호, 『최태용의 생애와 사상』, 성서간행사, 1983; 지동식, 「기독교대한복음교회」, 『기독교계』, 1957, 8; 「최태용의 시, 평론, 신학」, 『현대와 신학』, 6; 오충일, 「복음적 신앙을 바탕으로 민족의 교회로」, 『기독교사상』, 1981, 7 등을 참조.

최태용은 1936년 『영과 진리』에 「기독교의 교회적 사명」[28]과 「구체적 실존인 기독교」[29]라는 글을 통해 그의 교회론을 전개했다. 최태용은 당시의 조선 기독교의 교회관에 대해서 "한편에서는 교회를 당연한 것으로서 승인하고 또 종교적인 본능의 미(味)를 오직 교회에서 만족시키려는 경향이 있으며 또 한편에서는 무교회주의 내지는 극단의 무교회가 행해지고 있다"고 개관한다.[30] 그리고 이러한 두 경향은 모두 문제로, 교회 문제가 기독교 신학의 과제가 되어야 한다고 주장했다.

최태용은 제도로서의 교회가 부정되는 곳에 진정한 교회가 실현된다고 보았다. 또 그는 이러한 제도로서의 교회의 부정은 교회 자체의 존재 문제로서 당연히 교회의 내부에서 행해져야만 한다고 주장했다. 이러한 교회관에 근거하여 최태용은 기독교 신앙을 교회라는 제도와 동일시하는 것을 '교회주의'라고 규정했다. 이는 인간의 요구가 신의 말씀보다 우선해 있으므로 이것은 기독교의 본말이 전도된 비(非)기독교라고 비판했다.[31] 또한 최태용은 이러한 논리의 연장선상에서 본말이 전도된 교회의 '교회주의'에 대한 반동이 바로 '무교회주의'라고 보았다.[32] '무교회주의'는 우치무라가 일본 기독교회의 교회주의적 경향에

28 최태용, 「기독교의 교회적 사명」, 『영과 진리』, 제86호, 1936. 5.

29 최태용, 「구체적 실존인 기독교」, 『영과 진리』, 제90호, 1936. 9.

30 최태용, 「기독교의 교회적 사명」, 125쪽.

31 위의 글, 131쪽.

32 무교회주의에 대한 이러한 생각은 일본에도 있다. 예를 들면 구마노(熊野義孝)는 우치무라의 무교회주의를 불러일으키고 거기에 구체성을 부여한 것은 다름 아닌 당시 일본 교회의 상황이었다고 지적한다. 그리고 우치무라의 신학 사상 전체에서 이 '무교회주의'가 어떤 필연성을 갖고 정착하는가, 다시 말하면 '무교회주의'의 신학적 거점은 무엇인가가 판연하지 않다고 한다. 또 구마노는 교회의 타락은 교회적으로 경고하는 것이 지당한데 '무교회'의 고창(高唱)은 자기 상실의 교회에 대항하기보다는 거기로부터 오직 탈출하려고만 하는 것같이 느껴진다고 하고 '무교회'는 어디까지나 우치무라 개인의 독자적인 시적·문학적 발언에 지나지 않는 것처럼 느껴지기조차 한다고 말한다. 熊野義孝, 『日本キリスト教神學思想史』, 新教出版社, 1967, 285-297쪽.

반발하여 주장했던 개인적 사상으로, 우치무라의 이러한 무교회주의는 교회주의의 오류를 비판함으로써 시대적인 사명을 마쳤다고 주장했다. 나아가 우치무라의 제자들이 그 시대적 사명이 끝난 무교회주의를 영구적 내용을 지닌 '무교회론'으로 주장하는 것은 잘못이라고 비판했다.[33] 또 조직적인 교회를 부정하는 무교회의 방법에 의해서는 교회 문제에 대한 적극적인 해결이 불가능하다고 주장했다.[34] 결국 최태용은 진정한 교회의 잘못된 모습으로서 교회주의가 존재하는 한에서 무교회주의는 의미를 가지나, 교회가 무교회주의의 비판을 받아들여 신의 말씀에 의해 조직을 상대화시키는 진정한 교회의 모습으로 되돌아가려고 할 때, 무교회주의는 해체되는 것이 당연하다는 것이었다. 나아가 그는 기독교 고유의 기구인 교회에 대한 부정을 그 본질로 하는 무교회는 고립된 개인주의에 지나지 않는다고 비판했다.

이와 같은 최태용의 무교회주의에 대한 비판에 대해 김교신은 「나의 무교회」,[35] 「대립 항쟁의 대상」,[36] 「우리들의 입장을 시비하지 말라」[37] 등의 글을 써서 이에 대한 반론을 제기했다. 김교신은 무교회주의를 "교회와 대립 항쟁하는 곳에 그 존재 이유가 있다"고 하는 최태용의 무교회주의 이해는 무교회주의의 원리를 파악하지 못하고 그 외형만을 보고 있는 것에 지나지 않는다고 비판했다.[38] 우치무라의 무교회주의는 그리스도와의 일치를 어떻게 일상의 삶 속에서 증거하느냐가 기독교인의 신앙생활에서 가장 중요한 것으로, 교회 문제는 비본질적이라는 주장이었다. 최태용의 무교회주의 이해는 이런 점에서 무교회의 조직 거

---

33 최태용, 「기독교의 교회적 사명」, 134쪽.

34 위의 글, 133쪽.

35 『김교신전집』, 제1권, 288-289쪽.

36 위의 책, 296쪽.

37 위의 책, 297-298쪽.

38 위의 책, 286쪽.

부 정신의 본질이 주체적 일상성의 신앙에 있음을 제대로 이해하지 못한 피상적인 이해라는 비판을 피하기 어려웠다.[39]

한편 김교신은 그 활동 기간 동안 무교회 2세대의 리더들과도 활발한 교류를 지속했다. 그리고 2세대들이 우치무라의 비전론을 어떻게 계승할 것인가를 놓고 분열된 양상에도 커다란 관심을 가지고 참여했다. 김교신은 "우치무라 선생의 유력한 제자 중에서 선생의 무교회주의를 진전시킨 이는 츠카모토이고, 선생의 무교회적 정신으로써 교회 공격을 일삼지 않고 일반 사회·정치 문제에 전념하여 교역자 및 신학자에까지도 존경을 받고 있는 이는 야나이하라다"라고 하여 무교회의 양대 흐름을 간파했다.[40] 김교신은 이러한 흐름 중에서 "무교회의 본령(本領), 무교회의 넋을 가장 여실히 본받은 이는 이토이고, 지금은 야나이하라 교수가 있다"고 말한다.[41] 김교신은 야나이하라로 대표되는 복음과 예언을 병행시키려는 입장에 우치무라의 무교회의 진정한 계승이 있다고 평가한 것이었다. 그는 "평화 시절에는 예언자로 대접받아도 거부하지 않다가 비상시국을 당한즉 별안간에 예언자가 아니고 복음자라느니, 신앙만으로 구원받는다느니, 사명이 다르다느니 변명"한다며 츠카모토와 아제가미의 '복음 제일주의'를 비판했다.[42] 그는 아제가미의

39 "신앙은 복음적이고 생명적이어라, 신학은 충분히 학문적이어라, 교회는 조선인 자신의 교회이어라"를 주장하고 1935년 복음교회를 설립한 최태용도 황민화 정책 아래에서 일제의 사상적 단속이 강화되자, 창씨 개명을 했다. 그는 이것을 매우 자랑스럽게 생각하고 1942년 「조선 교회의 재출발」에서 서구형 기독교를 끊어버리고 일본화한 기독교를 새롭게 할 것을 촉구해 마지 않았다. 그는 "우리는 서양의 양자가 아니고 일본의 백성이며, 조선을 일본에 넘기신 분은 하나님이시니 마치 하나님을 섬기듯이 일본을 섬겨야 한다"고 주장했던 것이다. 이러한 최태용의 친일적 역사의식은 무교회의 예언과 복음의 공속성을 주장하는 주체적 일상성의 신앙에 대한 몰이해와도 관련이 있다고 생각된다. 최태용, 「조선 교회의 재출발」, 『동양지광』 1942, 10월호, 344-346쪽 참조.

40 『김교신전집』, 제2권, 304쪽.

41 『김교신전집』, 제6권, 21쪽.

42 위의 책, 125-126쪽.

1937년 12월의 「암중촌경(暗中寸景)」을 읽고 이제 무교회도 늙어가고 있다고 통탄하면서 "늙은 자는 모조리 썩어질진저. 예언자 아닌 무교회자는 절멸할진저"라는 격렬한 어조로 복음과 예언의 분리를 비판했던 것이다.[43]

이 같은 자신의 입장을 그는 1936년 5월 야마모토 다이지로(山本泰次郎)의 잡지 『성서강의(聖書講義)』에 「무교회 신도에 대한 희망」이라는 제목의 글을 실어 명백히 밝혔다.[44] 이 글은 같은 해 2월호에 실린 마츠마에(松前重義)의 조선에 대한 감상문인 「조선의 희망」에 대한 김교신의 응답 형태를 취한 것이었다. 여기에서 그는 먼저 츠카모토의 무교회 이론과 그것에 입각한 교회 공격을 다음과 같이 비판했다. 즉 "이미 교회 측 사람들조차도 오직 교회에 의해서만 구원받을 수 있다고 말하는 사람은 없으며, 인간이 구원받는 것은 오직 신앙에 의해서만 가능하다는 것이 무교회의 본질이라고 한다면, 그것은 동시에 모든 프로테스탄트 교회의 본질이기도 하다. 따라서 구원이 여기 있느니 저기 있느니 하며 서로 쟁탈전을 벌이는 것은 있을 수 없는 일이다. 그렇기 때문에 첫째도 무교회주의, 둘째도 무교회주의라고 말하는 츠카모토의 성서연구회는 마치 목사가 교회와 헌금의 두 자로 설교의 중심을 삼는 것과 마찬가지이며 또 불교도가 나무아미타불을 연창하는 것과 같다"고 비판했다. 계속해서 그는 "만주와 이디오피아가 어떻게 되더라도, 도쿄의 한가운데에서 무엇이 일어날지라도, 국민 전체를 향해 분노를 토로하는 것과 같은 손해가 되는 일은 하지 않고 내버려둔 채, 다만 소수의 무교회 팬들에 대해 무교회를 연창하고" 약한 교회를 상대로 하여 싸우는 것이 무교회라면, "무교회의 간판을 내려주지 않겠는가"라고 제안했다.

---

43 위의 책, 238쪽.

44 金敎臣, 「無敎會信徒に對する希望」 下, 山本泰次郎 主筆, 『聖書講義』, 1936, 5, 148-152쪽.

즉 약소국인 중국과 이디오피아를 제국주의 강대국이 침략하는 때에 우치무라의 비전론을 적극적으로 계승해서 저항하지 않는 것은 우치무라의 무교회주의 정신을 훼손하는 것이라고 통렬히 비판한 것이었다.

나아가 그는 무교회 내부에서 일어난 신앙과 행위 즉 복음과 예언의 구분 여부를 둘러싼 논쟁에 대해서도 비판했다. "신앙만이라는 것과 행위 병행이라는 것의 구별을 저렇게까지 확실히 구분해서 열심히 싸우는 것에는 특별히 발달한 종교가의 섬세 민감한 신경이 없으면 안 되는 일이라고 경탄했다. ……대체적으로 보아 신앙만을 주장하는 선생님(=우치무라)의 행위도 실로 훌륭하셨다. 행위를 역설하는 선생의 신앙도 실로 부러울 정도의 신심(信心)이라고 생각해왔다. 스승을 이겨내려고만 하는 것에 급급해 전진만을 꾀하지 말고 아직 신앙만이라든가 행위도라든가의 분리를 하지 않았던 우치무라 선생에게 되돌아가는 것은 불가능하겠는가"라고 제안하고 만일 그것이 불가능하다면 무교회의 간판을 내려줄 것을 요구했다. 그는 결론적으로 무교회라는 것은 그러한 소극적이고 천박한 것이 아니라 "그 시대의 나라의 움직임에 대응해서 모든 진리의 적에게 대항해 새롭게 선전포고를 하는" 정신이라고 규정했다.

그리고 교회이든 무교회이든 모든 기독교인의 정의로운 순교가 요구되는 시대에서 무교회의 사명은 "일본 국민이 당면한 진리의 최대의 적을 향해 싸워 무교회의 적극적인 진리를 발양(發揚)하는 것"으로 그것이 또한 조선을 위한 것도 되며 나아가 세계 구원의 길이기도 하다고 주장했다. 여기에서 우치무라의 예언자적 정신을 적극적으로 계승하려고 한 김교신의 모습이 엿보인다. 김교신은 우치무라의 정신을 계승하여 '예언자적 애국'을 통해 기독교라는 초월적인 신앙에 근거하여 일본과 조선의 역사적 현실에 비판적으로 직면할 것을 일본 무교회주의자들에게 호소했던 것이다.

이런 김교신과 야나이하라는 특별한 교감이 있었다. 이것이 단적으로 나타난 사건이 우치무라 사후 10주년이 되는 1940년, 그들이 기획한 '경성 성서강연회'였다. 김교신은 우치무라를 기념하며 동시에 '황민화' 정책 아래 신음하는 조선의 젊은이들을 격려하고자 야나이하라를 초청하여 1940년 9월 9일부터 5일간 경성 YMCA에서 로마서 강연회를 계획했다. 고난 속에 흔들리고 있는 조선의 청년들에게 사회과학자로서 그리고 신앙인으로서 응원을 보내달라는 김교신의 요청을 야나이하라는 수락했다. 이때 그는 불의의 사태에 대비해 자신의 고별식에서는 로마서 8장 35절을 읽어달라는 말을 남겼다.[45] 로마서 8장 35절의 "누가 우리를 그리스도의 사랑에서 끊으리요 환난이나 곤고나 박해나 기근이나 적신이나 위험이나 칼이랴"라는 구절은 이 강연회를 진행한 김교신과 야나이하라 이 두 사람을 하나로 묶는 끈이었을 것이다. 압록강에서 부산까지의 조선 전토에서 심지어는 만주, 길림 그리고 일본에서까지 약 150여 명이 운집한 이 강연회를 두고 김교신은 야나이하라가 일본의 식민지 지배에 저항하는 조선인을 지원하기 위해 벌인 '백병전(白兵戰)'이라고 이해했다.[46] 그리고 이때 야나이하라는 전술한 로마서 13장의 강연을 조선 청년들을 대상으로 한 것이었다.

그러나 일본의 패전을 3개월 앞둔 1945년 4월 김교신은 병사하여 유명을 달리했다. 그의 죽음을 두고 야나이하라는 1945년 8월 패전 후 복간된 그의 잡지 『희신(喜信)』에서 김교신에 대해 다음과 같은 추도문을 실었다.

> 나타니엘이 진정한 이스라엘인이라 불린 것과 같이 김교신 씨는 진정한 조선인이었다. 김교신 씨는 조선을 사랑하고 조선 민족을 사랑하고 조

45 新掘邦司, 『金教臣の信仰と抵抗』, 新教出版社, 2004, 91쪽.

46 『김교신전집』 6권, 467쪽.

선어를 사랑했다. 그러나 그의 민족주의는 고루한 배타적 민족주의와는 다른 것이었다. 그는 그리스도의 복음에 의해 새로 태어난 조선인이었다. 유화(柔和)하고 근면한 조선인으로서의 미덕이 신앙에 의해 한층 정화되어 있었다. 그는 그리스도 안에서 자기 민족을 사랑하고 그리스도를 전하는 것을 자기의 나라 사랑으로 삼았다. 미국 류의 천박한 기독교에 의하지 않고 소련의 공산주의 같은 불신앙에 의하지 않고 또 세속적인 민족운동에 의하지 않고 권력자에게 영합, 협력하는 것에 의하지도 않고 순수한 무교회 복음의 신앙에 의해서 조선인의 영혼을 소생시키고 조선인을 자유와 정의와 평화의 민족으로 만들기 위해 김교신 씨는 그 소중한 일생을 바치었다.[47]

야나이하라는 이 추도문에서 김교신을 높이 평가하고 있다. 그러나 그의 추도문에 나타난 김교신에 대한 이해는 조선 민족의 정치적 독립을 요구하는 민족주의자로서의 면모보다는, 민족적 평등이라는 구체적인 역사적 문제를 기독교인 개인간의 평등으로 추상화하여 해소시켜 버리는 기독교 문화주의자로서 이해된 측면이 강했다. 이것은 바로 야나이하라의 조선관의 한계였다고 말할 수 있다.[48] 그럼에도 불구하고 이 두 사람 사이에는 민족을 넘어서는 신앙적 공감과 신뢰가 있었음도 역시 사실이었다. 두 사람은 우치무라의 속죄 신앙에 근거한 '의뢰적

47 矢内原忠雄,「金教臣氏を憶ふ」,『矢内原忠雄全集』, 25巻, 287-290쪽.

48 야나이하라의 조선관에 대해서는 이미 기존의 연구가 있다. 그것에 의하면 야나이하라는 시민적인 식민정책학의 관점에 입각하여 식민지주의가 종속주의에서 보호적 상호공존주의로 나아가 자주적 결합의 단계로 발전하는 것을 추구했다. 이러한 입장에서 그는 일본의 조선 지배 방법을 세계에서 유일한 전제적 통치 제도라고 비판하고 조선의 민족 자치로서의 조선의회의 설립을 주장하는 당시로서는 보기 드문 양심적인 조선관을 가지고 있었다. 그러나 그의 일본의 조선 통치에 대한 비판은 지배민족인 일본인의 반성이라는 측면에서 나온 것으로 피지배민족인 조선 민족 편에 서서 민족적인 자결권을 인정했던 것은 아니었다. 양현혜,『윤치호와 김교신』, 151-156쪽.

독립'이라는 신앙적 정체성에 근거해 인간에게 궁극적 충성을 요구하는 국가 권력에 대해 예언자적 항거를 지속하며 불의한 시대에 정면으로 맞섰던 것이다. 이 점에서 우치무라의 무교회주의는 근대 한일 관계사에서 보기 드문 양국의 사상적 가교로서 기능했음을 알 수 있다.

1945년 4월 김교신의 병사 이후 조선 무교회는 그의 친우인 함석헌에 의해 주도되었다. 그러나 함석헌은 해방 정국의 좌우 이데올로기적인 대립과 분단 그리고 한국 전쟁이라는 역사의 격랑 속에서 우치무라의 무교회의 사고 틀에서 점차적으로 탈피해갔다. 이 부분은 부록에서 따로 살펴보기로 한다.

나가는 말

신성한 구세계가 모두 붕괴되는 체험을 한 메이지 청년 우치무라는 붕괴된 세계를 대신할 새로운 세계를 서구에서 유입된 기독교로부터 찾고자 했다. 기독교에 입각하여 자신의 정체성, 윤리, 그리고 세계의 작동 원리에 관한 새로운 세계관을 구성했던 것이었다. 이후 그에게는 자신의 구주인 예수와 조국인 일본에 충성하는 것, 즉 '두 개의 J'에 대한 충성이 평생의 사상적·실천적 과제가 되었다. 그가 세상을 떠나기 4년 전인 1926년 우치무라는 자신의 '두 개의 J'에 대해 다음과 같이 언급했다.

> 나는 두 개의 J를 사랑하고 그 외의 다른 것을 사랑하지 않는다. 하나는 예수(Jesus)이고 또 하나는 일본(Japan)이다. 예수인가 일본인가, 나는 그 중 어느 쪽을 보다 더 사랑하는지 알지 못한다. …… 나는 모든 친구를 잃을지도 모른다. 그러나 나는 예수와 일본을 잃는 일은 없을 것이다. …… 예수와 일본, 나의 신앙은 하나의 중심을 가진 원이 아니다. 그것은 두 개의 중심을 가진 타원이다. 나의 마음과 지성은 이 두 개의 사랑하는 이름 주위를 회전하는 것이다. 그리고 그 하나가 다른 하나를 강하게 하는 것을 안다. 예수는 일본에 대한 나의 사랑을 강하게 하고 고결하게 한다. 그리고 일본은 예수에 대한 나의 사랑에 명확한 목표를 부여한다. 이 두 개가

없다면 나는 단순한 몽상가가 되거나 광신자가 되어 무정형(無定形)의 인간이 되었을 것이다.[1]

기독교와 민족을 어떻게 연결시켜야 하는가는 각각의 역사·문화적 공동체에 기독교가 뿌리내릴 때 던져질 수밖에 없는 질문이었다. 특히 이 문제는 비서구인들이 서구에서 유입된 종교인 기독교에 귀의할 경우 더더욱 불가피한 사상적 과제가 되었다. 우치무라는 기독교 신앙과 민족적 특수성이라는 두 극 중 어느 하나를 부정하는 것이 아니라, 양자가 서로를 상대화 혹은 구체화하는 변증법적인 종합 관계에 있는 것으로 파악함으로써 이 문제를 해결했다. 따라서 이 양자에 대한 우치무라의 사랑이 서로 긴장 관계를 이루는 지점에서 그의 고유한 사상과 행동이 형성되었다고 할 수 있다.

'예수'와 '일본'이라는 두 개의 중심을 도는 타원으로서의 그의 사상적 틀은 기독교 사상에 대한 그의 이해에도 결정적인 영향을 미쳤다. 그는 기독교로부터 형식적인 것과 본질적인 것을 구별하고, 그 본질적인 것에 자신을 직결시키고자 했다. 이때 우치무라가 이해한 기독교의 본질적 핵심은 속죄 신앙이었다. 신자로 하여금 신의 조건 없는 사랑을 믿게 하며, 자신이 무자격자임에도 불구하고 구원받았음을 실존적·체험적으로 깨닫게 하는 속죄 신앙이 기독교의 본질이라고 보았던 것이다. 왜냐하면 이러한 속죄 체험에 의해서만 인간은 신 앞에서 자신의 유한성과 피조성 그리고 그로 인한 죄를 자각하고 승인하게 되기 때문이었다. 동시에 이것은 신만이 자신의 창조주이자 구원자이며 따라서 '주'임을 승인하는 것에 다름없었다. 이러한 속죄 신앙은 자기를 초월한 절대자의 존재를 승인하고 그가 바로 '조건 없는 사랑' 그 자체임을 승

1 内村鑑三(K. U.), "Two J's", *JCI*, 1926, 9, 全集 30권, 53쪽.

인하는 자리이기도 했다. 이 자리에 섬으로써 인간은 비로소 자기 존재를 근저적(根底的)으로 긍정하고 신뢰하며 사랑할 수 있게 된다. 자신의 존재를 넘어서는 절대자의 '대긍정'에 의거해 자신을 초월하는 새로운 지평을 획득하기 때문이었다. 우치무라는 인간 실존의 이러한 새로운 지평을 실존적·체험적으로 획득하는 것을 기독교 신앙의 본질적 핵심이라고 보았다.

이러한 속죄 신앙은 그의 자아 정체성의 핵심이 되었다. 그는 이제 스스로를 세상이 만들어준 기준에 의거해 다른 사람들과의 비교·경쟁 속에서 설정하지 않게 되었다. 보이지 않는 절대자와의 관계에서 자기가 누구인지를 새롭게 구축하게 된 것이다. 즉 '그리스도 안에서 그리스도와 함께'라는 보이지 않는 차원이 그에게는 더 큰 현실이 된 것이다.

이러한 그의 자아 정체성은 그의 속죄 신앙이 부활 신앙과 재림 신앙으로 확대·심화됨에 따라 더욱 공고해졌다. 우치무라는 사랑하는 딸의 죽음과 제1차 세계대전의 발발로 인한 인류 역사의 구원에 대한 절망이라는 역사적 현실과의 첨예한 대결 속에서 재림 신앙에 이르렀다. 그것은 인간의 극한의 상실과 고통 그리고 역사에 대한 극도의 무력감과의 치열한 대결에서 얻어진 것이었다. 그는 재림을 그리스도가 십자가에서 시작한 '속죄'의 최종적인 단계인 우주적 완성으로 파악했다. 즉, 속죄를 이루신 이가 그 일을 완성하며 인류 역사와 우주 전체의 구원을 완성할 것이라는 종말론적 구원론으로 재림 신앙을 이해했던 것이다. 이러한 종말론적 신앙을 획득하게 됨으로써 그는 이제 '그리스도를 통하여' 인간의 죽음과 현실 역사의 암흑을 넘어서 여전히 희망을 견지할 수 있는 새로운 지평을 획득하게 되었다. 이미 가지고 있던 '그리스도 안에서 그리스도와 함께'에 '그리스도를 통하여'라는 차원을 더함으로써 구원론의 우주론적 완성을 보게 된 것이다. 이러한 그의 종말론적 신앙은 현실과 자신의 경험에 갇힌 그를 해방시키며 더 큰 자유와 희망을 주는 '궁극적 실재'가 되었다. 그는 이 실재에 근거해 역사에 대한 보다 근원적인 참여가 가능하게 되었다.

따라서 그의 종말론적 신앙은 묵시론적으로 종말의 날에 집착하며 무시간성에 안주하는 현실 도피나 운명론적 미신과는 근본적으로 달랐다. 그것은 늘 역사의 한복판에서 종말론적 희망에 의거해 '궁극 이전의 자유로움'을 가지고 역사의 완성에 봉사할 책임을 감당하려는 신앙이었다. 우치무라의 재림 신앙은 종말론적 희망에 근거한 현실 비판이자 대안 모색의 원동력으로 기능했던 것이다. 그에게 기독교는 개인의 구원을 넘어서서, 현실 속에서 '하나님 나라의 표징'을 제시하며 역사의 변혁을 추동해가는 종교였다. 그리고 자신은 '구원받은 죄인'이자 '하나님 나라'의 표징을 역사 안에서 제시하고 실천해가는 '예언자'였던 것이다.

그렇다면 속죄 신앙, 부활 신앙 그리고 재림 신앙이 일상의 삶에서 현실화할 때 어떠한 모습으로 귀결되어야 하는가. 이에 대해 우치무라가 제시하는 것이 '의뢰적 독립'이었다. 즉 신만을 의지하고 그 외 어떤 것에도 무릎을 꿇지 않는 자립하는 인간으로서 책임을 지며 사는 것이었다. 그는 일상에서 얼마나 '의뢰적 독립'을 실천할 수 있는가가 기독교 신앙의 깊이를 증명하는 핵심적인 척도라고 보았다. 그리고 '의뢰적 독립'의 삶을 스스로 실천하기 위해 평생을 씨름했다.

이러한 '씨름'의 일환으로, 먼저 그는 당시의 서구 제국주의의 '힘'에 대해 굴종하기를 거부했다. 기독교인이지만 동시에 철저하게 서구의 힘과 권위로부터 독립된 '참된 일본인'으로 살기를 원했다. 그에게 서구에 대한 무비판적 맹종이나 동일시는 있을 수 없었다. 그는 서구 기독교와 조우하면서 그것을 자신이 지녀왔던 정신적 전통과 철저히 마주세웠다. 그리고 양자의 비교·검증을 통해 새로운 것을 받아들이고자 했다. 하여 일본의 기독교는 서구적 형식이 아닌 일본적 형식에 기독교의 본질을 담은 '일본적 기독교'가 되어야 한다고 주장했다. 기독교가

들어오기 전 일본의 정신적 전통과 종교성에 있는 모든 복음전사적(福音前史的) 요소들을 존중하고자 했다. 그러한 전통을 접대로 하고 그 위에 복음을 접붙임으로써, 그 전통들을 창조적으로 계승하고자 했던 것이다. 일본인으로서의 기억의 연속성과 자긍심을 가진 참된 기독교인이 됨으로써 세계 기독교의 발전에 공헌하고자 했던 것이다.

그는 누구보다 철저한 기독교인이었으나 전통의 유산을 부정하고 오직 그것으로부터의 탈출을 추구하며 서구 기독교를 맹목적으로 추종하는 당대의 많은 일본 개신교인들과는 확연히 다른 길을 걸었다. 그리고 그가 걸은 길은 전통과 서구 근대를 어떻게 연관시켜야 하는가를 씨름하던 많은 동시대의 일본인들에게 하나의 전범(典範)이 되었다. 그것은 서구 근대와 일본의 역사적 유산을 창조적으로 결합해가는 '제3의 길'의 하나가 되었던 것이다.

그는 서구의 전통적인 교회 형식도 거부했다. 무교회를 주장한 것이다. 그것은 단적으로 말하면, 교회라는 집단, 조직, 의례 혹은 성직자라는 대리인의 등 뒤에 숨기보다는, 스스로의 실존적 체험을 통해 그리스도와 자신을 일치시키고 이를 다름 아닌 일상의 삶에서 증거하자는 주장이었다. 나아가 교회라는 조직이 스스로를 유지하기 위해 세속 권력과 밀월 관계를 맺으며 현실 질서에 안주하여 그것을 신성화하는 것을 거부하자는 주장이기도 했다. 이를 위해 그는 '의뢰적 독립'을 훼손시키는 모든 조직에 대한 거부가 필요하다고 보았다. 그러나 무교회 주장의 핵심은 교회를 비판하거나 조직을 거부하는 것보다는 일상성을 사는 주체적 신앙에 있다고 할 수 있을 것이다. 이 점은 그가 말년에 '의뢰적 독립'을 다시 한 번 분명히 하고자, 무교회 그 자체로부터 독립한 것에서도 잘 드러난다. 그는 교회냐 무교회냐를 떠나 근본적으로 언제나 '그리스도 밖에 구원은 없다'라는 신앙적 현실 안에 머물러 있고자 했던 것이다.

한편, '의뢰적 독립'을 일상 속에서 증명해야 한다면, 그것은 응당 사회의 공적 영역 안에서도 실천되어야 했다. 우치무라가 그것을 실천한 방식은 다름 아닌 '예언'이었다. 그는 인간의 피조물이 마치 창조주인 것처럼 역으로 인간을 억압하고 복종시키고자 한다면, 그것은 '의뢰적 독립'의 주체성을 훼손하는 우상 숭배의 강요일 따름이라고 보았다. 그가 자유와 독립 그리고 스스로의 노동에 의거해 사는 모든 '평민'들을 역사의 주체로 보고, 침략적 제국주의의 노선을 걷는 근대 일본을 비판하며 농본주의적 소국주의의 이상을 제시하는 등, 활발한 사회 평론 활동을 전개한 것은 이러한 우숭 숭배의 강요에 저항하기 위함이었다. '선과 악', '진리와 거짓'을 규정할 권한을 주장하며 인간의 주체성을 압살하려는 천황제 권력에 대해 그가 저항했던 것도 이러한 틀 속에서 이해될 수 있을 것이다. 말하자면, 국가 권력과 개인의 양심이 대치될 때, 절대자에 의거한 '의뢰적 독립'에 근거하여 권력의 우상화에 저항했던 것이다. 나아가 자민족의 유래에 대한 원시신화 내지 근원신화(根源神話)에 의해 민족을 신성화하며 침략 전쟁을 일삼는 국가 권력에 대해서도 절대 비전론을 주장하며 예언자적으로 저항했던 것이다.

우치무라는 기독교의 복음은 예언과 분리될 수 없는 상호 공속적 관계에 있다고 보았다. 인간을 해방하여 참 주체로 세우는 기독교의 복음은 인간을 억압하려는 모든 의식이나 제도에 비판·항거하며 신적 공의의 공동체를 대망하는 예언과 늘 어깨를 나란히 한다는 것이었다. 우치무라에게 복음은 예언에 의해 구체화되는 것이었다. 예언 없는 복음의 기독교는 공허할 뿐만 아니라 위선이며, 때로 사악할 수조차 있기 때문이었다. 또한 복음이 없다면 예언이 불굴의 추동력을 어디에서 공급받을 수 있겠는가. 우치무라는 복음과 예언의 관계를 이처럼 공진적인 것으로 이해함으로써 신앙과 삶과 역사를 통합할 수 있었다.

이러한 우치무라에게도 물론 '시대의 아들'로서의 한계는 있었다. 절대 비전론을 주장하면서도 '양심적 전사'를 실천적 모델로서 주장한 점이 바로 그러했다. 우치무라와 사회주의자들과의 관계에서 드러났듯, 그가 개인의 내면적 변혁이 아무런 매개 없이 곧바로 사회적 변혁으로 직결될 수 있다고 생각했다는 점 또한 사회 사상으로서는 다소 나이브하다는 비판이 있을 수 있다. 그 외에도, 당시의 세계적 조류였던 오리엔탈리즘이 그의 사상에서 확인된 점, 식민지 조선 문제에 대해서 신앙적 연대 및 인간적 공감과 동정의 수준을 넘어서지는 못했다는 점, 그리고 때때로 드러나는 '애국병' 등을 지적할 수 있을 것이다.

그럼에도 불구하고 우치무라가 기독교라는 초월적 신앙과 일본이라는 역사적 현실 사이에서 책임 있는 주체로서 살고자 무던히도 노력했음을 부인할 수는 없다. 초월적 신앙에 비추어 역사적 현실을 비판적으로 성찰하고 정치적 책임을 다하고자 한 것이다. 이 과정에서 때로는 비틀거리기도 하고, 때로는 한쪽의 극단으로 치우치기도 했다. 그러나 양자의 긴장 자체를 완전히 해소해버리는 일은 없었다. 그에게는 신 뒤에 숨어 '종교적 거룩'을 농단하는 위선과 무책임함이 없었다. 동시에 현실에 매몰되어 맹목적으로 자민족과 현실의 세속 권력에 안주하고 영합하여 당대의 사회를 정당화하려는 우상 숭배의 불경함 또한 없었다. 이렇게 깨어 있는 신앙에 의거한 책임 있는 주체로서 일상을 살아내는 '일상성의 신앙'이야말로 우치무라의 탁월함이라고 하겠다. 또한 이러한 '일상성의 신앙'을 복음과 예언의 공속성을 통해 사회의 공적 영역에서도 유감없이 발휘한 데에서 그의 삶과 신앙이 갖는 가장 중요한 가치가 있다고 하겠다. 우치무라의 이러한 '주체적 일상성의 신앙'은 영적 기업 문화 속에서 졸고 있는 한국 개신교를 깨우는 '광야의 소리'가 되어줄 것이다.

한편 '그리스도 안에서 그리스도와 함께 그리스도를 통하여'라는 그의 종말론적 신앙은 이성을 포괄하는 신비와 초월을 말하는 기독교의 세계관이 갖는 이데올로기 비판 능력과 현실 변혁의 잠재력을 여실히 보여준다. 모든 일상성 속에서 '의뢰적 독립'을 실천하고자 함으로써, 그는 '와야 할 그날'을 위해 지금 여기에서 '사랑의 봉사'를 실천하는 진정한 신앙인으로 살아갈 수 있었다. 동시에 권력으로부터 독립적으로 공공선과 역사의 진보에 책임감 있게 응답하는 주체적 시민일 수 있었다. 참 신앙인이자 주체적 시민일 수 있었던 그의 길은 근대 일본의 역사에 또 다른 길이 되었다. 루쉰이 말한 것처럼, 본디 땅 위에 길이 없었으나 걸어가는 사람이 많아지면 길이 되는 것이다. 그의 길은 중일전쟁과 이어지는 태평양전쟁 그리고 전후 세계에서 일본 무교회 제자들에게뿐만 아니라 조선인 제자들에게도 계승되었다. 그들 역시 길이 없는 곳에서 새로운 길을 내었던 것이다.

조선인 제자들에 의한 우치무라 신앙의 계승은 김교신 외에도 보론에서 다룬 함석헌의 사상적 계승을 통해 자세히 다루었다. 특히 주목을 요하는 점은 일본인 우치무라와 조선인 함석헌의 사상적 대결 구도로 이 문제에 접근하는 것은 저자의 의도로부터 크게 벗어난다는 점이다. 저자는 이 문제를 기독교가 동아시아에서 변혁의 사상으로서 수용되는 과정 속에서 이해하고자 했다. 즉 우치무라를 시초로 한 변혁 사상으로서의 기독교라는 사상적 실험이 어떻게 확대·심화되며 어디까지 전개되어가는지를 추적하고자 한 것이기 때문이다. 그리고 더 나아가 우치무라와 그의 제자들의 사상적 실험을 이제 우리 동아시아의 기독교인들이 함께 이어가기를 소망하기 때문이다. 약자의 자존을 보존하는 공동체를 만듦으로써 더 이상 어떠한 노예도 없는 사회, 국가의 이름으로 사람을 죽이고 죽임을 당하는 전쟁과 불의가 없는 세계를 꿈꾼 그들의 열망이 이제 우리들의 꿈이 되기를 염원하기 때문이다.

보론

우치무라와 함석헌

1. 함석헌과 무교회를 둘러싼 종교 사상적 모색[1]

1) 문제의 소재

함석헌은 시대의 고난에 대한 응답을 모색하며 기독교 사상과 동서양의 사상을 소통시키면서 독창적인 사상을 전개하고 실천한 인물이었다. 따라서 그가 한국 현대 정신사에 미친 영향은 방대하다. 그에 대한 연구는 다방면에서 행해지고 있고, 지난 2008년 7월의 세계철학자대회에서는 세계 철학계에 소개되기도 했다. 그에 관한 연구가 본격적인 궤도에 올랐다 할 것이다. 종래의 그에 대한 연구를 주제별로 정리하면 크게 네 가지로 정리할 수 있다. 종교사상에 대한 연구, 역사철학에 관한 연구, 씨알사상에 관한 연구, 마지막으로 평화사상에 대한 연구일

1 이 부분은 필자의 졸고 「함석헌과 무교회를 둘러산 종교 사상적 모색」, 『종교연구』(제67집, 2011, 여름)를 보완·가필한 것이다.

것이다. 이 네 가지의 주제 가운데, 특히 그의 종교사상에 대한 연구는 중요하다. 대부분의 연구자들의 의견이 일치하는 것처럼, 다양한 영역에 걸쳐 있는 그의 활동과 사상의 중심축을 형성한 것은 무엇보다도 종교적 세계관이었기 때문이다.

종래의 연구에 의하면 그는 기독교적 종교다원주의자로, 그의 종교사상의 전개에는 크게 두 번의 비약이 있었다. 그 하나는 우치무라와의 만남이고 둘은 유영모(柳永模)와의 만남이었다. 이 가운데 우치무라와의 만남은 그의 초기 기독교 이해에 커다란 영향을 미쳤다. 그 영향은 크게 말하면 초월적 신앙과 민족의 역사적 현실을 어떻게 통합해 갈 것인가 하는 문제와, 무교회주의적 기독교 신앙이었다.[2] 전자의 경우는 함석헌이 평생 씨름한 과제가 되었고, 후자의 경우는 많은 사상적 변화를 겪게 되었다. 그는 1950년대 초반까지는 무교회의 틀 안에 있었다. 그러나 이후 잘 알려진 바대로 1952년에 발표한 시 '흰손'과 1953년의 '대선언'을 기점으로 무교회를 탈퇴했다. 그리고 1967년부터 퀘이커에 동참했다. 그러나 무교회를 떠난 후에도 그는 우치무라에 대한 존경의 마음을 감추지 않았고, 무교회 정신을 계승할 필요가 있음을 거듭 천명했다. "오산에 있을 때만 해도 우치무라 선생의 테두리를 벗지 못했다. 지금 내게 그런 것 아무것도 없다. 선생의 은혜를 몰라서가 아니니다.……나 같은 것은 백 년을 두고 따라가도 미치지 못할 위대한 우치

---

2 이 분야의 연구로는 송기득, 「함석헌은 그리스도교를 어떻게 챙겼는가」, 『신학과 현장』4, 1994; 강돈구, 「함석헌 종교사상의 계보」, 『종교연구』23, 2001; 김진, 「함석헌의 생애와 사상」, 『이용도, 김재준, 함석헌』, 한들출판사, 2001; 최인식, 「함석헌의 교회관」, 『이용도, 김재준, 함석헌』, 한들출판사, 2001; 양현혜, 「함석헌과 우찌무라 간조의 '두개의 J'」, 『종교연구』30, 2003; 백소영, 「무교회 정신이 이끈 삶」, 씨알사상연구회, 『씨알·생명·평화』, 한길사, 2007; 연규홍, 「함석헌의 한국 그리스도교 비판」, 『한국 교회사학회지』24, 2009; 김경재, 「함석헌의 종교 이해」, 『종교문화비평』17, 2010; 신재식, 「함석헌과 종교다원주의」, 『종교문화비평』17, 2010; 황필호, 「종교철학자 함석헌」, 『종교문화비평』17, 2010; 이진구, 「새 종교와 낡은 종교: 함석헌의 눈에 비친 한국 개신교」, 『종교문화비평』17, 2010 등이 있다.

무라지, 그 위대한 선생을 내가 존경하지 않을 리가 없다"고 하며,[3] "무교회를 내놓으려 하면 놔질까? 버릴 수 있고 내놓을 수 있는 것은 진리가 아니다. 그것은 정말 내놓고 버려야 할 껍질을 두고 하는 말이다. 내가 기독교의 이단자가 되노라 하는 것도 참 기독교적이기 위해서 하는 말이요, 무교회를 내놓는다는 것도 더 무교회적이기 위해서 하는 것이다"라고 하며 자신의 무교회 탈퇴는 다름 아닌 그 정신의 진정한 계승이라고 이해했던 것이다.[4]

따라서 함석헌의 기독교적 세계관을 이해하는 데 있어서 무교회를 둘러싼 그의 사상적 모색을 이해하는 것은 매우 중요하다. 즉 그가 주장한 무교회주의의 내용은 무엇이었으며, 이후 어떠한 계기를 통해 그리고 어떠한 사상적 빈곤을 무교회주의에서 발견하고 그로부터 탈퇴했는가, 나아가 무교회주의 이후 전개된 그의 기독교적 세계관 안에서 여전히 지속되는 무교회적 요소는 무엇인가를 규명하는 일이다. 이러한 문제의식을 가지고 무교회를 둘러싼 함석헌의 종교사상적 모색을 고찰해보자.

2) 함석헌의 무교회주의

1901년 평안북도 용천군에서 태어난 함석헌은 숙부 함형일의 영향으로 기독교인이 되었다. 장로교의 테두리 안에서 별다른 의심 없이 신앙생활을 하는 순진한 기독교 소년으로 자라났다. 그러나 1919년에 일어난 3.1독립운동은 그의 삶에 커다란 전환점이 되었다. 학생 대열의 선두에 서서 이 사건에 참여한 그는 조국의 운명과 자신의 운명이 결코

---

3 함석헌, 「사자냐 아메바냐」, 『신태양』, 1958년 12월, 『함석헌전집』 3, 한길사, 1983, 89-108쪽.

4 함석헌, 「말씀 모임」, 『신태양』, 1957년 8월, 『함석헌전집』 3, 141쪽.

분리될 수 없음을 자각했다. 독립운동이 실패로 끝난 후, 그는 다니던 평양고등보통학교를 그만두고 고향 용암포로 돌아와 분노와 울분의 2년이란 시간을 보냈다.[5] 학업을 계속하려는 욕구가 생긴 함석헌은 민족정신과 독립운동의 본산이라는 평판이 높았던 오산학교에 1921년 편입학했다. 여기에서 그는 평생의 스승 유영모를 만나 '깊이 생각하는' 눈을 가지고 사물을 대할 것을 배웠다. 졸업 후 교육을 통해 민족을 각성시키려는 포부를 가지고 1923년 도쿄 유학길에 올랐다.

그런데 유학 첫 해에 일어난 관동대지진의 체험은 그에게 기존의 정신적 세계를 뒤흔드는 충격을 주었다. 1923년 9월 1일 발생한 관동대지진은 3일에 걸쳐 거의 10만 명 이상의 생명을 빼앗고 도쿄의 거의 절반과 요코하마(横浜)의 대부분을 파괴했다. 이 엄청난 자연재해의 현장에서 겨우 목숨을 건졌던 함석헌은 설상가상으로 바로 그 다음 날 감옥에 갇히게 되었다. 지진에 의한 사회적 혼란을 최소화하자는 목적에서 일본 정부가 조선인이 폭동을 일으킨다는 루머를 고의로 유포하여 수천 명의 무고한 조선인이 학살당하고 함석헌도 유치장에 하루 구금되게 되었던 것이다. 일본 제국의 심장부가 파괴되고 난생 처음으로 감옥 구경까지 하게 된 이 경험은 함석헌에게 상반된 두 개의 강렬한 감정을 갖게 했다. 하나는 "자유가 무언지, 나라 없는 설움이 어떤 것인지, 민족이 무언지"를 그 어느 책에서보다 더 깊이 깨달은 데에서 오는 민족독립에 대한 열망이었다.[6] 그러나 또 다른 한편 그는 "동양 제일을 자랑하던 문명과 문명인의 한커풀 밑에 어떻게 잔혹한 짐승 같은 것이 있는지, 인간이란 이렇게 약한 하잘 것 없는 것인지"를 통절하게 느끼며 "나라도 민족도 문명도 도덕도 다 껍데기요, 어느 순간에 미친 불길의 한

5 함석헌, 『죽을 때까지 이 걸음으로』, 삼중당, 1964, 78쪽.

6 위의 책, 161쪽.

번 핥음에 사라져버릴지 모르는" 것들이라는 것, 즉 인간 문명의 한계 그리고 궁극적으로 인간 그 자체의 한계를 똑똑히 자각한 것이었다.[7]

따라서 관동대지진의 체험은 그에게 조국을 식민지 상태에서 정치적으로 해방시킬 뿐만 아니라 그것을 상대적인 세계를 넘어선 절대적인 세계에 정초시킬 진리를 갈망하게 했다. 함석헌이 유학하던 당시 일본과 조선의 사상계에는 마르크시즘이 들어와 새로운 사회사상으로 각광을 받고 있었다. 함석헌이 유학한 도쿄고등사범학교의 조선인 유학생 50명 중 대부분이 마르크스주의 추종자가 되었고 기독교 신앙을 가진 학생들은 소수자였다.[8] 그러나 함석헌은 마르크스주의에 부분적으로 공감하면서도 그것에 자신의 전부를 의탁할 수 없었다. 이미 인간의 한계를 보고 그 인간이 만들어낸 주의 역시 하룻밤 사이에 재로 변할 상대적인 것임을 확인했기 때문이다. 그렇다고 해도 어릴 때부터 가졌던 장로교적 신앙이 과연 조선을 구원할 수 있는 진리인지에 대해서는 역시 회의적이었다. 이렇게 기독교와 마르크스주의 사이를 방황하던 그는 같은 학교에 다니던 김교신(金敎臣)을 통해 우치무라의 성서연구회에 출석하게 되었다. 그리고 마침내 1924년 가을 우치무라의 '예레미야서 강의'를 들으면서 조국을 구원할 힘은 우치무라가 주장하는 무교회적인 기독교밖에 없다는 확신에 이르렀다.

무교회적인 기독교 신앙이야말로 우치무라의 삶이 증거하듯이 자신이 속한 집단의 집단적 이기주의에서 사람을 해방하여 보편적 정의에 입각하게 하고 그 일의 성패에 무관하게 진리를 죽기까지 실천하게 하는 '영원의 진리, 보편적 정의'에 이르게 한다고 보았기 때문이다.[9] 그리

7 위의 책, 182쪽.

8 咸錫憲, 「私の知っている 內村鑑三先生」, 全集 月報, 1983, 12, 3쪽.

9 함석헌, 「선지자」, 『성서조선』, 1928년 1월; 함석헌, 「물위에 씨뿌리는 자」, 『성서조선』, 1928년 7월.

고 이러한 진리에 입각해 자신을 세우고 동포를 이끄는 것이야말로 식민지 조선을 해방시킬 진정한 '애국의 방법'이라고 확신했다. 함석헌은 무교회적 기독교 신앙에서 조국 독립과 기독교라는 보편적 진리를 결합시킬 방법을 발견했던 것이다. 일본에서 귀국하여 1927년 7월부터 그는 동료들과 함께 무교회주의적 신앙 잡지인 『성서조선(聖書朝鮮)』을 발행하는 한편, 근무지인 오산학교에서 오산 무교회 집회를 인도하면서 무교회적 입장에 서서 기독교를 증거해갔다. 그렇다면 이때 함석헌이 주장한 무교회주의는 어떠한 것이었을까.

그는 인간의 죄를 위해 죽고 부활하여 신과 인간을 화해시킨 그리스도의 대속이라는 은총은 어떠한 전제 조건 없이 만인에게 열려져 있는 보편적인 것이라고 보았다. 그리고 이 은총이 모든 인간에게 해당된다는 의미에서 만인은 평등하다고 보았다. 따라서 그는 신과 인간 사이에 서서 이 은총을 독점하거나 나누거나 그 분배를 고정시키려는 모든 매개를 철저히 부정했다. 그는 "그리스도에게는 대표자가 있을 수 없고 그가 세상에 온 후로는 하나님을 전하는 일절의 대표자가 있을 수 없이 되었다. 그가 오기 전에 있어서 인류는 인간적 대표자, 중개자를 필요로 했다. 그러나 그가 온 후는 무용이다. 기독교의 진리가 도덕도 아니오, 율법도 아니오, 복음인 이유는 과거시대 승려의 손에 전유되어 있었던 천국문을 빼앗아 자유 개방하여 사람으로 하여금 이대로 이 죄인의 몸대로, 승려도 교회도 기타 아무것도 필요 없이 직접 신 앞에 나가게 하는 데 있다. 고로 이제 또 그리스도의 대표 운운하는 것은 유대주의로 역행하는 일이다.……우리가 신에 직접 가는 길을 막고 대신해주마 중개해주마 하는 것은 원치 않는 친절이라기보다 역사의 역전이요 우리 생명의 약탈이다"라고 주장했다.[10]

10 함석헌, 「무교회 신앙에 대하여」, 『성서조선』, 1936년 3-4월, 『함석헌전집』 3, 116-117쪽.

신과 인간 사이를 중개하며 은총을 관리하고 배분하려는 모든 매개를 부정한 그에게 그리스도 이외의 모든 종교적 권위는 '몽학 선생'이었다. 이제는 신과 인간을 중개하는 사제가 필요 없고 그에 근거한 교권 주장도 아무 의미가 없었다. "그리스도의 옴으로 '아버지'인 하나님을 아는 이때에 있어서는 권위는 필요치 않다. 사랑은 자유로운 것이오, 담대한 것이다. 과거시대는 대표하는 사제가 필요하고 모든 사람은 복종하였으나 지금은 그리스도로 인하야 사람마다 사제다. 다 하나님과 면접할 수 있다"고 보았던 것이다.[11] 따라서 성직계급과 교권 그리고 성속의 구별뿐만 아니라 그는 구원을 담보하려는 성례전의 주술적 오용도 거부했다. 세례와 성만찬이 '상징'으로서의 의미를 벗어나 신앙을 위한 불가결한 요소가 되었을 때, 그것은 제도주의화되고 나아가 개인의 신앙적 결단에서 완전히 분리됨으로써 구원을 위한 조건으로 변질된 '미신'이 되어버린다는 것이었다.[12] 또한 기독교 신앙을 어느 교회 교인으로 소속되는 것으로, 혹은 그에 부수되는 조직, 교의, 예배 형식이라는 일정한 종교적 행위 패턴을 반복하는 것으로 대체하려는 것도 거부했다. 천국은 중개를 통해 '단체로 할인하여 들어가는' 곳이 아니기 때문이라는 것이었다.[13]

이렇게 신과 인간 사이의 모든 매개를 부정한 그에게 구원은 그리스도의 대속이라는 신의 전제 조건 없는 은총에 대해 인간이 오직 믿음으로 응답함으로써만 가능한 것이었다. 따라서 기독교 신앙이란 신과의 신앙인의 '살아 있는 교제'였다. 이러한 교제는 신앙인의 내면의 지성소에서 일어나는 것으로, 그리스도와의 개인적인 관계, 즉 '나와 너'의 관

11 함석헌, 「무교회 신앙에 대하여」, 『함석헌전집』 3권, 117쪽; 함석헌, 「무교회 신앙과 조선」, 『성서조선』, 1936년 2월, 『함석헌전집』 3, 126쪽.

12 함석헌, 「무교회 신앙에 대하여」, 『함석헌전집』 3, 118쪽.

13 위의 논문, 117쪽.

계 안에서 성립된다. 함석헌은 "기독교는 개인적이다. 그 진리의 말씀적인 까닭으로, 그 신앙의 생명적인 까닭으로 개인적이지 않을 수 없다. 믿는 자는 그리스도의 살을 먹고 피를 마시지 않으면 안 되고, 하나님은 개인의 영혼이 자기 자신을 그 손에 바치기를 요구한다. 나를 따라 오려거든 자기를 이기고 날마다 제 십자가를 지고 오라고 그리스도는 말한다. 이 말을 듣고 어떤 사람이라도 신앙의 개인성을 부인할 수 없다"고 보았다.[14] 그리스도와 신앙인의 이러한 '너와 나'의 관계는 신앙인 각자가 스스로 할 수밖에 없는 개인적 직접성을 갖는다. 그것은 대신하거나 대신해 받을 수 있는 성질의 것이 아니었다.

그렇다면 어떠한 객관적인 매개도 인정하지 않는 이렇게 직접적이고 내밀한 신앙의 진정성을 검증할 수 있는 방법은 무엇인가. 그것은 바로 일상생활에서의 산 신앙에 의해 증명되는 그리스도와의 결합이라고 함석헌은 보았다. 즉 신앙인은 그의 전 생활에서 그리스도의 증인되어야 했다. 그에게 기독교 신앙과 삶은 상호 분리될 수 없는 것이었다. 신앙은 신과 직접 만나고 그것을 일상에서의 삶으로 증거하는 것이었다. 이때 기독교인의 일상의 삶의 영역은 개인적 영역뿐만 아니라 사회의 정치, 경제, 문화 등 제반 공공의 영역까지를 포함한 것이었다. 기독교 신앙을 인간의 모든 삶의 영역 안에서 관철시키려 했을 때, 인간의 삶에서 특별히 종교적인 영역과 비종교적인 영역을 구별할 수 없었다. 왜냐하면 모든 일상성이 바로 종교적인 영역이고 바로 그 안에서 신앙적 실천이 이루어져야 했기 때문이다. 따라서 함석헌에게는 사회의 공적인 영역 역시 신의 뜻을 이루어야 할 신앙적 책임의 영역이었다.

특별히 그는 사회의 공적인 영역에서 신적인 공의가 관철되어 회복되는 것을 '하나님 나라'를 대망하는 무교회주의자에게는 필수적으로

---

14 위의 논문, 109-110쪽.

요청되는 신앙적 실천이라고 보았다. 그에게 절대자는 무엇보다도 '의로써 만물을 지으셨고 의로써 만물을 다스리는 존재'로 이해되었다.[15] 함석헌이 '신의 공의'에 입각한 예언자적 역사 참여를 신앙 실천의 필연적 요구로 이해한 것은 이 때문이었다. 신앙을 이렇게 그리스도와의 결합을 삶의 전 영역에서 증거하는 것으로 이해한 함석헌에게 "기독교는 변론할 것이 아니요, 생활할 것"이었다.[16] 신앙은 바로 신앙인의 생활 원리였던 것이다.

한편 기독교 신앙을 어떠한 외부적 매개 없이 신에 직결하고 그와의 일치를 일상성 속에서 증거하려는 것으로 이해한 그는 신과 인간 사이를 매개하여 종교적 권위를 주장하려는 모든 것들을, 은총의 보편성과 그에 근거한 인간의 평등성을 깨트려 인간을 다시 '공포의 노예'로 퇴행시키려는 '인간주의'라고 이해했다. '인간주의'는 신앙을 신의 조건 없는 은총에 응답하는 사랑에 근거지우는 것이 아니라, 인간적 권위에 기초한 '공포'에 근거지우려는 것이라고 보았다. 따라서 그는 모든 인간주의에 대해 철저한 '반항아'의 정신으로 저항할 것을 요청했다. 그에게 기독교는 오직 신의 은총에만 의지하고 그 외에 모든 것에 대해 독립 자유한 존재로 서기 위해 모든 '인간주의'에 맞서서 '저항하는 종교'였던 것이다.[17] 그런데 여기에서 그의 신앙적 '저항성'이 갖는 역사 변혁력을 이해하는 것은 그의 기독교 신앙을 이해하는 데 매우 중요하다. 그에게 '저항'은 종교적 영역의 인간적 권위에 한정되지 않는다. 그것은 사회 공적인 영역에서도 예언자적 사회 비판과 참여의 형태로 거침없이 작동해야 하는 것이었다. 신앙은 곧 인간 존재의 모든 영역에서 실천되어야 하는 생활 원리였기 때문이다. 이러한 함석헌의 무교회주의 이해에

---

15 함석헌, 「먼저 그 의를 구하라」, 『성서조선』 창간호, 1927년 7월, 『함석헌전집』 19, 302쪽.

16 함석헌, 「무교회 신앙에 대하여」, 『함석헌전집』 3, 110쪽.

17 함석헌, 「무교회 신앙에 대하여」, 117쪽; 함석헌, 「무교회 신앙과 조선」, 『함석헌전집』 3, 126쪽.

는 우치무라가 주장하는 신만에 의거해 모든 것에서 독립하는 '의뢰적 독립'에 의거한 복음과 예언의 공속성이 철저히 관철되고 있었다. '의뢰적 독립'에 의거해 복음과 예언의 공속성을 주장하는 함석헌에게 기독교 신앙은 모든 인간을 신 앞에서 평등하고 자유로운 주체로 세우는 공동체를 대망하며 싸워가는 역사 변혁적인 '전투의 종교'였다. 그는 이러한 자신의 무교회주의적 기독교 신앙을 "하나님과 (신앙인의) 둘 사이에 직선로를 열어" 보려는 올곧은 수직의 신앙이라고 이해했다.[18]

한편 이러한 함석헌의 신앙 이해는 그의 교회 이해와 대응한다. 그는 "그리스도를 머리로 삼고 우주간에 오직 하나만 있는 신령한 인격적인 단체로, 성경에 그리스도의 신부라 한" 우주적인 '천상의 교회'를 부정하지 않았다.[19] 그러나 '천상의 교회'를 인간들이 조직한 현실의 '지상 교회'와 무조건적으로 일치시키는 것은 거부했다. '지상 교회'가 참다운 교회가 되려면 그 안에 '천상의 교회'가 순수하게 투영되어야 한다는 것이다. 그러한 교회는 그 수장을 그리스도로 하여 구성원 각자의 자유와 독립 그리고 평등에 대한 신뢰에 근거를 둔 인격적 공동체여야 했다. 규칙이나 제도에 의거한 사회적 조직이 아니라 사랑으로 화합하는 가정적인 것이 되어야 했다. 즉 함석헌이 생각한 참다운 교회는 가정에 유사한 사랑의 데모크라시로, 그리스도에 직결해 있고 그리스도와 생활에서 결합되어 있는 사람들의 자발적인 연대에 다름없었다.[20]

그렇다면 이러한 참다운 교회를 어떻게 만들어갈 것인가. 그 답을 함석헌은 스스로를 그리스도에게만 직결하려는 신앙인의 자기각성을 통한 부단한 자기비판과 자기 부정에 의거한 조직 해체에서 찾았다.

---

18 함석헌, 「주의 길」, 『성서조선』, 1939년 3월, 『함석헌전집』 19, 90쪽.

19 함석헌, 「무교회 신앙에 대하여」, 『함석헌전집』 3, 111쪽.

20 위의 논문, 124쪽.

> 하나님의 교회는 송이같이 외대 기둥으로 지지하는 것이 아니면 안 된다. 그리스도만으로 서는 것이 참 교회다. 복잡한 조직이 필요치 않다. 조직은 인간주의의 표현이다. 사과(絲瓜)가 썩어져서 수세미가 남는 것같이 하나님의 말씀의 생명이 죽은 때에 조직이 드러난다. 생명의 불도가니 안에는 결정이 없다. 결정은 냉각한 후가 아니고는 없다. 현 교회에 긴밀한 조직이 있다면 그는 생명이 식은 증거다.[21]

즉 그리스도와의 살아 있는 교제에 근거한 신앙인들의 자발적인 연대로서의 교회를 하나의 고정된 체계로 고착화하지 말자는 것이었다. 그리고 신앙인의 자기각성에 의한 이러한 부단한 조직 해체는 기성의 교회뿐만 아니라 무교회 자체에도 해당되었다. 함석헌은 무교회가 부정 그 자체를 고정적 형식으로 절대화하여 그 자신을 유일하게 순수한 교회로 정당화하는 것도 거부했다. 즉 구성원들의 주체성을 극한적으로 활성화시키기 위하여 무교회 그 자체를 포함해 '영원히 체계를 이루지 말자는' 자발적인 자기 부정으로서의 조직 해체였던 것이다.[22] 그는 이러한 자발적인 자기 해체의 정도만큼 지상의 모든 교회는 참다운 교회를 반영한 것이 되며, 그 구성원인 신앙인들도 신에게만 의지하는 자유와 독립의 주체로 설 수 있다고 보았다.

이러한 무교회주의 이해에 의거해 그는 무교회주의의 주장을 "직접으로 단순히 하나님만을 알자는 신앙이라고, 곧 예수께서 보여주고, 바울이 가르치고 루터가 주장한 그대로 믿음으로 의롭다함을 얻는다는 신앙 그대로를 가지자는 것", 곧 제2의 종교개혁의 주장이라고 위치매김했다.[23] 그리고 무교회주의 신앙에 입각해 종래의 기독교의 역사를

21 위의 논문, 113쪽.

22 위의 논문, 123쪽.

23 함석헌, 「무교회 신앙과 조선」, 『함석헌전집』 3, 126쪽.

'진리를 역행하는' 역사라고 규정했다. 그는 "교회사는 거룩한 단체 안의 인간주의 침입의 역사다. 생명 대신에 조직을, 자유 대신에 권위를, 체험 대신에 의식을 대입한 역사"라고 보았던 것이다.[24] 그는 이제 무교회에 의해 생명을 잃어버린 기독교를 개혁해야 했다. 그리고 그것은 그에게 다름 아닌 조국 독립운동의 일환이기도 했다. 하여 그는 당시의 조선 기독교계를 향해 "무식한 노인의 천당을 부르는 일이나, 비교적 부유한 개인의 수양밖에 되는 것이 없는" 껍데기뿐인 무기력한 종교라고 질책하고, 그 '전투의식'을 회복할 것을 요청하지 않을 수 없었던 것이다.[25]

3) 무교회주의에 대한 자기 비판적 성찰

이상과 같은 함석헌의 무교회주의 주장은 대체적으로 우치무라의 무교회 주의의 사상적 틀 안에 있었다. 그렇다면 어떠한 계기를 통해 함석헌은 우치무라의 무교회주의의 틀에 의문을 품게 되었을까. 그것은 우치무라 사후의 무교회의 분열과 깊은 관련이 있었다. 1930년에 우치무라가 타계하자, 무교회주의자들은 그의 무교회주의를 교회론과 관련된 하나의 교파적 주장인가 혹은 기독교 전반에 관련된 정신인가를 둘러싸고 대립했다. 또한 1931년 만주사변을 일으켜 중국 침략을 개시한 일본의 침략전쟁에 대한 대응 양식을 둘러싸고도 분열되었다. 전자의 중심에는 성례전의 배제와 인위적 구원 장치로서 제도 교회를 배제하는 것을 구원의 원리로까지 철저화시킨 츠카모토(塚本虎二)가 있었다. 그는 기성의 교회와 투쟁하여 복음을 선명히 하는 것이 무교회의

24 위의 논문, 111쪽.

25 위의 논문, 128쪽.

사명이라고 주장하며 일본의 침략전쟁에 대해 저항하기를 거부했다.[26]

이러한 무교회의 분열은 함석헌을 비롯한 조선 무교회주의자를 실망시키기에 충분했다. 따라서 함석헌의 동료인 김교신은 1936년 5월 야마모토타지로(山本泰次郎)의 무교회 잡지 『성서강의(聖書講義)』에 「무교회 신도에 대한 희망」이라는 글을 실어 약한 교회를 상대로 싸우는 것이 무교회라면, "무교회의 간판을 내려주지 않겠는가"라고 공개적으로 비판하기를 주저하지 않았다.[27]

김교신에 못지않게 함석헌의 실망 역시 컸다. 해방 후 다시 만나게 된 무교회의 동료 마사이케(政池人)와의 대담에서 이때의 실망을 그는 다음과 같이 토로했다. "그런 말씀이 나왔으니 말씀드립니다만 처음에는 반대하더니 나중에는 찬성하두만요. 그래서 저도 잡지를 그만두었습니다. 그런 의미에서 끝내 반대한 야나이하라(矢內原忠雄) 선생을 한국에서는 존경합니다"라고.[28] 젊은 날 우치무라의 '예레미야서 강의'를 들은 이래 무교회주의적 기독교 신앙이야말로 보편적 정의에 입각하여 일의 성패에 무관하게 진리를 죽기까지 실천하게 하는 '영원의 진리, 보편적 정의'에 이르게 한다고 생각했던 그 신념이 무너져내렸을 때, 함석헌은 무교회 잡지를 계속할 필요성도 잃어버린 것이었다.

우치무라는 늘 강조했다. "나를 모방하지 말아라. 모방하려면 나의 독립을 모방하라"고.[29] 이제 함석헌은 우치무라의 눈이 아니라 그 자신의 눈으로 조선의 현실과 기독교 신앙을 다시 고쳐 보아야 하는 때에 이른 것이었다. 자기 눈으로 자신과 역사와 신앙을 새롭게 보기 위한 커다란 시도가 1933년 12월에서 1934년 1월에 걸쳐 조선 무교회 동계

26 양현혜, 『윤치호와 김교신』, 138-148쪽.

27 金敎臣, 「無敎會信徒に對する希望」, 『聖書講義』, 1936년 5월, 24쪽.

28 함석헌·政池人 대담, 「감정을 넘어선 교량」, 『사상계』, 1964년 11월, 58쪽.

29 위의 논문, 59쪽; 함석헌, 「말씀 모임」, 『함석헌전집』 3, 139쪽.

수련회에서 발표된 '성서적 입장에서 본 조선 역사'였다고 할 수 있다. 여기에서 함석헌은 일본과는 다른 조선의 역사에 대해 주목했다.

일본은 비서구에서 유일하게 농업 문명에서 산업 문명으로 전환하여 이제 서구 열강들과 경쟁하는 제국주의 국가가 되었다. 그러한 일본을 자신의 사상적 터전으로 삼은 우치무라에게 중요한 문제는, 국민을 천황과 국가를 위한 신민으로 통합시키기 위해 그 주체성을 몰수하고 나아가 그것을 침략 전쟁의 도구로 삼는 국가 권력에 어떻게 저항하는 가였다. 우치무라는 천황을 정점으로 하는 일본의 군사제국주의에 대해 덴마크와 같은 자급자족의 농업적 소국주의를 대안으로 제시하면서 일본 국민을 국가 권력으로부터 독립한 자유로운 주체로 세우고자 했다.[30] 이러한 우치무라에게 있어서 무교회주의는 현실 비판과 대안 모색에 충분히 유효한 사상적 틀이었다. 비록 그의 사후 예언을 포기하는 2세대 지도자들도 나왔지만, 인간을 신에게만 의지하고 그 외에 모든 것으로부터 독립적 주체로 세우고 예언과 복음의 상호공속성을 실현하려는 그의 무교회주의적 주장은, 정치적 차원에서 국민을 억압하고 수단화하려는 천황제 권력과 침략 전쟁에 정면으로 저항하는 사상으로 기능할 수 있었던 것이다. 그렇다면 함석헌의 사상적 터가 되어야 하는 조선에서 무교회주의는 역사 변혁력으로서 충분히 유효한 것이었을까.

함석헌은 조선 역사 전체를 조망한 후, 조선은 전 세계의 사람들에게 버림받아 '세계의 모든 불의가 집약되어 있는 세계사의 하수구 내지는 공창가'라는 결론에 도달했다.

> 조선이란 오늘날 세계에 있어서 하수구밖에 아무것도 아닙니다. 그렇지 않다면 공창가입니다. 세계의 모든 불의가 다 여기 모였습니다. 유교의

30 우치무라의 소국주의에 대해서는 田中彰, 『小國主義』, 岩波書店, 1999를 참조할 수 있다.

찌꺼기, 불교의 마른 뼈다귀, 동양문명의 썩은 주검, 서양문명의 살무사, 모든 것이 다 여기 있습니다.[31]

조국 조선을 사람들에게 버림받은 곳, 세계사의 불의가 모여 있는 하수구 내지는 공창가라고 인식한 그는, 이제 역사를 우치무라와 같이 제국의 국민의 자리가 아니라 세계사 서열 최하위의 노예의 자리에서 보아야 했다. 온갖 업신여김을 당하는 이 노예의 자리는 어떠한 자리인가. 그것은 자신의 무능력과 힘 없음으로 인해 책벌을 받는 자리인가. 이 점에 대해 함석헌은 단연코 부정했다. 이 노예의 자리는 세계사의 온갖 불의와 모순을 집약하여 정화해내는 곳이라고 그는 보았다. 즉 가진 자, 힘 있는 자가 배설한 '모든 정욕에 불타는 짐승 같은 것들'을 대신 받아 치운다는 것이었다. 즉 조선이 세계사의 노예로서 당하는 불의한 고난은 세계사의 죄악을 대속하는 성격을 가진다는 것이었다. 나아가 함석헌은 대속할 불의가 있는 한 인류의 문명은 그것이 아무리 화려한 것일지라도 '병든 것'에 불과하다고 보았다. 불의가 없어지고 따라서 그것을 처리할 하수구로서의 식민지도 없어져, 더 이상 어떠한 노예도 없어질 때 비로소 문명은 문명으로서의 가치를 가진다고 보았다. "전 세계의 문명을 다 해결하고라도 한 구석에 학대받는 소문명이 있다면 그 문명은 병든 것"이라는 것이었다.[32]

그렇다면 어떠한 노예도 없는 이러한 문명은 어떻게 도래하는 것일까. 그것은 식민지라는 노예의 땅에 사는 '지저분한 찌꺼기' 내지는 '구더기 같은 인생'들이 자기를 회복하는 길 이외에는 없다고 보았다. 또한 서열 최하위에 있는 마지막 한 사람까지 자유·독립한 주체로 회복

31 함석헌, 「무교회 신앙과 조선의 길」, 『함석헌전집』 3, 131쪽.

32 위의 논문, 131쪽.

된다면 인류의 역사는 이제 새로운 시대에 돌입하게 되는 것이라고 보았다. 그는 제1차 세계대전을 경험하며 암중모색하는 혼란기를 살고 있는 당대의 인류는 새로운 문명으로 옮아가려는 전환점에 서 있다고 보았다. 그리고 세계는 이러한 세계사적 전환을 가능하게 할 새로운 '보편적 세계 이상'을 갈망하고 있다고 보았다.[33] 자신이 서 있는 시간을 세계사적 전환기로 인식한 그에게 이제 조선의 세계사적 위치도 분명해졌다. 그에게 세계사적 노예의 자리인 식민지 조선은 회피해야 하는 고통과 책벌의 자리가 아니었다. 조선은 생존 경쟁에 근거한 구시대를 마감하고 모두가 평등한 새로운 시대를 열어가려는 인류 역사 전환의 획을 가르는 절체절명의 승부처였다. 따라서 그에게 세계사의 하수구에 있는 '찌꺼기나 구더기' 같은 조선인을 회복시켜 독립·자존하는 주체로 세우는 일은 이제 비단 조선 독립을 위해서만이 아니라 '인류 운명'의 미래가 좌우되는 일이었다.

역사를 이렇게 서열 최하위의 사람의 눈으로 보고 마지막 최후의 한 사람까지를 독립·자존한 사람으로서 회복시켜 모두가 함께 서는 평등한 새 역사를 열어가고자 하는 함석헌의 시좌는 그의 감옥 체험으로 인해 더욱 확고해졌다.

함석헌은 1940년 송산 농사학원 교장으로 있다가 '계우회 사건'에 연루되어 평양에서 1년간 투옥되어 수감생활을 했다. 그리고 이어서 1942년에는 '성서조선' 사건에 연루되어 또 1년간 수감 생활을 해야 했다. 그런데 함석헌에게 감옥이란 "현실의 세계를 온통 박탈당하고, 있는 것은 오직 물질의 세력이 못 닿는, 정말 하늘이 준 밑천인 마음, 바탈 하나만 남기 때문"에, 도리어 그 바탕 즉 인간 속에 내재한 본래적 정신을 자각할 수 있는 '인생대학'이었다. 그는 이곳에서 자신의 바탈

33 함석헌, 「성서적 입장에서 본 조선역사」, 『성서조선』, 1934년 2월, 29쪽.

정신을 보았을 뿐만 아니라 범죄자들 가운데에서도 여전히 빛나는 인간의 바탈 정신을 보았다. 그는 "인생의 찌꺼기라는 것이 모여든 그 안에 서로 의리는 여전히 있고 양심은 그대로 살아 있다. 그로써 보면 사람의 행동으로 인하여 그 바탕이 변하는 것은 아니요, 아무리 죄를 지었다는 사람도 그 속의 바탕은 흙 속의 진주처럼 여전히 살아 있다"고 보았다.[34] 감옥 생활을 통해 그는 어떤 것에 의해서도 파괴될 수 없는 인간 내면의 정신성을 확신하게 되었던 것이다. 따라서 인간의 평등성에 대한 그의 신념 역시 더욱 확고해졌다.

한편 감옥 생활을 통해 그는 이 세상의 모든 죄는 일차적으로 그 개인의 죄이지만, 궁극적으로 모두의 죄임을 깨닫는다. "무산자가 못 사는 것은 자기의 게으름 때문이라고 한 것은 낡아빠진 봉건 시대의 도덕이다. 무산자가 못 사는 것은 그의 개인적인 책임 때문만이 아니다. 그보다도 사회 전체의 기구에 있다. 그가 게을러지는 원인까지도 그 사회제도가 져야 한다"는 것이었다.[35] 이렇게 죄가 개인의 죄이면서 동시에 구조적 모순이 전가된 모두의 것이라면, 죄인이 당하는 벌 역시 모두의 죄를 떠맡은 대속의 성격도 있었다. 하여 함석헌은 감옥은 '세상의 짐을 다 맡아 진 세계'라고 보았다. 따라서 범죄인을 벌한다 할 때도 실은 '벌 받는 것이 자기'임을 깨닫는 사회가 제대로 된 사회라고 보았다.[36] 제대로 된 사회는 죄의 연대성과 대속성을 깨닫고 벌에 대한 책임에 대해서도 분담하고 연대할 수 있는 사회여야 한다는 것이었다. 감옥이라는 강제적 책벌의 기구를 사회 유지의 '최후의 의지로 하고 서 있는 국가 사회제도는 부끄러운 것으로' 범죄자라는 사회의 최하위 사람들의 자존까지도 회복시켜 함께 갈 수 있을 때, 그래서 감옥이라는 강제적

34 함석헌, 『죽을 때까지 이 걸음으로』, 91쪽.

35 위의 책, 206쪽.

36 위의 책, 177쪽.

제재 수단이 궁극적으로 필요 없게 될 때 비로소 그 사회는 올바른 사회가 된다고 보았던 것이다.[37]

그렇다면 최하위에 있는 마지막 한 사람까지 회복시키려면 어떻게 해야 할까. 함석헌은 여기에서 우치무라가 한 것처럼 인간의 주체성을 파괴시키려는 불의한 권력에 대해 저항하며 독립된 주체로 서는 것만으로는 충분하지 않다고 보았다. 제국의 국민으로서의 신분이 확보된 사람들에게는 이러한 저항을 통해 독립·자유한 사람으로 서는 것은 국가 권력에 대해 충분히 유효한 저항이었다. 그러나 국가 권력 그 자체가 이미 해체된 식민지라는 노예의 땅의 최하위에 있는 사람들에게는 그들의 독립과 자유를 가로막는 무거운 짐을 같이 짊어져주지 않으면 안 되었다. '대속적 연대'가 절실히 요청된 것이었다. 이제 함석헌은 신에게만 의지하여 모든 인간적인 것으로부터 해방된 자신의 자유와 독립을 기꺼이 포기하고 타인의 고통에 자발적으로 연대하는 '사랑'의 실천이 절실하다고 보았다. 그리고 이러한 '사랑'의 실천이야말로 자기를 포기하고 인간의 죄와 죽음의 고통에 연대하여 그것을 대속하고 부활한 그리스도에 대한 믿음을 구체화하는 것이라고 보았다. 그렇다면 조선 무교회는 이러한 '대속적 연대'를 충분히 해왔는가. 이에 대해 그는 이렇게 말한다.

> 남들이 책망하여 말하기를 무교회의 신자는 냉랭하다 합니다. 개인주의적이라 합니다. 과연 스스로 그것을 고백합니다. 나 자신 스스로 내 손이 너무 흰 것을 슬퍼합니다.[38]

---

37 위의 책, 176쪽.

38 함석헌, 「무교회 신앙과 조선」, 『함석헌전집』 3, 113쪽.

또한 그는 말한다.

잘못은 교회에만 있는 것이 아니다. 소위 교회의 껍질을 벗자는 무교회라는 자에게도 있다. 우리에게 신앙의 자유는 있을는지 모른다. 형식에 붙잡히지 않는 정신은 있을는지 모른다. 시비를 판단하는 날카로움은 있을는지 모른다. 성서의 말씀을 사랑하고 연구함은 있을는지 모른다. 그러나 코이노니아가 과연 있는가? 하나님께 나를 바쳤다고 하나 완전히 바쳤나. 자아의 성벽을 완전히 헐었나. 어떤 행객도 자유로이 들어올 수 있게 낸 문을 완전히 개방했나. 우리는 과연 이웃사람을 가졌는가. 우리는 혹은 방탕하지 않았던 맏아들이 아닐까. 근본적인 반성이 필요하다.……기독교는 조선을 과연 개조했을까.……무교회주의는 과연 이 큰 길가에 앉은 노창녀의 어깨 위에 따뜻한 동생의 위로하는 손을 얹었나. 믿기는 같이 믿고 살림살이는 제각기 하는 믿음으로는 이것은 불가능하다. 이제 우리 전도가 묵은 밭을 같이 갈아주고 막힌 하수도를 같이 쳐주는 것인 담에야 이것은 할 수 있다.[39]

여기에는 자신을 신에게만 직결하는 것과 그러기 위해 그 사이의 인간적인 모든 매개를 해체하는 것에만 너무 집중한 나머지, 무교회 역시 기성 교회와 마찬가지로 도저히 반듯하게 설 수 없는 사람들과 연대하여 그 짐을 나눠지고 함께 서는 것에 인색했다는 통렬한 자성이 있었다. 그리고 이 자성은 그에게 종래 가지고 있었던 속죄론을 재해석할 것을 요구했다.

믿음으로야만 구원 얻는다는 것은 결코 이 세상 장터에 여전히 앉은뱅

39 함석헌, 「코이노니아」, 『함석헌전집』 19, 106-107쪽.

이로 앉아서 눈으로만 십자가를 바라보라는 것은 아니다. 믿음으로만이라는 것은, 여러 가지에 맘을 팔지 말고 따라나서면 어김없이 갈 수 있을 줄 믿기만 하고 따라나서란 말이다. 일어만 서면 앉은뱅이의 이 살림이나마 절단이 날 듯해서 나를 그저 업어다주시오 하고 바라고 무의미한 기도만 하고 앉았으라는 것이 아니다.……신앙, 믿음, 바라만 보는 믿음이 아니라 감히 일어서는 믿음, 성경에 무엇이라고 있나. 사십 넘은 앉은뱅이 걸었다 하지 않았나.[40]

그는 이제 "이날껏 정통적으로 인정해 오는, 무교회에서도 그것은 그대로 가르치는, 십자가의 공로로 죄 대속함을 받는다는 교리를 믿기만 하면 되는 사상에 반대하고, 그보다는 그리스도와 인격적으로 하나 되는 체험이 있어야 하고, 그러기 위해서는 인격의 자주성을 살려 십자가를 져야 한다"고 속죄론을 재해석하기에 이르렀다.[41] 즉 "믿음으로'만'이란 믿음은 생각뿐이지 사실로는 없다. '만'은 하나님에게만 붙지 있음의 세계에는 '만'은 없다. 있음은 쌍이다. 대립이다.……그러므로 믿음도 쌍으로 된다. 그 위 끝을 믿음이라면 그 아래 끝은 행함이다. 밑에 행함의 불을 피우지 않고 올라가는 믿음의 향내는 없다"고 생각했던 것이다.[42] 이제 함석헌은 그리스도의 대속으로 구원받았음을 믿기만 하면 되는 것이 아니라, 그 믿음은 타자의 고통에 자발적으로 연대하는 사랑으로 일해야 한다고 역설한 것이었다.

이러한 함석헌의 속죄론의 재해석은 스스로의 행위에 의한 자력 구원을 의미하며 따라서 곧 그리스도의 대속을 부정한 것이라고 오해되어서는 안 된다. 그는 그리스도의 속죄를 부정하지 않았다. 1983년 12월

---

40 함석헌, 「무엇이 참 문제냐」, 『영단』, 1947년 8·9·10호, 『함석헌전집』 19, 263쪽.

41 함석헌, 「말씀 모임」, 『함석헌전집』 3, 141쪽.

42 위의 논문, 144쪽.

그는 저간의 사정을 이렇게 말한다. "마사이케(政池仁) 선생은 내가 십자가 신앙을 저버렸다고 말합니다. 그 말은 맞다고 생각합니다. 그러나 내 자신의 생각으로는 버린 것이 아닙니다. 십자가 없이 어떠한 기독교가 있을 수 있겠습니까. 십자가를 저버린 것이 아니라 십자가 해석을 저에게 맞게 제 나름대로 고쳤을 뿐입니다. 나는 우러러 보는 십자가보다는 짊어지는 십자가 쪽에 섭니다"라고.[43] 그리스도를 자신의 구주로 승인하는 겸손과 인간으로서의 자기 자신의 한계에 대한 자각이 함석헌에게는 있었다. 이후에도 그는 이점을 인정하기를 주저하지 않았다.

> 장기려 박사가 내가 노장 이야기를 자꾸 하니까 염려가 되셨던가 봐요. 한 번은 청년들이 묻기에 대답하면서 '내가 노자도 좋아하고 장자도 좋아하지만 내가 믿는 내 주님이 누구냐 하면 예수 그리스도지, 다른 이가 있겠느냐'라고 했더니 장 박사님이 우셨어요. 나는 '아, 말도 안 하고 속으로 얼마나 염려했으면 그랬을까' 이렇게 생각이 들어 고마웠어요.[44]

그는 속죄론을 부정한 것이 아니라 대속을 믿기만 하면 된다는 신앙의 타율성을 경계했다. 그리고 사랑을 통해 일하는 믿음을 강조함으로써 신앙의 주체성과 책임성을 다시 한번 환기시키고자 했다. 예수 그리스도에 자기를 직결시킴으로써 획득한 수직의 독립과 자유는 그 자체로 의미가 있는 것이 아니라, 언제나 사랑에 의한 수평의 연대로 환원되어야 함을 강조하고자 했던 것이다. 이렇게 '대속적 연대'에 주목하게 되면서 그는 독립된 주체로서의 자립에 역점을 두었던 우치무라의 무교회적 사상의 틀을 서서히 벗어나기 시작했다. 그리고 그의 이러한 사상적 전개를 더욱 가속화시킨 것이 해방과 분단 그리고 한국전쟁의 체험이었다.

43 咸錫憲, 「私の知っている内村鑑三先生」, 5쪽.

44 함석헌, 「한국기독교의 오늘날의 설 자리」, 『사상계』, 1977년 1월호, 『함석헌전집』 3, 18쪽.

4) 분단 그리고 한국전쟁 체험과 사상적 확장

1945년 8월 해방이 되자, 함석헌은 치안 공백을 메우는 자치회 활동의 일환으로 평안북도 문교부장직을 맡았다. 그러나 기독교와 공산주의의 갈등 속에서 일어난 신의주 학생사건에 연루되어 그는 다시 소련 군정 아래에서 50일간 투옥되고 말았다. 석방 후 스파이 노릇을 하라는 북한당국의 집요한 협박에 못 이겨 1947년 남하했다. 38선을 넘었을 때는 "모처럼 온 해방이 이리 되는 것이냐 생각하니 눈물이 앞을 가렸다"고 한다.[45] 분단 상태의 해방은 어떠한 의미에서 차라리 식민지만도 못한 것이었다. 식민지 하에서는 그래도 하나였던 것이다. 방법론상의 차이는 있었을지라도 독립을 원하는 마음은 하나였고 싸워야 할 대상도 하나였다. 그러나 분단된 조국 아래에서는 염원해야 할 소망도 함께 싸워야 할 우리도, 그리고 적도 더 이상 하나가 아니었다. 하나였던 우리를 서로에게 적이 되게 한 것이 바로 분단이었다. 이 분단을 한민족은 주체적으로 해결하지 못하고, 1950년에는 마침내 한국전쟁이라는 내전까지 발발하게 되었다. 함석헌은 묻지 않을 수 없었다. 그토록 기다리던 해방이 왜 동족상잔의 내전으로 뒤바뀌었는가를. 그는 한국전쟁을 남북으로 분단된 "잘라진 두 고깃덩이가 아직 채 기운이 죽지 않아 너무 아파서 도마 위에서 넹큼넹큼 뛴" 것이라고 보고, "살지도 못하고 채 죽지도 않고 내 창자가 흘러나와 땅에 발리운 것을 내 눈으로 보는 이 운명"의 원인을 물어야 했다.[46]

한국전쟁의 원인은 말할 것도 없이 분단이었다. 곧 "나라의 절반을 자른 칼자리"인 38선이 문제였다. 분단의 선인 38선은 어떤 선인가. 그

45 함석헌, 『죽을 때까지 이 걸음으로』, 222쪽.

46 위의 책, 207쪽.

것은 해방된 한민족에게 불구로 살기를 강요하는 선이었다.

> 나라는 결코 물건이 아니고, 한 개 생명체다. 한 인격이다. 나라 땅과 국민과 주권은 서로 떨어진 것이 아니요, 하나다. 우리나라 땅을 절반을 자른 것은 우리 삼천만의 허리를 자른 것이요, 우리 한 사람 한 사람의 심장과 골을 반씩 자른 것이다. 그리고는 나라가 살 수 없다.[47]

38선을 만들어 한민족에게 불구를 강요한 것은 물론 자국의 이익에 따라 "톱의 칼 끝을 쥐고 서로 당기는 미국과 소련의 홍정"이었다. 그들은 한민족을 '산 사람'으로 알지 않고 죽은 고깃덩이로 알았던 것이다. 그러나 그들을 원망만 할 것인가. 함석헌은 여기에서 한 걸음 더 나가 분단에 대한 한민족의 자기 책임은 없는가를 캐물었다. "미소가 아무리 무지한 톱질을 하기로서니 우리 자체가 정말 깨질 수 없는 조직에 사는 금강신(金剛身)이었다면 그게 능히 우리를 둘로 낸단 말이냐? ……우리 몸에 금이 갔기 때문에 톱니가 들어온 것"이었다는 것이다.[48] 함석헌에 의하면 38선은 미소의 탐욕과 잔혹함의 상징이자 동시에 하나 되지 못한 한민족의 '자아분열의 선'이었다. 각 개인의 고귀한 희생과 투쟁은 있었으되, 그것을 민족 전체를 하나로 묶는 강고한 정치적 조직으로 만들어내지 못하고 '분열된 상태'에서 해방을 맞았기 때문에, 미소의 톱날 끝이 한민족을 두 도막을 낼 수 있었다는 것이었다. 함석헌에게 분단은 궁극적으로 소련이나 미국의 책임이 아니라, 하나된 정치적 공동체를 만들어내지 못한 '한민족의 잘못'이었다.

여기에서 함석헌은 하나된 '정치적 통일체'를 만들어갈 필요성을 절

47 위의 책, 204쪽.

48 위의 책, 212-213쪽.

감했다. 그때까지 함석헌은 조선의 식민지로부터의 해방을 열망해왔지만, 주로 교육과 종교 분야의 정신적 각성에 힘을 쏟았다. 그에게 정치는 비판적 감시의 영역이었을지언정, 직접적 참여의 영역은 아니었다. 해방이 되어서 자치회 활동을 시작하면서 정치에 직접 관여하게 되었을 때에도, 어디까지나 정부가 수립되기까지만 '임시로 치안을 담당'한다는 태도였다. 따라서 해방된 조선의 건국은 어떠한 것이 되어야 하는가에 대해서도 '하나님 나라의 비전' 이외에는 어떠한 구체적인 정치적 그림도 없었다. 그러나 정치에는 '하나님 나라의 비전'에만 수렴될 수 없는 고유한 영역과 문제가 있었던 것이다. 함석헌뿐만 아니라 해방 당시의 대다수의 사람들에게 일본에 대한 저항의식은 있었으나, 새로운 나라에 대한 구체적인 정치적 그림은 없었다. 이 상황을 함석헌은 다음과 같이 말한다.

> 창졸간에 할 수 없이 임시로 한 것이 자치회란 것이었다. 그때 나는 남한에 있지 않고 북에 있었으니 서울 일은 모르지만, 이북에서 본 것으로 하면, 민중의 떠밀림을 받아서 일은 한다는 사람마다 정부는 중국이나 미국이나 어디서 조직해가지고 들어오려니, 그때까지 우리는 임시 치안을 유지하는 것이 책임이거니, 이러한 정도의 생각을 넘지 못했다. 이제 와 생각하면 기가 막힐 일이다.[49]
>
> 나도 생각이 얕지만 나 보기에도 해방은 사회적 변동을 의미하는 것이지 결코 정권의 변경만이 아닌데, 즉 이 앞으로의 사회생활이 온통 달라지려는 것인데, 역사를 새로 시작하는 것인데, 이 사람들의 대부분 생각이 일본이 우리를 압박하다가 이제 쫓겨 갔으니 이젠 우리 손으로 고스란히 해가면 된다 하는 정도를 면치 못했다. 참 무식이었다. 지주는 지주대로

49 위의 책, 213-124쪽.

있고 양반은 양반대로 행세할 줄 알았고 또 하려 했다.[50]

여기에는 해방 정국의 혼돈 속에서 수많은 사람들의 욕망과 이해관계를 조정하여 하나의 단일한 정치적 통일체를 이루는 데 실패함으로써, 한민족이 또다시 강대국에게 먹기 좋은 '한 개의 고깃덩이'로 전락해버렸다는 자성이 있었다. 이제 그에게는 기독교를 무교회주의적 정신에 의거한 참다운 기독교로 만드는 것은 작은 문제였다. 함석헌에게 중요한 것은 사분 오분되어 있는 한민족을 어떻게 하나의 정치적 통일체로 만들어가느냐는 것이었다. 즉 종교의 차이, 계급의 차이, 이데올로기의 차이를 넘어 한민족을 어떻게 정치적으로 하나로 묶어가느냐였다.

다양한 욕망과 이해관계를 가진 사람들을 하나로 묶어내기 위해서는 먼저 정신적 통일을 이루어낼 수 있는 위대한 '산 정신'이 필요했다. 그것은 자기 초월을 이야기하는 종교에서 구해질 수밖에 없는 것이었다. 그러나 그러한 종교는 먼저 기독교냐, 불교냐, 유교냐 하는 기존 종교의 편협한 집단적 배타성을 넘어버리는, 보다 커다란 '참'의 종교여야만 했다. 그러기 위해서 함석헌은 그 자신부터 먼저 기독교만이 참 종교라는 종래의 배타적 진리 주장에서 해방되지 않으면 안 되었다. 이를 위해 '성서조선 사건'으로 감옥에서 읽었던 불교 경전과 노자와 장자를 통한 깨달음은 그에게 커다란 도움이 되었다. 거듭되는 사색을 통해 그는 '종교는 하나'라는 결론에 이르게 되었다. "이단이니 정통이니 하는 생각은 사실 케케묵은 생각이다. 허공에 길이 어디 따로 있을까? 끝없이 나아감, 한없이 올라감이 곧 길이지, 상대적인 존재인 이상 어차피 어느 한 길을 갈 터이요, 그것은 무한한 길의 한 길밖에 아니 될 것이

50 위의 책, 207쪽.

다. 나는 내 가는 길을 갈 뿐이지 길 그 자체를 규정할 자격은 없다. 이단은 없다. 누구를 이단이라는 맘만이 이단이라면 유일의 이단일 것이다"라고 하며, 세상의 모든 종교는 결국 참 큰 하나의 종교의 '눈에 보이는 꼴'에 불과하다는 것이었다.[51] 이제 함석헌은 "기독교는 위대하다. 그러나 참은 보다 더 위대하다. 참을 위해 교회에 죽으리라.……내 즐겨 낡은 종교의 이단자가 되리라"고 하며, 기독교라는 종교적 배타성의 틀을 깨고 앞으로 나갔다.[52]

함석헌에게 중요한 것은 어느 종교가 '참'을 유일하게 독점하는가가 아니라, 어떤 종교가 '참'을 제대로 반영해내고 있는가가 문제였다. 함석헌은 참된 종교의 '이름'에는 관심이 없었다. 그는 기독교, 불교, 유교, 도교, 힌두교 등의 기존의 이름은 임시방편의 이름에 불과하다고 보았다. 이러한 임시방편성은 인간의 유한한 이성이 무한한 영원자를 파악하려고 하는 데서 오는 불가피한 한계라는 것이다. 그에게 중요한 것은 참된 종교의 이름이 아니라 그 구조였다. '참'이라는 영원자를 향한 수직적 상승운동을 통해 자신을 변혁시키고 그것을 타자의 고통에 연대하는 자발적 사랑을 통해 현실의 역사에서 모두가 자유·평등한 정치적 공동체를 형성해가는 수평운동으로 확대시키는 구조를 가지고 역사 현실 속에서 일하는 것이 중요했다. 이러한 함석헌의 새로운 종교 이해에서 정치의 영역은 대단히 중요한 의미를 가진다. 그것은 종교의 자기 초월 능력이 검증받는 자리였다. 그러한 의미에서 그에게 종교가 영원자를 향해 상승하여 자기 변혁을 이루는 영역이라고 한다면 정치는 그렇게 변혁된 자로서 다시 일상성을 향해 하강하는 영역이었다. 함석헌의 종교 이해에서 이렇게 종교가 정치의 영역에서 끊임없이 세계 변혁

51 위의 책, 168, 192쪽.

52 함석헌, 「대선언」, 『함석헌전집』 6, 256-260쪽.

을 이루는 힘으로 작동하는 것을 이해하는 일은 매우 중요하다. 이 힘을 통해 종교는 어떠한 노예도 없는 모두의 자유와 평등과 자존이 보장되는 새로운 정치적 공동체를 만들어내면서 그 자신의 '참'을 증명해내야만 하기 때문이었다.[53]

한편 종교의 자기초월성을 증명하는 자리를 바로 정치라고 본 함석헌은 '조직'이라는 문제에 대해서도 종래와는 다른 생각을 갖게 된다. '산 정신'으로 정치적 통일체를 이루어가는 데는 "하나되는 믿음으로 새 조직을 일으켜야 한다. 사귐이 생겨야 한다"는 자각이 있었다. 무교회 운동 속에서 그는 각각의 자유·독립을 존중하며 평등성을 유지하기 위해 조직으로의 결창을 파괴하는 것에 모든 에너지를 집중했었다. 조직 해체로 일관했던 것이다. 그러나 모두의 자유와 평등과 자존이 보존되는 새로운 정치 공동체를 만들어가기 위해서는 각자가 신 앞에 단독자로 서기 위한 조직 해체에 집중하기보다는 '최소한도의 조직'을 꾸리는 것이 필요했다. 그리고 그 조직은 "마지못해 하는 엉터리기 때문에 작게 할 수 있는 데까지 작게 하는 조직이 참 조직이다. 복잡한 조직은 속이는 조직, 죽이는 조직이요, 살리는 조직은 간단한 조직이다"라고 생각했다.[54] 즉 사랑의 연대의 자발성을 해치지 않는 비폭력성과 개방성을 견지하는 인격적인 조직이 필요하다고 인식한 것이었다.

결국 분단과 한국전쟁의 체험 속에서 함석헌은 기독교라는 종교적 배타성의 탈피와 정치의 영역에서 종교의 자기초월성의 입증, 그리고 비폭력성과 개방성을 견지한 조직의 필요성의 자각을 통해, 우치무라의 무교회의 틀을 완전히 벗어나게 된 것이었다.

53 함석헌, 「말씀 모임」, 『함석헌전집』 3권, 142쪽.

54 같은 논문, 149쪽.

5) 소결

이상으로 함석헌의 무교회주의의 내용을 검토하고, 그가 어떠한 계기를 통해 무교회의 틀을 벗어나게 되었으며, 그 결과 도달한 사상의 윤곽은 어떠한 것인가를 분석했다. 함석헌은 초기에는 우치무라의 무교회주의 사상의 틀 안에 있었다. 즉 은총의 보편성과 그에 근거한 인간의 평등성, 신앙의 직접성과 실천성 그리고 역사 변혁적 저항성을 특징으로 하여 절대자와 인간을 올곧은 직선으로 연결하려는 수직의 종교였다. 즉 자신을 신에 직결하여 모든 것으로부터 독립함으로써 복음과 예언의 공속성을 역사적 현실 속에서 실천하는 책임적 주체로 서고자 했다. 그러나 우치무라 사후 일본의 침략전쟁에 대한 반응을 둘러싸고 일본 무교회가 분열되어, 침략전쟁에 침묵 내지 협조하며 예언과 복음의 공속성을 파기하는 사람들이 나오게 되자, 우치무라의 눈이 아니라 자신의 눈으로 역사와 신앙을 새롭게 보아야 할 필요성에 직면했다. 그는 제국의 국민의 눈으로 역사를 본 우치무라와는 달리 세계사적 서열 최하위의 식민지라는 노예의 자리에서 역사를 보기 시작했다. 그리고 어떠한 노예도 없는 세계를 열어갈 새로운 '보편적 이상'을 추구했다.

여기에서 그는 신과 자신을 직결한 신앙은 타자의 고통에 자발적으로 연대하는 '사랑'의 실천으로 구체화되어야 한다고 인식하고 종래의 속죄 신앙을 재해석하기에 이르렀다. 즉 그리스도의 대속에 의거한 수직의 독립과 자유는 사랑에 의한 수평의 연대로 환원되어야 함을 강조함으로써, 함석헌은 우치무라의 무교회주의의 틀을 서서히 벗어나기 시작했다. 이제 그는 '의뢰적 독립'에 근거한 복음과 예언의 공속성을 넘어 '대속적 연대'를 절실히 추구하게 되었던 것이다. 즉 자립된 주체들이 구성하는 '사랑과 자유의 공동체'에 대한 사상적 모색이 시도되었던 것이다.

이러한 사상적 전개는 분단과 한국전쟁의 체험을 통해 더욱 가속화되었다. 하나의 통일된 정치적 공동체를 형성하지 못한 채 맞은 해방이 분단과 동족상잔의 내전으로 이어지는 것을 보고, 함석헌은 모두의 자유과 평등 그리고 자존이 보존되는 정치적 공동체를 이루는 것만이 종교의 자기 초월성을 입증하는 증거라고 보았다. 여기에서 그는 기독교의 절대적 진리 주장이라는 배타성의 탈피, 종교의 정치적 영역에서의 자기 초월성의 입증 그리고 개방적이고 비폭력적인 조직의 필요성을 승인하면서 우치무라의 무교회주의의 틀을 완전히 탈각하게 된다.

그러나 이렇게 윤곽을 드러내는 함석헌의 '새 종교'에도 무교회적 요소는 여전히 살아 있었다. 그것은 은총의 보편성과 무매개성 그리고 그에 근거한 인간의 평등성에 대한 확신이었다. 그가 무교회와 기독교의 배타성을 탈피한 것은 실은 기독교라는 하나의 종교에 독점될 수 없는 은총의 보편성과 무매개성을 보다 철저화시킨 것이었다. 더불어 인간의 평등성 역시 기독교에 대한 승인 여부와 무관하게 보다 철저화시켜 보편화된 것이다. 나아가 은총의 보편성과 인간의 평등성을 조직의 해체를 통해서가 아니라 정치의 영역에서 모두의 평등과 자존이 보존되는 공동체의 형성을 통해 구체화시키고자 했다.

따라서 함석헌은 "무교회 정신 혹은 믿음을 간단히 요약해 말하면 두 가지로 말할 수 있다. 하나는 하나님께 직접 나감이요, 또 하나는 모든 사람을 꼭 같이 대접함이다. 곧 참과 사랑이다. 사회생활에서 쓰는 말로 하면 자유와 평등이다.……무교회 신앙이란 곧 이 정신을 살리자는 것"이라고 하며, 무교회주의를 벗어버리고 난 후에도 여전히 무교회 정신의 계승을 주장했던 것이다.[55]

---

55 함석헌, 「사자냐 아메바냐」, 『신태양』, 1958년, 12월, 『함석헌전집』 3, 103쪽.

2. 무교회의 역사철학과 함석헌[56]

1) 문제의 소재

기독교는 역사의 근원과 의미 그리고 목적을 논하는 고유한 역사철학을 가지고 있다. 그 최초의 체계적 정리는 교부 어거스틴의 『신국론』이었다. 그는 인간이 최초로 절대자에게 반역할 때부터 두 개의 도성 즉 '하늘의 도성'과 '땅의 도성'이 있는데, 전자는 아벨이, 후자는 가인이 대표한다고 주장했다. '하늘의 도성이 성장함에 따라 땅의 도성은 쇠잔해가야 한다'고 본 그는 모든 역사는 그 시초부터 절대자가 방향을 제시하고, 통치하며, '하늘의 도성'이 완전히 성취되는 절정을 향해 움직여간다고 보았다. '세상의 도성'과 '하늘의 도성'을 대조시키는 구조를 통해 인류 역사를 해석하려는 그의 역사철학은 이후 기독교인의 역사 이해에 커다란 영향을 미쳤다.

한편 한국 개신교의 경우, 역사철학적 저작은 흔하지 않다. 요한 묵시록에 관한 번역서나 『말세학』 등의 저술은 있으나, 이것들은 임박한 종말에 관한 기대를 담은 책으로, 역사의 본질과 목적 및 그 진행 방법 등을 논한 역사철학서로 보기는 어렵다.[57] 한국 개신교 역사에서 이러한 저술로는 함석헌의 『뜻으로 본 한국사』가 유일하다고 할 것이다. 이러한 의미에서 이 책은 중요한 교회사적 의의를 가진다. 또한 이 책은

---

56 이 글은 필자의 졸고 「무교회의 역사철학과 함석헌」, 『신학논단』 71호, 2013, 3월에 실린 글을 수정·가필한 것이다.

57 한국 개신교의 묵시록에 관한 연구는 3.1운동이 실패로 끝난 이후부터 성행했다. 1920년대와 1930년대 사이에 만도 곽안련 역, 「묵시록 주석」(1922), 방위량역, 「주재림론」(1922), 길선주 강술, 김정현 편, 「말세론」(1928), 허대전편, 「말세론」(1931), 허대전편, 「확실히 오는 재림」(1934), 허대전편, 『오는 소망』(1934), 소안론, 『주계록 대요』(1936) 등이 있었다. 이만열, 『한국 기독교와 민족 통일 운동』, 한국기독교역사연구소, 2001, 261쪽 참조.

인류사의 근원과 의미, 그 진행 방법 및 목적에 대한 역사철학을 전개하고 나아가 그 사유 구조 안에서 상고 시대에서 한국전쟁까지의 한국사를 다루며 한국사의 세계사적인 소명을 논하고 있다는 점에서, 교회사를 넘어 한국 근현대 정신사에 커다란 영향을 미친 중요한 저작으로 평가받고 있다. 따라서 『뜻으로 본 한국사』에 나타난 그의 역사철학을 이해하는 것은 그의 사상뿐만 아니라 근현대 한국 정신사를 이해하는 데에서도 중요한 작업이 될 것이다.

그런데 함석헌의 『뜻으로 본 한국사』는 나름의 사상적 계보를 가지고 있었다. 그의 스승인 우치무라 간조의 기독교적 역사관과 그것을 계승한 무교회 2세대의 역사철학적 숙고를 계승 발전시킨 것이었다. 여기에서는 이러한 무교회의 역사철학적 계보, 즉 우치무라의 『지인론(地人論)』과 후지이 다케시(藤井武)의 『성서로 본 일본』을 분석하고 이것을 함석헌의 저작과 비교 검토하고자 한다. 이를 통해 이들이 상호 어떠한 사상적 연관 관계가 있는지, 그리고 그들 사이의 사상적 연속성과 차이성은 무엇인지를 분석하고자 한다. 이로써 함석헌의 역사철학의 사상적 계보를 검토하고 나아가 그의 역사철학의 독자성을 검토하고자 한다.

2) 우치무라와 『지인론(地人論)』

우치무라의 역사관은 1918년의 재림 신앙의 고백을 분기점으로 크게 2개로 구별될 수 있다. 전기를 서구 근대 문명 중심의 유신론적 진보사관이라고 한다면 후기는 종말론적 사관이라고 할 수 있을 것이다. 그는 1918년의 재림 신앙의 고백을 계기로 인간의 힘에 의지하여 인류의 완성을 기대하는 모든 인간적 '자력주의'를 폐기하고 종래의 서구 문명 중심의 유신론적 진보사관을 버렸다. 그의 전기와 후기의 역사관 가운데 그의 역사철학이 분명히 보여지는 것은 전기라고 할 수 있다. 전기의 그의 서구 근대 문명 중심의 유신론적 진보사관 형성에는 세 개의 사상이 커다란 영향을 주었다.

아시아의 후진국에서 압도적으로 강력한 근대적 산업 문명의 발전을 이룬 백인의 타향에 와서 청년 우치무라는 '개인의 구원'만이 아니라, '어떻게 나라를 구할 수 있을 것인가'라는 문제를 정면으로 직시하지 않을 수 없었다. 미국과 일본의 압도적인 생산력의 낙차 속에서 미국인의 인종차별을 경험하면서 그는 자신이 일본인 그 이상도 이하도 아님을 새삼 자각하지 않을 수 없었다. 일본인으로서의 자신의 재발견은 그에게 세계사에 계시되는 역사의 하나님을 찾게 했다. 그는 세계사를 주관하는 신을 구약성서의 예언서에서 발견하게 되었다. 그는 말하기를 "나는 일찌감치 예언서들을 이해할 수 없는 책으로 분류해놓았다. 예언서들에 관해 쓴 책은 읽었지만, 예언서 자체는 읽지 않았다. 그런데 보라! 놀라운 책이로다! 너무도 인간적이며, 너무나 공감이 되고, 미래 예언은 거의 없고 현재에 대한 경고가 가득한 책이었다! 기적 하나 없이 기록된 책 속에서, 예레미야는 마치 인간의 모든 강점과 약점을 보여주는 듯했다. '위대한 사람은 전부 예언자라고 불릴 만하지 않을까?' 하는 생각이 들었다. …… 이때부터 2년간 나는 성경에서 예언서 외에는 거의 읽은 것이 없다. 나의 종교적인 사상 전반이 예언서 때문에 바뀌었다"라고 했다.[58]

예언서를 통해 우치무라는 모든 나라는 신의 창조물로 신은 각 나라의 역사에 예언자를 보내 그들을 인도했고 예언자들은 사회와 정치의 기본적인 덕들을 가르쳐주었다고 생각하게 되었다. 이제 그는 섭리사관의 빛 아래에서 각 나라의 역사를 보고, 일본의 세계사적 사명과 미덕을 생각하게 되었던 것이다. 즉 그는 신으로부터 인류사적 '천직'을

---

58 우찌무라 간조, 『우찌무라 간조 회심기』, 201-205쪽.

부여받은 '있어야 할 모습으로서의 일본'이라는 신앙적 사상을 형성하게 되었던 것이다.[59]

그의 역사관 정립에 영향을 미친 또 다른 사상은 애머스트대학에서 배운 모스(A. Daniel Morse) 교수의 역사학 강의였다. 그때까지 그의 역사적 지식은 단순히 역사적인 사건의 잡다한 축적에 불과했다. 그러한 우치무라에게 모스 교수의 강의는 역사적 사건을 '진보'라는 법칙 안에서 체계화시키는 관점을 제시해주었다. 그는 '역사는 인류 진보의 기록'이라는 모스 교수의 가르침에 따라, "생리적 정도이든 종교적 양심 또는 심령 자유의 발달이든 절대적 의지의 구현이든 그 속에는 모두 진보, 계발의 뜻이 담겨 있다. 인류는 지구 회전의 도수와 함께 완전을 향해 나아가고 있다는 사실은, 극단적인 염세론자가 아니면 누구나 다 인정하는 바다"라는 역사 진화론의 입장에 섰던 것이다.[60]

이러한 진보사관은 우치무라의 섭리사관과도 양립될 수 있었다. 그는 한 국가의 가치는 그 문명화 정도에 따라 인류에게 얼마나 기여하는가에 의해 측정되어야 한다고 보았다. 동시에 그는 신의 섭리도 문명화와 진보를 가치로 하는 역사적 사실을 객관적으로 관찰함으로써 연역적 방법으로 찾아질 수 있다고 생각했다.[61] 그는 당시 대부분의 미국 기독교 지성인들이 가졌던 서구 근대 문명 중심의 유신론적 진보사관을 가지게 되었던 것이다.

세 번째의 사상은 리터(C. Ritter)나 기요(A. H. Guyot)의 근대 지리학의 영향을 배경으로 지리와 인간 삶의 상호관련성 속에서 역사를 파악하려는 것이었다.[62] 그는 창조주는 각 민족에게 독자적 특징이 있는 공

59 柳父圀近, 「內村鑑三における預言者的ナショナリズム」, 『內村鑑三研究』 제 48호, 8쪽.
60 앞의 책, 221-224쪽.
61 양현혜, 「우치무라 간조와 '두 개의 J'」, 『장신논단』, 47집, 2015, 3, 107쪽.
62 이은숙, 「김교신의 지리사상과 지리학 방법론」, 『문화역사지리』 8호, 40쪽.

간을 주고 그 지리적 자연과의 상호 관련성 속에서 각 민족은 자신의 역사적 사명을 완수하도록 한다고 보았다.

1894년 발표한 『지리학고』는 이러한 3가지 사상에 의해 구축된 그의 전기 역사관의 결정체라고 볼 수 있을 것이다. 『지리학고』가 2년 후인 1896년 재판시 『지인론(地人論)』으로 서명이 고쳐진 것에서도 알 수 있듯이, 우치무라는 “지리학은 사랑의 노래이다. 산수로 그려진 철학이다. 주물주의 손으로 쓰여진 예언서다. 지리학과 역사는 무대와 연극의 관계이다. 땅은 인류라는 배역을 맡은 배우가 역사라는 희곡을 공연하는 무대이다. 그러므로 지리학 없이 역사를 배우려는 사람은 바둑판 없이 바둑을 두려는 것과 같고, 시각장애인이 천문학을 배우려는 것과 같아서, 전혀 불가능하다고는 말할 수 없겠지만, 거의 불가능한 일이다. …… 사람은 땅을 변화시킬 수 있는 동시에 땅에 의해 변화되기도 한다. 한 나라의 역사는 땅과 인간과의 상호작용(interaction)의 결과이다”라고 보았다.[63]

그에 의하면, 지리와 인간의 상호 관련성 속에서 개개인은 국가를 위해 일하고 여러 국가들은 인류 전체의 발전을 위해서 일한다. 각각의 국민은 절대자의 계획 안에서 결정된 특별한 사명을 수행해야만 한다. 그 국민이 스스로의 사명을 이해하지 못할 때, 쇠퇴하거나 혹은 소멸한다. 따라서 어떤 나라는 멸망할지 모르나, 그러나 인류 전체는 완성을 향해 전진한다. 그리고 역사의 완성 단계는 ‘자애와 극기’의 시대로 무엇보다 모든 전쟁이 종결되는 평화가 도래하는 시대라고 보았다.[64] 이렇게 우치무라는 지리적 자연과 인간의 상호 작용 속에서 역사 전개를 고찰하면서 그것을 서구 중심적인 유신론적 진보사관의 구조 속에서

63 우찌무라 간조, 『지인론』, 전집 2권, 198-200쪽.

64 カルロ カルタロラ, 『内村鑑三と無教會』, 244쪽.

해석하는 사유틀을 가지고 자신의 역사철학을 전개하고자 했다.

먼저 그는 인류의 유년기는 방대한 아시아 대륙을 무대로 전제적 통일 국가를 형성했으나, 그것은 자유와 독립의 관념이 결여된 기계적 집단화에 불과했다고 한다. 이어서 인류사의 무대는 작은 단위로 분열되어 있는 유럽으로 옮겨져 자유와 독립을 배우는 청년기를 맞이했다. 먼저 그리스인이 고전 문명의 주역이 되었고 또한 유대인이 일신교 종교를 일으켰다. 로마는 이 두 나라 즉 고전 그리스 문명과 유대 일신교 종교를 종합하여 그것을 유럽 대륙에 확산시키는 역할을 담당했다. 즉 "로마는 그리스로 하여금 세계를 지혜롭게 만들고, 유대 민족으로 하여금 이를 영적으로 승화시키는 편익을 제공했다. 로마의 천직은 바로 구세계를 총합하여 신세계의 발단을 여는 데 있었다. 그리스인의 문명과 유대인의 종교를 유럽 대륙에 소개하고 확산시키는 것에 있었다"는 것이다.[65] 이에 근거해 게르만인들은 자유 사상을 태동시켰고 영국에서 자유 사상은 의회 정치로 구현되었으며 미국 헌법은 유럽의 자유 사상의 정수를 표현한 것이었다.

우치무라는 "아시아는 초기 대륙으로 인류는 여기서 유년기를 지냈다. 유럽은 단련적 대륙으로 사상의 교육은 거기서 이루어졌다. 인류는 이제 사상을 실현할 큰 터전이 필요했다. 그리하여 섭리는 이것을 미국에 간직해두었다가, 인류가 이것을 요구하게 되자 내어주었던 것이다"라고 한다.[66] 그렇다면 인류가 이제 이루어야 할 더 큰 사상은 무엇인가. 그것은 '극기와 박애'의 시대 즉 인류사의 최종기를 위해 동서양 문명이 통합되는 것이었다.

---

65 우찌무라 간조, 『지인론』, 244쪽.

66 위의 책, 254쪽.

유럽의 약점은 단결에 있다. 아시아의 약점은 분리성이 모자라는 데 있다. 완전한 문명은 유럽과 아시아가 결혼한 다음에야 나오게 되어 있다. …… 동양의 개발은 서양주의를 들여와서 단합의 해를 없애는 데 있다. 마치 서양의 혁신이 동양주의를 본받아 그 분리의 해를 없애는 데 있는 것과 같다. …… 중국, 인도의 두 문명은 서로 용납하지 못할 것처럼 보인다. 그러나 둘에는 동양적인 동일성이 있다. 다른 나라에서 고립해서 단순하고 독특한 성질을 갖는 것이 그 첫째요, 단독의 방향으로 뻗어 나가기 때문에 균형을 잃음이 그 둘째요, 각기 자기 본위에서 통일을 꾀함이 그 셋째이다. 둘은 목적이 다르면서 방법은 같았다. 총괄을 찾고 분해를 피한 점에서 둘은 서양 문명과 정반대다. 종합은 동양의 특성이다. 중국은 정서적으로 종합하고 인도는 영지적으로 종합했다. …… 이제 세계 3대 문명의 특성을 들면 다음과 같다. 유럽 문명—정치와 종교의 분리, 중국 문명—정치의 종합, 인도 문명—종교의 종합. 3자가 혼합하고 서로 동화될 때 비로소 완전한 문명이 이룩된다. 하나는 다른 둘로 그 모자라는 것을 보충해야 된다. 인류의 희망은 3자의 조화 일치에 있다.[67]

우치무라는 인류 문명의 완성은 동서양의 조화와 일치에 의해서 이루어진다고 보았다. 그렇다면 동서양 문명의 양자를 매개하는 역할을 담당할 수 있는 것은 누구인가. 그것은 다름 아닌 일본이었다. 그 이유를 우치무라는 이렇게 설명한다.

일본의 위치는 아시아적이지만 그 구조는 유럽적이다. 일본의 위치를 알고 그 구조를 살펴보았다. 리터, 기요의 발자취를 따라 신중하게 지리학상의 사실을 역사적으로 이해했다면, 우리는 또한 우리나라의 우주에 대

67 위의 책, 279-281쪽.

한 천직을 알 수도 있지 않을까? ……

1. 일본은 섬나라다. 섬나라의 쓰임새는 언제나 대륙간의 관계를 돕는 데 있다. 영국이 유럽과 아메리카 사이에서, 유럽의 정수로써 아메리카를 열고, 아메리카의 부로써 유럽을 이롭게 한다는 것은 이미 말한 바와 같다.

2. 일본의 항만이 미국을 향해서 동쪽으로 열린 것과, 중국 본토를 향해 서쪽으로 열린 것이 많음은 아메리카, 아시아 사이의 매개자로서의 위치를 확정하는 것이다.

3. 우리 산맥의 축선이 남북으로 달리는 것은 우리나라에 아시아적 유일을 이룰 수 있게 하는 것이요, 또한 이것을 횡단하는 동서맥이 군데군데 달리고 있는 것은 통일하에서 유럽적인 자치와 독립의 정신을 기를 수 있게 한 것이다. 말하자면 우리에게 아시아와 유럽의 두 주의를 동화하는 특질이 있다고 본다. 일본의 천직은 무엇인가? 지리학은 대답하기를 그녀는 동서양의 매개자라고 한다.[68]

우치무라는 아시아와 북아메리카를 연결하는 섬나라로서의 일본의 지정학적 위치와 남북과 동서의 산맥으로 확연히 여러 지역으로 구분되어 있는 지리적 특성을 근거로 일본의 천직을 동서양의 매개자로 규정하고 있었다. 그러나 이러한 '일본 천직론'은 실은 메이지유신 이후의 일본의 현실적 성과와 자신감에 힘입은 바 컸다.

미국이 이처럼 우리에게 친교를 구하고 우리가 이것을 수락하여 그와 악수를 나누자, 그의 문물은 급속도로 우리에게 들어왔다. 이미 중국과 인도를 다 배운 일본은, 그네의 타고난 동화력으로 구미를 받아들이기 시작하였다. 그리하여 동양주의를 잘 받아서 그것으로 함양된 일본인은

68 위의 책, 291-292쪽.

그와 같이 서양주의를 잘 받아서 소화하고, 그의 동양적인 머리에 서양적인 사상과 정신을 쌓아 넣었다. …… 30년 사이에 일본은 동양국이 아니게 되었다. …… 서쪽 이웃이 아직 자유의 소리를 내지 못하고 석가의 인도는 노예국의 치욕에 잠기고, 공자의 중국은 만주 약탈자의 점령물이 되었을 때에, 아시아의 일본에는 이미 서구적인 헌법이 있어서 자유가 충군애국과 병행할 수 있다는 예증을 세계에 보여주었다. …… 우리의 제도는 서양을 따른 것이다. 서쪽 이웃이 만일 서양을 배우려고 한다면 반드시 우리에게서 배워야 한다. 동쪽 이웃이 만일 동양의 좋은 점을 배우려면 반드시 우리에게서 배우게 될 것이다. 동양과 서양은 우리에게서 합해졌다.[69]

근대 일본에서 동서양의 이질적인 문명이 합쳐졌다는 우치무라의 자신감은 그의 메이지유신에 대한 이해에도 잘 나타났다. 그는 "1868년 일본의 혁명(=메이지유신)은 세계사에 일획을 그은 사건이라고 나는 생각한다. 왜냐하면 이를 계기로 확연히 질이 다른 두 문명을 대표하는 두 민족이 서로를 '존경'하는 교제를 시작한 것이고 그 결과, 전진적인 서양은 무질서한 전진을 억제하고 회고적인 동양은 잠에서 깨어났기 때문이다. 이때 이래 서양과 동양(그리스천과 이교도) 사이의 거리는 사라지고 인도(人道)와 정의 아래 전 세계는 하나가 되고 있는 것이다. 일본이 잠에서 깰 때까지는 세계의 한 쪽은 다른 쪽에게 등을 돌리고 있었지만, 일본에 의해 또한 일본을 통해 양자는 얼굴과 얼굴을 맞대게 되었다. 유럽과 아시아를 '올바른 관계'에 두는 문제를 해결할 사명은 일본 위에 있다. 일본은 실제로 그것을 해결하고 있다"는 것이다.[70]

---

69 위의 책, 294-295쪽.

70 內村鑑三, 『代表的日本人』, 『明治文學全集』 39권, 築摩書房, 1975, 130쪽.

비서구에서 유일하게 서구화에 성공하여 식민지화를 면한 메이지 시대의 일본의 자신감에 근거해 우치무라는 일본의 세계사적 천직을 '동서양 문명의 합일과 그 전파'로 보고 있었다. 이러한 우치무라의 '일본의 천직론'은 오늘날의 시점에서 보면 메이지 일본의 자신감에 채색된 과도한 주관적 자부심이자, 서구에 대한 근대 일본의 열등의식의 발로라고 할 수 있다.

그러나 다른 한편으로 서구 중심의 역사철학적 사유를 비서구인 일본사에 적용시켜 일본의 세계사적 사명을 규명하려고 한 점에서, 근대 변혁기의 동아시아 사상계에서 시도된 주체적 사유 실험이라고도 할 수 있다. 또한 그에게는 내셔널리즘적 자부심을 억제하고자 하는 이성이 있었다. 그는 "과거 400년간 인류의 희망은 언제나 서쪽에 있었다. 지금도 서방의 발달에서 배울 것이 있다. 그러나 문명의 서점(西漸)이 그 극에 달할 때에는 남점(南漸)이 시작될 것이다. 이미 남점은 시작되었다. 앞으로 1,000년간 인류의 희망은 남쪽에 있을 것이다. 그리하여 서점이 끝나고 남점도 끝나, 인간의 탐욕이 사라지고 하늘의 이치가 그대로 남아서 진, 선, 미가 물이 바다를 뒤덮듯이 지구 전체를 뒤덮게 될 때, 이 땅을 창조한 목적이 이루어지는 것이다"[71]라고 했다. 동양과 서양은 물론 일본도 없고 오직 '박애와 극기'에 의해 진선미가 실현되는 인류 문명의 완성을 전망했다.

대체적으로 이러한 우치무라의 서구 중심의 유신론적 진보사관의 저변의 인식론은 서구 보편주의와 제국주의라는 민족주의의 틀 안에 여전히 갇혀 있었다고 할 수 있다. 그에게 있어서 민족은 서구 보편주의라는 가치 기준의 틀 안에서 생존 경쟁을 하는 단위였다. 또한 일본의 현실에 대한 치열한 비판이 있었음에도 불구하고, 일본이라는 민족

71 우찌무라 간조, 『지인론』, 305쪽.

자체는 어떠한 경우에도 존속하지 않으면 안 되는 충성의 대상이었다. 그는 서구 근대의 경험을 유일한 가치로 해서 존재들을 중심과 주변으로 이분화하고 중심이 주변을 소외시키는 서구 중심적 실체론의 구조에서 여전히 벗어나고 있지 못했던 것이다. 따라서 그의 역사철학에서 문제가 되는 것은 서구 중심적 보편주의의 틀 자체를 해체하는 것이 아니라 그 틀 안에서 서구와 동일한 '자유와 평등의 정신'을 구현한 일본인의 능력을 다름 아닌 서구인에게 증명함으로써, 서구와 동일한 '중심'의 위치를 획득하는 것이었다.

그러나 이러한 그의 서구 중심적 유신론적 진보사관은 제1차 세계대전의 발발과 미국의 참전에 의해 인류 평화의 가능성이 완전히 깨짐과 동시에 파기되었다. 그리고 그는 전술한 것처럼 합리주의 만능과 그에 근거한 인간의 자력주의를 폐기하고 재림 신앙에 이르렀다. 또한 말년에는 '일본의 천직'이 과연 달성될 수 있을까에 대해 극심한 회의를 품었다. 청일전쟁 이후 현실의 일본은 전쟁 국가였기 때문이었다. 청일전쟁 이후 일본은 서구에게 받은 억압을 아시아에 이전하여 전쟁을 통해 영토를 확장해가려는 군국주의 국가였다. 일본이 서구화 과정에서 최초로 배운 것이 서구의 흉내를 낸 육군과 공군의 소유임을 우치무라는 탄식했다. 이상과 현실을 대조해봤을 때 우치무라는 일본의 장래와 신이 일본에게 위탁한 사명을 달성할 일본의 능력에 대해 불안감을 느끼지 않을 수 없었다. 그는 일본 사회의 도덕적 타락을 개탄하고 일본의 군국주의의 오류에 대한 신의 엄중한 처벌을 예언했다. 종종 그는 마태복음 23장에서 그리스도가 지난 날 예루살렘을 향해 던졌던 경고를 자국 일본에 대해 반복했다. "아아 예루살렘, 예루살렘. 예언자들을 죽이고 너희는 파견된 사람들을 돌로 죽인 자들이다. 암탉이 날개 밑에 병아리를 모으듯이 내가 너희들의 자식을 얼마나 모으려고 했었는가. 그때마다 너희는 응하지 않았다. 보라 너희들의 집은 버려질 것이다"라고.[72] 1923년 9월 1일의 관동대지진은 3일에 걸쳐서 거의 10만 명 이상의 생명을 빼앗고 도쿄의 거의 절반과 요코하마의 대부분을 파괴했는데, 우치무라는 이것을 일본에 대한 신의 형벌이자 세계 종말의 전조라고 여기기도 했다.

3) 후지이 다케시(藤井武)의 『성서로 본 일본』

무교회 2세대 리더 가운데 우치무라의 역사철학적 사유를 가장 잘 계승한 사람은 후지이였다. '일본의 예레미야'라고 불리었던 후지이는 구약성서의 예언서를 애독하고 또 당시 사회의 도덕적 타락을 예리하게 비판했다. 근대사에서 일본의 역할은 그리스도 탄생 이전의 이스라엘과 유사하다는 확신에 의거해, 그는 자신의 임무를 신의 뜻을 일본인에게 알리고 그들의 책무를 깨닫게 하는 것이라고 생각했다. 1930년 발간된 그의 책 『성서로 본 일본』은 바로 이러한 책무를 다하기 위함이었다.

후지이는 세계사의 목적은 모든 사람이 절대자를 찾고 발견하는 것이라고 보았다. 그는 모든 사람이 절대자를 앎으로써 '하나님 나라'가 실현되고 모든 전쟁이 폐지되는 절대 평화의 실현으로 세계사는 그 완성에 이른다고 보았다. 즉 세계사의 완성은 "죄와 죽음의 근절이다. 전쟁의 절대적 폐지다. 천연 만물의 부흥이다. 영원한 평화의 보급이다. 성스러운 사랑의 우주적 충실이다"라고 보았다.[73] 그에게 세계사는 맹목적인 것이 아니라 확실한 목표와 도달해야 할 '항구'를 가지고 전개되는 것으로, '성서적 입장'에서 세계사를 보았을 때, 모든 역사적 사건 사

72 カルロ・カルダロラ, 『内村鑑三と無教會』, 246쪽.

73 藤井武, 『聖書より見た日本』, 學陽書房, 1947, 208쪽.

이에 있는 '위대한 연관성'은 확연해진다고 확신했다.[74] 그에게 세계사의 전개는 인류 구제에 대한 신의 섭리의 점진적인 나타남이었다.

이러한 신학적 역사관에 서서 그는 신의 경륜 안에서 각각의 나라는 자신의 고유한 시대와 담당해야 하는 특별한 사명을 가진다고 보았다. 이스라엘은 신의 계시의 역사를 시작하기 위해 선택되었다. 이집트는 이스라엘 백성의 출애굽의 원인이 되었다. 바빌론은 이스라엘 백성에게 선민으로서의 확신을 부여하기 위해 이스라엘을 시험해본 나라였다. 그리스는 고대 세계에 복음을 확장시키기 위해 그 언어를 제공했다. 로마는 복음을 채용하고 그것을 다양한 제도 속에 용해시켜 전 로마제국을 기독교화했다. 로마의 사명은 라틴 민족의 기독교가 부패해 독일인에 의해 개혁되지 않으면 안 될 때까지 수백 년간 지속되었다. 그 후 독일인은 종교 개혁을 가능하게 했으며, 미국 선교사들은 복음을 극동에 전파하는 데 공헌했다.[75] 마침내 이제 기독교의 여명이 일본에서 시작되고 있다. 일본인이 기독교를 받아들여 제2의, 그리고 최후의 기독교 개혁의 사명을 완수해야 할 때라고 후지이는 말했다.

최후의 기독교 개혁의 사명을 완수해야 할 주체가 왜 일본인가. 이에 대해 후지이는 일본은 복음의 진정한 정신을 이해하고, 서구 문명을 정화할 동양에서 가장 잘 준비된 나라이기 때문이라고 답한다. 그는 일본의 종교적 발전과 그리스도 강림을 위한 길을 준비한 이스라엘의 구약성서 사이에 하나의 유비를 보았다. 일본인이 기독교라는 더할 나위 없는 귀중한 선물을 받을 수 있도록 신은 일본의 주된 종교를 통해 일본인의 종교성을 형성해왔다는 것이다. 즉 일본인의 종교 심성은 '의로움'과 '믿음'이라는 복음전사적인 발전을 이루었고, 그 토대 위에 기독교

---

74 위의 책, 269쪽.

75 위의 책, 61-78쪽.

를 수용했다는 것이다.

'의로움'의 개념은 태양신인 천조대신(天照大神)의 원시종교에까지 그 연원을 거슬러 올라간다. 일본의 태양신화에서 태양은 정의를 의미하며 일본을 태양에서 태어난 나라라 함은 정의의 나라라 함이다.[76] 미소기(=목욕재계)와 같은 정결의식은 사람들을 교육해서 청정감을 가지게 했다. 일본인은 청정을 도덕적인 것과 깊은 연관이 있는 심리적·정신적 개념으로 애호했다. 이 개념은 이스라엘 민족의 '의로움'과 상당히 유사한 개념이다. 후대가 되어 무사도는 충의, 성실, 효행, 예의, 그리고 사랑 등의 덕을 상징하게 되었다. 에도(江戶)시대의 많은 유학자들은 정의의 표현으로서의 '성(誠)'은 절대적인 원리라고 말했다.

일본 문화의 두 번째의 커다란 정신적 원리는 '믿음'이라는 개념이다. 이것은 평안(平安) 시대 말엽과 가마쿠라(鎌倉) 시대 초엽을 획으로 한 정신적 각성에서 탄생한 것이었다. 저명한 승려인 법연(法然)과 친란(親鸞)이 말하는 아미타의 가르침은 아미타불에 대한 절대적인 귀의의 신앙을 강조한 것이었다.[77] 약속된 구원은 단지 믿으며 아미타불의 이름을 외우는 것에 의해 성취된다는 것이었다. 친란은 일본의 '구약' 시대의 최대의 예언자라고 할 수 있다. '신앙에 의한 구원'이라는 그의 사고방식은 어거스틴이나 루터의 사고방식 이상으로 위대하다고 후지이는 말한다. 결론적으로 후지이는, 신이 이러한 '의로움'과 '믿음'이라는 사상을 통해서 일본에 기독교를 받아들일 준비를 시켰다고 한다.

후지이의 신학적 역사관에서 보면, 이제 '의로움'과 '믿음'이라는 복음전사적 종교성 위에 기독교를 받아들였을 뿐만 아니라 미국적 유물사상의 오염을 가장 적게 받은 일본의 공헌이 없다면, 세계사에서 진리

76 위의 책, 37쪽.

77 위의 책, 37-56쪽.

의 최종적인 전개는 있을 수 없다. 진리는 역사를 통해서, 예를 들어 그리스인에게는 철학의 문제로서, 라틴 민족에게는 심리학의 문제로서, 그리고 독일인에게는 윤리학의 문제로서 각각 다른 방향에서 전개되어 왔다. 이제 진리의 남은 마지막 형식, 즉 종말론적인 것은 동양인, 즉 일본인이 전개하지 않으면 안 된다는 것이었다. 동양인의 신비적인 직관은 이러한 피안적인 문제에 가장 적합하기 때문이었다. 이렇게 해서 일본을 최후의 종교 개혁의 지도자로 하는 제4의 마지막 문명이 탄생되는 것이라고 후지이는 보았다. 그리고 그것이 세계를 진과 선의 원천으로 다시 복귀시킬 것이라고 전망했다.[78]

그러나 이러한 '일본의 천직론'에 기대어 현실의 일본을 보았을 때, 후지이 역시 우치무라가 그랬던 것처럼 커다란 환멸을 느끼지 않을 수 없었다. 일본에 60년에 걸쳐 기독교가 전파되었으나, 복음을 진실로 이해한 자들은 너무나 적은 소수에 불과했다. 일본의 상당수의 청년들이 기독교에서 평안을 발견했다. 그러나 실은 그들이 천박한 현세 이익의 신앙을 구함으로써 종교를 한갖 위안물로 전락시켰다고 후지이는 느꼈다. 왜냐하면 그들 청년들 가운데 진정으로 자신의 죄를 의식한 사람들은 거의 없었기 때문이다. 일본의 기독교회는 대중에게 아첨을 떨고 물질적 이익을 위해 그들의 독립을 외국인에게 팔아넘겨버렸다. 나아가 일본인의 일반적인 우상 숭배 또는 정치가, 사업가의 미신은 도처에 널려 있었다. 일본의 대부분의 사람들은 배교자이든지 아니면 무신앙인이었다.

후지이에게 정치가들의 비도덕성은 매춘부의 정절 없음에 필적했다. 지난 제도를 멸시하고 순종을 거부하고 배반을 밥먹듯이 하면서 무정부사회에 길을 튼 자유주의자들도 그는 비난했다. 미국 스타일의 영

78 위의 책, 88-92쪽, 107쪽.

화, 재즈와 서구적인 사교댄스, 또한 도덕적으로 의심스러운 카페 등이 유행되었다. 후지이는 이러한 제반 변화에 대해서도 비판적이었다. 특히 가정의 주부라는 전통적인 지위에서 해방된 부인들이 거리로 나가 댄스를 즐기고 성의 해방을 외치는 것을 격렬히 비판했다.[79]

일본의 도덕적 타락을 고찰하며 후지이는 이러한 나라에 장래 국제적인 도덕적 리더십을 기대하는 것은 '바보 같은 일'이라는 결론에 도달했다. 그러나 신에게는 불가능한 것은 없다. 신은 길가의 돌도 아브라함의 자식으로 세울 수 있는 것이다. 그렇다면 현재의 수치스러운 타락에도 불구하고 신은 일본의 천직을 어떻게 실현할 것인가.

여기에서 후지이가 발견한 것이 이사야서의 '남은 자' 사상이었다.[80] 이사야 시대의 이스라엘에도 신의 영광스러운 사명을 완수하기에 적합하지 않은 배교자나 사악한 자들이 태반이었다. 신은 심판에 의해 그들을 멸망시키고 남은 소수의 사람들에 의해 새로운 예루살렘을 탄생시켰다. 이처럼, 타락한 일본은 신에 의해 멸망당할 필요가 있다고 후지이는 결론내렸다. 그는 현실의 일본의 추함, 어리석음, 더러움 앞에서 "주여, 이 야마토(大和) 민족을 버려주십시오"라고 외치지 않을 수 없었던 것이다.[81] 그에 의하면 1923년의 관동대지진이나 1924년의 미국의 일본인 이민 배척 법안의 통과는 신의 분노가 구체적으로 나타난 표시였다. 나아가 그는 신이 일본 역사 위에 일찍이 없었던 패배를 내리기 위해, 일본의 바다와 하늘을 뒤덮을 정도의 함대와 공군력을 사용해 일본을 처벌하지 않을까 두려움에 떨었다.[82] 그러나 그는 이러한 재해는 일본을 파멸하지 않고 오히려 정화할 것이라고 확신했다. "신은 일본인

79 위의 책, 129-132쪽.

80 위의 책, 124쪽.

81 위의 책, 128쪽.

82 위의 책, 159쪽, 166쪽.

의 눈을 뜨게 할 것이다. 주는 '남은 자' 즉 깨어 있는 소수자들로부터 새로운 나라를 만들어낼 것이다"라고 확신한 그는 일본인에게 신앙적 재생을 촉구하는 '멸망하라'라는 시를 다음과 같이 외쳤다.

> 일본은 융성하고 있는 것일까, 멸망해가고 있는 것일까.
>
> 내가 사랑하는 나라는 축복 가운데 있는 것일까, 아니면 저주 속에 있는 것일까. 융성하고 있다고 나는 믿었다, 축복 가운데 있다고 나는 생각했다.
>
> 그러나 실제로 이 나라에는 정의를 사랑하고 공의를 행하려고 하는 정치가가 누구 한 사람도 없다.
>
> 진리 그것을 사모하는 사람은 어디를 찾아봐도 보이지 않는다.
>
> 청년은 영혼을 잃어버리고 닭과 같이 지상을 바라보고 처녀들은 진주를 밟은 돼지보다도 어리석고 부끄러운 짓을 한다.
>
> 그들의 별볼일 없는 대화가 도대체 무엇인가를, 작년 여름 어느 밤 나는 들판의 텐트 옆에서 엿들었다. 나는 내 텐트 안에 앉아서 온몸을 떨었다. 다음 날 아침 나는 나의 텐트를 접어 내 아이들의 손을 잡고 소돔에서 나온 롯과 같이 그곳에서 도망쳤다. 그날 이래 일본 멸망의 환영이 내 눈에서 사라지지 않는다.
>
> 일본은 확실히 멸망하고 있다. 마치 나병환자의 육체가 붕괴되어가는 것처럼.
>
> 내 사랑하는 조국의 이름은 머지 않아 지상에서 사라질 것이다.
>
> 악어가 동쪽에서 와서 그것을 먹어버릴 것이다.
>
> 망해라, 이 더러운 처녀의 나라, 이 의지 없는 청년의 나라!
>
> 이 진리를 사랑할 줄 모르는 금수와 벌레들의 나라여, 멸망하라!
>
> '이런 나라에 아무런 미련도 없이 간다고 말해주라'라고 유언한 내 은사의 심정에 나는 뜨거운 눈물을 흘리며 참으로 동감한다. 아, 화 있을진저,

진리를 따르지 않는 사람들이여, 나라여.

오 주여, 원하옵기는 당신의 뜻을 이루어주소서.[83]

후지이는 기독교의 최종적인 개혁을 '일본의 천직'으로 인식하고 일본이 이러한 천직을 감당할 때 역사 완성의 시대가 열린다고 전망했다. 그러나 우치무라 시대보다 고조되는 전쟁 국가 일본의 현실과 일본의 도덕적 타락 앞에서 일본에 대한 자신의 이상을 이사야서의 '남은 자'의 사상에 의탁하면서 일본에 대한 심판과 '남은 자'에 의한 회개와 영적 회생을 열망했다.

이러한 후지이의 역사철학은 우치무라의 역사철학을 계승했으나, 우치무라에게 강하게 나타났던 지리적 자연과 인간의 상호 작용을 고찰한 서구 근대 지리학적 발상은 현저하게 후퇴하고 있다. 그보다 세계사의 전개를 인류 구제에 대한 신의 섭리의 점진적 나타남이라고 보고 성서적 입장에서 세계사를 보면서 역사적 사건 속의 '위대한 연관성'을 확인하려는 기독교사관이 압도적인 비중을 차지하고 있다. 그는 기독교 수용 이전의 일본 정신사를 '의로움'과 '믿음'이라는 기독교 수용에 요구되는 복음전사적 종교심을 함양하기 위한 역사였다고 보았다. 그리고 이러한 종교심에 기초하여 기독교를 수용하고 서구 물질주의와 다른 동양적인 신비적 직관을 소유한 일본이야말로 기독교의 종말론적 성격을 구현하여 인류 문명을 '진과 선'의 완성에 이끌 구원자의 사명을 가지고 있다고 보았다. 후지이는 자신이 꿈꾸는 이러한 일본의 사명을 배신하는 현실의 일본의 죄악 앞에서 깊이 절망하고 준엄한 예언자적 경고를 토로했다. 그리고 이사야서의 '남은 자'의 사상에 자신의 최후의 희망을 의탁하고자 했다. 즉 일본의 죄악으로 인해 가공할 만한 심판을

83 위의 책, 184쪽.

받은 후 정화된 소수의 일본인(참 일본인)에 의해 세계 구원이 완성되리라는 희망이었다. 자신의 이상을 배신하는 현실의 일본에 대해 그렇게 깊이 절망했던 후지이 역시 일본이 세계 완성과 구제의 중심이 되어야 한다는 실체론적 인식론의 틀을 벗어나지 못했던 것이다. 하나의 중심과 무수한 주변을 두고 중심이 주변을 소외시키는 근대 서구 중심주의의 인식론의 구조 속에서 인류가 어떻게 '진과 선'의 원천으로 복귀할 수 있겠는가. 그의 좌절은 군국주의적 일본의 현실뿐만이 아니라 이 인식론적 틀 그 자체에도 있었다 하겠다.

4) 함석헌과 『성서적 입장에서 본 조선 역사』

함석헌의 역사철학서인 『성서적 입장에서 본 조선 역사』는 이러한 무교회의 역사철학적 사유 전통을 배경으로 하여 1933년 12월에서 1934년 1월에 걸쳐 조선 무교회 동계수련회에서 처음으로 발표되었다.[84] 이때 함석헌이 일본 무교회의 역사철학을 넘어 스스로의 눈으로 세계사와 조선사를 보려고 시도한 배경에는 일본 무교회에 대한 실망이 있었다. 1931년 만주사변을 계기로 중국 침략이 본격화되는 가운데 일본 무교회 진영에서도 전쟁에 협력하는 사람들이 나오기 시작했던 것이다.

"나를 모방하지 말아라. 모방하려면 나의 독립을 모방하라"라고 한

---

84 이후 이것은 "성서적 입장에서 본 조선 역사"라는 제목으로 1934년 2월에서 1935년 12월까지 총 22회에 걸쳐 「성서조선」에 발표되었다. 해방 후 1946년 11월에서 1950년 2월까지 총 20회에 걸쳐 「성서연구」지에 연재된 것을 묶어 1950년 성광문화사에서 출판했다. 이후 1954년 성광문화사에서 '증보재판'이 간행되었고, 1962년과 1963년에 『뜻으로 본 한국 역사』로 제명이 바뀐 제 3판이 일우사와 숭의사에서 각각 간행되었다. 제 4판은 1965년 제일출판사에서 제 5판은 삼중당에서 간행되었다. 이 제 5판은 1983년 한길사에서 간행된 『함석헌전집』에 수록되기도 했다.

우치무라의 말대로 이제 함석헌은 우치무라의 눈이 아니라 그 자신의 눈으로 일본과는 다른 조선 역사에 주목해야 했다.[85] 그 첫 시도가 『성서적 입장에서 본 조선 역사』였다. 그에게 조선은 어떠한 곳이었는가.

조선이란 오늘날 세계에 있어서 하수구밖에 아무것도 아닙니다. 그렇지 않다면 공창가입니다. 세계의 모든 불의가 다 여기 모였습니다. 유교의 찌꺼기, 불교의 마른 뼈다귀, 동양문명의 썩은 주검, 서양문명의 살무사, 모든 것이 다 여기 있습니다.[86]

조국 조선은 세계사의 불의가 모여 있는 하수구 내지는 공창가였다. 그것은 세계사 서열 최하위의 노예의 자리였다.[87] 그러나 이 노예의 자리는 세계사의 온갖 불의와 모순을 집약하여 정화해내는 곳이기도 했다. 즉 조선이 세계사의 노예로서 당하는 불의한 고난을 세계사의 죄악을 대속하는 대속적 고난으로 그는 이해했다. 그리고 인류문명의 완성은 이러한 세계사의 불의와 모순이 종식되고 어떠한 노예도 없는 새 시대가 열림으로써만 가능하다고 보았다.

특별히 그는 조직적 과학적으로 살상을 자행한 두 번의 세계대전을 경험한 인류는 이제 새로운 문명으로 옮겨가려는 전환점에 서 있다고 인식했다. 이제 인류는 이 세계사적 전환을 가능하게 할 새로운 이상을 갈망하고 있다고 보았다.[88] 자신이 서 있는 시간을 이렇게 인류사적 전환기로 인식한 그에게 조선의 세계사적 위치는 분명했다. 그것은 생존

---

85 함석헌·마사이케, 「감정을 넘어선 교량」, 『사상계』, 1964, 11월호, 59쪽.

86 함석헌, 「무교회 신앙과 조선의 길」, 『함석헌전집』 3, 131쪽.

87 이에 대해서는 김상봉, 「함석헌의 역사철학과 고난의 자기의식」, 함석헌기념사업회편, 『민족의 큰 사상가 함석헌 선생』, 한길사, 2001 참조.

88 함석헌, 「성서적 입장에서 본 조선역사」, 『성서조선』, 1934, 2월, 29쪽.

경쟁에 근거한 구시대를 마감하고 모두가 평등한 새로운 시대를 열어 가려는 인류사의 분기점이었다. 그에게 세계사 서열 최하위의 '찌꺼기나 구더기' 같은 조선인을 회복시켜 독립·자존하는 주체로 세우는 일은 이제 '인류의 운명'이 달린 일이었다. 역사를 이렇게 서열 최하위의 사람의 눈으로 보고 마지막 최후의 한 사람까지를 독립·자존한 사람으로서 회복시켜 모두가 함께 서는 평등한 새 역사를 열어가고자 하는 시좌에서 그는 세계사를 전망하고자 했다.

그는 우주 탄생의 원리는 절대자가 자기자족성을 포기하고 자발적으로 자기를 내어준 '사랑'이라고 보았다. '사랑'이 바로 "역사를 낳는 이, 즉 역사의 근원이 되고 그 원동력이 되고 그 원리가 되는 이"라는 것이다.[89] 즉 만물의 생성과 역사 형성의 원인이 되는 원리가 바로 '사랑'이라는 것이었다. 또한 그는 만물이 돌아갈 역사의 궁극적 목표 역시 사랑이라고 보았다. 절대자는 사랑을 통해 만물을 낳고 사랑을 통해 '하나됨'의 목표로 만물을 이끌고, 이를 통해 궁극적으로 사랑을 완성하는 존재이기 때문이었다. 이러한 우주 역사의 이해 속에서 그는 인류 역사의 목표 역시 사랑에 입각한 인류적 유기체의 완성이라고 보았다. 즉 자발적인 자기 내어줌으로써의 사랑에 의한 인류적 전체성의 완성이 바로 역사의 '뜻'이며 '참'이며 절대자가 인류 역사에 명하는 '절대 명령'이라는 것이었다.[90]

함석헌은 역사의 각 시대를 사는 모든 개인들은 인류적 전체성을 완성해간다는 동일한 목표에 속한 단일한 유기적 인격체의 일부라고 보았다. 따라서 모든 개인은 역사 완성의 도덕적 책무를 진 책임자인 것이다. 여기에서 그는 인류 역사를 절대자의 '뜻'을 자각하고 실현하는

---

89 함석헌, 『뜻으로 본 한국 역사』, 삼중당, 1965, 14쪽.

90 위의 책, 65쪽.

'도덕적' 과정이라고 보았다. 그리고 인류 역사의 진행 과정을 이 지식과 실천 능력이 자라는 '도덕적 자람'의 과정이라고 보았다.[91] 이러한 함석헌의 역사 이해는 필연적으로 그의 인간 이해와 맞물려 있었다.

함석헌은 인간은 자신의 내적 필연성에 따라 자기를 규정하고 그러한 자기를 스스로 형성해가는 자유한 존재라고 보았다. 그런데 함석헌의 자유 이해에서 중요한 것은 그가 인간의 자유를 관계성 안에서 파악했다는 점이었다. 그는 인간이 홀로 있는 능동적 개체이기 이전에 관계성 속에서 태어나 타자와의 관계 속에서 존재함을 직시했다. 이러한 관계성에 입각하지 않는 한 인간의 자유는 고립된 개별성에 함몰되어버린다는 것이다. 함석헌은 자유가 타자와 적대적으로 대치되는 '자기 결정권'으로 표출되는 것은 자유의 소극적 형태에 불과하다고 보았다. 참 자유는 절대자, 즉 '우주적인 무한한 전체' 앞에서 개인이 그의 자유를 스스로 제한했을 때 비로소 가능해진다고 보았다.[92] 이때 비로소 개인은 대자적 투쟁의 자유를 넘어 참된 자유에 도달한다는 것이었다.

그런데 함석헌은 보이지 않는 '무한한 전체'는 눈앞에 보이는 실재인 타자로서 구체화된다고 보았다. 왜냐하면 '무한한 전체'로서의 정신은 가장 개별적인 것으로 구체화되기 때문이었다.[93] 따라서 참 자유는 전체를 대변하는 존재인 타자 앞에서 자신의 자유를 자발적으로 제한할 때 비로소 획득된다고 함석헌은 이해했다. 이것을 함석헌은 '사랑'이라고 했다. 타자에 대한 자발적인 자기 제한으로의 '사랑'만이 나의 자유를 타자의 자유와 소통하게 한다. 이러한 사랑은 타자를 보존함으로써 자신을 구현하여 우리를 하나 되게 한다는 것이었다. '사랑'은 이렇게 나를 통해 너를 보존하고, 너를 통해 나를 보존하게 함으로써 전체를

91 위의 책, 61쪽.

92 위의 책, 37쪽, 434쪽.

93 위의 책, 434쪽.

이루어가는 생명 창조의 원리였던 것이다.[94] 따라서 함석헌에게 있어서 참된 자유는 주체적으로 사랑을 이루어가는 능력이었다. 즉 진정한 자유는 대자적 투쟁의 자유를 넘어 인류적 전체성에 참여하고 연대하는 자유였던 것이다.

그렇다면 사랑으로 구현되는 자유는 인간의 삶 속에서 구체적으로 어떻게 현실화되는 것일까. 함석헌은 타자를 보존하는 사랑은 그것을 추구하는 주체의 '고난(苦難)'을 통해서만 가능하다고 한다. 그는 노예적인 존재의 '당함으로서'의 고난은 문제시하지 않았다. 함석헌의 고난은 자유로운 주체가 자기완성을 추구함으로 인해 의욕된 고난이었다. 고난의 원인이 자기 밖에 있는 것이 아니라 자기의 자유를 실현하고자 하는 주체의 내발적인 의지에 있다는 것이다.[95] 자유를 대자적 투쟁에 의한 자기 결정권으로 이해하는 눈으로 보았을 때, 고난은 투쟁에서 패배한 자에게 부과되는 벌이거나 정체 모를 운명적 외압이다. 그러나 스스로를 인류적 전체성의 자리에 세워 자신의 자유를 실현하고자 의욕했을 때, 그것은 자발적으로 타자에게 자기를 내어줌으로써 자기 존재를 실현해가는 존재론적인 자기 변혁의 원리, 즉 '대속적 연대'라는 것이다.

결국 함석헌이 말하는 개인의 진정한 자아는 인류 전체를 대변하는 자아로서의 '나'이고, 개인이 자신의 고유성을 통해 인류 전체의 유익을 실현하는 자리에 설 때, 인류 사회 전체가 살고 그 전체의 일부를 이루는 개인의 자기실현도 가능해지는 것이었다. 그에게 있어 개인의 자기실현과 인류의 전체성의 실현은 이렇게 유기적으로 맞물려 있었다. 이 유기적 통합을 가능하게 해주는 것이 다름 아닌 '대속적 연대'로서의 고난이었다. 이러한 의미에서 '고난'은 인간의 자기실현과 역사 변혁을 가

94 위의 책, 37쪽, 434쪽.

95 고난의 이러한 성격에 대해서는 김상봉, 『그리스 비극에 대한 편지』, 한길사, 2003 참조.

능하게 하고 이 둘을 불가분의 유기적 통일체로서 작동하도록 매개하는 생명 원리였던 것이다.

그렇다면 이러한 역사 이해와 인간 이해의 틀 안에서 그는 한국사를 어떻게 이해했을까. 이미 고찰한 바대로 함석헌은 세계사를 인류적 전체성를 완성해가는 과정으로 보았다. 그는 인류의 역사에서 이 과정을 꾸려갈 주체는, 계급이나 여타의 단위와는 달리 '영속적인 자기의식'을 가진 '민족'이 될 수밖에 없다고 보았다. 즉 민족만이 인류적 전체성을 실현하기 위해 각각이 맡은 소명에 대해 반성적 사유를 통한 자기의식을 가진다는 것이었다.[96] 함석헌에 의하면 각 민족에게 부여된 소명은 그 대소나 경중이나 우열을 비교할 수 없는 절대적이고 독자적인 것이다. 따라서 각 민족이 제 구실을 해야 한다는 것은 "생존권의 주장이 아니라 진리의 주장이다. 한 민족이 못 사는 것은 온 우주의 아픔이기 때문이다. 절대자의 슬픔이기 때문"이라고 주장했다.[97] 이렇게 인류적 단일성과 연대성 안에서 각 민족의 개성과 특징이 논해질 때, 민족간의 상대적 비교나 경쟁이 개입할 여지는 없다. 민족간의 경쟁이 허락된다면 그것은 자유와 사랑의 능력을 얼마나 활성화시켜서 경쟁 자체를 폐지하는가에 있을 뿐이었다. 함석헌에게 민족은 어떠한 선민의식이나 기득권을 주장할 수 있는 집단이 아니었다. 그것은 역사의 도덕적 완성을 책임져야 할 짐을 진 존재였다. 그에게 민족 자체는 목적이 아니라 역사 완성의 수단이었던 것이다.

그러한 까닭에 함석헌은 민족은 긍정하나 민족주의의 시대는 지났다고 공언했다. 민족들은 인류적 전체성을 이루는 다양한 주체이나 민족주의는 그것을 파괴하는 단체적 소유욕과 권력욕의 모체일 뿐으로,

96 함석헌, 『뜻으로 본 한국 역사』, 76쪽.

97 위의 책, 449쪽.

생존 경쟁의 원리에 근거한 모든 민족주의는 폐기되어야 할 과거의 유물이라고 주장했다.[98] 이러한 함석헌의 민족 이해는 개인만 있고 민족도 세계도 없는 개인주의나 민족만 있고 개인도 세계도 없는 민족지상주의와는 근본적으로 다르다. 개인 속에 민족과 세계가 공속하고 그 개인은 역사의 보편적인 '뜻'에 귀속되는 것이었다.

함석헌에게도 역사는 진보하는 것이었다. 그러나 그것은 우치무라나 후지이에게서와 같은 서구 중심의 진보사관과는 확연히 다른 것이었다. 그의 진보사관은 서구 중심주의의 틀거리 자체를 해체시키는 것이었다. 그는 각 민족이 소명을 자각하고 실현해가는 정도에 따라 인류역사를 4단계로 나누었다. 그 첫 번째 단계는 인류가 발생한 단계였고, 두 번째 단계는 성장기로 모든 민족과 나라가 일어난 시기였다. 세 번째 단계는 기원후에서부터 네 번째 단계에 해당하는 우주 완성의 날까지의 중간기이다. 그에 의하면 인류는 지금 약육강식을 근본 원리로 폭력을 일삼는 상호 쟁탈의 시대인 세 번째 단계, 즉 중간기를 살고 있다. 함석헌은 이 역사를 "세속적인 것에서 종교적인 것으로, 물질에서 정신으로, 필연에서 자유로, 종살이에서 아들로 완전히 껍질을 벗기 위해 변화하기 위해 치르는 시험이요, 다듬음"의 시대라는 내적 목표에 도달하기 위한 훈련 기간으로 보았다.[99] 이 단련기에서 현대라는 시점을 그는 특별히 중요시했다. 인류가 "전쟁으로 끝을 맺느냐, 전쟁의 끝을 맺는 새 문명에로 들어가느냐 하는 갈림길"에 서 있어, "정신적인 방향으로 결정적으로 키를 돌리지 않는 한 소망이 없는 자리" 에 있기 때문이었다.[100]

세계사에서 현재의 시점을 역사의 분기점으로 보는 그의 인식에 결

98 위의 책, 101쪽, 448쪽.

99 위의 책, 64쪽.

100 위의 책, 65쪽.

정적인 영향을 준 것은 한국전쟁이었다. 한국전쟁은 1950년 남북한의 내전으로 발발했으나, 동서양 진영의 냉전 체제와 맞물려 이내 전 세계 17개국이 참전하는 국제전으로 확대되었다. 3년 1개월을 끈 이 전쟁 기간 동안 제2차 세계대전에서 남은 동서양 진영의 모든 화력이 한반도에 투입되어 전 국토를 초토화시켰다. 뿐만 아니라 전투병력의 손실만 해도 유엔군과 한국군 18만 명과 북한군 52만 명, 중공군 90만 명의 총 133만 명의 병력을 잃었으며, 당시 한국 인구 총 2천만 중 5백만이 살상되었다. 함석헌은 한국전쟁은 그 비참함에서뿐만 아니라, 이데올로기 전쟁이라는 의미에서 종래의 전쟁과는 질적으로 다르다고 보았다. 과거의 전쟁이 "먹을 것, 입을 것, 땅, 돈, 권리를 뺏으려는 주먹으로, 칼로, 기계로, 약으로 싸우는 육체의 싸움"이었다면, 한국전쟁은 '생각으로 싸우는 정신의 싸움'이라는 새로운 양상을 보인 전쟁이라는 것이었다.[101] 즉 한국전쟁을 획으로 인류 역사는 물질적 필요 때문이 아니라, '생각에 사로잡혀' 전쟁을 하는 새로운 시대에 돌입했다는 것이다. 그리고 타자의 '다름'을 인정하지 않음에서 기인하는 이런 종류의 전쟁은 타자를 멸절시키지 않는 한 결코 종식될 수 없기 때문에, 앞으로의 전쟁은 인류가 전체의 일체성을 자각함으로써만 해결될 수 있다고 보았다. 따라서 한국전쟁은 인류가 멸절하고야 말 것인가, 아니면 생명의 원리로의 전 인류적 회심을 결단할 것인가를 결정해야 할 기로에 있음을 알리는 신호탄이라는 것이다.[102] 그는 이제 인류는 이 회심을 이루기 위한 사상적인 '진리의 싸움'에 돌입해야 한다고 주장했다. 그 싸움의 무기는 '고난'을 의욕하는 사랑이고 그 방법은 비폭력이었다.

이러한 우주적 구원사의 지평에서 세계 역사의 분기점이 된 한국전

101 위의 책, 384쪽.

102 위의 책, 444쪽.

쟁이 발발한 땅인 한국사를 본 그에게 한국사의 특징과 사명은 지극히 명백했다. 그에게 한국사의 특징은 인류적 전체성을 향한 회심에의 촉구가 어느 민족사에서보다 절박성을 갖는다는 점에 있었다. 따라서 그는 한국사에 점철한 모든 고난이 인류의 새 시대를 열기 위한 제물이었음을 깨닫고, "비폭력주의, 평화주의, 세계 국가주의, 우주통일주의"[103]로 인류적 전체성을 이루는 길만이 인류의 살 길임을 밝히는 것이 한국사의 세계사적 소명이라고 보았다. 이것이 한국사에 요청되는 역사의 '뜻'이며 한국민이 해야 할 응답이라는 것이었다. 한국민은 오직 이 세계사적 소명을 완수함으로써만 인류적 공동체에 도덕적 책임을 다하는 세계사적 민족사의 삶을 살 수 있다는 것이었다. 바로 이 사명을 '대속적 연대'를 통해 자각적으로 실천하는 주체를 함석헌은 '씨알'이라고 했다. 이 '씨알'은 한국사의 세계사적 소명을 자각하고 그것을 실천하는 주체라는 의미에서 누구보다도 철저한 민족주의자이지만, 동시에 그럼으로써 그는 민족주의라는 편협한 틀을 스스로 해체하는 세계주의자였다.

이상에서 우리는 함석헌의 역사철학을 조망해보았다. 그는 인류 한 사람 한 사람을 자유와 사랑이라는 생명 원리에 입각하여 주체로 불러 세우고자 했다. 한 사람 한 사람을 참으로 자유하게 함으로써 참으로 사랑할 수 있는 주체로 세우고자 했다. '대속적 연대'로서의 '고난'을 의욕함으로써 모든 인류가 다 자기 변혁과 역사 변혁을 이루는 그런 세계, 어떠한 노예도 없이 모두가 함께 사는 인류 대동의 공동체를 꿈꾸었다.

5) 소결

이제 우치무라와 후지이 그리고 함석헌의 역사철학을 비교·검토해

---

103 위의 책, 398쪽.

보자. 우치무라는 서구 중심의 역사철학적 사유를 비서구인 일본사에 적용시켜 일본의 세계사적 사명을 규명하려는 주체적인 사상 실험을 했다. 그리고 그의 역사철학적 작업은 그의 제자 후지이에 의해 더욱 심화되었다. 이들은 서구 중심적 유신론적 진보사관의 틀 속에서 비서구 지역에서 유일하게 자본주의화에 성공한 후발 제국주의 국가 일본의 역사적 성취와 자신감에 기대어 일본의 세계사적 사명을 찾고자 했다. 이들이 발견한 일본의 사명은 일본이 동서양 양 문명을 결합하는 도덕적·종교적 국가가 되어 인류 문명의 완성자가 되는 것이었다. 그러나 이들은 이것을 가능하게 할 주체와 방법을 발견하지 못한 채, 이상의 일본과 현실의 일본 사이의 괴리에서 고뇌하고 절망했다. 이러한 일본 무교회의 역사철학은 기본적으로 서구 근대를 보편적 준거로 하여 약육강식을 펼치는 제국주의적 민족주의라는 틀 안에서 일본인으로서의 자기 정체성과 일본 국가의 이상적 존재 방식을 모색하는 것이었다.

함석헌의 역사철학은 이러한 일본 무교회의 역사철학으로부터 일정한 영향을 받았다. 서구 중심적 역사철학적 사유를 식민지 조선에 적용시켜보려는 발상은 무엇보다도 우치무라에게서 받은 사상적 영감이라 하겠다. 또한 세계사의 전개를 인류 구제에 대한 신의 섭리의 점진적 나타남이라고 보고 성서적 입장에서 세계사를 보면서 역사적 사건 속의 '위대한 연관성'을 확인하려는 그의 기독교사관은 후지이에게서 받은 사상적 영감이라 하겠다. 그러나 이러한 사상적 연관성에도 불구하고, 식민지 조선인인 함석헌이 약자의 자존을 인정하지 않는 일본 무교회의 서구 중심주의적 역사철학적 사유틀 안에 안주하는 한, 그는 약자에 대한 억압은 그 스스로의 열등함에서 초래된다는 '노예의 정신'에서 벗어날 수 없었다.

따라서 그는 근대 서구 '보편주의'가 부과한 식민지라는 세계사적 '노예'의 자리에 있는 자신의 삶의 중하(重荷)를 회피하거나 보다 힘없는 타자에게 이전하려 하지 않으면서 자신만이 아니라 '노예'라는 저주스러운 이름 자체가 영원히 사라지는 세계를 전망해야만 했다. 이러한 새로운 사상적 틀을 만들어내지 않는 한, 그는 서구 중심주의에 근거한 약육강식의 게임룰을 벗어날 수 없었다.

함석헌에게 요청되는 이 인식론적 전환은 실체론적 존재론에서 관계론적 존재론으로의 전환을 통해 이루어졌다. 근대 세계는 서구 근대의 경험을 유일한 가치로 해서 존재들을 중심과 주변으로 이분화했다. 이 틀거리 안에서 개별적 존재들은 주변을 소외시키고 나아가 제거할 수도 있는 중심성을 확보하기 위해 무한한 생존 경쟁을 펼쳤다. 이 생존 경쟁에서 이기기 위해 요구되는 것은 타자를 위협하고 지배하며 약탈할 수 있는 힘, 즉 권력을 획득하는 것이었다. 그러나 함석헌은 신의 아들로서 죽음을 모르는 존재인 예수 그리스도가 죽음이라는 '고난'의 길을 통해 인간의 구원을 이끌어낸 십자가의 역설에 자신의 인식론의 토대를 새로이 세웠다.[104] 십자가는 자발적으로 자기를 내어줌으로써 사랑을 완성하고 인간과 새로운 관계를 연 신의 '대속적 연대'였기 때문이었다. 여기에서 함석헌은 '고난'을 통한 사랑의 완성이라는 전혀 다른 토대에 섬으로써 관계론적 존재론이라는 새로운 인식의 패러다임에 도달했다. 이 새로운 패러다임은 근대 서구 보편주의에서 작동하는 실체론적 존재론의 질서를 무력화시키고 해체해버린다. 관계론적 존재론에서 더 이상 중심과 주변은 존재하지 않는다. 나는 너를 통해 있고 너는 나를 통해 있기 때문이다. 내가 없는 너는 없고 너 없이는 내가 없기 때문이다. 중요한 것은 중심성이 아니라 상호 관계성이다. 중심을 차지하기 위한 경쟁이 아니라 서로를 위협하지 않는 방식으로 너와 나에게 유익이 되는 새로운 관계를 어떻게 만들어가느냐 하는 상생인 것이다. 이

---

104 위의 책, 40쪽.

러한 상생의 관계는 힘을 추구함으로써가 아니라 힘을 비움으로써 얻어진다. 힘을 비울 때 차오르는 전혀 다른 에너지인 사랑에 의해서만 얻어지는 것이다.

이러한 인식론적 전환을 통해 함석헌은 일본 무교회의 역사철학과는 전혀 다른 인간 이해와 세계 이해에 도달했다. 그는 독립·자존하는 자유가 아니라 사랑의 능력으로서의 자유, 타자에게 힘을 행사하는 것이 아니라 대속적으로 연대하는 '고난'을 통한 인류사에의 참여, 제국주의적 민족주의가 아니라 세계시민주의적 지역주의, 서구 중심의 보편주의가 아니라 다원적인 복수보편주의, 경쟁이 아니라 공존과 상생의 인류 공동체라는 사유에 도달한 것이다. 이러한 함석헌의 역사철학은 탈근대적 사유와 실천을 모색하는 물음에 하나의 대답을 제시하고 있다고 하겠다.

우치무라 간조 연표

1861년 3월 23일, 다카사키번 무사 우치무라 요시유키의 장남으로 출생하다.

1865년 유교경전 『대학(大學)』을 읽기 시작하다.(4살)

1871년 부친 폐번치현에 의해 해고되다.(10세)

1872년 번의 영학교에서 배우다.(11세)

1873년 도쿄에 유학하다. 아카사카의 사립 아리마학교에 입학하다.(12세)

1874년 도쿄 외국어학교 영어학과에 입학하다. 입학 후 폐막염으로 잠시 휴학하다.(13세)

1876년 W. S. 클라크 삿포로농학교 교장으로 취임하다.

1877년 삿포로농학교 제2기생 모집에서 7월 관비생으로 선발되다. 9월 3일 삿포로에 도착하다. '예수를 믿는 자들의 맹약'에 서명하다. 부친 은거하고 우치무라에게 호주를 상속하다.(16세)

1878년 감리교 선교사 M. C. 해리스에게 세례를 받다. 동료들과 함께 '7인의 작은 교회'를 형성하다. 해리스의 소개로 동료들과 함께 감리교에 입회하다.(17세)

1879년 도쿄에 들러 시내의 교회를 방문하고 식전 감사기도를 알게 되다.(18세)

1881년 졸업한 1기생들과 함께 공동의 교회당 건설을 계획하고 교회당 건설 위원이 되다. 7월 9일 삿포로농학교를 수석으로 졸업하다. 농학사 학위를 받다. 「과학으로서의 어업」이라는 제목으로 졸업 강연하다. 그날 이토베, 미야베와 함께 장래를 '두 개의 J'에 헌신할 것을 맹세하다. 8월 부친 기독교에 입교하다. 10월부터 개척사 권업과의 어엽과에 근무하다. 1기, 2기생들과 함께 성서 연구를 함께하는 공동생활을 시작하다. 10월 삿포로 기독교청년회 설립에 참여하다.(20세)

1882년 1월 8일 교회당 헌당식이 열리다. 이즈음에 진화론 연구에 몰두하여 성서와 진화론의 조화가 생애의 과제가 되다.(21세)

1883년 2월 생물학회에 입회하다. 5월 제3회 전국기독신도대친목회에 삿포로기독교회를 대표하여 출석하다. 「공중의 새와 들의 백합과」라는 제목으로 강연하다. 5-10월 츠다센의 학농사의 강사가 되다. 8월 아사다 다케를 알게 되다. 12월부터 농상무성 농무국 수산과에 근무하면서 일본산 어류 목록 작성에 참여하다.(22세)

1884년 3월 아사다 다케와 결혼하다. 9월 다케와 별거하다. 10월 농상무성을 사직하다. 11월 미국 유학을 위해 요코하마를 떠나다. 12월 펜실베이니아 주립 에르윈 아동보호시설의 컬린 원장을 만나다.(23세)

1885년 아동보호소의 간호원으로 근무하다. 4월 장녀 노부코가 탄생하다. 6월 생애의 신앙 편지친구가 되어준 D. C. 벨을 만나다. 7월 아동보호소를 사임하다. 9월 애머스트대학에 가 실리 총장의 주선으로 3학년 선과생으로 입학하다.(24세)

1886년 3월 속죄 신앙을 체험하다.(25세)

1887년 7월 이학사호를 얻고 졸업하다. 9월 하트포드신학교에 입학하다.(26세)

1888년 1월 하트포드신학교 퇴학하다. 5월 귀국하다. 8월 니가타 호쿠에츠학관 교장으로 부임하다. 12월 사직하고 도쿄로 돌아오다.(27세)

1889년 3월 동양영화학교에서 만국사를 가르치다. 5월 아사다 다케와의 이혼수속을 하고 장녀 노부코는 다케의 오빠가 양육하다. 7월 다카사키의 요코하마 가즈코와 결혼하다. 9월 메이지여학교에서 생물학을 담당하다.(28세)

1890년 9월 제일고등중학교 촉탁 교원이 되어 영어, 지리, 역사를 가르치다. 학생기숙사의 사감을 겸하다.(29세)

1891년 1월 9일 불경 사건으로 국적(國賊)이 되다. 4월 19일 아내가 사망하다.(30세)

1892년 9월 오사카 타이세이학관에 초빙되어 영어와 역사를 담당하다. 12월 교토의 오카다 세이코와 결혼하다.(31세)

1893년: 2월 『기독교 신도의 위안』을 출판하다. 3월 이노우에 테츠지로와 종교와 교육을 둘러싼 대논쟁을 하다. 4월 구마모토영학교에 부임하다. 8월 『구안록』을 출판하다.(32세)

1894년 3월 루츠코가 탄생하다. 7월 청일전쟁 발발하다. 의전론을 전개하다.(33세)

1895년 5월 『나는 이렇게 기독교 신자가 되었다』를 출판하다. 4월 청일전쟁이 약탈전쟁임을 보고 의전론 주장을 부끄러워하다. 11월 『나는 이렇게 기독교 신자가 되었다』의 영어판 *The Diary of A Japanese Convert*가 미국에서 출판되다.(34세)

1896년 7월 「시세의 관찰」을 『국민지우(國民之友)』에 발표하다.(35세)

1897년 1월 『요로즈호』에 영문 주필로 취임하다. 도쿄로 이주하다. 6월 『후세에 남길 가장 큰 유물』을 간행하다. 11월 장남 유시가 출생하다.(36세)

1898년 1월 간다 기독교 청년회관에서 월요강연을 행하다. 5월 요로즈호사에서 사퇴하다. 6월 사회평론잡지 『도쿄 도쿠리츠 잣시』를 창간하다.(37세)

1899년 7월 츠노하즈의 사립여자독립학교 교장이 되다.(38세)

1900년 7월 『도쿄 도쿠리츠 잣시』를 폐간하다. 요로즈호사 객원 사원으로 입사하다. 9월 츠노하즈의 사립여자독립학교 교장을 사임하다. 『성서의 연구』를 창간하다.(39세)

1901년 3월 월간잡지 『무교회』를 창간하다. 4월 아시오광독문제 해결기성동지회의 일원으로 현장 시찰하다. 「광독지순유기」를 써서 국민에게 호소하고 정부를 탄핵하다. 7월 요로즈호사의 동료들과 함께 이상단을 결성하다. 사회 개혁 활동에 종사하다. 가족을 위한 일요일의 성서 강의를 외부에 공개하다.(40세)

1903년 「기독교와 사회주의」 등을 발표하여 기독교와 사회주의 원리를 준별하다. 러일전쟁 발발을 기해 비전론을 주장하다. 10월 8일 요로즈호사가 개전 지지를 결정하자 당월 9일 요로즈호사를 사퇴하고, 이후 전도에 전념하다.(42세)

1904년 『나는 이렇게 기독교 신자가 되었다』 독일어판을 출판하다. 11월 어머니 사망하다.(43세)

1905년 5월 우에무라 오자키 등과 함께 성서 개혁 사업에 참가하다. 6월 『성서의 연구』를 『신희망』으로 제목을 바꾸다.(44세)

1906년 4월 잡지명을 『성서의 연구』로 복귀하다.(45세)

1908년 이마이칸 개관하다.(47세)

1909년 일고교장 니토베의 소개로 일고생 일단이 우치무라의 제자가 되어, '가시와키회'로 명명하다.(48세)

1911년 12월 무라사메회 창립하다.(50세)

1912년 1월 루츠코 사망하다. 부활 신앙을 체험하다. (51세)

1914년 7월 제1차 세계대전이 발발하다.(53세)

1917년 4월 미국이 참전하다. 10월 종교개혁 400주년 기념 강연회를 열고 종교개혁의 정신에 대해 강연하다.(56세)

1918년 '재림 운동'을 시작하다.(57세)

1919년 6월 간다 기독청년회관에서 우치무라에게 장소 사용을 금지하여 대일본사립위생회 강당으로 성서연구회를 옮기다.(58세)

1921년 1월에서 다음해 10월까지 로마서를 강연하다. 친구 D. C. 벨이 아들과 함께 래일(來日)하다. 10월 일간잡지 『레이고(靈交)』를 구로자키가 편집하여 『성서의 연구』지 자매잡지로 창간하다. (60세)

1923년 9월 관동대지진이 일어나다. 대일본사립위생회 강당이 불타 성서연구회를 이마이칸으로 옮기다.(62세)

1924년 5월 배일이민법이 성립하여, 배일이민법 반대 운동을 개시하다.(63세)

1927년 2월 '종교법안성립저지' 운동을 하다.(66세)

1928년 츠카모토와 무교회를 둘러싸고 논쟁하다.(67세)

1929년 1월 심장비대증을 진단받다. 후계자로 지목되었던 츠카모토와 결별하다.(68세)

1930년 1월 자신은 '오늘 유행의 무교회주의자'가 아니라고 선언하는 유고를 집필하다. 3월 9일 성서연구회에서 구고(舊稿)인 「신의 분노와 속죄」를 대독시킨 것이 최후의 강연이 되다. 3월 26일 강도의 발작적 심장 쇠약이 일어나기 시작하다. 3월 28일 소천하다. 30일 이마이칸 성서 강당에서 장례식을 거행하다. 묘비명으로 그가 친필로 쓴 'I for Japan; Japan for the World; The World for Christ; And All for God'을 새기다.(69세)

참고문헌

1. 1차 자료

內村鑑三全集 刊行委員會,『內村鑑三全集』 전 40권, 岩波書店, 1980-1984.
矢內原忠雄全集刊行委員會,『矢內原忠雄全集』 전 29권, 岩波書店, 1963-1965.
김교신전집 간행위원회,『김교신전집』 전 6권, 일심사, 1981.
최태용,『영과 진리』, 기독교대한복음교회, 1929-1938.
함석헌전집 간행위원회,『함석헌전집』 전 19권, 한길사, 1985.

2. 2차 자료

* 한국어

가노 마사나오,『근대 일본사상 길잡이』, 김석근 역, 소화, 2004.
강위조,『일제통치하 한국의 종교와 정치』, 대한기독교서회, 1977.
강재언,『한국의 근대사상』, 한길사, 1985.
고든, 앤드루,『현대일본의 역사』, 문현숙·김우영 역, 이산, 2010.
김기석,『남강 이승훈』, 현대교육업서출판사, 1964.
김남식,「최태용과 김교신의 무교회주의운동」,『신학지남』 봄여름, 1986.
김득광,『한국종교사』, 에펠출판사, 1963.
김린서,「무교회주의자 우찌무라 간조에 대해서」,『신학지남』 제12권, 제4호, 1930.
김병국,「일본기독교와 우치무라 간조의 복음주의 신학연구」,『인문과학연구』 15, 2006.
김상봉,『그리스 비극에 대한 편지』, 한길사, 2003.

김승태, 『한국기독교의 역사적 반성』, 다산글방, 1994.
김정환, 『김교신』, 한국신학연구소, 1980.
김철희, 「일본적 기독교의 애매성－내촌감삼과 그에 대한 한국적 수용을 중심으로」, 『한일연구』 9호, 1997.
나리타 류이치, 『다이쇼 데모크라시』, 이규수 역, 어문학사, 2007.
노다 마사아키, 『전쟁과 인간』, 서혜영 역, 길, 2000,
노평구 편, 『김교신과 한국』, 일심사, 1981.
니버, 라인홀드, 『도덕적 인간과 비도덕적 사회』, 이한우 역, 문예출판사, 2004.
다나카 아키라, 『메이지 유신과 서양 문명』, 현명철 역, 소화, 2006.
______, 『소일본주의』, 강진아 역, 소화, 2002.
도이 아키오, 『일본기독교사』, 김수진 역, 기독교문사, 1991.
마루야마 마사오, 『문명론의 개략을 읽는다』, 김석근 역, 문학 동네, 2007.
마키하라 노리오, 『민권과 헌법』, 박지영 역, 어문학사, 2006.
미야타 미쓰오, 『국가와 종교: 유럽 정신사에서의 로마서 13장』, 양현혜 역, 삼인, 2004.
박상도, 「內村鑑三의 재림사상에 관한 고찰」, 『일어일문학회』 70, 2009.
______, 「內村鑑三의 죽음에 대한 인식」, 『일어일문학연구』 91, 2014.
박양신, 「메이지 사회주의자의 반전론－고토쿠 슈스이(幸徳秋水)의 非戦論을 중심으로」, 『아시아문화연구』 제12집, 아시아문화연구소, 2007.
박영호, 『씨올-多夕유영모의 생애와 사상』, 홍익제, 1985.
박은영, 「우치무라 간조의 비전론에 관한 연구－의전론에서 비전론으로의 사상적 전환을 중심으로」, 『일본사상』 24, 2013.
______, 「복종과 저항: 우치무라 간조의 애국심에 대한 일고찰」, 『일본학보』 99, 2014.
______, 「우치무라 간조의 사회사상에 관한 소고」, 『순천향인문과학논총』 33권 3호, 2014.
______, 「'교육과 종교의 충돌' 논쟁에 관한 일고찰－이노우에 테츠지로(井上哲次郎)와 요코이 도키오(横井時雄)의 논쟁을 중심으로」, 『인문연구』, 73호, 2015.
박태식, 『타르수스의 바오로』, 바오로딸, 2006.
사와 마사히코, 『일본 기독교사』, 대한기독교서회, 1995.
Said, Edward W., 『오리엔탈리즘』, 박홍규 역, 교보문고, 1991.
서광선, 『한국기독교의 새인식』. 대한기독교출판사, 1985.
손인수, 『한국근대교육사』, 연세대학교 출판부, 1971.

송건호, 『한국현대인물사론: 민족운동의 사상과 지도노선』, 한길사, 1984.
스즈키 노리히사, 『무교회주의자 우치무라 간조』, 김진만 역, 소화, 1995.
스즈키 키쿠코, 「우치무라 간조에서 본 내셔널리즘과 코즈모폴리터니즘」, 『일본사상』 11, 2006
_____, 「우치무라 간조의 '불경사건'」, 『종교연구』 47, 2007.
_____, 「한일 간에 있어서 內村鑑三 연구의 차이」, 『일본사상』 13호, 2007.
야가사키 히데노리, 「러일전쟁을 전후한 일본의 반전사상 연구 – 幸德秋水와 內村鑑三을 중심으로」, 건국대학교년 박사학위 논문, 1999.
_____, 「근대 일본 정치사상에 나타난 이상과 현실」, 『국제정치논총』 제44집 2호, 2004.
양현혜, 『윤치호와 김교신』, 한울, 1994.
_____, 『근대 한·일 관계사 속의 기독교』, 이화여자대학교출판부, 2009.
_____, 「우치무라 간조의 비전론과 무교회 2세대」, 『종교연구』 63집, 2011.
_____, 「일본무교회 운동과 그 신학」, 『일본사상』 21집, 일본사상사학회, 2011.
_____, 「함석헌과 무교회를 둘러싼 종교 사상적 모색」, 『종교연구』 67집, 2012.
_____, 「함석헌과 무교회의 역사 철학」, 『신학논단』 71집, 2013.
_____, 『김교신의 철학: 사랑과 여흥』, 이화여자대학교출판부, 2013.
_____, 「우치무라 간조의 속죄론 연구」, 『신학논단』 279호, 2015.
_____, 「우치무라 간조와 '두 개의 J'」, 『장신논단』 47-1, 2015.
오충일, 「복음적 신앙을 바탕으로 민족의 교회로」, 『기독교사상』 7, 1981.
우찌무라 간조, 『우찌무라 간조 전집』 1-10권, 김유곤 역, 크리스챤서적, 2003.
_____, 『우찌무라 간조 성서 주해』 1-17권, 이성호 역, 성서연구원, 2001.
_____, 『우찌무라 간조의 로마서 연구』 상·하권, 김유곤 역, 크리스챤서적, 2002.
_____, 『우찌무라 간조 회심기』, 양혜원 역, 홍성사, 2008.
우치무라 간조, 『구안록』, 양현혜 역, 포이에마, 2016.
유동식, 『한국신학의 광맥 : 한국신학사상사서론』, 전망사, 1984.
윤복희, 「內村鑑三의 사회개혁과 그 사상」, 『한림일본학』 21, 2012.
_____, 「內村鑑三의 천연(天然)관」, 『일본학보』 84호, 2010.
윤혜원, 『일본 기독교의 역사적 성격』, 한국기독교역사 연구소, 1995.
이기용, 「內村鑑三의 기독교사상 및 그의 일본관과 조선관」, 『한일관계사연구』 9, 1998.
이노우에 가쓰오, 『막말 유신』, 이원우 역, 어문학사, 2006.
이성배, 『유교와 그리스도교』, 분도출판사, 1979.

이은숙, 「김교신의 지리사상과 지리학 방법론」, 『문화역사지리』 제8호, 1996.
이후천, 「우치무라 간조의 전도 이해」, 『세계의 신학』 58호, 2003.
이희환, 『한국기독교와 민족운동』, 보성출판사, 1986.
전병호, 『최태용의 생애와 사상』, 성서간행사, 1983.
전석재, 「우치무라 간조의 사회개혁과 선교」, 『선교신학』 22, 2009.
정가은, 『한국근대화와 윤리적 결단』, 대한기독교서회, 1975.
정응수, 「우치무라 간조의 전쟁관의 변천」, 『일본문화학보』 15, 한국일본문화학회, 2002.
조세현, 『동아시아 아나키즘, 그 반역의 역사』, 책세상, 2008.
지동식, 「최태용의 시, 평론, 문학」, 『현대와 신학』 6, 1957.
최태용, 「內村鑑三氏 서거」, 『영과 진리』, 제15호, 1930.
______, 「조선교회의 재출발」, 『東洋之光』, 1942, 10.
한배호, 「어떤 근대기독교인의 개화의식과 한말정치관」, 『숭전대학논문집』 제7집, 숭전대학교출판부, 1977.
함석헌, 『죽을 때까지 이 걸음으로』, 삼중당, 1964.
______, 『뜻으로 본 한국역사』, 삼중당, 1965.
함석헌·마사이케(政池人) 대담, 「감정을 넘어선 교량」, 『사상계』, 1964년 11월.
현영학 외, 『한국문화와 기독교윤리』, 문학과지성사, 1986.
홍민기, 「해리스 감독의 생애와 선교에 관한 연구」, 감신대 석사학위논문, 2009.
히라다 게이이치, 『청일 러일전쟁』, 최석완 역, 어문학사, 2007.

* 일본어

赤江達也, 「教会のない者の教会: 内村鑑三と無教会の射程」, 『福音と世界』 69(8), 2014.
______, 『'紙上の教會'と日本近代: 無教會キリスト教の歴史社會學』, 岩波書店, 2013.
海老澤有道·大内三郎 『日本基督教史』, 日本基督教團出版局, 1983.
江端公典, 『内村鑑三とその系譜』, 日本経済評論社, 2006.
遠山茂樹, 『明治維新と現代』, 岩波書店, 1968.
長谷部弘, 「内村鑑三の國家論」, 『内村鑑三研究』, 24號, 1984, 3.
長谷川博一, 「内村鑑三と継承者の研究: 伝統と変革」, 『明治大学教養論集』 483, 2012.
藤井武, 『聖書より見た日本』, 學陽書房, 1947.
藤田若雄, 『矢内原忠雄: その信仰と生涯』, 教文館, 1967.
藤田若雄編, 『内村鑑三を継承した人々』, 木鐸社, 1977.
______, 『内村鑑三を繼承した人々』, 上 , 木鐸社, 1979.

______, 『内村鑑三を繼承した人々』, 下, 木鐸社, 1979.
咸錫憲, 「私の知っている 內村鑑三先生」, 『內村鑑三全集 月報』, 1983, 12, 岩波書店.
市川浩史, 『栢木義円と 親鸞』, ぺりカン社, 2010.
泉治典, 「贖罪と再臨」, 『内村鑑三研究』 創刊號, 1973.
岩野祐介, 「無教会主義キリスト教における社会正義: 内村鑑三の社会正義とキリスト教思想の関連を中心に」, 『アジア·キリスト教 · 多元性』 3, 2005.
______, 「内村鑑三における信仰と愛との関連 ― 個人の信仰, 隣人愛から社会性へ」, 『基督教学研究』 26, 2006.
______, 「内村鑑三における罪と赦しの問題 : とくに自死との関連から」, 『基督教学研究』 33, 2013.
______, 『無教会としての教会: 内村鑑三における 「個人 · 信仰共同体 · 社会」』, 教文館, 2013.
飯岡秀夫, 「福沢諭吉と内村鑑三-下-日本における 「内面的個人主義」の2つの源流」上 · 中 · 下, 『高崎経済大学論集』 30(1-2), 30(3-4), 31(1), 1987-88.
稲山聖修, 「近代日本における無教会: 内村鑑三の思潮に関する一考察」, 『梅花女子大学短期大学部研究紀要』 62, 2013.
今高義也, 「内村鑑三と伊藤仁斎」, 『キリスト教文化研究所研究年報: 民族と宗教』 44, 2011.
J. F. ハウズ , 『近代日本の預言者, 内村鑑三 1861-1939年』, 堤捻子譯, 教文館, 2015.
姜東鎭, 『日本の朝鮮支配政策史研究』, 東京大學出版會, 1979.
姜尙中, 『マックスウェーバーと近代』, お茶の水書房, 1987.
______, 「'日本的オリエンタリズム'の現在」, 『世界』 12, 1988.
金敎臣 · 咸錫憲, 『內村先生のと朝鮮』, 聖書朝鮮社, 1940.
菊川美代子, 「内村鑑三の愛国心」, 『アジア · キリスト教· 多元性』 6, 2008.
朴賢淑, 「咸錫憲(ハムソクホン)における「シアル思想」の萌芽: 内村鑑三との関係を中心に」, 『神學研究』 51, 2004.
城百繪, 「内村鑑三の基督教信仰の過程と解釋: 福音信仰の把握とその特徵」, 『哲學 · 理學研究』, 2000.
川崎勝, 「福澤諭吉と内村鑑三: 日清戦争の評価をめぐって」, 『福澤諭吉年鑑』 32, 2005.
川中子義勝, 悲哀の人: 矢内原忠雄, かんよう出版, 2009.
姜尙中, 『マックス · ウェーバーと近代』. お茶の水書房, 1987.
______, 「'日本的オリエンタリズム'の現在」, 『世界』, 12, 1988.
栗原彬, 『歴史とアイデンティティ: 近代日本の心理=歴史研究』, 新曜社, 1982.

清水威,『福沢論吉と内村鑑三』, 令文社, 1987.
貝塚茂樹,「天野貞祐と内村鑑三ー歴史・国家・宗教をめぐって」,『武蔵野大学文学部紀要』9, 2008.
黒川知文,『内村鑑三と再臨運動: 救い・終末論・ユダヤ人観』新教出版社, 2012.
熊野義孝,『日本キリスト教神學思想史』, 新教出版社, 1967.
金教臣,「無教會信徒に對する希望」,『聖書講義』, 1936, 5.
カルロ・カルタロラ,『內村鑑三と無教會』, 新教出版社, 1978.
コヘン ドロン・B,「反戦の声: 内村鑑三と与謝野晶子」,『一神教学際研究』2, 2006.
李慶愛,「無教会主義者内村鑑三の教会観」,『折尾愛真短期大学論集』43, 2010.
______,『内村鑑三のキリスト教思想: 贖罪論と終末論を中心として』, 九州大学出版会, 2003.
伊藤虎丸,『魯迅と日本人: アヅアの近代と'個'の思想』. 朝日新聞社, 1983.
La Fay M,「新渡戸稲造と内村鑑三の武士道」,『基督教學』45, 2010年.
松尾尊兊,「日本組合基督教會の朝鮮傳道ー日本のプロテスタントと朝鮮」,『思想』, 529, 1968.
______,「3・1運動と日本プロテスタント: 日本プロテスタントと朝鮮」,『思想』, 533, 1968.
______,「吉野作造と朝鮮」,『人文學報』, 11, 京都大學, 1968.
丸山眞男,『日本の思想』, 岩波書店, 1961.
______,『現代政治の思想と行動』, 未來社, 1964.
______,『戰中と戰後の間』, みすず書房, 1976.
______,『日本政治思想史研究』, 東京大學出版會, 1989.
______,『忠誠と反逆: 轉形期日本の精神史的位相』, 筑摩書房, 1992.
宮田光男,『内村鑑三: 日々の生涯を語る』, ロゴス社, 2006.
宮田光雄,『平和の思想史的研究』, 創文社, 1976.
______,『宗教改革の精神』, 創文社, 1981.
______,「近代日本のキリスト教平和思想」,『宮田光雄内集』5, 岩波書店, 1996.
______,『權威と僕従ー近代日本におけるローマ書十三章』, 新教出版社, 2003.
宮部金五,『宮部金五』, 私家版, 1939.
森山浩二,「内村鑑三と朝鮮キリスト者たち」,『季刊三千里』34, 1983.
森有正,『內村鑑三』, 弘文堂, 1953.
丸谷嘉徳,『内村鑑三の研究』, 日本文学館, 2004.
村上重良,『國家神道』, 岩波書店, 1980.

政池仁,『内村鑑三傳』, 三一書店, 1953.
無教會主義史研究會編,『無教會史研究』2, 新教出版社, 1993.
紫田眞希都,『明治知識人としての內村鑑三』, みすず書房, 2006.
中生勝美, 近代日本の人類學史: 帝國と植民地の記憶, 風響社, 2006.
中村勝己,『内村鑑三と矢内原忠雄』, リブロポート, 1981.
新保祐司,「宮沢賢治と内村鑑三」,『都留文科大学研究紀要』48, 1998.
______,「内村鑑三(1861-1930): 二つのJ: イエスと日本」,『環: 歴史・環境・文明』57, 2014.
新堀邦司,『金教臣の信仰と抵抗』, 東京: 新教出版社, 2004.
飯沼二郎・韓晳曦,『日本帝國主義下の朝鮮傳道』, 日本基督教團出版社, 新教出版社, 1982.
太田原高昭,「内村鑑三と新渡戸稲造」,『高等教育ジャーナル』10, 2002.
太田雄三,『內村鑑三: その世界主義と日本主義をめぐって』, 研究社, 1977.
呉敬姫,「内村鑑三と金教臣-無教会主義を中心として」,『言葉と文化』5, 2004.
小沢三朗,『內村鑑三不敬事件』, 新教出版社, 1961.
小崎弘道,『70年の回顧』, 覺醒社, 1927.
小原克博.「戰爭論の神學的考察」,『基督教研究』第70卷 第2號. 同大志大學, 2008.
小原信,『評傳內村鑑三』, 中央公論社, 1976.
______,『内村鑑三の生涯』, PHP研究所, 1992.
______,「内村鑑三と新渡戸稲造」,『青山国際政経論集』46, 1999.
多久善郎,「世界に対峙する明治日本の気概:「二つのJ」を貫く愛国心と武士道」,『祖国と青年』406, 2012.
大本達也,「内村鑑三とシオニズム: 非戦主義と再臨信仰」,『日本語・日本文化研究』15, 2009.
大江志及夫,『靖國神社』, 岩波書店, 1984.
リチャード. H. ミッチェル,『近代日本の思想統制』, 奥平康弘譯, 日本評論社, 1980.
R. ベイントン,『戰爭・平和・キリスト教』, 中村妙子譯, 新教出版社, 1963.
崔泰鎔,『日本へ送る』, 聖書之研究社, 1923.
關根正雄,『內村鑑三』, 清水書院, 1967.
島田匠,「内村鑑三における「聖書」「天然」「歴史」: 再臨運動以前まで」,『思想史研究』12, 2010.
______,「内村鑑三における「聖書」「天然」「歴史」(承前): 再臨運動以降」,『思想史研究』13, 2011.
島園進,『宗教を物語でほどく』, NHK出版社, 2006.

鈴木範久,『内村鑑三とその時代: 志賀重昂との比較』, 日本基督教団出版局, 1975.
______,『内村鑑三』, 岩波書店, 1984.
______,『内村鑑三その時代』, 日本基督教團出版局, 1985.
______,「渋沢栄一と内村鑑三」,『青淵』745, 2011.
______,『内村鑑三の人と思想』, 岩波書店, 2012.
柴田真希都,「内村鑑三『ロマ書の研究』における罪と肉―その特殊から普遍への契機に着目して」,『思想史研究』8, 2008.
佐藤全弘,「新渡戸稲造と内村鑑三」,『新渡戸稲造の世界』22, 2013.
______,「朝鮮問題と内村鑑三」,『内村鑑三研究』第5號, 1975, 10.
佐波亘編,『波植木正久とその時代』, 教文館, 1976.
下畠知志,「内村鑑三と南原繁―「天国と此世との接触面」」,『日本史学集録』20, 1997.
芦名定道,「東アジアのキリスト教とナショナリズム: 内村鑑三の非戦論との関連で」,『アジア・キリスト教・多元性』12, 2014.
鹿野政直・由井正臣編,『近代日本の統合と抵抗』, 日本評論社, 東京, 1982.
渋谷浩,『近代思想史における内村鑑三: 政治・民族・無教會論』, 新地t書房, 1988.
斎藤宗次郎,『ある日の内村鑑三先生』, 教文館, 1964.
月本昭男,「内村鑑三 震災後の望み」,『讀賣新聞』夕刊, 2011. 4.18.
塚本虎二,『内村先生と私』, 伊藤節書房, 1961.
塚田理,『象徴天皇制とキリスト教』, 新教出版社, 1990.
武田清子,『土着と背教』, 新教出版社, 1980.
土肥昭夫,『内村鑑三』, 日本基督教團出版局, 1962.
______,「明治期におけるキリスト教と社会主義」,『キリスト教研究』第35巻 第2・3号, 1967, 同志社大学基督教研究会.
______,『日本プロテスタント・キリスト教史論』, 教文館, 1987.
鳥井足,『評伝内村鑑三』, あさを社, 1979.
田中収,『内村鑑三とその継承者』, 愛知書房, 1995.
______,『内村鑑三の研究』, 愛知書房, 2003.
田中彰,『小國主義』, 岩波書店, 1999.
富岡幸一郎,『内村鑑三』, 五月書房, 2001.
______,「内村鑑三と有島武郎・キリスト教信仰と文学の狭間」,『国文学解釈と教材の研究』48(7), 2003.
高崎宗司,「内村鑑三と朝鮮」,『思想』9, 岩波書店, 1977.
______,「金教臣と'聖書朝鮮)'」,『文學』, 1980, 2.

高橋康浩,「内村鑑三のナショナリズム」,『新潟大學言語文化研究』, 2000.
______,「内村鑑三の平和主義」,『無教会研究』 12, 2009.
高橋章, 新渡戸稲造と内村鑑三研究」,『国際関係研究』 28(4), 2008.
高木謙次,『内村鑑三とその周辺』, キリスト教図書出版社, 2005.
竹内真澄,「内村鑑三と矢内原忠雄」,『桃山学院大学社会学論集』 37(2), 2004.
鶴見俊輔, 1976,『柳宗悦』, 平凡社.
______, 1982.『戦時期日本の精神史: 1937-1945』, 岩波書店.
内藤酬,「内村鑑三と西田幾多郎 ―天皇制国家における異端の系譜」,『初期社会主義研究』 22, 2010.
______,「内村鑑三と有島武郎」,『初期社会主義研究』 23, 2011.
梅津順一,「日清戦後における徳富蘇峰と内村鑑三: 近代日本の道徳的基礎をめぐって」,『青山學院女子短期大學紀要』 46, 1992.
鵜沼裕子,「内村鑑三における信仰と倫理: 戦争と平和の問題をめぐって」,『聖学院大学総合研究所紀要』 46, 2010.
渡部和隆,「海老名弾正, 植村正久, 内村鑑三: 実験をめぐる諸概念の観点からの試論」,『キリスト教学研究室紀要』 1, 2013.
和田洋一,「内村鑑三, その姉妹, そして私」,『キリスト教 社會問題研究所』 五, 同志社大社會問題研究所, 1961.
吉馴明子,「内村鑑三と非戦論」,『内村鑑三研究』 43, 教文館, 2010.
梁賢惠,『尹致昊と 金教臣; その親日と抗日の論理』 新教出版社, 1996.
______,「福音と預言そして'創造的な受苦': 内村鑑三と咸錫憲の道」,『キリスト教学』 52, 2010.
______,「咸錫憲と無教会をめぐる宗教思想的な摸索」,『内村鑑三研究』 第47號, 2014, 4.
山本泰郎次,『宮部博士あての書簡による内村鑑三』, 東海書房, 1952.
______,『内村鑑三: 信仰·生涯·友情』, 東海大學出版部, 1966.
山折哲雄,「内村鑑三と志賀直哉」,『Voice』 278, 2001.
吉馴明子,『海老名彈正の政治思想』, 東京大學出版會, 1982. .
役重善洋,「内村鑑三·矢内原忠雄におけるキリスト教シオニズムと植民地主義: 近代日本のオリエンタリズムとパレスチナ / イスラエル問題」,『アジア·キリスト教·多元性』 8, 2010.
______,「内村鑑三の再臨運動におけるシオニズム論と植民地主義」,『人間·環境学』 21, 2012.
柳父圀近,「矢内原院忠雄-帝國主義とパッシズム批判の預言者」, キリスト教文化學會編,

『プロテスタント人物史』, ヨルダン社, 1989.
______, 「内村鑑三における信仰と'ナショナリズム'-天皇制などをめぐって」, 『内村鑑三研究』 第47號, 1914, 4.
______, 「内村鑑三における預言者的ナショナリズム」, 『内村鑑三研究』 第48號, 2015, 4.
______, 『日本的プロテスタンティ云いズムの政治思想 — 無教會における 國家と宗教』, 新教出版社, 2015.
幼方直吉. 「矢内原忠雄と朝鮮」, 『思想』, 9, 1965.
______, 「信仰の論理と政治の論理: 金教臣と矢内原忠雄の場合」. 『日本法とアジア』(仁井田陞博士追悼文集), 第3巻, 勁草書房, 1970.
ゾンターク ミラ, 「内村鑑三と福沢諭吉: その文明論をめぐって」, 『内村鑑三流域』 1, 2000.
______, 「内村鑑三と大正期の再臨運動」, 『キリスト教學』, 2001.
______, 「大正期日本における合理主義と救濟: 1918-1919年の再臨待望運動の'厚い記述'」, 東京大學校大學院 博士學位論文, 2008.

＊ 영어

Howes, John F., *Japan's Modern Prophet: Uchimura Kanzo, 1861-1930*, UBC Press, Toronto, 2005.
Shin, Chiba & Hiroshi, Sibuya, *Living for Jesus and Japan: the social and theological thought of Uchimura Kanzo*, Michigan, William B. Eermans Publishing Company, 2013.

찾아보기